Stefania Maurizi

Secret Power

Stefania Maurizi

Secret Power
Der Angriff auf WikiLeaks und Julian Assange

*Mit Vorworten von
Vincent Bevins
und Ken Loach*

*Aus dem Englischen
von Glenn Jäger*

PapyRossa

Editorische Notiz

Auf Empfehlung von Stefania Maurizi liegt der Übersetzung die engl. Ausgabe zugrunde, die von Lesli Cavanaugh-Bardelli erstklassig aus dem Italienischen übertragen wurde und mit Beginn der dt. Übersetzung die aktuellste Fassung darstellte. Wir danken der Autorin für die umstandslose Aktualisierung mit Blick auf die Freilassung von Julian Assange, insbes. für die grundlegende Erweiterung von Kapitel 21.

Titel der italienischen Ausgabe:
»Il potere segreto. Perché vogliono distruggere Julian Assange e Wikileaks«
© 2021 by Chiarelettere editore srl, Milano

Titel der englischen Ausgabe, erschienen bei Pluto Press:
»Secret Power. WikiLeaks and Its Enemies«
© Stefania Maurizi 2022

Aktualisierungen, darunter das komplette Kapitel 21:
© Stefania Maurizi 2024

Vorwort von Vincent Bevins, verfasst für die dt. Ausgabe:
© der engl. Fassung: Vincent Bevins 2024

Für die deutschsprachige Ausgabe:

© 2025 by PapyRossa Verlags GmbH & Co. KG, Köln
Luxemburger Str. 202, 50937 Köln
Tel.: +49 (0) 221 – 44 85 45
Fax: +49 (0) 221 – 44 43 05
E-Mail: mail@papyrossa.de
Internet: www.papyrossa.de

Alle Rechte vorbehalten
Umschlag: Verlag
Druck: Interpress

Die Deutsche Nationalbibliothek verzeichnet diese Publikation in der Deutschen Nationalbibliografie; detaillierte bibliografische Daten sind im Internet über http://dnb.d-nb.de abrufbar

ISBN 978-3-89438-832-4

Inhalt

Vorwort von Vincent Bevins
Wo die rote Linie verläuft   11

Vorwort von Ken Loach
»… dass Julian Assange ein freier Mann sei«   14

Der Secret Power widerstanden
Oder: Von einem, der ihnen die Stirn bot   17

1. Die WikiLeaks-Revolution
  Meine gefährdete Quelle   22
  Dem Pentagon widersetzt   27
  Die Veröffentlichung des Unveröffentlichbaren   31
  Ein nächtlicher Anruf   35
  Wie eine Bande von Rebellen   37
  WikiLeaks zerschlagen   40

2. Der außergewöhnliche Mut von Chelsea Manning
  Collateral Murder   45
  Eine Lektion   50
  Sie hätte auch wegsehen können   54
  »… dass die Menschen die Wahrheit erkennen«   58

3. Afghanistan: Der ferne Krieg
  Der immerwährende Krieg   63
  Ein »außergewöhnliches Fenster zu diesem Krieg«   69
  Blutbefleckte Hände   75
  Der Nebel des Krieges   78
  Treffen bestätigt   80
  Alexanderplatz   82
  »Unsere Jungs«   87

4. Der Cypherpunk
Eine »hochintelligente Person« ... 94
Visionäre und Libertäre ... 98

5. Datenbank aus der Hölle – Oder: Die ›Iraq War Logs‹
Nur achtmal das Wort »Demokratie« ... 105
Wie zersetzende Säure ... 112

6. Cablegate – Oder: Auf höchster Ebene an der Macht gerüttelt
Verbrechen, Skandale und politischer Druck ... 117
Belagert ... 124
Ein Cottage im ländlichen England ... 128
Eine Demokratie an der kurzen Leine ... 133
Wie unter Pinochet in Chile ... 144

7. Guantanamo – Oder: Das schwarze Loch der Zivilisation
The worst of the worst? ... 151
Die anhaltende Barbarei von Guantanamo läuft Gefahr, einen Präzedenzfall zu schaffen ... 159

8. »Die ›Huffington Post‹-Gang macht mich wahnsinnig«
Ellingham Hall ... 169
Wessen schuld war es? ... 172
Isoliert ... 180
Spalten, diffamieren, sabotieren ... 182

9. Von Schweden nach Ecuador
»Ihm gehört sein Kopf in eine volle Kloschüssel in Gitmo getaucht« ... 186
Eingeleitete, eingestellte und wieder aufgenommene Ermittlungen ... 189
Als Ecuador kundtat: »Die Kolonialzeit ist vorbei.« ... 197
Auf 20 Quadratmetern ... 201

10. Kein Schutz, nirgends
»No Such Agency«: Die NSA 204
Der außergewöhnliche Mut von Edward Snowden 207
Ein drakonisches Spionagegesetz aus
dem Ersten Weltkrieg: Der ›Espionage Act‹ 211
Die gnadenlose und unmenschliche
Behandlung von Chelsea Manning 213
Exil 215
Im Gefängnis, im Exil oder im Botschaftsasyl 221
Das »Blut an ihren Händen«, das es nie gab 226

11. Juristisches Patt, diplomatisches Dickicht
Als Google die Daten von WikiLeaks aushändigte 229
Eine verdächtige Pattsituation in Schweden 232
Aus dem Fenster schauen 237
Kein Auslieferungsersuchen wie jedes andere 240
Wie Keir Starmers Crown Prosecution Service
dabei half, den Sumpf trocken zu legen 244
Als Marianne Ny schließlich ihre Meinung änderte 252

12. Willkürlich inhaftiert
Ein Völkerrecht für uns und eines für sie:
Wie sich Schweden und das Vereinigte Königreich
über eine UN-Arbeitsgruppe hinwegsetzten 257
Niemandem wurde Gerechtigkeit zuteil 263

13. Eine russische Verbindung?
Nützliche Idioten 268
The information trumps it all: 273
Die Information übertrumpft alles 273

14. Die CIA in Rage
Ein Raubüberfall in Rom 284
Das unsichtbare Arsenal: ›Vault 7‹ 286
Eine erschütternde Rede 294

15. Im Belagerungszustand
Vom Schutz unter Correa zur Unterdrückung unter Moreno 299
Warum vernichtete der britische
Crown Prosecution Service wichtige Dokumente? 301
Das Leben anderer 304
Eine Liebe, geboren in der Hölle 311
Die »amerikanischen Freunde« 314

16. Die letzten Versuche
Der diplomatische Weg 322
Der Rechtsweg 326
Das Gift 329
Das letzte Treffen 334

17. Im »britischen Guantanamo«
Eine brutale Verhaftung 338
Der Staat im Staat 340
Fünfzig Wochen 343
Das Gesetz als Schwert 346

18. 175 Jahre für das Verbrechen des Journalismus?
Erstmals in der Geschichte der USA 350
Die ganze Macht des Staates 353
Das Spionagegesetz für Whistleblower:
Knast, Brutalität, Pleite 356
Straffreiheit – oder: Was das Spionagegesetz
für Generäle und ›Spymasters‹ vorsieht 361
Etwas ist faul im Staate Schweden 364
Ein Sonderberichterstatter 368

19. Nur noch Kafka
Der Prozess 373
In Belmarsh geblieben 381
Spiel mit neuen Karten 383
Zeugenaussagen 388

20. Eine gewaltige Ungerechtigkeit
Die Unerbittlichkeit der britischen
und der US-amerikanischen Justiz   398
Julian töten   403
Das dunkle Gemäuer durchlöchern   407

21. Wie das Unmögliche möglich wurde:
Julian Assange ist frei   415
Der Wendepunkt   415
Ihr letztes Pfund Fleisch   422
Warum ließen die USA Julian Assange frei?   427
Secret Power   438

Danksagung   447
Onlinequellen   457

Meiner Mutter, in Liebe und Dankbarkeit.

*All jenen, die die Zivilcourage aufbringen,
Leben, Freiheit und soziale Sicherheit aufs Spiel zu setzen,
um die Wahrheit ans Licht zu bringen.*

Vincent Bevins

Wo die rote Linie verläuft

Vorwort

Seit Hunderten von Jahren ist Journalismus ein grundlegender Teil der menschlichen Zivilisation. Das Phänomen ist gewiss nicht so alt wie unsere Spezies – es entstand unter konkreten historischen Bedingungen und ermöglichte bestimmte Gesellschaftstypen. Im Kern besteht es aus engagierten *Professionals* und *Non-Professionals*, die der breiten Öffentlichkeit darüber berichten, *was gerade passiert.*

Seit Hunderten von Jahren – aber noch nicht so lange, wie der moderne Journalismus ausgeübt wird – wird die Demokratie als Ideal hochgehalten, und sie brachte eine Reihe an realen Ansätzen von Regierungsformen hervor. Die Männer und Frauen, die sich von der alten Welt abwandten und danach strebten, eine neue zu schaffen, die auf der Macht des Volkes basiert – auf *Popular Power* –, wussten: Demokratie bliebe unerreichbar ohne einen freien und gewandten Journalismus.

Seit Hunderten von Jahren existiert global ein kapitalistisches System, gebaut und allemal gestützt auf imperialistische Gewalt und Unterwerfung. Westeuropäische Nationen eroberten große Teile des Planeten, versklavten oder beuteten die Bevölkerungen aus und schöpften Ressourcen ab. Als die Macht dieser Nationen in der ersten Hälfte des 20. Jahrhunderts abnahm, übernahm eine anglophone Siedlerkolonie aus Nordamerika, eine junge Republik, die sich vermeintlich der liberalen Demokratie verschrieben hatte, deren Platz an der Spitze des Systems.

All diese Phänomene stehen in einem Spannungsverhältnis. Die journalistische Praxis gerät bestenfalls in Konflikt mit den Eliten, die nicht wollen, dass alles, *was geschieht* (sprich: was sie tun), ans Licht kommt. Auf nationaler Ebene wurde eine Spielart von Demokratie aufrechterhalten, insbesondere in der reichen Welt; jedoch werden dort, im eigenen Land, enorme materielle Privilegien genossen, während die volle Wahrheit über den Charakter und Auswirkungen imperialer Macht wie selbstverständlich verschwiegen wird. Dieses Spannungsverhältnis wäre auch dann gegeben, wenn der Journalismus als Beruf und als Form menschlichen Handelns derzeit nicht vom Aussterben bedroht wäre – und das ist er.

»Secret Power« ist eine bestechende und lebendige Geschichte über den Beginn des 21. Jahrhunderts, und das aus mehreren Gründen. Schon was WikiLeaks aufdeckte, die Tatsachen, die das Medium enthüllte, sind es wert, für sich allein betrachtet zu werden. Am meisten beeindruckt mich indes, wie Stefania Maurizi offenlegt, was passiert – oder besser: welche Register der Hegemon im konkreten Moment, dem *unipolar moment*, zieht –, wenn der Journalismus die unsichtbare Linie vom Akzeptierbaren zum Unerlaubten überschreitet; wenn der Journalismus aus dem Bereich dessen, was von den herrschenden Eliten als tragbar angesehen wird, in jene Sphäre vorstößt, die zu Gegenangriffen, zu *counter-attacks*, führt.

Bei Medien wie der *Washington Post* oder dem *Spiegel* herrscht ein weitgehendes, normalerweise unausgesprochenes Einverständnis darüber, welche Art von Journalismus tragbar ist und wo rote Linie verläuft. In dieser Welt habe ich den größten Teil meiner journalistischen Laufbahn verbracht. Unsere Medien umgeben sich selbst mit einem Mythos und klopfen sich auf die eigene Schulter, wenn sie in seltenen Fällen mal bis an die Grenze gegangen sind oder die herrschenden Eliten gar ernsthaft verärgert haben. Aber was Maurizi hier so flüssig und mit so viel Humanität erzählt, handelt davon, was geschieht, wenn ein Medium diese Grenze wirklich überschreitet und die herrschenden Eliten *wirklich* verärgert. Es geht um eine Reihe von skurrilen und unerwarteten Reaktionen, die wahlweise offen oder *in secret*, im Geheimen, stattfinden und die über fünfzehn Jahre hinweg spürbar werden. Einige entscheidende Teile der Geschichte bleiben unergründlich. Maurizi trennt sie zu Recht von den offenkundigen, ungehobelten Reaktionen, wie sie auch von einem »totalitären« Regime zu erwarten wären, darstellbar in Science-Fiction-Krimis oder in Hollywood. Doch dort, wo die schwer zu erschließenden Teile der Geschichte in schattenhaften Umrissen an Kontur gewinnen, können wir das Wesen politischer Vorherrschaft zu Beginn des Jahrtausends, ja: bei der Geburt des digitalen Zeitalters erkennen.

Diese Epoche, das Zeitalter des Internets, trat an, der Welt mehr Transparenz und Freiheit zu verschaffen. Von ersterem haben wir ein bisschen, von letzterem nicht viel. Während die globale Serverinfrastruktur und die unmittelbare Kommunikation bestürzende Enthüllungen ermöglichen, hat das Internet-Business die alten materiellen Grundlagen der Berichterstattung zerstört; Oligarchen werden um Wohltätigkeit gebeten, als philanthropische Notlösung, die sich als unzureichend erweist, selbst wenn Milliardäre weiterhin daran interessiert sein sollten, eine eng gefasste Art von journalistischer Praxis aufrechtzuerhalten. Die Werkzeuge der digitalen Welt sollten die Bürgerinnen und Bürger handlungsfähiger machen, sie ›empowern‹, und das taten sie auch bis zu einem gewissen Grad; doch die bereits bestehenden Staaten und Konzerne lernten schnell, sie als Waffen gegen die breite Bevölkerung einzusetzen. Letztlich wirft das Buch die Frage auf, ob Journalismus überhaupt noch möglich ist.

Herbst 2024

Ken Loach

»... dass Julian Assange ein freier Mann sei«

Vorwort der italienischen Originalausgabe

Dieses Buch sollte Sie wütend machen. Es ist die Geschichte eines inhaftierten Journalisten, der mit unerträglicher Härte behandelt wird, weil er Kriegsverbrechen enthüllt hat; die Geschichte von der Entschlossenheit britischer und US-amerikanischer Politiker, ihn auszuschalten; und von der stillschweigenden Duldung der Medien, die diese schreiende Ungerechtigkeit billigen.

Julian Assange ist inzwischen wohlbekannt. WikiLeaks – dort spielte Assange eine führende Rolle – deckte unter anderem geheim gehaltene schmutzige Machenschaften im Irakkrieg auf. Dank Assange und seinem Team erfuhren wir von den furchtbaren Kriegsverbrechen wie jenen aus dem ›Collateral Murder‹-Video oder anderen, begangen von Söldnerfirmen im US-Auftrag, etwa das vom Nisour-Platz in Bagdad mit vierzehn erschossenen Zivilisten; zudem wurden dort zwei Kinder getötet und siebzehn Personen verwundet. In den letzten Tagen seiner Präsidentschaft (2017-21) begnadigte Trump die Mörder. Und stellte sicher, dass Assange im Gefängnis blieb.

Die Arbeit von WikiLeaks ist weitreichend. Sie ist geleitet von Grundprinzipien, die alle demokratischen Gesellschaften teilen sollten. Die Bevölkerung muss über alles Bescheid wissen, was in ihrem Namen getan wird. Wenn Politikerinnen und Politiker schändliche Taten geheim halten, haben die Medien die Pflicht, diese aufzudecken. Und es sind die politisch Verantwortlichen, die den Preis dafür zahlen sollten, indem sie im Falle von rechtswidrigem Handeln gerichtlich bestraft werden. Nichts von alledem ist im Fall von Julian Assange geschehen: Die Verbrechen und die Korruption, die WikiLeaks enthüllte, sind ungeahndet geblieben.

Stefania Maurizi hat den Fall von Anfang an verfolgt. Sie hat mithilfe von Gesetzen und Vorschriften zur Informationsfreiheit Dokumente ausgegraben, die die Angriffe auf Julian Assange aufdecken. Sie hat über ein Jahrzehnt lang an diesen außergewöhnlichen Ereignissen detailliert gearbeitet. Im Mittelpunkt dieser Geschichte steht der furchtbare Preis, den ein Mann zahlen musste, der äußerst unnachgiebig behandelt wurde, weil er die Realität von unerklärter Macht, die sich hinter dem Anschein von Demokratie verbirgt, offengelegt hat.

Während ich dies schreibe, ist noch das britische Justizsystem am Zug. Unabhängige Gerichte, Anerkennung von Rechtsstaatlichkeit, unbestechliche Anwälte: all dessen rühmt sich Großbritannien gerne. Nun, wir werden sehen. Julian Assange ist ein Journalist, dessen Verbrechen darin bestand, die Wahrheit zu sagen. Dafür hat er seine Freiheit verloren und etliche Jahre in Isolationshaft in einem Hochsicherheitsgefängnis verbracht – mit den absehbaren, verheerenden Folgen für seine psychische Gesundheit.

Würde er an die USA ausgeliefert, bliebe er für den Rest seines Lebens inhaftiert. Wird ein britisches Gericht an solch einem skandalösen Unrecht mitwirken?

Doch in Großbritannien gibt es noch mehr, was uns beunruhigt: die hohen Kosten und der große Aufwand, der betrieben wurde, um Assange in der ecuadorianischen Botschaft isoliert zu halten; die erbärmliche Feigheit der Medien, die es versäumten, die Pressefreiheit zu verteidigen; und nicht zuletzt der Vorwurf, dass die Staatsanwaltschaft, damals geleitet von Keir Starmer, Assange in einem Alptraum aus Justiz und Diplomatie gefangen hielt.

Wenn wir davon ausgehen, dass wir in einer Demokratie leben, sollten wir dieses Buch lesen. Wenn uns etwas an der Wahrheit und an aufrichtiger Politik liegt, sollten wir dieses Buch lesen. Wenn wir zudem der Überzeugung sind, dass das Gesetz auf Seiten der Unschuldigen ist, sollten wir nicht nur das Buch lesen, sondern auch fordern, dass Julian Assange ein freier Mann sei.

Wie lange können wir noch hinnehmen, dass wir uns in unserem Bemühen, in einer Demokratie zu leben, lächerlich machen? Dass wir uns damit weiterhin den Mechanismen des *Secret State*, der für die unerhörtesten Verbrechen verantwortlich ist, zum Gespött machen?

Frühjahr 2021

Der Secret Power widerstanden

Oder: Von einem, der ihnen die Stirn bot

In einer kleinen Zelle in einem der berüchtigtsten Gefängnisse Großbritanniens, dem Belmarsh Prison in London, kämpfte ein Mann gegen einige der mächtigsten Einrichtungen der Welt, die mehr als zehn Jahre lang versuchten, ihn zur Strecke zu bringen. Zu diesen Einrichtungen gehören das Pentagon, die CIA und die National Security Agency (NSA). Sie verkörpern den Kern dessen, was US-Präsident Dwight D. Eisenhower, einer der Hauptarchitekten des Sieges über die Nazis in Europa, als »Militärisch-Industriellen Komplex« der Vereinigten Staaten bezeichnete – jenen Komplex, vor dem Eisenhower persönlich, obgleich früher als General selbst Militärstratege, sein Land warnte. Die Macht und der Einfluss dieser Einrichtungen sind weltweit wahrzunehmen. Sie planen Kriege, Staatsstreiche und Attentate. Sie nehmen Einfluss auf Regierungen wie auf Wahlen.

Der Mann, der über fünf Jahre lang in Belmarsh in Gesellschaft von Mördern und bedrohlichen Terroristen inhaftiert war, ist kein Krimineller: Er ist Journalist. Sein Name ist Julian Assange. Mit WikiLeaks hatte er eine Organisation gegründet, die den Journalismus radikal verändert hat, indem sie das Potenzial des Internets nutzt und systematisch Staatsgeheimnisse verletzt, wenn diese nicht dazu dienen, den Schutz von Bürgerinnen und Bürgern sicherzustellen, sondern dazu, staatliche Verbrechen zu kaschieren; oder wenn Staatsgeheimnisse Straffreiheit garantierten; oder wenn die Öffentlichkeit daran gehindert wird, die Wahrheit aufzudecken und die Täter zur Verantwortung zu ziehen.

Julian Assange und die WikiLeaks-Journalisten haben Hunderttausende von geheimen Pentagon-, CIA- und NSA-Akten veröffentlicht, die Massaker an der Zivilbevölkerung, Folter, politische Skandale und politischen Druck auf ausländische Regierungen belegen. Diese Enthüllungen haben US-Behörden in Rage versetzt. Doch welche Regierung dieser Welt hegt schon Sympathien für Assange und WikiLeaks? Selbst jene, die von den bisherigen Veröffentlichungen kaum betroffen sind, betrachten sie mit Argusaugen; denn sie sind sich bewusst, dass die WikiLeaks-Methode früher oder später auch in ihren Ländern Fuß fassen und ihre eigenen Machenschaften ans Licht bringen könnte. Und es sind nicht nur Regierungen, Armeen und Geheimdienste, denen die WikiLeaks-Akteure verhasst ist, die ihnen feindlich gesonnen sind; sie werden ebenso von einflussreichen Wirtschafts- und Finanzinstitutionen gefürchtet, die oft wiederum mit politischen Gesandtschaften und Geheimdiensten im Bunde stehen, da die profitabelsten Finanzgeschäfte am besten gedeihen, wenn sie nicht gerade in aller Öffentlichkeit in die Wege geleitet werden.

Als ich begann, dieses Buches zu schreiben, saß Julian Assange seit dem 11. April 2019 im härtesten Gefängnis Großbritanniens, und ihm drohte eine 175-jährige Haftstrafe in einem ›Maximum-Security Prison‹ der Vereinigten Staaten. Heute, da ich dieses Buch beende, wurde Julian Assange nach fünf Jahren und zwei Monaten in Belmarsh freigelassen. Seine körperliche und seelische Gesundheit ist angeschlagen. Andere WikiLeaks-Journalisten lebten vermutlich in der Sorge, das gleiche Schicksal zu erleiden.

Doch dieser Fall geht weit über Julian Assange und WikiLeaks hinaus. Es ist der Kampf um einen Journalismus, der den Scheinwerfer auf die höchste Ebene der Macht lenkt, wo Geheimdienste, Armeen und Botschaften agieren. Eine Ebene, die der gewöhnliche Bürger in unseren Demokratien – insbesondere in den europäischen – in der Regel nicht einmal als relevant für das tägliche Leben wahrnimmt und die selten im Mittelpunkt von Nachrichtensendungen und Talkshows steht. Gemeinhin wird auf die sichtbare Macht geschaut: auf die Politik, die die Aussichten auf einen Arbeitsplatz, auf Gesundheitsversorgung oder auf die Rente bestimmt. Und doch beeinflusst die nicht sichtbare Macht, abgeschirmt hinter Staatsgeheimnissen, unser Leben in hohem Maße. Sie entscheidet zum Beispiel darüber, ob ein Land zwanzig Jahre lang Krieg in Afghanistan führt, während ihm die Mittel für Schulen und Krankenhäuser fehlen – wie im Fall von Italien. Oder ob ein deutscher Staatsbürger plötzlich verschleppt, misshandelt und an die CIA ausgeliefert werden kann, weil man ihn für einen gefährlichen Terroristen hält. Oder ob ein Mann mitten in Mailand am hellichten Tag verschwindet, entführt von der CIA und italienischen Geheimdiensten.

In aller Regel haben die Bürgerinnen und Bürger keinerlei Kontrolle über das, was wir hier *Secret Power* nennen, also über geheime, verborgene oder nicht sichtbare Strukturen von Macht; denn was weithin fehlt, ist der Zugang zu den eingeschränkten Informationen über deren Funktionsweise. Und doch, zum ersten Mal in der Geschichte, riss WikiLeaks ein klaffendes Loch in den Kokon der *Secret Power* und verschaffte potenziell Milliarden von Menschen systematischen und uneingeschränkten Zugang zu riesigen Archiven mit vertraulichen Dokumenten, die zeigen, wie sich unsere Regierungen verhalten, wenn sie, jenseits medialer Öffentlichkeit, Kriege vorbereiten oder Gräueltaten begehen.

Allein wegen dieser Tätigkeit lief Julian Assange Gefahr, für immer im Gefängnis zu verbleiben. Und er war nicht der einzige, der ernsthaft bedroht war: Die Geschütze der *Secret Power* zielten darauf ab, nicht nur Julian Assange auszuschalten. Mit ihm und den WikiLeaks-Journalisten sollte erstickt werden, was diese auslösten: eine mediale Revolution. Und obwohl Assange heute ein freier Mann ist – nach vierzehn Jahren des unfreiwilligen Eingesperrtseins, des Gewahrsams, der Gefangenschaft – ist der Angriff auf die Organisation und ihre Revolution noch lange nicht vorbei. Doch wenn ein Journalismus es wert ist, ernsthaft praktiziert zu werden, dann genau jener, der den Missbrauch auf den höchsten Ebenen der Macht aufdeckt. Denn wo bleibt die Pressefreiheit, wenn Journalistinnen und

Journalisten nicht die Freiheit haben, staatliche Verbrechen aufzudecken und darüber zu berichten, ohne Gefahr zu laufen, mit dem Leben zu zahlen oder für immer inhaftiert zu werden? Unter autoritärer Herrschaft ist dies nicht möglich, ohne schwere Konsequenzen zu befürchten. In einer Gesellschaft, die sich als nicht-autoritär versteht, muss dies aber erlaubt sein.

Deshalb wird das Los von Assange, den anderen WikiLeaks-Journalisten und deren Werk nicht nur über die Zukunft des Journalismus in unseren Demokratien entscheiden, sondern bis zu einem gewissen Grad auch in Diktaturen: dort wird man sich ermutigt sehen, die Informationsfreiheit zu unterdrücken, wenn es sogar dem »freien Westen« gelingt, die genannte Revolution zu zerstören.

Julian Assange und seine Organisation traten Anfang der 2010er Jahre in mein berufliches Leben ein. Bei meiner journalistischen Arbeit hatte ich es mit regelrechten Intrigen zu tun, mit Betriebsstörungen in nie nachlassendem Maße. Von 2009 an haben wir zusammen an der Veröffentlichung von Millionen von Geheimdokumenten gearbeitet, sie für WikiLeaks, ich für meine Zeitung – zuerst *L'Espresso* und *la Repubblica*, dann *il Fatto Quotidiano*. Diese Tätigkeit hat mir gewiss keine mächtigen Freunde eingebracht. Ganz im Gegenteil, bescherte sie mir machtvolle Feinde, in der Folge lag ich mit meiner einstigen Zeitung *la Repubblica* über Kreuz; bei ihr kündigte ich, um weitermachen zu können. Ich verließ die Mediengruppe nach 14 Jahren und sah, wie mein Einkommen einbrach. Aber ich würde alles wieder genauso machen. Ohne einen Moment zu zögern. Zumal: Wie klein ist meine Mühsal schon im Vergleich zu dem, was Julian Assange widerfuhr?

Ich bin mit CIA- und NSA-Geheimnissen um die Welt gereist. Assange und seine Journalisten brachten mir bei, Kryptografie einzusetzen, um meine Quellen zu schützen. Ich war bei ihm in Berlin, als sich seine Computer in Luft auflösten. Ich war in der ecuadorianischen Botschaft in London, als er, sein Mitarbeiterstab, seine Partnerin und ihr gemeinsames Kind, seine Anwälte und seine Besucher verdeckt gefilmt und mitgeschnitten wurden und als mein Telefon heimlich aufgeschraubt und in zwei Hälften zerlegt wurde.

Im Laufe dieser Jahre gab es mehrere Versuche, mich einzuschüchtern. Man hat mich ungeniert verfolgt. Einmal wurde ich in Rom ausgeraubt, wobei mir wichtige Unterlagen gestohlen wurden – ich sah sie nie wieder. Aber sie haben mich nie ins Gefängnis gebracht oder gar bedroht oder verhört. Ich habe nie jenen hohen Preis zahlen müssen, den sie Julian Assange abverlangten. Nachdem er im Jahr 2010 geheime Dokumente der US-Regierung veröffentlicht hatte, kannte er 14 Jahre lang keine Freiheit mehr. Mit tiefer Beunruhigung hat mich erfüllt, wovon ich seit 2010 Zeugin wurde: die Behandlung, die Assange durchlebt hat, der gravierende Verfall seiner Gesundheit, die Verleumdungskampagne gegen ihn, die juristische Verfolgung von WikiLeaks und seiner Quellen – allen voran von Chelsea Manning, einem Vorbild für enorme Zivilcourage. Dieses Unbehagen wuchs mit meiner Erkenntnis von staatlicher Brutalität und Kriminalität – mit der Offenlegung von Geheimakten, enthüllt von WikiLeaks.

Dieses Buch ist eine Reise durch diese Dokumente und zu der Geschichte von Julian Assange und seiner Organisation. Eine Reise durch das, was ich in den mehr als 15 Jahren meiner Arbeit erlebt und erfahren habe. Gerade weil ich, anders als Assange, nicht diesen Preis gezahlt habe, sehe ich mich verpflichtet, diese Geschichte zu vermitteln. So mag ich dazu beizutragen, zweierlei zu verteidigen: die Freiheit von Journalistinnen und Journalisten, auch die dunkelsten Ecken unserer Regierungen auszuleuchten; und das Recht der Öffentlichkeit, die Hintergründe zu erfahren.

1.
Die WikiLeaks-Revolution

Meine gefährdete Quelle

Alles begann im Jahr 2008, als eine meiner Quellen den Kontakt zu mir abbrach: Sie war überzeugt, dass sie illegal abgehört wurde. Wenn sich eine Person mit vertraulichen Informationen an eine Journalistin wendet – mit Hinweisen, die gerne geheim hält, wer im Besitz von Macht ist –, dann tut sie das nur im Vertrauen darauf, dass sie nicht auffliegt und mit gravierenden Folgen zu rechnen hat wie etwa beruflicher Kündigung, belastenden Gerichtsverfahren oder, in extremen Fällen, Gefängnis oder gar Tod. Meine Quelle hatte den Mut gehabt, mich aufzusuchen, aber nach unseren ersten Treffen überwogen ihre Ängste.

Ich wartete lange darauf, dass sie doch noch zu unserem verabredeten Treffen erscheinen würde – es wäre unser letztes gewesen. Schließlich wurde mir klar: Sie würde nicht mehr auftauchen und es sollte auch kein weiteres Treffen geben. Wie konnte ich mit Sicherheit wissen, ob sie wirklich abgehört wurde oder ob sie nur paranoid war? Doch glücklicherweise nahm ich ihre Befürchtungen sehr ernst.

Im Laufe der Jahre hatte ich mit Dutzenden von journalistischen Quellen gesprochen. Manche von ihnen hatten mir immerhin einige nützliche Informationen geliefert, andere dagegen nur meine Zeit verschwendet; wieder andere hatten mir zu beachtlichen Exklusivberichten verholfen. Aber keine von ihnen hatte je einen derart tiefgreifenden Einfluss auf mein Leben und meinen Beruf genommen wie sie. Diese Quelle, die kein einziges Wort von dem preisgeben wollte, was sie wusste, veränderte meine Arbeit dauerhaft.

1. DIE WIKILEAKS-REVOLUTION

Just in dieser Stunde wurde mir klar: Ich musste einen viel sichereren Weg finden, um mit möglichen Quellen zu kommunizieren. Die Techniken, die leider auch heute noch in den Nachrichtenredaktionen eingesetzt werden, waren und sind restlos veraltet; sie sind völlig ungeeignet für eine Welt, in der Polizeikräfte, Spitzel großer Unternehmen und Geheimdienste uns mit erstaunlicher Leichtigkeit abhören können – also uns Journalistinnen und Journalisten sowie alle, die mit uns sprechen.

Hätte ich Jura studiert, hätte ich Schutz in Gesetzen gesucht. Da ich mich aber der Mathematik verschrieben hatte, war es für mich selbstverständlich, eine mögliche Lösung mit Verschlüsselung und Passwörtern zu suchen. An der Universität hatte ich ein wenig über Kryptografie gelernt. Mein Wissen war zwar nur theoretischer Art, aber die Kunst, die Kommunikation zwischen zwei Menschen so zu schützen, dass sie für Dritte nicht wahllos zugänglich ist, hatte mich fasziniert.

Oder mit den Worten von Philip Zimmermann, dem Erfinder von PGP (Pretty Good Privacy), einem Programm zur Verschlüsselung von E-Mails und Dokumenten: »Vielleicht planen Sie eine politische Kampagne, besprechen Ihre Steuern oder haben eine heimliche Affäre. Oder Sie kommunizieren mit einem Oppositionellen in einem repressiven Land. So oder so möchten Sie nicht, dass Ihre private elektronische Post oder vertrauliche Dokumente von anderen gelesen werden. Es ist nichts dagegen einzuwenden, auf Ihrer Privatsphäre zu bestehen.«[1]

Mehr noch: Es handelt sich um ein Grundrecht sowohl von Journalistinnen und Journalisten als auch unserer Quellen. Wer wird uns noch Informationen geben, wenn wir nicht garantieren können, dass geschützt wird, wer sich vertraulich an uns wendet?

In der alten analogen Welt, vor dem digitalen Zeitalter, konnten die Staatsapparate, von der Polizei bis zu den Geheimdiensten, mit Was-

---

1 Philip Zimmermann: Why I wrote PGP, Juni 1991: philzimmermann.com. *[Ausführliche URLs siehe Anhang. Bei WikiLeaks-Quellen hingegen steht die vollständige URL jeweils stets in der Fußnote.]*

serdampf Briefe öffnen, um die Korrespondenz von Privatpersonen zu lesen, oder Telefongespräche abhören und diese einzeln schriftlich übertragen. Allein, diese Methoden brauchten Zeit und konnten nicht systematisch gegenüber ganzen Bevölkerungen angewendet werden. Doch mit der digitalen Kommunikation hat sich all das von Grund auf geändert. Die Überwachung der Mail-Korrespondenz von Millionen von Menschen ist heute ein Kinderspiel.

Es war genau dieser Wandel, der Philip Zimmermann, einen US-amerikanischen Software-Ingenieur und Pazifisten, dazu veranlasste, sein PGP-Programm zu entwickeln. Von Anfang an hatte er eine drohende Gefahr für die Demokratie erkannt.

Seine Bedenken lassen sich in jener Bemerkung zusammenfassen, die er 1996 vor einem Ausschuss des US-Senats machte: »Die Regierung Clinton scheint zu versuchen, eine Infrastruktur der elektronischen Kommunikation aufzubauen und zu etablieren, die den Bürgern die Möglichkeit nimmt, ihre Privatsphäre zu schützen. Das ist beunruhigend, denn in einer Demokratie kann es passieren, dass gelegentlich die Falschen gewählt werden – manchmal sogar ziemlich Falsche. Normalerweise bietet eine gut funktionierende Demokratie Mittel und Wege, solche Leute von der Macht zu entfernen. Aber die unrechte technologische Infrastruktur könnte es einer solchen zukünftigen Regierung ermöglichen, jeden Schritt derer zu beobachten, die sich ihr widersetzen. Es könnte sehr wohl die letzte Regierung sein, die wir jemals frei wählen.«[2]

Zimmermann war kein Radikaler. Er handelte als Pazifist, der an die Kultur politischer Meinungsverschiedenheiten glaubte; einmal hatte man ihn wegen friedlichen Protests gegen Atomwaffen verhaftet. Als er die Bedrohung der Demokratie infolge der digitalen Kommunikation erkannte, griff er zu einem Mittel zivilen Ungehorsams: Gerade als der US-Senat einen neuen Gesetzesentwurf, die Senate Bill 266, verabschieden wollte – einen Erlass, der es der Regierung

---

[2] Testimony of Philip R. Zimmermann to the Subcommittee on Science, Technology, and Space of the U.S. Senate Committee on Commerce, Science, and Transportation, 26. Juni 1996: philzimmermann.com

erlaubt, auf die Kommunikation aller zuzugreifen –, entwickelte er das Verschlüsselungsprogramm PGP. Er vertrieb es dann völlig kostenlos, um es so weit wie möglich zu verbreiten, bevor die Regierung die Verschlüsselung illegalisieren konnte.

Die Maßnahme war revolutionär. Wie Zimmerman selbst erklärte,[3] war es vor der Einführung von PGP für einen gewöhnlichen Bürger nicht möglich, mit anderen über weite Strecken sicher zu kommunizieren, also ohne das Risiko, abgehört zu werden. Die Macht dazu lag einzig und allein in den Händen des Staates. Aber dieses Monopol endete mit PGP. Wir schreiben das Jahr 1991.

Allerdings sah die US-Regierung nicht tatenlos zu: Sie ließ gegen Zimmermann ermitteln. Doch ohne Anklageerhebung wurden die Ermittlungen 1996 eingestellt.

Mit Usern, die von Amnesty International bis zu politischen Aktivistinnen und Aktivisten in Lateinamerika und der ehemaligen Sowjetunion reichten, begann sich PGP weltweit zu verbreiten, löste eine wichtige Debatte über bürgerliche Freiheiten und Überwachung aus und inspirierte die Entwicklung anderer Software zur Verschlüsselung von Kommunikation.

Der Tag, an dem meine Quelle nicht zu unserer Verabredung erschienen war, markierte einen Wendepunkt für mich. Wenn Codes und Passwörter Aktivisten schützen können, so auch uns Journalistinnen und Journalisten – und jene, die mit uns sprechen.

Es war eine meiner Quellen aus der Welt der Verschlüsselung, die mich 2008 erstmals auf Julian Assange und WikiLeaks aufmerksam machte. Damals hatten sie noch nicht die großen exklusiven Nachrichten veröffentlicht, die sie weltweit berühmt machen würden, sodass nur sehr wenige von ihnen wussten. »Du solltest dir diese Bande von Verrückten ansehen«, sagte ein befreundeter Experte zu mir. Die »Verrückten«, von denen er sprach, waren Assange und dessen Team bei WikiLeaks. Mein Freund, ein Kryptograf, redete zwar in scherz-

---

3 »Philip Zimmermann, Creator of PGP«: Phil Zimmermann talks at Bitcoin: youtube.com, 30. Juli 2018.

haftem Ton, aber sein Respekt vor ihnen war mit Händen zu greifen. Wenn sich jemand wie er, der über Fachwissen verfügte und sich für Menschenrechte einsetzte, für diese »Bande« interessierte, so dachte ich, verdiente deren Sache, worin auch immer sie genau bestand, Aufmerksamkeit.

Ich begann, mir die Arbeit von WikiLeaks systematisch anzusehen. Erst zwei Jahre zuvor, also 2006, gegründet, steckte die Gruppe noch in den Kinderschuhen. Die Idee war revolutionär: die Macht des Internets und der Verschlüsselung zu nutzen, um an klassifizierte, das heißt als geheim eingestufte Dokumente von erheblichem öffentlichem Interesse zu gelangen und diese dann zu veröffentlichen bzw. zu »leaken« – daher der Name »WikiLeaks«. So wie traditionelle Medien Informationen von unbekannten Personen erhalten, die Briefe oder Pakete mit Dokumenten an Redaktionen schicken, erhielten Assange und seine Organisation vertrauliche Dateien, die in elektronischer Form von anonymen Quellen an ihre Online-Plattform geschickt wurden. Die Identität derjenigen, die sensible Dokumente weitergaben, wurde durch hochtechnologische Lösungen wie Verschlüsselung oder andere ausgeklügelte Technik geschützt.

Im Gründungsjahr von WikiLeaks gab es weltweit keine einzige große Zeitung, die ihren Quellen gezielt einen verschlüsselten Schutz bot; es dauerte Jahre, bis die einflussreichste Tageszeitung der Welt, die *New York Times*, und andere große Medien beschlossen, dies einzuführen, angeregt durch von WikiLeaks.

Julian Assange und seine Organisation waren zweifellos Pioniere. Sie interessierten sich besonders für »Whistleblower«, also für Menschen, die im Rahmen ihrer Tätigkeit in einer Regierung oder für ein privates Unternehmen auf Missstände oder schwere Korruption, wenn nicht gar Kriegsverbrechen oder Folter – begangen von Vorgesetzten oder Kollegen –, aufmerksam werden und die sich entschließen, dies im öffentlichen Interesse aufzudecken und die Medien mit sachbezogenen Informationen zu versorgen. Whistleblower handeln nach ihrem Gewissen. Sie schauen nicht weg und tun so, als hätten sie nichts gesehen. Sie nehmen sprichwörtlich die Pfeife zur Hand – »they blow the whistle« –, wohlwissend, dass die Konsequenzen hart, in manchen Fällen sogar tödlich sein können. Wer Geheimdienstverbrechen enthüllt, setzt buchstäblich das eigene Leben aufs Spiel und kann meist nur auf zwei Formen von Schutz setzen: sich hinter der Anonymität zu verstecken oder das genaue Gegenteil zu tun, nämlich auf freies Gelände zu treten und auf die Unterstützung der Öffentlichkeit zu hoffen.

WikiLeaks nutzte die machtvollen Möglichkeiten des Internets und der Verschlüsselung, um entsprechende Lösungen zum Schutz von Whistleblowern zu bieten. Doch sie schirmten nicht nur jene ab, die im öffentlichen Interesse auspackten, sondern zogen auch Quellen mit besonderen Fähigkeiten und Berufserfahrungen an: Solche mit potenziellem Zugang zu wichtigen Informationen. Denn wer wusste damals schon ein so komplexes und ungewöhnliches Instrument wie die Verschlüsselung wirklich zu schätzen? Vor allem jene, die es studiert hatten oder im Bereich der Informatik oder von Geheimdiensten arbeiteten. Die technologisch anspruchsvolle Struktur von WikiLeaks sprach eine ganze Community an, die mit der Sprache von Naturwissenschaften und Technologie vertraut war.

Die Ergebnisse ließen nicht lange auf sich warten, und als ich in jenem lang vergangenen Jahr 2008 begann, sie zunächst von außen aufmerksam zu beobachten, war ich zutiefst beeindruckt.

Dem Pentagon widersetzt

Es war einer der undurchdringlichsten Orte der Welt. Das Internierungslager Guantanamo, von der Regierung George W. Bush am 11. Januar 2002, genau vier Monate nach dem Anschlag auf die New Yorker Zwillingstürme, errichtet, war schnell zu einem Symbol für die Unmenschlichkeit von Bushs »Krieg gegen den Terror« geworden. Nach Angaben des damaligen Verteidigungsministers Donald

Rumsfeld wurden dort nur die gefährlichsten Terroristen der Welt gefangengehalten: *the worst of the worst*. In Wirklichkeit wusste niemand genau, wer all die Gefangenen waren und was in dem Lager vor sich ging. Es wurde von einer militärischen *Task Force*, der JTF-Gtmo (Joint Task Force Guantanamo), geleitet, aber niemand verfügte über sachliche Informationen über deren Tätigkeit. Nur dem Internationalen Komitee vom Roten Kreuz wurde der Zugang zum Lager gestattet, und in einem vertraulichen Bericht von November 2004 gab das Rote Kreuz an, dass die Gefangenen physisch und psychisch gefoltert wurden.[4]

Wenige Monate zuvor, im April 2004, hatte der bedeutende Investigativjournalist Seymour Hersh enthüllt,[5] dass im Irak im Gefängnis Abu Ghraib ausufernd gefoltert wurde, und Fotos von Gräueltaten der US-Truppen, die ein Jahr zuvor in das Land einmarschiert waren und das Regime von Saddam Hussein gestürzt hatten, waren um die Welt gegangen. Noch heute sind die Bilder in ihrer Grausamkeit atemberaubend: Später wurden sie in dem Bilderzyklus *Abu Ghraib* des kolumbianischen Künstlers Fernando Botero verewigt, der das Treiben der Kampfhunde einfing, losgelassen auf wehrlose Gefangenen, die fürchten mussten, jeden Moment in Stücke gerissen zu werden.

Vielfach wurde vermutet, dass das Internationale Komitee vom Roten Kreuz (IKRK) keinen Zugang zu allen Gefangenen von Guantanamo bekäme, und eine der führenden US-Organisationen für Bürger- und Menschenrechte, die American Civil Liberties Union (ACLU), hatte sich vergeblich um das *operations manual* der Task Force, das Betriebshandbuch, bemüht. Die ACLU hatte versucht, bei den US-Behörden eine Kopie des *manual* anzufordern, und zwar unter Verweis auf den Freedom of Information Act, der es Bürgern ermöglichen soll, Zugang zu amtlichen Unterlagen von öffentlichem

---

4 Neil A. Lewis: Red Cross finds detainee abuse in Guantánamo, in: New York Times, 30. November 2004.

5 Seymour Hersh: Torture at Abu Ghraib, in: The New Yorker, 30. April 2004.

Interesse zu erhalten. Doch vergebens: Die Regierung Bush lehnte den Antrag ab. Es blieb an WikiLeaks, das Handbuch einige Zeit später, im November 2007, zu veröffentlichen.[6]

Dabei handelt es sich um ein Dokument des US-Verteidigungsministeriums, des Pentagons, datiert auf März 2003, also nur ein Jahr nach Eröffnung des Gefangenenlagers. Es war unterzeichnet von General Geoffrey D. Miller, jenem kommandierenden General der ›Joint Task Force‹ in Guantanamo, der laut Presseberichten, die von der US-amerikanischen Zeitschrift *Wired*[7] zitiert wurden, 2003 Abu Ghraib besucht hatte, und zwar kurz bevor die von Hersh dokumentierten entsetzlichen Folterungen an den Häftlingen ans Licht kamen. Das Handbuch bestätigte, was viele geahnt hatten: Die US-Behörden hatten gelogen. Einige Gefangene wurden außerhalb der Reichweite des Internationalen Komitees vom Roten Kreuz gehalten, wodurch das Komitee deren Behandlung nicht kontrollieren konnte: »Kein Zugang, kein Kontakt jeglicher Art mit dem IKRK. Das gilt auch für die Zustellung von IKRK-Post«, hieß es im Handbuch.

In dem *manual* wurde keine physische Folter beschrieben, wohl aber, und das im Detail, Formen von weißer Folter: Isolationshafthaft und Techniken zur psychologischen Unterwerfung von Gefangenen wurden in ihrer ganzen Härte dargestellt. Das Dokument erläuterte den Einsatz von Hunden im Gefangenenlager, das Verhalten gegenüber Journalisten und den Umgang mit deren Fragen: gemäß den Leitlinien für Gespräche mit der Presse waren die Fortschritte im internationalen Kampf gegen den Terrorismus zu betonen.

Als ich auf diese Datei aufmerksam wurde, war ich erstaunt: WikiLeaks war es nicht nur gelungen, sie zu beschaffen, sondern hatte auch die Forderung des Pentagons ignoriert, sie von ihrer Website zu entfernen; die »Veröffentlichung wurde nicht genehmigt«, hatte

---

6   Das von WikiLeaks enthüllte Dokument trägt den Titel »Camp Delta Standard Operating Procedures (SOP)« und ist zugänglich unter: wikileaks.org/wiki/Camp_Delta_Standard_Operating_Procedure (abgerufen: 19.5.2022).

7   Ryan Sigel: Sensitive Guantánamo Bay manual leaked through Wiki site, in: Wired, 14. November 2007.

das US-Verteidigungsministerium WikiLeaks geschrieben.[8] Es erfordert Unabhängigkeit und Mut, sich einer Forderung des Pentagons zu widersetzen, dessen Macht- und Einflussbereich von globaler Reichweite ist. Assange und WikiLeaks waren nicht nur Vorreiter bei der Nutzung von Technologien zum Schutz von Personen, die im öffentlichen Interesse Geheimnisse preisgaben, sondern auch unerschrocken. Für mich war dieser Mut ein Hoffnungsschimmer in jener Finsternis, die den Journalismus zu dieser Zeit umgab.

Der ›War on Terror‹ hatte die Brutalität der Regierung Bush offengelegt, aber auch die erhebliche Verantwortung der Leitmedien, die allzu oft keine Skepsis gegenüber den Machenschaften der Regierung gezeigt hatten. Wie schon in den Monaten vor dem Einmarsch in den Irak hatte die *New York Times* (*NYT*) gegenstandslose Artikel über Saddam Husseins Bemühen veröffentlicht, Massenvernichtungswaffen zu beschaffen. Die *NYT* trug zu einer Medienkampagne bei, die darauf abzielte, den Einmarsch in den Irak und den darauffolgenden verheerenden Krieg, der mindestens 600.000 Menschen das Leben kostete, hinnehmbar erscheinen zu lassen – selbst bei jenen Teilen der Öffentlichkeit, die mit der Regierung Bush politisch uneins waren.[9]

Und das war nicht das einzige Mal, dass die US-amerikanischen Mainstream-Medien zu einem Werkzeug der Regierung wurden, anstatt diese zu kontrollieren. Jahrelang verzichtete die *New York Times* darauf, das Wort »Folter« für die grausamen Verhörmethoden zu verwenden, die in Gefängnissen im Irak, in Afghanistan, in Guantanamo und in verschiedenen Ländern auf der ganzen Welt angewandt wurden, wo die CIA unter völliger Geheimhaltung ihre sogenannten »Black Sites« – ihre »schwarzen« bzw. »geheimen Standorte« – im Namen der Terrorismusbekämpfung betrieb. Es ging um Techniken wie das Waterboarding, bei dem das Gefühl des Ertrinkens hervorgeru-

---

8 Die E-Mail vom Pentagon an WikiLeaks ist zugänglich unter: https://wikileaks.org/wiki/Camp_Delta_Standard_Operating_Procedure (abgerufen: 19.5.2022).

9 Philip Bump: 15 years after the Iraq war began, the death toll is still murky, in: The Washington Post, 20. März 2018. Zur Zahl der Todesopfer vgl. Kapitel 5.

fen wird: Auf ein schräges Brett geschnallt, wird dem Betroffenen ein Tuch übers Gesicht gelegt und Wasser über den Kopf gegossen. Anstatt diese Praktiken als »Folter« zu bezeichnen, sprach die *New York Times* bis 2014 regelmäßig von »verschärften Verhörmethoden«[10] – ein kryptischer Begriff, der die Öffentlichkeit davon abhielt, die Unmenschlichkeit der Vorgänge zu erkennen, etwa den gezielten Kältetod eines Gefangenen, wie er Gul Rahman in Afghanistan widerfuhr.[11]

Die *Washington Post* verhielt sich auch nicht besser. 2005 hatte sie sich bereiterklärt, die Namen der osteuropäischen Staaten, in denen sich Geheimgefängnisse der CIA befanden, nicht zu veröffentlichen: Polen, Litauen und Rumänien. Auch hier war die Bitte, keine Länder zu nennen, von der Regierung Bush gekommen, und die Zeitung war dem nachgekommen.[12]

In solch einer politischen Landschaft war ein neuer energischer und mutiger Journalismus so notwendig wie die Luft zum Atmen: ein Journalismus, der sich nicht vom Pentagon einschüchtern ließ und nicht bereit war, staatlich manipulierte Informationen wahlweise zu veröffentlichen oder zu verbergen. Genau das war es, was Wiki-Leaks versprach. Aber das war noch nicht alles. Die Organisation hatte mich auch aus einem anderen Grund beeindruckt.

Die Veröffentlichung des Unveröffentlichbaren

2008 geriet die Schweizer Großbank Julius Bär ins Visier von Julian Assanges Organisation. Es war dieselbe Bank, die zwei Jahre später in einem italienischen Ermittlungsverfahren gegen Angelo Balducci

---

10 Erst im August 2014 erkannte die *New York Times* an, dass es sich bei derlei Verhörtechniken um Folter handelte. Vgl. den dortigen Beitrag von Chefredakteur Dean Baquet: The executive editor on the word ›torture‹, 7. August 2014.

11 Larry Siems: Inside the CIA's black site torture room, in: The Guardian, 9. Oktober 2017.

12 Dana Priest: CIA holds terror suspects in secret prisons, in: The Washington Post, 2. November 2005.

auftauchen sollte. Der ehemalige Vorsitzende des städtischen Bauausschusses war in einen Korruptionsskandal verwickelt, der ihn seine Ernennung zum »Gentiluomo di Sua Santità« (»Edelmann seiner Heiligkeit«) kostete, die höchste Auszeichnung, die ein katholischer Laie damals vom Heiligen Stuhl erhalten konnte.

Dank des Schweizer Whistleblowers Rudolf Elmer[13] der den Mut hatte, eine Reihe interner Dokumente aus der Julius-Bär-Niederlassung auf den Cayman-Inseln weiterzugeben, deckte WikiLeaks die mutmaßliche Verwicklung des Bankhauses in Delikte von Steuerhinterziehung bis Geldwäsche auf und brachte die Bank sofort gegen sich auf. Sie verlangte, die Datei zu löschen, und leitete rechtliche Schritte ein. Doch was nach einer Auseinandersetzung aussah, bei der das Ergebnis von vornherein feststand, entwickelte sich zu einem ausgewachsenen Fiasko.

WikiLeaks war so konzipiert, dass eine Zensur der veröffentlichten Dateien schwierig war; die Server befanden sich an unbekannten Orten; die Identitäten jener, die für die Organisation arbeiteten, waren nicht öffentlich, außer denen von Julian Assange und dem damaligen deutschen WikiLeaks-Sprecher Daniel Schmitt[14]; und eine Adresse von Assange und seinem Stab aufzuspüren, war, gelinde gesagt, schwierig. Doch Julius Bär beauftragte eine angriffslustige Kanzlei, spezialisiert auf Prozesse von Prominenten. Lavely & Singer aus Los Angeles nahmen, in ihrem Bemühen, die Verantwortlichen für die Veröffentlichungen ausfindig zu machen, WikiLeaks als »juristische Person unbekannter Form« ins Visier; zugleich gingen sie gegen Dynadot LLC vor, den Domainregistrar von WikiLeaks, ein Unternehmen mit Sitz in Kalifornien. Die Anwälte der Bank beantragten und erhielten die richterliche Anordnung, die Dateien zu entfernen. Es schien beschlossene Sache zu sein. Doch es kam anders.

WikiLeaks machte sich daran, »Mirrors« zu erstellen, also gespiegelte Seiten mit identischen Inhalten wie die vom Richter verbote-

---

13 Tax Gap Reporting Team: Isles of plenty, in: The Guardian, 13. Februar 2009.
14 Daniel Schmitt: Pseudonym von Daniel Domscheit-Berg.

nen, die mit einem Mal weltweit kursierten. Zu diesem Zeitpunkt forderten die Anwälte von Julius Bär, WikiLeaks vollständig abzuschalten und die Übertragung der verbotenen Inhalte auf andere Websites zu verbieten. Das erwies sich jedoch als Bumerang, da die Forderung nach kompletter Stilllegung führende US-amerikanische Organisationen zur Verteidigung digitaler und bürgerlicher Rechte auf den Plan rief. Von der Electronic Frontier Foundation (EFF) mit Sitz in San Francisco bis zur American Civil Liberties Union (ACLU) unterstützten einige der einflussreichsten Bürgerrechtsinstitutionen WikiLeaks vor dem Bundesgericht. Dabei beriefen sie sich auf den ersten Zusatzartikel der US-Verfassung, also deren Grundprinzip, das einen umfassenden Schutz der Presse- und Meinungsfreiheit bietet. Im März 2008 hob der Richter die vorläufige Verfügung auf und lehnte die Forderung der Bank ab, die Website zu sperren; die Veröffentlichung der Dateien sei durch den ersten Verfassungszusatz geschützt.

Der hartnäckige Widerstand von Assanges Organisation und der anschließende Rechtsstreit, gestützt von einflussreichen Organisationen wie der EFF oder der ACLU, brachten den Namen Julius Bär in die Schlagzeilen weltweit führender Zeitungen, von der *New York Times*[15] bis zum Londoner *Guardian* – mit genau dem gegenteiligen Effekt, den sich die mächtige Bank erhofft hatte. Jene Dokumente, die Julius Bär diskret entfernt wissen wollte, wurden nun zu einer Angelegenheit von internationalem Interesse. Damit nicht genug, veröffentlichte WikiLeaks auch die eigene Korrespondenz mit den Anwälten der Bank, denen man unbeirrt geantwortet hatte: »Keep your tone civil« – »Bleiben Sie höflich.«[16]

Ich war erstaunt über das Ausmaß an Rückgrat. Ich kannte Julian Assange noch nicht persönlich, aber ich beobachtete ihn und seine

---

15 Adam Liptak/Brad Stone: Judge orders WikiLeaks website shut, in: New York Times, 19. Februar 2008.

16 Der Schriftwechsel zwischen WikiLeaks und den Anwälten der Bank Julius Bär ist zugänglich unter: www.wikileaks.com/wiki/Full_correspondence_between_Wikileaks_and_Bank_Julius_Baer (abgerufen: 19.5.2022).

Organisation aus der Ferne, verfolgte ihre Aktivitäten. Sie bewiesen den Mut, äußerst sensible Dokumente zu veröffentlichen, sich selber Gefahren auszusetzen und dabei Institutionen herauszufordern, die mithilfe üppiger Budgets und wichtiger Verbindungen sogar die Redaktionen von Medien einschüchtern – sei es gerichtlich oder außergerichtlich.

Auch ihr strategisches Vorgehen beeindruckte mich. Hätten sie sich bei dem Julius-Bär-Spiel wie ein traditionelles Nachrichtenmedium verhalten, hätten sie höchstwahrscheinlich ziemliche Prügel einstecken müssen. Italienische, britische oder Schweizer Zeitungen etwa müssen sich innerhalb der Grenzen der Gesetze jenes Landes bewegen, in dem sie registriert sind; ihre Publikationen hätten kaum eine Chance, den von der US-Verfassung gewährten Presseschutz zu genießen. Doch WikiLeaks trug das Spiel auf globaler Ebene aus, nutzte die Mittel des Internets und internationale Bündnisse mit Verfechtern von digitalen und Bürgerrechten, bediente sich des mächtigen Schutzes, den der erste Verfassungszusatz und die Bühne traditioneller Medien bieten – und fügte so einer sehr wohlhabenden Bank eine durchschlagende Niederlage zu.

Für eine investigative Journalistin, die tagtäglich mit den Schikanen der Reichen und Mächtigen, mit deren juristischen Klagen und den daraus folgenden tiefgreifenden Einschränkungen der Pressefreiheit konfrontiert ist, war es spektakulär zu beobachten, wie sich das ganze Debakel entfaltete. Mit der geballten Macht aus Kapital und Anwälten war Julius Bär mit eingezogenem Schwanz davongeschlichen, während es WikiLeaks geschafft hatte, zu veröffentlichen, was viele Zeitungen als unveröffentlichbar, weil rechtlich zu riskant, angesehen hätten.

Der Fall Julius Bär war, wie schon der des Handbuchs von Guantanamo, der Beleg, dass der Kampf gegen die Geheimhaltung gewonnen werden kann. Und ich musste Julian Assange unbedingt aufspüren, denn als Journalistin war dieser Kampf auch mein eigener.

Ein nächtlicher Anruf

Wer aber waren, so schwer fassbar und geheimnisvoll, Julian Assange und WikiLeaks? Es dauerte einige Zeit, bis ich eine Verbindung zu ihnen herstellen konnte. Um mehr herauszufinden, trat ich an Aktivisten heran, an Fachleute für Staatsgeheimnisse und Verschlüsselung; ich ging jedem Kontakt und jeder möglichen Information nach, um zu verstehen, wer sie sind. Anfangs war WikiLeaks wie ein Wiki organisiert: Sie nahmen Dokumente entgegen, analysierten sie und veröffentlichten sie daraufhin, wobei sie alle Interessierten dazu aufforderten, sich an der Prüfung der »Files« zu beteiligen und eine Diskussion um die Enthüllungen voranzutreiben. Sie arbeiteten nicht routinemäßig mit Journalisten zusammen; sie hatten einige Medienpartner, darunter aber keine großen Teams wie in späteren Jahren. Doch eines Tages baten sie mich um Hilfe.

Sommer 2009: Als das Telefon klingelte, war es mitten in der Nacht. Es fiel mir schwer, aufzuwachen, aber mein Telefon klingelte unerbittlich und schließlich raffte ich mich auf. »WikiLeaks hier«, hörte ich jemanden sagen. Ich konnte kaum verstehen, was vor sich ging, aber schließlich begriff ich: Daniel Schmitt war am Apparat. Er richtete eine Nachricht aus: Ich hatte eine Stunde Zeit, um eine Datei aus dem Internet herunterzuladen, danach würde sie entfernt, damit sie für andere nicht zugänglich war. Sie seien gerade dabei, so Schmitt weiter, die Echtheit der Datei und die darin enthaltenen Informationen zu überprüfen. »Können Sie uns helfen?«, fragte er.

Ich lud die Datei sofort herunter und begann sie durchzusehen. Es handelte sich um eine Aufnahme von Juli 2008. Zu hören war Walter Ganapini, der damalige Umweltbeauftragte der italienischen Region Kampanien, der über jene berüchtigte Müllkrise sprach, deren Bilder um die Welt gingen: ein Neapel, das im Müll erstickt.

Der starke Mann in diesem Spiel war jedoch nicht Ganapini, sondern der Sonderbeauftragte für den Abfallnotstand, Gianni De Gennaro, der später zum Dipartimento delle Informazioni per la

Sicurezza (DIS) wechseln sollte, der Koordinierungsstelle des italienischen Geheimdienstes.

Als Ganapini während des Notstands mit Bürgerkomitees und Verbänden zusammenkam, hatte jemand eines der Gespräche aufgezeichnet und an WikiLeaks weitergeleitet. In der über dreistündigen Audiodatei analysierte Ganapini, warum es zu der Müllkrise gekommen war, obwohl doch – so er selbst – eine vorhandene Deponie wie der Parco Saurino den Müll Kampaniens sechs Monate lang hätte aufnehmen können, wodurch die Katastrophe verhindert worden wäre.

»Was den Parco Saurino betrifft, so habe ich eines Tages mit dem derzeitigen Geheimdienstchef darüber verhandelt – und ein Geheimdienstchef ist nicht irgendwer.« Ganapini fuhr fort: »Dieser Ort ist definitiv ein nationales Mysterium.« Die Aufzeichnung bot einen Einblick in die mögliche Rolle des italienischen Geheimdienstes in der Müllkrise von Kampanien und insbesondere in das, was Ganapini als »nationales Mysterium« bezeichnete: Der Parco Saurino in der Provinz Caserta – genauer: in der Gemeinde Santa Maria La Fossa – liegt mitten im Reich der Casalesi, eines Mafia-Clans, der sein gewaltiges Vermögen mit dem illegalen Müllhandel gemacht hat. Ganapini spielte auf das Eingreifen des Geheimdienstes und auf mögliche Absprachen zwischen Staat und Mafia im Zusammenhang mit der Krise an. »Ich weiß, dass es in diesem Land Verhandlungen von Staat zu Staat gibt«, fügte er hinzu.

Besonders beunruhigend war ein Abschnitt, in dem Ganapini schilderte, wie er auf der Piazza del Gesù im Herzen Neapels Ziel eines versuchten Übergriffs wurde. Von vier behelmten Personen, das Visier geschlossen, habe er »einige Warnungen erhalten: Ich hätte etwas gesehen, was ich nicht hätte sehen sollen«, erklärte er.

WikiLeaks hatte mir in dieser Nacht also nicht nur die Datei zugespielt, sondern mich auch mit einer Person in Verbindung gesetzt, die mit einigen der in der Aufnahme erwähnten Fakten vertraut war; sie hatten mich zudem gebeten, alle journalistischen Überprüfungen vorzunehmen, die ich für notwendig hielt. In den darauffolgenden Tagen nahm ich mit mehreren Personen Kontakt auf, vor allem mit

Ganapini selbst, und verwies auf einen Ausschnitt von wenigen Minuten, der kurz zuvor auf *YouTube* gelandet war und von der italienischen Tageszeitung *la Repubblica* aufgegriffen wurde. Ganapini hatte dies damals als fingierte Bearbeitung abgetan, aber die über dreistündige Aufnahme, die ich mir angehört hatte, enthielt alles, was auf *YouTube* erschienen war. Auf meine gezielten und detaillierten Fragen hin mauerte Ganapini und bestätigte nur die Drohungen und die beunruhigende Begegnung auf der Piazza del Gesù. Nach einer Reihe von Überprüfungen veröffentlichte ich am 6. August 2009 einen Artikel mit den wichtigsten Auszügen in dem renommierten italienischen Nachrichtenmagazin *L'Espresso*[17], für das ich damals arbeitete und das bereits maßgebliche Recherchen zur Müllkrise durchgeführt hatte; zugleich veröffentlichte WikiLeaks die Audiodatei auf der eigenen Website.[18]

Mit diesem Dokument waren Julian Assange und seine Organisation von den Staatsgeheimnissen von Guantanamo zu den Mysterien der Italienischen Republik übergegangen. Doch nach der Veröffentlichung dieses Dokuments scheiterten alle meine Versuche, mit WikiLeaks Kontakt aufzunehmen.

Wie eine Bande von Rebellen

Ich versuchte erneut, sie ausfindig zu machen – ohne Erfolg. Mir wurde klar: Die Art und Weise, wie sie vorgingen, hatte logistische Gründe. Wie eine Bande von Rebellen, die auf Beutezug geht und dann abtaucht, schlugen auch sie plötzlich zu und verschwanden wieder. Sie wechselten ihre Kontakte und waren sich der Überwachung bewusst, mit der Polizei, Armee, Geheimdienste und große Unternehmen gegen Journalistinnen und Journalisten vorgehen, die

---

17 Stefania Maurizi: Dai rifiuti spunta lo 007, in: L'Espresso, espresso.repubblica.it, 6. August 2009; vgl. auch: https://wikileaks.org/wiki/Dai_rifiuti_spunta_lo_007.

18 Die Datei ist zugänglich unter: https://wikileaks.org/wiki/Ganapini_servizi_segreti_presidenza_della_repubblica,_1-4_Jul_2008 (abgerufen: 19.5.2022).

sie als Bedrohung empfinden. Schließlich hatte ja genau das mein Interesse an WikiLeaks geweckt, als meine Quelle den Kontakt zu mir abgebrochen hatte. Vorerst hatten sie sich in Luft aufgelöst, aber ich wusste, dass sie früher oder später wieder auftauchen würden. In der Zwischenzeit verfolgte ich ihre Arbeit aus der Distanz.

Im September 2009 berichteten in London zwei führende Medienhäuser, die BBC und der *Guardian*, dass ein Schiff des multinationalen Rohstoffkonzerns Trafigura Giftmüll in die Gewässer vor der Republik Côte d'Ivoire gekippt hatte. Nach offiziellen Schätzungen, die später von der UNO angeführt wurden, starben in der Folge 15 Personen, 69 wurden in Krankenhäuser eingeliefert und über 108.000 mussten medizinisch behandelt werden.[19] Trafigura leugnete diese verheerenden Vorgänge jedoch und beauftragte zur Verhinderung des Skandals eine der aggressivsten Kanzleien Londons, spezialisiert auf Klagen gegen Medien: Carter-Ruck. Während die BBC begann, ihre Berichte über den Fall zurückzuziehen, verfügte der *Guardian* über ein Dossier, den ›Minton Report‹, der die Gefährlichkeit der Abfälle bestätigte: »Die oben aufgeführten Stoffe«, heißt es darin, »können durch Einatmen und durch die Nahrungsaufnahme schwere Auswirkungen auf die menschliche Gesundheit haben. Dazu gehören Kopfschmerzen, Atembeschwerden, Brechreiz, Augenreizungen, Hautgeschwüre, Bewusstlosigkeit und Tod.«

Die Recherche, die dem ›Minton Report‹ zugrunde lag, war von Beratern des multinationalen Unternehmens selbst in Auftrag gegeben worden, sodass sie darüber informiert waren.[20] Jemand hatte eine Kopie des Berichts an die Londoner Zeitung weitergeleitet. Trafigura legte jedoch Berufung ein und setzte den *Guardian* mit einer diskret zu behandelnden Unterlassungsverfügung unter Druck, einer gerichtlichen Anordnung, die der Zeitung nicht nur die Veröf-

---

19 Zu dieser Schätzung vgl. auch den UN-Bericht »Ten years on, the survivors of illegal toxic waste dumping in Côte d'Ivoire remain in the dark«, ohchr.org, 19. August 2016.

20 David Leigh: Minton Report. Carter-Ruck give up bid to keep Trafigura study secret, in: The Guardian, 16. Oktober 2009.

fentlichung des Dossiers untersagte, sondern ihr auch auferlegte, der Leserschaft nicht mitzuteilen, dass sie per Gerichtsbeschluss geknebelt wurde. Es war an WikiLeaks und einigen ausländischen Zeitungen, den Bericht schließlich zu veröffentlichen.[21] Blogs und soziale Netzwerke, insbesondere Twitter, taten ein Übriges, und Millionen von Menschen suchten im Internet danach. Es war eine spektakuläre Niederlage für den Ölhandelsriesen.

Wie bei der Bank Julius Bär hatte WikiLeaks auch im Fall Trafigura bewusst die Zensur umgangen. In dem Maße wie Global Player Schlupflöcher in verschiedenen Rechtsordnungen nutzen, um Gesetze und Steuern zu umgehen, nutzte WikiLeaks seine internationale Struktur als eine aus dem Internet hervorgegangene Nachrichtenorganisation, um zu versuchen, die Pressefreiheit auszuweiten.

Kaum zwei Monate nach dem Trafigura-Fall gelang WikiLeaks ein weiterer aufsehenerregender Coup: Im November 2009 veröffentlichten sie über eine halbe Million Nachrichten von US-Bürgern, aufgezeichnet am 11. September 2001, und zwar in einem Zeitraum von fünf Stunden vor bis 24 Stunden nach dem Anschlag.[22]

Die Nachrichten wurden über eine Software ausgetauscht, die zu der Zeit nicht nur in den USA sehr beliebt war: Pager. Die entsprechenden Endgeräte, die später vollständig von Mobiltelefonen verdrängt wurden, waren bei Regierungsbehörden wie dem FBI, dem Pentagon oder dem New Yorker Police Department im Einsatz. Die abgefangene Kommunikation enthielt nicht nur Nachrichten von normalen Bürgern, sondern auch Informationen, aus denen hervorging, wie bestimmte Bundesbehörden auf die Notlage reagiert hatten, indem sie beispielsweise Anweisungen gaben, um die Funktionsfähigkeit von Einrichtungen in dieser kritischen Zeit zu gewährleisten.

»Wer könnte diese Kommunikation abgefangen haben?«, hatte sich die Koryphäe für IT-Sicherheit, Bruce Schneier, sofort gefragt,

---

21 Der ›Minton Report‹ ist zugänglich unter: https://wikileaks.org/wiki/Minton_report:_Trafigura_toxic_dumping_along_the_Ivory_Coast_broke_EU_regulations,_14_Sep_2006 (abgerufen: 19.5.2022).

22 Zugänglich unter: https://911.wikileaks.org/files/index.html.

als er die Enthüllungen von WikiLeaks kommentierte. Irgendwer musste in den Besitz der Daten gekommen sein und sie an Assanges Organisation geschickt haben. »Es ist beunruhigend zu erkennen, dass jemand, möglicherweise nicht einmal eine Regierung, die meisten (oder gar alle?) Pager-Daten in Lower Manhattan bereits 2001 routinemäßig abfing. Wer konnte das gewesen sein? Zu welchem Zweck? Wir wissen es nicht«, schloss Schneier.[23]

Danach vergingen etwas mehr als drei Monate, und WikiLeaks tauchte wieder in meinem Leben auf.

WikiLeaks zerschlagen

Diesmal war es Julian Assange selbst, der sich meldete. Es war im März 2010, und er wollte meine Aufmerksamkeit auf eine geheime Akte der Regierung Bush lenken, die seine Organisation gerade veröffentlicht hatte. Die Datei hatte mit WikiLeaks selbst zu tun und war eine Analyse des U.S. Army Counterintelligence Command (ACIC), der militärischen Spionageabwehreinheit, die auf die Identifizierung von Personen oder Instanzen spezialisiert ist, die eine Bedrohung für die US-Armee samt entsprechender Einrichtungen und Informationen darstellen könnten. Das Dokument beschrieb Assanges Organisation wie folgt: »Wikileaks.org wurde von chinesischen Dissidenten gegründet sowie von Journalisten, Mathematikern und Technologen aus den Vereinigten Staaten, China, Taiwan, Europa, Australien und Südafrika. Die Website wurde Anfang 2007 in Betrieb genommen. Dem Beirat von Wikileaks.org gehören Journalisten, Kryptografen, ein ›ehemaliger US-Geheimdienstanalyst‹ und Expatriates aus chinesischen, russischen und tibetischen Communities an.«[24]

---

23 Bruce Schneier: Leaked 9/11 text messages, schneier.com, 26. November 2009.
24 Das Dokument ist zugänglich unter: https://file.wikileaks.org/file/us-intel-wikileaks.pdf (abgerufen: 19.5.2022).

1. DIE WIKILEAKS-REVOLUTION 41

Die Darstellung von WikiLeaks als eine Organisation, die von Regimekritikern, Journalisten, Mathematikern und Exilanten gegründet wurde, entsprach der Beschreibung auf der eigenen Website von WikiLeaks; die US-Spionageabwehr bestritt weder den Wahrheitsgehalt der Informationen, die auf eine kollektive Anstrengung hinweisen, noch zeigte sie demgegenüber jedwede Skepsis.

Was Assange betrifft, so hieß es in der Akte, dieser sei »ein ehemaliger Computerhacker, der von der australischen Regierung für schuldig erklärt wurde,[25] weil er sich 1997 in die Computernetzwerke der US-Regierung und des DoD [Department of Defense] gehackt hat. Er ist weithin bekannt für seine Unterstützung von Open-Government-Initiativen, seine linke Ideologie, seine US-kritische Haltung und für seine Opposition zum ›Global War on Terrorism‹.«

Da auf Website von WikiLeaks jeder eine Datei hochladen könne, »ohne dass es eine redaktionelle Überprüfung oder Kontrolle der Richtigkeit der veröffentlichten Informationen gebe«, könne die Website »dazu benutzt werden, gefälschte Informationen, Fehlinformationen, Desinformation und Propaganda zu verbreiten«, hieß es weiter.

Hätte es gestimmt, dass Assanges Organisation die Echtheit von Dateien vor deren Veröffentlichung nicht überprüft, so wäre dies tatsächlich bedenklich gewesen; doch meine persönliche Erfahrung widerlegte diese Behauptung. Obwohl ich bis zu diesem Zeitpunkt kaum in direktem Austausch mit WikiLeaks stand, konnte ich aus unseren wenigen Kontakten schließen: Die Dateien wurden tatsächlich überprüft, auch weil, wie mir von Anfang an aufgefallen war, in der Organisation ein erhebliches Maß an Paranoia herrschte. Aber

---

25 Was das U.S. Army Counterintelligence Center (ACIC) über Julian Assange berichtet, ist nicht korrekt: Es stimmt zwar, dass Julian Assange als Teenager ein Hacker war, aber im Dezember 1996 wurde er nicht wegen Hackings von Netzwerken der US-Regierung verurteilt, wie es in dem ACIC-Dokument heißt; vielmehr betrafen die Hacking-Anklagen das RMIT [Royal Melbourne Institute of Technology], Northern Telecom, die Australian Telecommunications Corporation und die Australian National University. (Victoria County Court Press Office, Mitteilung an die Autorin, 14. März 2022.)

mehr noch: Was wäre – für den Zweck, die Glaubwürdigkeit einer Nachrichtenorganisation zu zerstören – einfacher, als ihr gefälschte Dateien zu schicken und auf deren Veröffentlichung zu warten, um sich daraufhin lauthals über den Fake zu beschweren?

Die Counterintelligence-Analyse erfasste jedoch vollauf das Ziel von Assanges Werk: »Wikileaks.org will sicherstellen, dass geleakte Informationen über viele Gerichtsbarkeiten, Organisationen und einzelne Nutzer hinweg verbreitet werden; denn wenn entsprechende Dokumente erst einmal im Internet stehen, ist es extrem schwierig, sie vollständig zu entfernen.« Genau das hatten Assange und seine Leute getan, um die Zensur im Fall von Julius Bär und von Trafigura zu umgehen und so die Einschränkungen und rechtlichen Hürden zu überwinden, denen sich die traditionellen Medien gegenübersehen.

Das vertrauliche Dokument listet einige Instrumente auf, die WikiLeaks zum Schutz von Quellen verwendet, die ihnen Dateien schicken, darunter PGP und Tor, also jene Software, die ihre User vor der Analyse des Datenverkehrs schützt, indem sie es der Überwachung schwer macht, den Besuch von Internetseiten und andere Aktivitäten nachzuvollziehen. Die US-Spionageabwehr räumte zwar ein, dass die »Entwickler und das technische Personal von WikiLeaks offenbar auf hohem Niveau agierten, um Whistleblowern ein sicheres operatives Umfeld zur Veröffentlichung von Informationen zu bieten«; zugleich sei jedoch nicht auszuschließen, dass es der Organisation möglich sei, »sicherere Geräte, Übertragungswege und Verschlüsselungsprotokolle zu erhalten, wenn ihr zusätzliche finanzielle Mittel zur Verfügung gestellt« würden. Trotzdem, so das Dokument weiter, könnte ein Gegner mit hinreichenden Kapazitäten und Mitteln »Zugang zur Website von Wikileaks.org, zu Informationssystemen oder zu Netzwerken bekommen, was dabei helfen könnte, sowohl die Personen zu identifizieren, die die Daten liefern, als auch die Mittel der Datenübertragung.«

Dieser Analyse zufolge haben eine Reihe von Staaten, »darunter China, Israel, Nordkorea, Russland, Vietnam und Simbabwe, den

Abruf der Website angeprangert oder gar deren Zugang gesperrt, um zu verhindern, dass Bürger oder gegnerische Kräfte Zugang zu sensiblen oder kompromittierenden Informationen bzw. zu vermeintlicher Propaganda erhalten«. Die US-Regierung hingegen habe die Seite bisher nicht zensiert, obwohl die Sichtweise des militärischen Counterintelligence Command unmissverständlich erklärte: »Wikileaks.org, eine öffentlich zugängliche Website, stellt eine potenzielle Bedrohung für den Truppenschutz, die Spionageabwehr, die operative Sicherheit (OPSEC) und die Informationssicherheit (INFOSEC) der US-Armee dar«; denn die Möglichkeit, dass ein Mitarbeiter der US-Regierung sensible oder geheime Informationen an die Website übermittelt, könne »nicht ausgeschlossen werden«.

Nachdem man zu dem Schluss gekommen war, dass WikiLeaks eine Bedrohung darstellte, musste die Organisation aus dem Spiel genommen werden. Nur wie? Durch vorzeigbarere Methoden als solche, wie China oder Israel sie anwenden, wo man, dem Dokument zufolge, das Problem von der Wurzel her angeht: mit repressiven Methoden wie vollständiger Zensur. Doch obwohl die USA vergleichsweise hehre Absichten verfolgten, waren sie nicht weniger alarmierend: »Wikileaks.org nutzt Vertrauen als Gravitationszentrum: Man versichert Insidern, Leakern und Whistleblowern, die Informationen an Wikileaks.org-Mitarbeiter weitergeben oder Informationen auf der Website posten, dass sie anonym bleiben«, so die Akte. »Dieses Gravitationszentrum könnte beschädigt oder zerstört werden, indem gegen Insider, Leaker und Whistleblower vorgegangen wird: durch deren Identifizierung und Bloßstellung, durch Beendigung ihrer Beschäftigungsverhältnisse oder durch rechtliche Schritte gegen sie.«

Ich war völlig perplex, als ich das Dokument las. Es war auf März 2008 datiert. WikiLeaks war am 4. Oktober 2006 gegründet worden, und gerade mal ein gutes Jahr später beschloss die Spionageabwehr einer führenden Großmacht, der Vereinigten Staaten, sie zu zerschlagen. Und zwar indem man gegen die Quellen vorging: Es galt, jene ausfindig zu machen, zu feuern und zu inhaftieren, die WikiLeaks

Dateien schickten – Dokumente, die nicht veröffentlicht werden sollten, wie die über das Gefangenenlager Guantanamo. Eine kämpferische Organisation wie die von Assange auszuschalten, die den Mut hatte, dem Pentagon die Stirn zu bieten, würde das Sprachrohr der Informationspolitik weitgehend in den Händen der klassischen Medien belassen, die sich in allzu vielen Fällen – wenn auch nicht in allen – als gefügig gegenüber den Forderungen einer Regierung wie der der USA erwiesen hatten, deren Einfluss weltweit wahrnehmbar ist. Genau deshalb musste WikiLeaks neutralisiert werden: Sie waren nicht Teil des Clubs, nach dessen Regeln es zu spielen galt.

Die Situation erschien in jeder Hinsicht beunruhigend. Regime wie das Chinas erstickten dem Dokument zufolge WikiLeaks mittels Zensur im Keim; dagegen besannen sich Demokratien wie die Vereinigten Staaten darauf, WikiLeaks durch Techniken zu zerstören, die zwar salonfähiger, aber immer noch unvereinbar mit der Pressefreiheit waren, beispielsweise durch Angriffe auf journalistische Quellen und Whistleblower, die Missstände aufdeckten. Was sollte die Zukunft für Julian Assange und WikiLeaks bereithalten?

2.
Der außergewöhnliche Mut von Chelsea Manning

Collateral Murder

Nicht einmal einen Monat, nachdem mich Julian Assange wegen des Counterintelligence-Berichts, also der Analyse der US-Spionageabwehr, kontaktiert hatte, wurde WikiLeaks zur internationalen Sensation. Am 5. April 2010 veröffentlichten sie ›Collateral Murder‹, ein als geheim eingestuftes Video, in dem ein US-amerikanischer Apache-Hubschrauber zu sehen ist, aus dem wehrlose Zivilisten in Bagdad abgeschossen werden – unter dem Gelächter der Crew.[1] Innerhalb von 24 Stunden wurden die Bilder auf YouTube von zwei Millionen Menschen gesehen, ohne die Zuschauer der Fernsehsender mitzuzählen, die das Video in die ganze Welt übertrugen.

Die Aufnahmen stammten aus einer ›Pentagon File‹ und waren auf den 12. Juli 2007 datiert. Das Bildmaterial war in Echtzeit von einem der beiden Apache-Hubschrauber aufgenommen worden, die an diesem Tag die Stadt überflogen, um nach Aufständischen Ausschau zu halten. Das Gemetzel wurde ungefiltert und ohne jegliche Zensur gezeigt. Rund ein Dutzend Zivilisten – darunter der angesehene 22-jährige Kriegsberichterstatter Namir Noor-Eldeen und dessen 40-jähriger Assistent und Fahrer Saeed Chmagh, beide bei der internationalen Nachrichtenagentur *Reuters* beschäftigt – wurden durch die 30-mm-Bordkanonen des Apache-Hubschraubers in Stü-

---

1 Das ›Collateral Murder‹-Video ist zugänglich unter: https://collateralmurder.wikileaks.org/ (abgerufen: 19.5.2022).

cke gerissen, zwei irakische Kinder wurden schwer verletzt. Ihr Vater, Saleh Matasher Tomal, der in einem Lieferwagen vorbeifuhr, hatte angehalten, um dem Fahrer des *Reuters*-Fotografen zu helfen, der verwundet am Boden lag; doch die Hubschrauberbesatzung durchlöcherte auch Tomal und gab dem Verletzten den Rest. Wie durch ein Wunder überlebten die beiden im Fahrzeug sitzenden Kinder im Alter von 5 und 10 Jahren, wenn auch mit schweren Verletzungen. Den im Video aufgezeichneten Gesprächen zufolge verfolgte die Besatzung das Schauspiel mit Befriedigung. »All right, hahaha«, rief einer von ihnen lachend, »ich hab' sie getroffen.« Und: »Guckt euch diese toten Bastarde an.« Als US-Truppen im Schützenpanzer »Bradley« einige Minuten später den Ort des Geschehens erreichten, schien die Apache-Crew erneut voller Freude: »Ich glaube, sie haben grade eine Leiche überfahren«, so einer von ihnen, den herankommenden Bradley im Blick. »Really?!«, fragt ein anderer. »Yeah!«, so die triumphierende Antwort.

Die US-Behörden hatten zunächst behauptet, bei den Getöteten handele es sich um Aufständische, später hieß es, der Angriff sei im Rahmen von Kampfhandlungen gegen feindliche Kräfte erfolgt. Das Video widerlegte diese offizielle Erklärung: Es fanden schlichtweg keine Kampfhandlungen statt.[2] Bei ihrem Bemühen, die Fakten zusammenzutragen, wurde die internationale Presseagentur *Reuters* dazu verleitet, die offizielle Version zu glauben, was dazu führte, dass Dean Yates, zum Zeitpunkt des Anschlags Leiter des *Reuters*-Korrespondenzbüros in Bagdad, die US-Behörden später beschuldigte, ihn absichtlich getäuscht zu haben – und dabei sehr harte Worte benutzte, als er dem *Guardian* die Vorgeschichte erzählte.

Nach dem Tod seiner beiden Kollegen traf sich Yates mit zwei US-Generälen, die die Ermittlungen zu dem Massaker geleitet hatten. Im Verlauf des Treffens zeigten sie ihm einige Minuten des Filmmate-

---

[2] Paul Daley: »All lies«. How the US military covered up gunning down two journalists in Iraq, in: The Guardian, 14. Juni 2020; Paul Daley: Julian Assange indictment fails to mention WikiLeaks video that exposed US »war crimes« in Iraq, in: The Guardian, 14. Juni 2020.

rials. Yates wurde der Eindruck vermittelt, auf seine Kollegen wäre das Feuer deshalb eröffnet worden, weil die Hubschrauberbesatzung bewaffnete Männer gesehen habe, die sich verdächtig verhielten: Der Fotograf sei umhergeirrt, und die US-Soldaten hätten seine Kamera samt Teleobjektiv mit einer Panzerfaust bzw. einem Granatwerfer verwechselt. *Reuters* versuchte auf jedwede Weise, das vollständige Filmmaterial zu erhalten, um den Sachverhalt selbst zu überprüfen, und forderte sogar mit Verweis aus den Freedom of Information Act (FOIA) eine Kopie an. Doch vergeblich: Nicht einmal eine mächtige Nachrichtenagenturen wie *Reuters* mit all ihren Möglichkeiten konnte die Aufnahmen erhalten. Erst als WikiLeaks das ›Collateral Murder‹-Video veröffentlichte, konnte Yates verstehen, was wirklich vor sich gegangen war. »They fucked us«, sagte er Jahre später dem *Guardian*[3] mit Bezug auf die US-Militärbehörden. »Sie haben uns einfach verarscht. Sie haben uns belogen. Nichts als Lügen.« In den Jahren nach dem Tod seiner Kollegen ging Yates durch eine psychische Hölle und litt unter einer posttraumatischen Belastungsstörung, die ihn an den Rand des Selbstmords brachte.

Zwei Wochen nachdem WikiLeaks ›Collateral Murder‹ veröffentlicht hatte, beschrieb Ethan McCord, einer der US-Soldaten, die wenige Minuten später zum Ort des Gemetzels geeilt waren, das traumatische Ereignis gegenüber dem US-amerikanischen Magazin *Wired* wie folgt: »Es war ein ziemlicher Schock, als wir dort ankamen und sahen, was passiert war, das Blutbad und all das.« Der *Wired*-Journalist erhob Einspruch: »Aber Sie waren doch schon einmal im Kampfeinsatz. Es hätte Sie nicht überraschen dürfen, was Sie gesehen haben.« Darauf McCord: »Ich hatte noch nie gesehen, wie jemand von einem 30-Millimeter-Geschoss getroffen wurde. Es sah unwirklich aus, oder besser: Es sah nicht aus, als hätten wir es mit Menschen zu tun.«[4]

---

3 Paul Daley: »All lies« …, a. a. O.
4 Kim Zetter: US soldier on 2007 Apache attack. What I saw, in: Wired, 20. April 2010.

Laut Ethan McCord befanden sich am Ort des Geschehens Waffen; einige der Getöteten hätten sie zuvor bei sich getragen. Auf jeden Fall zeigt das Video weder Kampfhandlungen noch jegliche Drohgebärden von Seiten der Iraker, die der Hubschrauber ins Visier nahm. Sollten die anfänglichen Schüsse des Apache tatsächlich durch mutmaßlich vorhandene Waffen ausgelöst worden sein – insbesondere durch die Verwechslung eines Teleobjektivs mit einem Raketenwerfer –, so ist der Hagel an Munition auf den Lieferwagen nur allzu schwer zu rechtfertigen: Dort wurden unbewaffnete Zivilisten ausgeschaltet, die versuchten, dem verwundeten, über den Boden kriechenden Assistenten des *Reuters*-Fotografen zu helfen.

McCord erinnerte sich später noch genau an diesen Tag. Als er den Ort des Massakers erreichte, rannte er, getrieben durch die Schreie der Kinder, auf den Lieferwagen zu, während ein anderer Soldat den Anblick nicht ertragen konnte und sich zu übergeben begann, bevor er davonlief. Die schrecklichen Wunden der beiden Kinder, ihr zerfetzter Vater, überall Blut, die Glassplitter im Körper des kleinen Mädchens, und er selbst, der mit den Kleinen in seinen Armen umherrennt, um sie zu retten, während sein Zugführer ihn anschreit, er solle aufhören, sich um »diese verdammten Kinder« – »those fucking kids« – zu sorgen. »Das passiert täglich im Irak«, sagte McCord. »This is the end, we need to bring the soldiers home now«, fügte er noch hinzu und erklärte, dass im Jahr 2007 die Einsatzregeln, also die internen Richtlinien darüber, wie sich Soldaten im Kriegsgeschehen zu verhalten haben und in welchen Situationen es legitim sei zu schießen, »ein Witz« gewesen seien.[5] Laut diesen Regeln durften die US-Soldaten jeden töten, den sie als Bedrohung wahrnahmen, und »viele Soldaten fühlten sich allein dadurch bedroht, dass man sie ansah, also schossen sie auf jeden, der sie ansah«.

Es ist das eine, Zivilisten zu töten, ohne dass dies im Verlauf des Kampfes beabsichtigt war; etwas anderes ist es, sie bewusst ins

---

5   Zitate aus einer öffentlichen Rede von Ethan McCord, die er 2010 nach Veröffentlichung des ›Collateral Murder‹-Videos hielt, vgl. youtube.com.

Visier zu nehmen. Im ersten Fall reden wir von Kollateralschäden, im zweiten Fall von Kriegsverbrechen. Das Video dokumentiert, wie der Apache-Hubschrauber Zivilisten auslöschte, insbesondere den schwer verletzten Assistenten des *Reuters*-Fotografen und die beiden Männer, die ihn zu retten versuchten und die keinerlei Gefahr für die US-Streitkräfte darstellten. Das ›Collateral Murder‹-Video hätte den Weg für eine Untersuchung der von US-Soldaten begangenen Kriegsverbrechen ebnen können.

Damit die Öffentlichkeit nachvollziehen konnte, ob der Angriff den Einsatzregeln – den »Rules of Engagement« (RoE) – entsprach, verbreitete WikiLeaks nicht nur das Video, sondern auch vier als geheim eingestufte RoE-Papiere aus den Jahren 2006 und 2007.[6] Diese vier Dokumente gehören zu jenen, wegen derer Julian Assange über Jahre Gefahr lief, den Rest seines Lebens in einem US-Hochsicherheitsgefängnis zu verbringen.

Erst nach der Veröffentlichung von ›Collateral Murder‹ wurde Dean Yates klar, wie sehr ihn die offiziellen Erklärungen und die wenigen Minuten Filmmaterial, gezeigt bei dem Treffen mit dem US-Militär, in die Irre geführt hatten. »Ich gab Namir die Schuld an dem Angriff«, so Yates mit Blick auf den getöteten *Reuters*-Fotografen. »Ich dachte, aus dem Apache-Hubschrauber wäre auf ihn geschossen worden, weil er sich verdächtig gemacht hätte. Dabei war mir völlig entfallen, dass der Feuerbefehl bereits erteilt worden war«, erklärte er später dem *Guardian*[7], und fügte hinzu: »Die einzige Person, die das aufgriff, war Assange. An jenem Tag, an dem er das *tape* veröffentlichte [5. April 2010], sagte er, der Hubschrauber habe das Feuer eröffnet, weil er Erlaubnis ersucht – und erhalten – hatte. Und er sagte so etwas wie: ›Wenn das auf den Einsatzregeln beruht, dann sind die Einsatzregeln falsch.‹«[8]

---

6   Die »Rules of Engagement« für den Irak sind zugänglich unter: https://collateralmurder.wikileaks.org/en/resources.html (abgerufen: 19.5.2022).
7   Paul Daley: »All lies« …, a. a. O.
8   Ebd.

Ohne den Mut der Quelle, die das geheimgehaltene Video an WikiLeaks weitergeleitet hatte, und ohne den Mut von Assanges Organisation, es zu veröffentlichen, wären diese Bilder höchstwahrscheinlich nie aufgetaucht, so sehr sich *Reuters* auch darum bemühte, die Wahrheit herauszufinden. Und WikiLeaks verbreitete das erhaltene Material nicht einfach unbedacht im Internet, sondern nahm zunächst alle journalistisch notwendigen Gegenprüfungen vor. Sie bemühten sich auch darum, die Geschichte der Opfer ans Licht zu bringen, indem sie mit dem isländischen Investigativjournalisten Kristinn Hrafnsson zusammenarbeiteten, der damals für die öffentlich-rechtliche Rundfunkanstalt Island (RÚV) arbeitete und später Chefredakteur von WikiLeaks wurde. Hrafnsson flog nach Bagdad, um die beiden irakischen Kinder und ihre Mutter ausfindig zu machen.

Nach der ›Collateral Murder‹-Enthüllung wurde WikiLeaks von einer Organisation, die nur einem Nischenpublikum bekannt war, zu einem internationalen Phänomen. Doch was wenig später geschah, sollte sich als tragisch erweisen: Die von der US-Spionageabwehr verfolgte Strategie begann, Gestalt anzunehmen.

Eine Lektion

Am 6. Juni 2010, zwei Monate nach der Veröffentlichung des ›Collateral Murder‹-Videos, wurde, so das Magazin *Wired*, eine junge US-Amerikanerin, gerade mal 22 Jahre alt, im Irak verhaftet. Ihr wurde vorgehalten, in einem Chat enthüllt zu haben, dass sie diejenige war, die das Video an WikiLeaks weitergeleitet hatte – zusammen mit hunderttausenden anderer vertraulicher Dateien der US-Regierung.

Die Nachricht war ein bemerkenswerter Scoop: Die Enthüllungen eines eher fachspezifischen US-amerikanischen Magazins wie *Wired*, das normalerweise liest, wer sich für digitale Technologie begeistert, wurden von Medien in aller Welt aufgegriffen. Bei der 22-Jährigen handelte es sich um Chelsea (damals Bradley) Manning, einer Geheimdienstanalystin der US-Armee, die in Bagdad eingesetzt war.

Analystinnen und Analysten wie Manning sammeln und überprüfen Informationen über feindliche Kräfte und potenzielle Gefahren. Sie arbeiten routinemäßig mit klassifizierten, also als geheim eingestuften Dateien, auf die sie über geschützte Computernetzwerke zugreifen, nachdem sie im Rahmen eines Genehmigungsverfahrens, auch bekannt als »security clearance«, für geeignet befunden wurden. Um diese Sicherheitsüberprüfung zu bestehen, müssen sie von staatlichen Stellen gründlich überprüft werden, und zwar mit Blick auf die Persönlichkeit, das psychologische Profil sowie die wirtschaftliche, soziale und familiäre Situation.

Mir und anderen, die WikiLeaks damals sehr genau beobachteten – unter ihnen in erster Linie ein US-amerikanischer Verfassungsrechtler und Kolumnist, der später für seinen herausragenden Journalismus bekannt wurde, nämlich Glenn Greenwald –, fiel sofort auf, wie die US-Behörden an Manning gelangt waren. Die Nachricht von Mannings Verhaftung war von zwei *Wired*-Reportern, Kim Zetter und Kevin Poulsen, verbreitet worden.[9] Bevor er Journalist wurde, war Poulsen in der Welt des Hackings unterwegs und hatte eine Reihe von Cyberangriffen durchgeführt, insbesondere auf Telefonnetzwerke. Assange hatte sich in seinen Teenager- und frühen Zwanzigerjahren ebenfalls dem Hacking verschrieben, aber erst viel später, im Dezember 1996, wurde er als 25-Jähriger vom Bezirksgericht von Victoria (Australien) wegen entsprechender Aktivitäten verurteilt. Unter Vorsitz von Leslie Ross erkannte das Gericht an, dass Assanges Handeln einzig und allein von »intellektueller Neugier« angetrieben war, also ohne die Aussicht auf persönliche Bereicherung, und verhängte eine sehr milde Strafe: eine Geldbuße von 2.100 australischen Dollar.[10]

---

9 Kim Zetter / Kevin Poulsen: US intelligence analyst arrested in Wikileaks video probe, in: Wired, 6. Juni 2010.

10 Das Urteil wurde vom australischen Richter Leslie Ross am 5. Dezember 1996 am County Court of Victoria in Melbourne in der Rechtssache The Queen ./. Julian Paul Assange gefällt.

Im Fall von Kevin Poulsen hingegen waren die Beweggründe offenbar nicht immer allzu edel: In mindestens einem Fall ging es ihm beim Hacking darum, einen Porsche und ein hohes Preisgeld einzuheimsen. Die US-Justiz verurteilte ihn zu etwas mehr als fünf Jahren Haft, und als er wieder auf freiem Fuß war, begann Poulsen, als Journalist zu arbeiten, spezialisiert auf Cyberkriminalität. Zwei Wochen vor Mannings Verhaftung hatte Poulsen einen Artikel über den so bekannten wie umstrittenen US-amerikanischen Hacker Adrian Lamo veröffentlicht, der ebenfalls wegen unerlaubter EDV-Eingriffe für schuldig befunden worden war. Der *Wired*-Journalist berichtete, dass bei Lamo das Asperger-Syndrom diagnostiziert worden war, eine Form jener Autismus-Spektrum-Störung, die häufig bei Mathematikern, Naturwissenschaftlern, Hackern und Computergenies auftritt. Der Artikel beschrieb Lamos Kämpfe inmitten psychiatrischer Probleme und sozialer Härten.

Kaum 15 Tage später offenbarten Kevin Poulsen und seine Kollegin Kim Zetter in *Wired*, dass Manning verhaftet worden war. Allem Anschein nach hatte Manning gleich nach Erscheinen des genannten Artikels Kontakt zu Lamo aufgenommen. Obwohl sie mit diesem zuvor weder persönlich noch online in Verbindung gestanden hatte – räumte sie in einem Chat offen ein, diejenige gewesen zu sein, die das ›Collateral Murder‹-Video und andere wichtige Geheimdokumente der US-Regierung an WikiLeaks geschickt hatte, darunter etwa 260.000 diplomatische Schriftwechsel. Wer Verschlusssachen offenlegt, riskiert eine sehr empfindliche strafrechtliche Verurteilung, im Falle der Vereinigten Staaten sogar lebenslänglich, wenn nicht gar die Todesstrafe. Warum hatte Manning nach der Enthüllung der Akten einen Außenstehenden kontaktiert, der sich wegen Hackerangriffen bereits im Blickfeld der US-Justiz befand, und ihm gegenüber alles eingeräumt? Eines ist sicher: Kaum war Lamo von Manning vertraulich eingeweiht worden, alarmierte er die US-Behörden, die die junge Geheimdienstanalystin umgehend im Irak verhafteten; währenddessen veröffentlichten Kevin Poulsen und *Wired* die Nachricht und sorgten damit für einen Scoop, der weltweit Schlagzeilen machte.

War das wirklich Zufall, oder waren Kevin Poulsen und Adrian Lamo Teil eines Komplotts gegen Manning? Glenn Greenwald äußerte öffentlich Zweifel an dem *Wired*-Bericht[11] und wies darauf hin, dass Kevin Poulsen und Adrian Lamo sich nicht nur seit einiger Zeit kannten, sondern dass einige der Personen, die mit der Verhaftung in Verbindung standen, einschließlich Lamo selbst, Teil eines undurchsichtigen Plans namens »Project Vigilant« waren.[12]

Das von einem privaten Unternehmen geleitete *Project Vigilant* überwachte die Aktivitäten von Internetnutzern offenbar wie eine Art Internet-Sheriff und leitete Informationen über verdächtige Fälle an die US-Behörden weiter. Allerdings ist seit 2010 kein Beweis für konspirative Absprachen zwischen Poulsen und Lamo aufgetaucht. Gegenwärtig stellen sich die Tatsachen wie folgt dar: Die US-Behörden verhafteten Manning für das, was diese in einem Moment der Schwäche in einem Chat gegenüber einem »Perfect Stranger« zugab. Rückblickend dient diese Verhaftung immer noch als Lektion für Journalisten und ihre Quellen: Man kann eine Quelle mit all den Verschlüsselungstechniken und anderen hochentwickelten Methoden schützen, die WikiLeaks zur Verfügung stellte; doch manchmal kann keine Technologie der Welt eine Quelle vor ihrer eigenen menschlichen Unzulänglichkeit schützen.

Bei der Veröffentlichung der Nachricht von Mannings Verhaftung hatte *Wired* nur einige Auszüge aus der Konservation angeführt. Anhand dieser Informationsfetzen war es unmöglich, sich ein vollständiges Bild von den Geschehnissen zu machen, aber eines wurde deutlich: Die junge Analystin aus dem Chat erschien als hochintelligente und zugleich aufgewühlte 22-Jährige. Manning hat sich später als Transgender geoutet und den Vornamen Chelsea angenommen, nachdem sie gegenüber dem Pentagon fast fünf Jahre lang um die Anerkennung ihrer Identität gekämpft hatte.

---

11 Glenn Greenwald: The strange and consequential case of Bradley Manning, Adrian Lamo and WikiLeaks, in: Salon, 18. Juni 2010.

12 Glenn Greenwald: The worsening journalistic disgrace at Wired, in: Salon, 27. Dezember 2010.

Als *Wired* ein Jahr nach der Verhaftung den vollständigen Chat veröffentlichte[13], kam zum Vorschein: Chelsea Mannings Geschichte war eine von hoher moralischer Integrität.

Sie hätte auch wegsehen können

»Ich wurde in Central Oklahoma geboren und bin in einer kleinen Stadt namens Crescent aufgewachsen«,[14] erklärte Manning dem Unbekannten und rief in Erinnerung, wo sie als Kind gelebt hatte – in einem kleinen Ort von kaum 1.200 Einwohnern im Bundesstaat Oklahoma. »Ich war klein (und bin es immer noch), sehr intelligent (konnte mit drei Jahren lesen und im Alter von vier multiplizieren/dividieren), ziemlich feminin und hing schon in diesen jungen Jahren an einem Computer … im Kindergarten ein leichtes Opfer … wuchs in einer höchst evangelikalen Stadt auf, in der es mehr Kirchenbänke als Menschen gab, sodass ich in der Schule ziemlich durcheinanderkam … ›mädchenhafter Junge‹, ›Haustierchen des Lahrers‹ usw. Zu Hause war es nicht besser, Vater und Mutter alkoholabhängig … Mutter war wirklich lieb, aber emotional in Nöten … Vater war sehr wohlhabend (viele schöne Spielsachen/Computerzeug), aber verletzend.«[15]

Je mehr Manning erzählte, desto besorgniserregender erschien ihre Familiensituation. »Ich lebte am Ende der Welt, so hatte ich auch keine Nachbarn, mit denen ich Zeit verbringen konnte, und mein Vater nahm mich sowieso nie mit, weil er nach der Arbeit zur Flasche griff«, fuhr sie fort und beschrieb, wie sie, noch als sie zur Mittelschule ging, aus dem Haus geworfen wurde: »Mein Vater, ganz im Vollrausch, wurde wütend auf mich, weil ich bei den Hausaufgaben zu laut war, während er fernsah … Er ging ins Schlafzimmer,

---

13 Evan Hansen: Manning-Lamo chat logs revealed, in: Wired, 13. Juli 2011.
14 Ebd.
15 Ebd.

kam mit einer Schrotflinte zurück und jagte mich aus dem Haus ... aber die Tür war verriegelt, so konnte ich nicht raus, bevor er mich eingeholt hatte ... also warf ihm meine Mutter (die ebenfalls betrunken war) eine Lampe über den Kopf ... und ich kämpfte mit ihm, brach ihm die Nase und schaffte es aus dem Haus ... mein Vater gab ein oder zwei Schüsse ab, die zwar Schaden verursachten, aber niemanden verletzten, stattdessen peitschte er mit dem Gürtel nach mir, weil ich ihn angeblich dazu gebracht hatte, ›das Haus in die Luft zu jagen‹.«[16]

Nach diesem gewalttätigen Vorfall trennten sich ihre Eltern. Später unternahm ihre Mutter erst einen Selbstmordversuch, erkrankte dann schwer und erlitt einen Schlaganfall. Vor allem um Unterstützungsleistungen für ihre College-Kosten zu erhalten, meldete sich Manning bei der US-Armee. Doch sie wollte auf kein Schlachtfeld ziehen, sondern ihre intellektuellen Fähigkeiten als Geheimdienstanalystin einsetzen. Damit kündigte sich die Katastrophe regelrecht an: Anders als viele ihrer Kameraden ließ Manning den Hang zur Gewalt missen; zudem war sie zu sehr Freigeist, zu kritisch veranlagt, und damit vollkommen ungeeignet für einen unhinterfragten soldatischen Gehorsam gegenüber den Befehlen eines Vorgesetzten. Sie wurde katholisch erzogen – in einem sehr kleinen Ort mit ausgeprägtem evangelischem Glauben –, stand also unter erheblichem sozialem Druck, und doch ließ sie sich nicht anpassen. Sie sei, offenbarte sie Lamo, die einzige Ungläubige in Crescent.

Im Irak fand sie sich bald in einer kritischen Lage. »Im Moment bin ich sehr isoliert«, bekannte sie Adrian Lamo gegenüber im Chat, »ich habe all meine persönlichen Kontakte verloren, die mir emotionale Unterstützung boten ... wie etwa meine Familie, meinen Freund, vertrauenswürdige Kollegen ... so gehe ich kaputt. Ich bin mitten in der Wüste, mit einem Haufen hypermaskuliner, schießwütiger, ignoranter Hinterwäldler an meiner Seite. ... Und der einzige offenbar sichere Ort, den ich habe, ist diese satellitengestützte Internetverbin-

---

16 Ebd.

dung.«[17] Kurz nach ihrer Einberufung erkannte sie den Fehler, den sie mit ihrer Entscheidung für die Armee begangen hatte: »Was mich wohl am meisten mitgenommen hat ... was mich mehr als alles andere dazu gebracht hat, die Welt zu überdenken, das war der Anblick von 15 Verhafteten, festgenommen von der irakischen Bundespolizei ... weil sie ›anti-irakische Literatur‹ vervielfältigt hatten.«[18] Und weiter an Lamo: »Die irakische Bundespolizei wollte nicht mit den US-Streitkräften zusammenarbeiten, also wurde ich beauftragt, die Angelegenheit zu untersuchen und herauszufinden, wer die ›bad guys‹ waren und was das für die Bundespolizei bedeutete ... Es stellte sich heraus, dass sie eine fundierte Kritik an [dem irakischen Premierminister] PM Maliki gedruckt hatten ... Ich ließ sie mir von einem Dolmetscher vortragen ... und als ich sah, dass es sich um eine lobenswerte politische Kritik unter dem Titel ›Wo ist das Geld geblieben?‹ handelte, die die Korruptionsspur innerhalb des Kabinetts des Premierministers verfolgte, ... lief ich mit dieser Information sofort zu einem Verantwortlichen, um ihm zu erklären, was vor sich ging ... Er wollte nichts davon hören ... er sagte mir, ich solle die Klappe halten und lieber erklären, wie wir der Bundespolizei auf der Suche nach *mehr* Gefangenen helfen könnten ... danach begann alles in Schieflage zu geraten ... Ich sah das anders. Ich hatte immer hinterfragt, wie die Dinge funktionierten, und genau hingesehen, um die Wahrheit herauszufinden ... Aber an diesem Punkt war ich *Teil* von etwas. Ich war in eine Sache verwickelt, die mir komplett gegen den Strich ging.«[19]

In diesen Jahren waren Folter und Misshandlung in irakischen Gefängnissen an der Tagesordnung, und jemand mit einem Gewissen wie Manning hätte niemals Teil einer Befehlskette sein wollen, die Kriegsverbrechen und Folter tolerierte oder gar förderte.

Im Irak und in jenen Datennetzen, in denen die US-Regierung Verschlusssachen speicherte, hatte Manning so manches gesehen,

---

17 Ebd.
18 Ebd.
19 Ebd.

wie sie gegenüber Lamo schildert: »Wenn du für längere Zeit freie Hand über geheime Netzwerkstrukturen hättest ... sagen wir, acht bis neun Monate lang ... und du würdest Unglaubliches sehen, Schreckliches ... Sachen, die für die Öffentlichkeit zugänglich sein sollten und nicht auf irgendeinem Server in einem Darkroom von Washington D.C. ... Nun, was würdest du tun?«[20]

Manning begann, einiges davon aufzuführen: »Guantanamo, Bagram«, erklärte sie auch mit Blick auf Dokumente über das Militärgefängnis auf der US-amerikanischen Bagram Air Base in Afghanistan. »Dinge, die für 6,7 Milliarden Menschen von Bedeutung wären. Sagen wir mal, eine Datenbank mit einer halben Million Vorkommnissen während des Irakkrieges ... von 2004 bis 2009 ... mit Berichten, gruppiert nach Datum und Uhrzeit, Breiten- und Längengraden, Opferzahlen ... Oder 260.000 Mitteilungen von Botschaften und Konsulaten aus aller Welt an das State Department, in denen detailliert dargelegt wird, wie die Erste Welt die Dritte ausbeutet, und zwar aus einer Innenperspektive.«[21]

Dann ihr Bekenntnis: »Mit anderen Worten ... ich habe ein riesiges Durcheinander angerichtet. :-(Es tut mir leid ... Ich bin einfach emotional zerrüttet. Ich bin völlig durcheinander.«[22]

Chelsea Manning hatte ganz offensichtlich Angst vor den möglichen Folgen ihres Handelns, aber die Entscheidung, die sie getroffen hatte, war richtig gewesen. Sie war auf erschreckende Menschenrechtsverletzungen gestoßen, wie sie in dem ›Collateral Murder‹-Video zu sehen sind: Zivilisten, die von dem Apache-Hubschrauber in Stücke gerissen werden. Sie hatte Details über die Folter in Guantanamo erfahren, über Skandale und Missbräuche, übermittelt in der diplomatischen Korrespondenz der USA. Sie hätte wegschauen und sich dumm stellen können, weil das persönliche Risiko, dieses Material offenzulegen, zu groß war. Sie hätte einfach verdrängen können,

---

20 Ebd.
21 Ebd.
22 Ebd.

was sie aufgedeckt hatte, es einfach hinter sich lassen können, in Erwägung, dass wir alle nur unser eines Leben zu leben haben: Warum »lebenslänglich« oder gar die Todesstrafe riskieren, nur weil man diese geheimen Akten *leakt* und auffliegen könnte? Aber nein: Chelsea schaute nicht weg, sie traf die schwerstmögliche Entscheidung. Sie leitete die Dateien an die Organisation von Julian Assange weiter, darunter auch das ›Collateral Murder‹-Video, das knapp einen Monat vor ihrem Chat mit Adrian Lamo veröffentlicht worden war. Sie sei durch die Pager-Meldungen, aufgezeichnet am 11. September, auf WikiLeaks aufmerksam geworden: »Ich erkannte sofort, dass sie aus einer NSA-Datenbank stammten.«[23]

Die National Security Agency (NSA) ist der schlagkräftigste und technologisch am weitesten entwickelte Auslandsgeheimdienst der Welt. Sie ist in der Lage ist, die Telefon- und Internetkommunikation des gesamten Planeten abzufangen. Laut Chelsea Manning stammten also jene über eine halbe Million Nachrichten, die von US-Amerikanern am 11. September 2001 verschickt und von WikiLeaks im November 2009 veröffentlicht wurden, aus einer Datenbank der NSA: Jemand mit Zugang zu diesen Daten hatte sie kopiert und an die Organisation von Julian Assange geschickt, und ihre Veröffentlichung war von Manning registriert worden – oder genau genommen: auf der ganzen Welt.

Mit ihrer Entscheidung, nicht wegzusehen, hatte Manning ungewöhnlichen Mut bewiesen, und ihre außergewöhnliche moralische Haltung kam in dem verhängnisvollen Chat zum Vorschein.

»... dass die Menschen die Wahrheit erkennen«

Adrian Lamo versuchte wiederholt herauszufinden, welche Art von Dateien Chelsea Manning außer dem ›Collateral Murder‹-Video an WikiLeaks geschickt hatte. Unter den von Manning genannten wa-

---

23 Ebd.

ren etwa 260.000 geheime diplomatische Dokumente. Sie berichtete Lamo, die riesige Datenbank enthalte die »non-PR-versions« zu »Weltereignissen und Krisen«, also Versionen, die sich nicht mit den offiziellen Verlautbarungen decken. Mehr noch, sie »umfassen, hmm, alles Mögliche, von der Vorbereitung des Irakkrieges unter [Colin] Powell bis hin zum tatsächlichen Inhalt von ›Hilfspaketen‹.«[24] Etwa die Hilfe für Pakistan: »Die PR, dass die USA Hilfe für Pakistan leisten, beinhaltet die Finanzierung von Wasser/Nahrung/Kleidung«, so Manning. »Das stimmt zwar, aber die anderen 85 % sind für F-16-Kampfflugzeuge und für Munition zur Unterstützung des Afghanistan-Einsatzes. So können die USA Pakistan für Luftangriffe heranziehen, anstatt selbst eventuell Zivilisten zu töten und ein PR-Desaster zu verursachen.«[25]

Nachdem sie gestanden hatte, geheime Dateien von dieser Tragweite an WikiLeaks weitergeleitet zu haben, verhehlte Manning ihre Befürchtungen nicht: »Gott weiß, was jetzt passiert, hoffentlich weltweite Diskussionen, Debatten und Reformen. Wenn nicht …, so sind wir als menschliche Spezies dem Untergang geweiht. Ich jedenfalls werde die Gesellschaft, wie wir sie kennen, offiziell drangeben, wenn nichts passiert.«[26]

Die Reaktionen auf das ›Collateral Murder‹-Video, wenige Wochen zuvor von Wikileaks veröffentlicht, hatten ihr Hoffnung gegeben: »Twitter ist geradezu explodiert«,[27] meinte sie gegenüber Lamo. »Wer es gesehen hat, wusste, dass irgendwas nicht stimmt.« Dann erklärte sie, warum sie sich nicht abgewandt, sondern die geheimen Akten geleakt hat: »Ich will, dass die Menschen die Wahrheit erkennen«, so Manning, »denn ohne Informationen kann man als Öffentlichkeit keine fundierten Entscheidungen treffen.« Hätte sie aus Eigeninteresse gehandelt, wären ihr übrigens andere Entschei-

---

24 Ebd.
25 Ebd.
26 Ebd.
27 Im Juli 2023 wurde *Twitter* in *X* umbenannt.

dungen möglich gewesen, wie sie freimütig bekannte: »Aus Heimtücke hätte ich die Sache an Russland oder China verkaufen und Geld verdienen können.«[28] »Warum hast du das nicht gemacht?«, fragte Lamo sofort zurück. »Weil es öffentliche Daten sind«, antwortete sie, ohne zu zögern. »Die Informationen sollten frei zugänglich sein, sie gehören in die öffentliche Hand, ein anderer Staat würde nur den eigenen Vorteil aus ihnen ziehen.«[29]

Das Motiv ihres Handelns, dabei blieb Manning, sei rundum ehrenwert gewesen: Kriegsverbrechen aufzudecken und die Wahrheit über wichtige Fakten von öffentlichem Interesse zu enthüllen, um damit eine Debatte über eklatante Menschenrechtsverletzungen zu entfachen.

Sie war keine Spionin, die Informationen an eine ausländische Macht verkauft hätte, womit diese wiederum das Wissen um die Skandale hätte nutzen können, um bei internationalen Verhandlungen Druck auszuüben oder andere zu erpressen. Vielmehr war sie eine Whistleblowerin, die – im Wissen um ungeheuerliche Vorfälle – diese Dokumente durchstach, um eine öffentliche Diskussion anzustoßen, damit die Verantwortlichen für mögliche Kriegsverbrechen wie jene in dem ›Collateral Murder‹-Video erkannt und bestraft werden konnten.

Vierzehn Jahre später war diese Wahrheit in Stein gemeißelt: Manning handelte aus Gewissensgründen; nicht einmal die US-Regierung hat jemals versucht, sie zu beschuldigen, Informationen an ausländische Mächte weitergegeben zu haben und dabei in der zwielichtigen Welt der Spionage mitzumischen, in der man mit dem Verkauf von Geheimnissen viel Geld machen kann.

Obwohl erst 22 Jahre alt, war Chelsea Manning, das zeigte der Chat, nicht nur eine Person von großer Integrität, sondern auch zu scharfsinnigen politischen Analysen fähig. »Ich glaube nicht mehr an das Spiel *good guys* gegen *bad guys*, … sondern nur noch an die Exis-

---

28 Ebd.
29 Ebd.

tenz einer Vielzahl von Staaten, die aus Eigeninteresse handeln … gewiss mit unterschiedlichen ethischen und moralischen Standards, aber trotz allem aus Eigeninteresse.« Und weiter an Lamo: »Ich meine, wir sind in mancher Hinsicht besser … wir sind viel subtiler … verwenden viel mehr Worte und juristische Techniken, um alles zu legitimieren. Das ist besser, als sich im Schatten der Nacht aus dem Staub zu machen. Aber nur weil etwas subtiler ist, ist es noch lange nicht richtig.«[30]

Chelsea Manning entblößte ihre Seele vor diesem einen Kontakt, dem sie nie zuvor begegnet war; und obgleich in Sorge darüber, was auf sie zukommen könnte, hielt sie es Lamo gegenüber für unwahrscheinlich, dass die US-Behörden sie als Quelle der WikiLeaks-Enthüllungen ausfindig machen würden. Ihr zufolge war die Sicherheit der Infrastruktur und der Computernetzwerke der US-Armee, in denen geheime Dateien gespeichert waren, ziemlich lückenhaft; Kollegen hätte verbotenerweise gar Dateien mit Filmen, Musik oder Spielen auf dieselben Computer geladen, die sie für die Arbeit an klassifiziertem Material verwendeten. Als Lamo sie fragte, wie sie die an WikiLeaks gesendeten Dateien wieder aus dem System herausholen könnte, antwortete sie hypothetisch: »Vielleicht würde ich mit Musik auf einer wiederbeschreibbaren CD kommen, die mit so etwas wie ›Lady Gaga‹ beschriftet ist … dann die Musik löschen … und eine komprimierte Split-Datei schreiben. Wer würde da schon Verdacht schöpfen?«[31]

Das spektakuläre Versagen auf Seiten der Netzwerksicherheit des Pentagons, aufgeflogen nach Mannings Verhaftung, war für die US-Behörden hochpeinlich.

Adrian Lamo hatte ihr seinerseits zugesichert, dass ihre Kommunikation streng vertraulich bleiben würde: »Ich bin Journalist und, sagen wir: Seelsorger. Du kannst dir eines von beiden aussuchen und dies als Beichte oder als Interview (das nie veröffentlicht werden

---

30 Ebd.
31 Ebd.

darf) betrachten«.[32] Stattdessen beeilte er sich, direkt Meldung zu erstatten. Im Mai 2010 im Irak verhaftet, wurde Chelsea zunächst nach Kuwait verbracht und dann auf der Marine Corps Base Quantico, der Marinebasis in Virginia (USA), inhaftiert.

Ich war bestürzt über die Verhaftung von Manning. Zum einen wegen der Konsequenzen, die ihr drohten, zum anderen weil sie die Strategie der US-Geheimdienste, der Counterintelligence, bestätigte: Julian Assanges Organisation zu zerstören, indem sie gegen jene Quellen vorgehen, die, um Missstände und Gräueltaten aufzudecken, WikiLeaks Dateien zuspielen. Und als ich befürchtete, was die US-Behörden zur Behandlung von Chelsea Manning wohl auf Lager hatten, fragte ich mich: Wie lange kann WikiLeaks noch weitermachen?

---

32 Ebd.

3.
Afghanistan: Der ferne Krieg

Der immerwährende Krieg

Nach der Verhaftung von Chelsea Manning war klar, dass die Vereinigten Staaten nicht tatenlos zusehen würden, wie Julian Assange und die Seinen einfach hunderttausende von geheimen US-Dokumenten öffentlich zugänglich machten.

Fünfzehn Tage nachdem *Wired* seinen internationalen Scoop gelandet hatte, flog ich nach Brüssel. Assange war eingeladen worden, im Europäischen Parlament einen Vortrag über Meinungsfreiheit zu halten. Die Veröffentlichung des ›Collateral Murder‹-Videos und die Verhaftung von Chelsea Manning hatten WikiLeaks zu einer internationalen Sensation gemacht, und das Brüsseler Pressebüro wurde von Journalisten regelrecht belagert, um ihn abzufangen. Die geheimnisvolle Aura um den WikiLeaks-Gründer und seinen Stab, worüber nur sehr wenig bekannt war, zog die Medien geradezu magnetisch an.

Nicht etwa der damalige deutsche Sprecher von WikiLeaks, Daniel Schmitt, würde nach Brüssel kommen, sondern Assange selbst, und ich hatte die Gelegenheit, mit ihm persönlich zu sprechen. Er bewegte sich wie ein gejagter Mann. Es war offensichtlich, dass die US-Behörden an ihn und sein Team herankommen wollten – sowie an die geheimen Akten, an die sie gelangt waren; doch genauso offensichtlich war: Sie würden die Finger von ihm lassen, während er ein Seminar im Europäischen Parlament hielt. Tatsächlich endete das Seminar ohne Zwischenfälle.

Einen Monat später jedoch brach die Hölle los. Am 25. Juli 2010 veröffentlichte WikiLeaks die Afghanischen Kriegstagebücher, die

›Afghan War Logs‹ – und das Pentagon war außer sich.[1] Die Daten bestanden aus 76.910 vertraulichen Berichten über den Afghanistankrieg, aufgezeichnet von US-Truppen vor Ort zwischen Januar 2004 und Dezember 2009. Sie boten einen noch nie dagewesenen Einblick in diesen fernen, weithin unbeachteten Krieg. Die westlichen Medien berichteten kaum über ihn,[2] obwohl doch die Koalitionstruppen seit 2001 vor Ort waren.

Der bewaffnete Konflikt, der im August 2021 nach zwanzig Jahren mit dem Abzug der US-geführten westlichen Armeen endete, symbolisiert, was US-Medien als »Forever Wars« bezeichnen, die immerwährenden Kriege gegen den Terrorismus: Allein mit diesem Krieg zerstörten die Vereinigten Staaten das Leben tausender junger US-Soldaten, löschten tausende unschuldiger afghanischer Zivilisten aus und gaben dabei über zwei Billionen Dollar aus.[3] Und wofür?

Dieses extrem arme Land ist ein Paradebeispiel für eine Kurzsichtigkeit, die für die US-Außenpolitik typisch ist: In ihrem Kampf gegen den Kommunismus unterstützte und finanzierte man Fundamentalisten wie Gulbuddin Hekmatyar, dessen Männer den Frauen Säure ins Gesicht warfen; so öffneten die USA die Büchse der Pandora des islamistischen Fanatismus, was schließlich zu den Anschlägen des 11. September führte und die Welt noch heute in Flammen stehen lässt.

Um die Enthüllungen von WikiLeaks zu verstehen, ist es hilfreich, kurz eine Reihe von Ereignissen durchzugehen, die überhaupt erst zu

---

1 Die 76.910 Berichte der Afghanischen Kriegstagebücher sind zugänglich unter: https://wardiaries.wikileaks.org/ (abgerufen: 10.1.2022).

2 Laut dem ›Tyndall Report‹, der die US-Fernsehsender kontrolliert, widmeten die Abendnachrichten auf CBS, ABC und NBC ein Jahr vor Kriegsende, also 2020, dem bewaffneten Konflikt nur fünf Minuten, während zwischen 2015 und 2019 in allen drei Nachrichtensendungen zusammen nicht einmal eine Stunde pro Jahr über den Afghanistankrieg berichtet wurde: 58 Minuten insgesamt. (Vgl. Brendan Morrow: Afghanistan got just 5 minutes of coverage on the network newscasts last year, analysis says, in: The Week, 27. August 2021.)

3 Dass die Vereinigten Staaten 2,313 Billionen Dollar für ihren 20-jährigen Krieg in Afghanistan ausgaben, wurde von dem Projekt »Costs of War« geschätzt, das vom Watson Institute for International and Public Affairs der Brown University gegründet wurde. (vgl. watson.brown.edu.)

3. AFGHANISTAN: DER FERNE KRIEG

diesem Konflikt führten. Die Geschichte Afghanistans ist geprägt von Kriegen, Invasionen und Bürgerkriegen. Aufgrund seiner strategischen Lage stand das Land im Blickfeld des British Empire, der Sowjetunion und in jüngster Zeit des US-amerikanischen ›War on Terror‹. Aus einer Vielzahl von Gründen gelang es nicht, dieses ungleich ärmere und unterentwickelte Land zu besiegen; mitunter wird es auch als »Friedhof der Imperien« bezeichnet.

1979 intervenierte die Sowjetunion in Afghanistan, und das Land wurde in einen Krieg verwickelt, indem die Mudschahedin, islamistische Fundamentalisten mit antikommunistischer Ausrichtung, von der CIA über Pakistan bewaffnet und finanziert wurden. Zu den Anhängern der Mudschahedin gehörte auch Osama bin Laden, der aus einer wohlhabenden saudi-arabischen Bauunternehmerfamilie stammte und in den Heiligen Krieg nach Afghanistan zog. Der Konflikt zwischen den Sowjets und den Mudschahedin zählte Millionen, die ihr Leben ließen oder fliehen mussten. Nach UN-Schätzungen fanden zwischen 1979 und 1990 mindestens 6,2 Millionen Afghanen Zuflucht in Pakistan und Iran.[4] Übel zugerichtet, mit allerlei Schrammen und Blessuren, zogen sich die Sowjets 1989 aus dem Land zurück, nachdem sie sich in einen Guerillakrieg verstrickt hatten.

Zu dieser Zeit fiel Afghanistan in einen Bürgerkrieg zwischen den verschiedenen Mudschahedin-Fraktionen. Diejenige von Gulbuddin Hekmatyar gehörte zu den gewalttätigsten.

1994 trat eine neue militärische und politische Kraft zutage: die Taliban. Als islamistische Fundamentalisten in Religionsschulen in Pakistan ausgebildet, erlangten sie in den 1990er Jahren fast die vollständige Kontrolle über Afghanistan. Die Taliban errichteten im Wesentlichen ein Apartheidregime, doch anders als die rassistische Politik in Südafrika basierte die Apartheid in Afghanistan auf der Geschlechtertrennung und richtete sich gegen die Frauen: Sie wurden von Bildung ausgeschlossen; mussten sich von Kopf bis Fuß

---

4 Vgl. Rupert Colville, in: Refugees Magazine Issue 108 (Afghanistan: the unending crisis) – The biggest caseload in the world, 1. Juni 1997 (unhcr.org).

verhüllen; durften nicht mehr außer Haus arbeiten und wurden so in extreme Armut gedrängt; konnten nicht länger ohne männliche Begleitung nach draußen zu gehen, nicht einmal ins Krankenhaus. In einem Land, das allein in der Hauptstadt 30.000 Witwen zählte,[5] kann es verheerend sein, nicht einmal aus gesundheitlichen Gründen das Haus ohne einen Mann verlassen zu dürfen. Die Taliban führten selbst unter Patientinnen und Patienten eine strikte Geschlechtertrennung durch. Im Ergebnis liefen 1997 in Kabul eine halbe Million Frauen Gefahr, sich in einem einzigen Krankenhaus behandeln lassen zu müssen, dem Rabia Balkhi,[6] das über 35 Betten verfügte und in dem es an den rudimentärsten sanitären Einrichtungen mangelte. Erst nach Verhandlungen zwischen dem Internationalen Komitee vom Roten Kreuz und den Taliban konnte die drohende große Gesundheitskatastrophe, ausgelöst durch die Anordnung der Taliban, abgewendet werden.

Unmittelbar nach dem 11. September wurden die Taliban beschuldigt, Osama bin Laden und Al-Qaida, die für die Anschläge verantwortlich gemacht wurden, Zuflucht gewährt zu haben. Unter Berufung darauf überfiel eine US-geführte internationale Koalition

---

5   Vgl. den abschließenden Bericht zur Situation der Menschenrechte in Afghanistan, vorgelegt vom damaligen UN-Sonderberichterstatter für Afghanistan, Choong Hyun Paik, entsprechend der Resolution der UN-Menschenrechtskommission (1995/74, UN, E/CN.4/1996/64) vom 27. Februar 1996.

6   2003 erfuhr ich als Journalistin dank der Arbeit der Physicians for Human Rights (PHR), einer US-amerikanischen NGO, die 1997 den Friedensnobelpreis erhalten hatte, von den Auswirkungen der Taliban-Politik. PHR hatte deren verheerende Folgen für die körperliche und geistige Gesundheit der afghanischen Frauen dokumentiert. Dabei griffen die Physicians for Human Rights auf ihr medizinisches Fachwissen zurück, das in den letzten Jahrzehnten die Dokumentation schwerster Menschenrechtsverletzungen ermöglicht hat, von der brutalen Pinochet-Diktatur in Chile bis hin zu den Folterungen der CIA im Krieg gegen den Terror. Die Organisation untersuchte sowohl die von den Taliban als auch die von US-Truppen in Afghanistan begangenen Misshandlungen. (Vgl. die PHR-Berichte: Vincent Iacopino: The Taliban's war on women, August 1998; PHR: Women's health and human rights in Afghanistan. A population-based assessment, 2001; sowie: Caitriona Palmer: The Taliban's war on women, in: The Lancet, Nr. 352, 29. August 1998.)

am 7. Oktober 2001 Afghanistan. Die katastrophale Behandlung von Frauen durch die Taliban wurde sofort zu einem Mittel westlicher Propaganda, um Unterstützung für die Militäroffensive zu mobilisieren. So nutzten die USA und ihre Verbündeten einerseits die Notlage der Frauen unter den Taliban, um ihren Angriff auf Afghanistan zu rechtfertigen, während andererseits manche Kritik an der US-Offensive so weit ging, die mittelalterliche Politik der Taliban mit Verweis auf kulturelle Traditionen zu dulden. In Wirklichkeit gehörte diese Form von Unterdrückung keinesfalls zum Inventar des Landes, was zuverlässige Organisationen wie Physicians for Human Rights (PHR) dokumentierten.[7]

Nach Beginn der Intervention im Oktober 2001 war es nur eine Frage von Wochen, bis die Taliban militärisch besiegt waren. Doch schon bald sahen sich die US-Truppen, die NATO-Einheiten der International Security Assistance Force (ISAF)[8] sowie die afghanischen Armee- und Polizeikräfte mit einem Aufstand konfrontiert, der zwanzig Jahre lang, bis zum Ende des Krieges, andauerte. Nachdem die Sowjetunion in Afghanistan ihr Vietnam erfahren hatte, waren nun wieder die USA und ihre Verbündeten an der Reihe. Dieser Krieg lässt sich mithilfe der ›Afghan War Logs‹, im Juli 2010 von WikiLeaks veröffentlicht, über Jahre fast Tag für Tag rekonstruieren.

Einige Monate vor Freigabe der Akten hatte WikiLeaks ein vertrauliches CIA-Memorandum[9] vom 11. März 2010 in Umlauf gebracht. Das Memo hatte nicht viel Aufsehen erregt, war aber von

---

7   Vgl. vorherige Fußnote zu den Berichten der Physicians for Human Rights.
8   Die ISAF führte den Krieg in Afghanistan bis 2014 unter Führung der NATO. Nach Angaben der NATO umfasste die ISAF auf ihrem Höhepunkt 130.000 ausländische Soldaten aus 51 Ländern (USA, Großbritannien, Deutschland, Italien, Frankreich etc.). 2015 kam es zu einem neuen Einsatz (»Resolute Support«), der bis zum Ende des Afghanistankrieges im August 2021 fortgesetzt wurde.
9   Wie alle Enthüllungen von WikiLeaks, so sind auch diese Dokumente öffentlich zugänglich: https://wikileaks.org/wiki/CIA_report_into_shoring_up_Afghan_war_support_in_Western_Europe,_11_Mar_2010 (abgerufen: 10.1.2022).

Belang, weil es erklärte, mit welchen Strategien das Risiko abgewendet werden sollte, dass sich die französische und deutsche öffentliche Meinung gegen den Krieg wendet und den Abzug ihrer Truppen fordert. Frankreich und Deutschland hatten damals nach den Vereinigten Staaten und Großbritannien die größten Truppenkontingente in Afghanistan: Für das Pentagon wäre deren Abzug, gelinde gesagt, ein Problem gewesen. Einer der Faktoren, auf den sich die CIA offenbar am meisten verließ, war die Gleichgültigkeit der westlichen Öffentlichkeit gegenüber dem Krieg. Er wurde nur sehr selten in Zeitungen und noch weniger im Fernsehen thematisiert, sodass die damit verbundenen Massaker und Gräueltaten kaum, wenn überhaupt, Reaktionen hervorriefen. »Die geringe öffentliche Aufmerksamkeit für die Afghanistan-Mission«, schrieb die CIA in der von WikiLeaks enthüllten Datei, »hat es der französischen und deutschen Führung ermöglicht, den Widerspruch in der Bevölkerung zu übergehen und ihre Truppenbeiträge für die International Security Assistance Force (ISAF) stetig zu erhöhen.«[10]

Das Dossier empfahl jedoch, nicht allein auf Desinteresse zu setzen, sondern auch mögliche Überzeugungsstrategien für den Fall vorzubereiten, dass die Stimmung kippt. Die Argumente für die französische Öffentlichkeit sollten sich auf eine mögliche Rückkehr der Taliban an die Macht konzentrieren und auf die Auswirkungen, die dies auf das Leben der afghanischen Frauen hätte: »Die Aussicht, dass die Taliban die hart erkämpften Fortschritte bei der Schulbildung von Mädchen wieder rückgängig machen, könnte in Frankreich Empörung hervorrufen und zu einem Kristallisationspunkt für die größtenteils säkulare Öffentlichkeit Frankreichs werden.«

Bei den Deutschen ließ sich dagegen die Flüchtlingskarte ausspielen: »Meldungen darüber, wie eine Niederlage in Afghanistan die Gefährdung Deutschlands durch Terrorismus, Opium und Flüchtlinge erhöhen könnte, dürften dazu beitragen, Zweifel am Krieg zu zerstreuen.«

---

10 Ebd.

Trotz seiner Bedeutung hatte das Dokument keine große Wirkung gezeigt. Doch als WikiLeaks am 25. Juli 2010 die ›Afghan War Logs‹ veröffentlichte, sorgten diese weltweit für Schlagzeilen, und das Pentagon reagierte äußerst ungehalten.

Ein »außergewöhnliches Fenster zu diesem Krieg«

Die 76.910 geheimen Dokumente bildeten den Krieg derart detailliert ab, wie es nie zuvor möglich war. Es handelte sich um kurze Berichte, verfasst von US-Soldaten, die vor Ort im Einsatz waren. Sie enthielten sachliche Informationen, einschließlich der Längen- und Breitengrade der Orte, an denen Zusammenstöße mit, Angriffe auf und Massaker an Zivilisten stattgefunden hatten, jeweils in knappem Militärjargon mit genauer Zeit- und Datumsangabe beschrieben.

In den Dateien wurden signifikante Aktivitäten (sog. SigActs) von Januar 2004 bis Dezember 2009 in Echtzeit aufgezeichnet, also ab der zweiten Amtszeit von George W. Bush bis zum ersten Jahr der Präsidentschaft Barack Obamas. Jede Einheit und jeder Vorposten auf dem Kriegsschauplatz erstellte äußerst präzise Berichte über erlittene Angriffe, Konfrontationen, Tote, Verwundete, Entführte, Gefangene, Friendly Fire und Warnmeldungen wie auch detaillierte Berichte zu Vorfällen mit improvisierten Sprengfallen (IEDs, improvised explosive devices), jenen behelfsmäßigen, ferngesteuerten Vorrichtungen, die entlang der Straßen platziert wurden und sowohl bei Soldaten als auch bei der Zivilbevölkerung verheerenden Schaden anrichteten.

Jeder Bericht war wie ein Schnappschuss, der den Konflikt in Afghanistan zu einem bestimmten Zeitpunkt und an einem konkreten Ort einfing. Durch die Zusammensetzung all dieser Momentaufnahmen konnten sich Armee und Geheimdienste ein umfassendes Bild vom Kriegsgeschehen vor Ort verschaffen, und zwar von einer Kampfhandlung zur nächsten, um Einsatzpläne zu erstellen und nachrichtendienstliche Analysen durchzuführen. Die Berichte wurden von den US-Soldaten selbst erstellt, bildeten also deren eigene

Sicht auf den Konflikt ab. Sie enthielten keine Informationen über *streng geheime* Ereignisse, die Dokumente waren lediglich als *geheim* eingestuft.

Die Berichte brachten Hunderte von zivilen Opfern ans Licht, die niemand zuvor gezählt hatte. Auf Grundlage der Dokumente zählte der *Guardian* mindestens 195 Tote und 174 Verletzte, wobei die Zahlen zweifellos noch unterschätzt seien, wie die britische Zeitung betonte. Die Dateien gewährten zudem einen Einblick in den geheimen Krieg, der mit bisher unbekannten Spezialeinheiten wie der Task Force 373 und mit Drohnen geführt wurde, jenen unbemannten Fluggeräten, mit denen von einem weit entfernten Ort aus, wie dem US-Stützpunkt in Nevada, in Afghanistan getötet wurde.

Die Task Force 373 war eine Eliteeinheit, die ihre Befehle direkt vom Pentagon erhielt und deren Aufgabe es war, hochrangige Al-Qaida- und Taliban-Kämpfer gefangen zu nehmen oder außergerichtlich zu töten. Die Entscheidung über »capture or kill« wurde – jenseits rechtskräftiger Verfahren – offenbar voll und ganz der Task Force anvertraut.[11]

Der Wert der ›Afghan War Logs‹ lag gerade in der Enthüllung von Fakten, die der Propagandaapparat des Pentagons unter Verschluss gehalten hatte. Die Geheimoperationen der Task Force 373 waren ein Paradebeispiel dafür. Die Brutalität der nächtlichen Angriffe dieser Spezialeinheiten hatte zur Tötung von verbündeten afghanischen Streitkräften sowie von Frauen und Kindern geführt. Dies trug in der lokalen Bevölkerung zu den starken Ressentiments gegen die US- bzw. die Koalitionstruppen bei.

Der Name »Task Force 373« tauchte jedoch nie in den offiziellen Verlautbarungen des Militärs auf, und laut dem *Guardian* wurden Informationen unterschlagen, um sowohl Irrtümer als auch Gemetzel an Unschuldigen zu vertuschen.[12] Beispielsweise hatten die Sol-

---

11 Presseerklärung von WikiLeaks zu den ›Afghan War Logs‹: https://wikileaks.org/afg/ (abgerufen: 19.5.2022); Nick Davies: Afghanistan War Logs. Task Force 373 – special forces hunting top Taliban, in: The Guardian, 25. Juli 2010.

12 Ebd.

daten der Task Force 373 bei einem ihrer Einsätze sieben Kinder getötet. Zwar wurde deren Tod in einer Pressemitteilung der Koalition erwähnt, jedoch ohne den jeglichen Kontext. Diese Spezialeinheiten – und darüber berichtete niemand – hatten oft buchstäblich keine Ahnung, wen sie gerade töteten: In diesem speziellen Fall hatten sie fünf Raketen auf eine religiöse Schule abgefeuert, eine *Madrasa*, und zwar in der Überzeugung, sie träfen den Al-Qaida-Führer Abu Laith al-Libi. In einem anderen Fall töteten sie sieben afghanische Polizisten und verwundeten vier – in der Gewissheit, sie hätten auf Männer geschossen, die unter Befehl der Taliban standen.

Doch die Dateien brachten nicht nur Gemetzel ans Licht, die von den US-Truppen begangen wurden, sondern auch solche, hinter denen die Taliban standen, vor allem ihre verheerenden Angriffe mit IEDs, den genannten Sprengfallen. Dem *Guardian* zufolge zeichneten die ›Afghan War Logs‹ auf, dass zwischen 2004 und 2009 mehr als 2.000 Zivilisten durch IEDs ums Leben kamen. 2009 war ein besonders schlimmes Jahr mit hundert Angriffen in nur drei Tagen.[13] Wie die Londoner Zeitung hervorhob, waren IEDs die bevorzugte Waffe der Taliban, mit der sie versuchten, die erdrückende technologische Überlegenheit des westlichen Militärs zu kompensieren.

Was in den Dateien auffiel: Ab Ende 2005 nahmen die Angriffe auf die US-Armee und auf internationale Einheiten zu. Ein Grund für die Eskalation war, wie der *Spiegel* bei Durchsicht der Datenbank feststellte: Die Taliban und auch Warlords wie der berüchtigte Gulbuddin Hekmatyar bedrohten lokale Aufständische, um sie zu Aktionen gegen die Truppen zu bewegen, oder zahlten diesen gar beträchtliche Summen – bis zu 10.000 US-Dollar – für diesen Zweck.[14]

---

13 Nick Davies / David Leigh: Afghanistan War Logs. Massive leaks of secret files exposes the truth of occupation, in: The Guardian, 25. Juli 2010; Declan Walsh / Paul Simon / Paul Scruton: WikiLeaks Afghanistan files. Every IED attack with co-ordinates, in: The Guardian, 26. Juli 2010.

14 Der Spiegel (red. Bericht): Explosive leaks provide image of war from those fighting it, spiegel.de/international, 25. Juli 2010.

Die Kriegstagebücher brachten auch andere der Öffentlichkeit zuvor unbekannte Informationen ans Licht: Nach Auswertungen der *New York Times* besaßen die Taliban wärmesuchende Boden-Luft-Raketen, die völlig analog zu jenen Stingers waren, die die CIA rund 25 Jahre zuvor den Mudschahedin zur Verfügung gestellt hatte. Damit waren die gleichen Waffen, mit denen zuvor die Sowjets nach verheerenden Verlusten schließlich zum Rückzug aus Afghanistan gezwungen worden waren, nun den Gegnern der USA in die Hände gefallen.[15]

Was die Drohnen betrifft, die oft als sichere, Null-Risiko-Waffen dargestellt werden – von weit entfernten Soldaten in vollkommener Sicherheit einer US-Militärbasis und wie in einem Videospiel gesteuert –, so waren diese offenbar doch nicht immer ganz unfehlbar. Das Mosaik der Aufzeichnungen, zusammengesetzt vom *Spiegel*, beinhaltet Vorfälle von gefährlichen Bergungsaktionen, nachdem solche unbemannten Fluggeräte abgestürzt waren und die enthaltenen geheimen Daten in Feindeshand zu fallen drohten. Nicht immer war es bei fehlgeschlagenen Operationen möglich, die verborgenen Informationen in den IT-Systemen der Drohnen per Fernbedienung zu löschen, und so mussten sich Soldaten vor Ort auf gefährliche Bodeneinsätze begeben, um die entsprechenden Geräte zu bergen.

Infolge der militärischen Geheimhaltung sind die ›Afghan War Logs‹ bis heute die einzige öffentliche Quelle, die sich zur Rekonstruktion von Angriffen, Todesopfern und extralegalen Tötungen in Afghanistan zwischen 2004 und 2009 heranziehen lässt. Sie sind zudem eine der wenigen Quellen, die uns zur Verfügung stehen, um die Zahl der vor 2007 getöteten Zivilistinnen und Zivilisten zu ermitteln. Dazu scheint ansonsten niemand verlässliche Daten zu haben, noch nicht einmal die UNAMA, die United Nations As-

---

15 C.J. Chivers/Carlotta Gall/Andrew W. Lehren/Mark Mazzetti/Jane Perlez/Eric Schmitt (unter Mitwirkung von Jacob Harris und Alan McLean): View is bleaker than official portrayal of war in Afghanistan, in: New York Times, 25. Juli 2010.

3. AFGHANISTAN: DER FERNE KRIEG

sistance Mission in Afghanistan, die entsprechende Statistiken erstellt.[16]

Nach zwanzig Jahren, im August 2021, ging der scheinbar endlose Krieg zu Ende. Die USA und verbündete Truppen verließen Afghanistan in einem dramatischen Rückzug, einem regelrechten Fiasko, bei dem sie noch nicht einmal den afghanischen Ortskräften, die ihre Truppen unterstützt hatten, Schutz geben konnten. Besiegt und gedemütigt, hatten die Vereinigten Staaten den Krieg verloren. Während ich diese Zeilen schreibe, sind die Taliban wieder an der Macht, und der ›Islamische Staat‹ (IS) hat im Land bereits an Boden gewonnen. Da die US-Sanktionen den Taliban jeglichen Zugang zu Finanzmitteln verwehren, steht Afghanistan kurz vor dem wirtschaftlichen Zusammenbruch, der bereits zu einer Hungerkatastrophe führt; die kommende Zeit insbesondere der Frauen sieht düster aus.

Niemand weiß, wie Afghanistans Zukunft aussehen wird. Doch was wir mit Sicherheit wissen: Der längste Krieg der USA führte zu einem Scheitern auf ganzer Linie, einem Scheitern, das bereits mit den Afghanischen Kriegstagebüchern auf der Hand lag. Es gibt keine zuverlässigen Daten darüber, wie viele Zivilisten zwischen Oktober 2001 und 2006 umkamen; doch allein zwischen 2009 und 2019, soviel wissen wir, wurden mindestens 35.518 Zivilisten getötet und 66.546 verwundet. Das sind mehr als 3.000 zivile Todesopfer pro Jahr: Als hätte es von Januar 2009 bis Dezember 2019 in Afghanistan jedes Jahr einen 11. September gegeben.[17] Und doch fand dieser Krieg immer unterhalb des Radars der westlichen Öffentlichkeit statt. Ohne den Mut von Chelsea Manning und von WikiLeaks hätten es die Maschinerie der Kriegspropaganda und die staatliche Geheimhaltung niemals zugelassen, dass wir die Sachinformationen erhalten, die wir aus den ›Afghan War Logs‹ kennen. Der damalige Chefredakteur der *New York Times*, Bill Keller, bezeichnete die Dokumente als »ein

---

16 Liam McDowall, bei der UNAMA Direktor für strategische Kommunikation, E-Mail an die Autorin, 18. November 2020.

17 »Afghanistan protection of civilian in armed conflicts 2019«, UNAMA, Februar 2020.

außergewöhnliches Fenster zu diesem Krieg« – »an extraordinary window on that war«.[18]

Unmittelbar nach der Veröffentlichung interviewte der *Spiegel* Julian Assange. »Sie hätten«, so eine der Fragen, »eine Firma im Silicon Valley gründen und in einem Anwesen in Palo Alto mit Swimmingpool leben können. Warum haben Sie sich stattdessen für das WikiLeaks-Projekt entschieden?« Assange darauf: »Wir leben alle nur einmal. Deshalb müssen wir die Zeit, die wir haben, gut nutzen und etwas tun, was sinnvoll und zufriedenstellend ist. Und das hier ist etwas, wie ich finde, was sinnvoll und zufriedenstellend ist. Das ist nun mal mein Naturell. Ich habe Freude daran, Systeme im großen Stil zu erstellen und Menschen zu helfen, die schutzlos sind. Und ich genieße es, den Mächtigen in die Suppe zu spucken. Kurz: Es ist eine angenehme Arbeit.«[19]

Das Pentagon sah das anders. Bei der Enthüllung der Kriegstagebücher geriet man dort in Rage. Der damalige Verteidigungsminister Robert Gates stellte sofort »eine aggressive Untersuchung« in Aussicht, während Admiral Michael ›Mike‹ Mullen erklärte: »Über das Wohl der Allgemeinheit, zu dem er und seine Quelle beizutragen glauben, kann Mr. Assange sagen, was er will. Denn die Wahrheit ist: An ihren Händen könnte bereits das Blut eines jungen Soldaten oder einer afghanischen Familie kleben.«[20]

Eine Anschuldigung, die große Medien über ein Jahrzehnt lang unkritisch wiederholen und damit den Ruf von WikiLeaks ernsthaft untergruben. Doch traf der Vorwurf zu?

---

18 »The War Logs articles«, in: New York Times, 25. Juli 2010.

19 John Goetz / Marcel Rosenbach: »I enjoy crushing bastards«, spiegel.de/international, 26. Juli 2010. (Anm. d. Ü.: Der Beitrag erschien in der englischsprachigen Online-Ausgabe *Spiegel International* unter dem Titel »WikiLeaks Founder Julian Assange on the ›War Logs‹: ›I Enjoy Crushing Bastards‹«. Übersetzung des Zitats »I Enjoy Crushing Bastards« mit »…in die Suppe spucken« nach folgendem *Spiegel*-Beitrag: Gregor Peter Schmitz: Afghanistan-Enthüllungen. Washington macht gegen WikiLeaks mobil, spiegel.de, 30.7.2010.)

20 Philip Stewart / Adam Entous: WikiLeaks may have blood on its hands, U.S. says«, Reuters, 30. Juli 2010.

3. AFGHANISTAN: DER FERNE KRIEG

Blutbefleckte Hände

Die Bemühungen des US-Verteidigungsministeriums, in der öffentlichen Debatte rund um WikiLeaks Angst zu säen, trugen schon bald Früchte. Nur wenige Tage nach Veröffentlichung der Afghanischen Kriegstagebücher griff in internationalen Nachrichtenredaktionen die Vorstellung um sich, Julian Assange und seine Organisation wären auf bedrohliche Art unverantwortlich. Admiral Mike Mullens Wort vom »Blut an ihren Händen« klang nach: Dem Pentagon zufolge wurden die US-Truppen, die internationalen Koalitionstruppen und ihre afghanischen Kollaborateure, die ihnen Informationen lieferten und sie am Boden unterstützten, durch die Offenlegung der 76.910 geheimen Dateien der Gefahr von Taliban-Anschlägen ausgesetzt – sie hätten Namen oder andere Details enthalten, die Rückschlüsse auf Personen zuließen.

Es lag auf der Hand, dass das US-Verteidigungsministerium ein ureigenes Interesse daran hatte, WikiLeaks nun in Verruf zu bringen, zumal auch wegen vorangegangener Fälle wie dem ›Collateral Murder‹-Video. Die ›Afghan War Logs‹ stellten eine wahre Goldgrube an Informationen dar: Die Medien und die Öffentlichkeit konnten die Aussagen verschiedener führender Militärs und von Regierungen, die Truppen nach Afghanistan geschickt hatten, mit den Angaben aus den Dateien abgleichen und so staatliche Lügen, Auslassungen und Verfälschungen aufdecken. Erstmals war es mit diesen Dateien möglich, den Nebel des Krieges zu lichten, während ein bewaffneter Konflikt noch im Gange war, und nicht erst zwanzig oder dreißig Jahre später, wenn die Fakten nur noch für die Historie von Interesse sein konnten.

Zumindest seit 1971, als es Daniel Ellsberg gelungen war, die 7.000-seitigen Pentagon Papers zu leaken – eine streng geheime Untersuchung über den Vietnamkrieg – hatte die Öffentlichkeit nicht mehr auf Tausende von Seiten vertraulicher Informationen über einen noch laufenden Krieg zugreifen können. Die Anschuldigung von Admiral Mike Mullen rief ein erhebliches Maß an Skepsis hervor, war es doch offensichtlich, dass das Pentagon regelrecht tobte wegen Assange. Dennoch hinterließen Mullens Worte bleibenden Eindruck bei den Medien.

WikiLeaks hatte die Enthüllungen über Afghanistan nicht im Alleingang veröffentlicht, sondern in Zusammenarbeit mit drei großen internationalen Medien: der *New York Times*, dem britischen *Guardian* und dem deutschen *Spiegel*. Wie schon bei mir im Fall der Audiodatei über die Müllkrise in Neapel, so hatten sich Assange und sein Team dafür entschieden, die Authentizität überprüfen und die wichtigsten Angaben gegenrecherchieren zu lassen. Mehrere Wochen lang arbeiteten sie dazu mit den drei führenden Nachrichtenredaktionen zusammen und gewährten ihnen exklusiven Zugang zu den Geheimakten.

Schließlich publizierten die *New York Times*, der *Guardian* und der *Spiegel* ihre Recherchen auf Grundlage der Kriegstagebücher, während WikiLeaks die 76.910 Dateien online zur Verfügung stellte. So konnten die Dokumenten nach einer Zeit des exklusiven Zugangs, der ausschließlich diesen drei Redaktionen gewährt wurde, von allen Interessierten gelesen und analysiert werden. Assange und seine Leute bezeichneten diese Art der Zusammenarbeit als *Medienpartnerschaft*, die Strategie hatte ihren Zweck erfüllt: Die ganze Welt verfolgte die Enthüllungen, die beträchtliche internationale Auswirkungen hatten und von Presse, Funk und Fernsehen in jedem Winkel der Welt aufgegriffen wurden. WikiLeaks war nunmehr ein globales Phänomen.

Zwei Dinge waren mir an dieser Organisation besonders aufgefallen. Zum einen ihre Entscheidung, den Zugang zu Wissen und Informationen zu demokratisieren: Sie stellten die Dateien der Allgemeinheit zur Verfügung, sodass weltweit jeder Bürger, jede Journalistin, jede Wissenschaftlerin, jeder Politiker oder jede Aktivistin vollkommen eigenständig über den Krieg in Afghanistan lesen, gezielt über ihn recherchieren oder ihn analysieren konnte, ohne sich allein auf Berichterstattung der Zeitungen zu verlassen zu müssen. Ich fand diesen Weg revolutionär, denn so hatte jeder Leser Zugang zu den Originalquellen der von den Medien veröffentlichten Informationen, konnte jede Leserin nach den Fakten suchen, die sie am meisten interessierte; die Dokumente ließen sich nutzen, um vor Gericht zu klagen; oder um die medial verbreiteten Informationen gegenzuprüfen: Wurde korrekt berichtet oder wurde verzerrt, übertrieben, zensiert? Dieser Demokratisierungsprozess verlieh den einfachen Leserinnen und Lesern Macht: Sie waren nicht länger passive Empfänger der Berichterstattung von Zeitungen, Fernsehen oder Radio: Erstmals hatten sie direkten Zugang zu den Originalquellen, womit die Asymmetrie zwischen jenen, die dieses Privileg, etwa auf Seiten der Medien, gewöhnlich genießen, und den in dieser Hinsicht nicht Privilegierten deutlich verringert wurde.

Zum anderen war ich, über die Demokratisierung von Informationen hinaus, einmal mehr von der Courage beeindruckt, die Julian Assange und WikiLeaks zeigten. Das US-Verteidigungsministerium hatte WikiLeaks nicht nur vorgeworfen, Menschenleben aufs Spiel gesetzt zu haben, sondern sie auch aufgefordert, die ›Afghan War Logs‹ vollständig aus dem Netz zu nehmen und die 15.000 noch zurückgehaltenen Dateien herauszugeben: »Der einzig gangbare Weg ist: WikiLeaks ergreift die Maßnahme, sofort alle Versionen dieser Dokumente an die US-Regierung zurückzugeben und sie dauerhaft von der Website, den Computern und aus allen Datensätzen zu löschen«, erklärte Pentagon-Sprecher Geoff Morrell öffentlich. Und er fügte hinzu: »Wenn es ihnen nicht reicht, das Richtige zu tun, werden wir herausfinden, welche Alternativen wir haben, um sie zu zwingen, das Richtige zu tun.«[21]

Diese Art von Drohung war nicht auf die leichte Schulter zu nehmen. Mit dem ›War on Terror‹ hatten die Vereinigten Staaten gezeigt, dass sie vor nichts zurückschreckten und jedes Mittel, ob legal oder nicht, von Folter bis hin zu Tötungen per Drohne, gegen jeden einsetzen würden, den sie als Sicherheitsrisiko wahrnehmen. Zugleich war es unwahrscheinlich, dass sie solch schamlos brachiale Methoden anwenden würden, um Assange und WikiLeaks auszuschalten;

---

21 Sue Pleming: Pentagon tells WikiLeaks: »Do right thing«, Reuters, 5. August 2010.

immerhin handelte es sich um eine Medienorganisation aus dem Westen, die zu diesem Zeitpunkt sehr im Licht der Öffentlichkeit stand. Ein Dokument des U.S. Army Counterintelligence Command (ACIC) aus dem Jahr 2008, von WikiLeaks selbst enthüllt, hatte dargelegt: Die US-Behörden zielten nicht darauf, WikiLeaks direkt treffen, sondern darauf, die Quellen ins Visier zu nehmen, die geheime Daten an WikiLeaks übermittelten.

So oder so waren die Drohungen ernst zu nehmen. Sie klangen grotesk für alle, die mit Blick auf Macht und Ressourcen auch nur eine vage Vorstellung vom Ungleichgewicht zwischen dem Pentagon und einer kleinen Organisation wie WikiLeaks hatten. Das Verteidigungsministerium der Vereinigten Staaten hätte sie jederzeit wie eine Fliege zerdrücken können.

Aber Assange und seine Mitarbeiter beugten sich solcher Einschüchterung nicht. Dafür würden sie noch einen sehr hohen Preis zahlen.

Der Nebel des Krieges

Zwei Wochen waren seit der Veröffentlichung der ›Afghan War Logs‹ vergangen, da gehörte die Bezichtigung des Pentagons, Julian Assange und WikiLeaks könnten Menschenleben aufs Spiel gesetzt haben, weltweit noch immer zu den bestimmenden Nachrichten führender Medien. Geoff Morrell bestätigte, dass er 15.000 Dokumente über den Afghanistankrieg ausgemacht habe, die noch nicht zirkulierten und die er als äußerst sensibel einstufe. Der Pentagon-Sprecher berichtete auch, sein Haus würde mit einer Task-Force aus 100 Geheimdienstexperten rund um die Uhr daran arbeiten, die fast 92.000 Dokumente – davon 76.910 bereits zugängliche – auf mögliche Gefährdungen hin nach vertraulichen Namen zu durchforsten.[22]

---

22 Ellen Nakashima: Pentagon. Undisclosed WikiLeaks documents »potentially more explosive«, in: The Washington Post, 11. August 2010.

»Noch haben wir nicht erlebt, dass jemand in Afghanistan zu Schaden gekommen ist«, räumte der er indes ein.[23]

Aus Besorgnis über eine mögliche Veröffentlichung der 15.000 weiteren Berichte schalteten sich einige Tage später auch internationale Organisationen wie Amnesty International oder Reporter ohne Grenzen ein und verurteilten WikiLeaks dafür, die anderen Berichte »unbedacht« publik gemacht zu haben. In Wirklichkeit waren die Afghanischen Kriegstagebücher alles andere als wahllos veröffentlicht worden, hatten Assange und seine Organisation doch mit den drei genannten Medien an ihnen gearbeitet. Der *Guardian* selbst hatte erklärt: »Das meiste Material ist nicht mehr militärisch sensibel, auch wenn es damals als ›geheim‹ eingestuft wurde. Ein kleiner Teil der Informationen wurde der Öffentlichkeit vorenthalten, weil mit ihnen lokale Informanten gefährdet oder tatsächliche Militärgeheimnisse hätten verraten werden können.«[24]

Dennoch machte das Wort vom »Blut an den Händen« die Runde, und die Medien waren schnell mit dem Hinweis zur Stelle, bestehende Spaltungslinien innerhalb von WikiLeaks hätten sich durch die Vorwürfe des Pentagons verschärft; im Zuge dessen hätten einige Personen der Organisation den Rücken gekehrt.[25]

Kaum waren die Dokumente ein paar Tage lang öffentlich zugänglich, da hatte sich die Sichtweise der Medien bereits so weit geändert, dass ich mich, zusammen mit dem US-Journalisten Glenn Greenwald, genötigt sah, im katarischen Fernsehsender *Al Jazeera* auf die vernichtende Kritik gegen WikiLeaks zu reagieren. Die Unterstellungen des Pentagons hatten sich inzwischen so weit durchgesetzt, dass sie als feststehende Tatsachen behandelt wurden; damit konzentrierte sich praktisch die gesamte öffentliche Debatte auf die Aktionen von Julian Assange und dessen Organisation anstatt auf die der US-Truppen und der Taliban, obwohl doch gerade diese beiden

---

23 Ebd.
24 Davies / Leigh: Afghanistan War Logs. Massive leaks ..., a.a.O.
25 Assange suspendierte den deutschen WikiLeaks-Sprecher Daniel Domscheit-Berg.

Akteure für den Tod tausender unschuldiger Zivilisten verantwortlich waren.

Die Bekanntmachung der Geheimdokumente hatte zweifellos dazu beigetragen, den Nebel des Krieges zu lichten, nicht aber jenen des Pentagons. Mit dessen PR-Arbeit sollte sich in den kommenden Monaten noch dichterer Dunst über die öffentliche Debatte rund um WikiLeaks legen. So wurde es immer schwieriger, Fakten von nur vermeintlichen Tatsachen zu unterscheiden; zumal etwas geschah, was Assange zum Verhängnis wurde.

Treffen bestätigt

Nach Veröffentlichung der Kriegstagebücher hielt sich WikiLeaks sehr bedeckt – als wäre man geradezu verschwunden gewesen. Doch plötzlich wurde die Stille von einer Nachricht durchbrochen, die wie ein Lauffeuer um die Welt ging: Gegen den Gründer von WikiLeaks wurde in Schweden wegen Vergewaltigung und sexueller Belästigung ermittelt, und ein Gericht hatte Haftbefehl gegen ihn erlassen, nachdem zwei schwedische Frauen sich an die Polizei gewandt hatten.

Die Ermittlungen wurden am 20. August 2010, nicht einmal vier Wochen nach Bekanntmachung der ›Afghan War Logs‹, aufgenommen. Laut der schwedischen Presse reiste Julian Assange nach Enthüllung der Dokumente zu einer damit zusammenhängenden Konferenz in das skandinavische Land. Dort habe er Geschlechtsverkehr mit zwei Frauen gehabt, von denen nur die Initialen S. W. und A. A. veröffentlicht wurden, auch wenn ihre vollständigen Namen bald kursierten.

Es blieb nicht einmal Zeit zu begreifen, was geschehen war, bevor der Haftbefehl wieder aufgehoben wurde. Am 21. August teilte die Oberstaatsanwältin von Stockholm, Eva Finné, auf der Website der schwedischen Strafverfolgungsbehörde offiziell mit, dass der am Vortag ausgestellte Haftbefehl widerrufen worden sei. »Ich sehe keinen Grund für den Verdacht, dass er eine Vergewaltigung begangen hat«, schrieb die Staatsanwältin, ohne weitere Details zu nennen, wie die BBC berichtete.[26]

Vier Tage später, am 25. August, stellte sie die Ermittlungen wegen Vergewaltigung vollständig ein. Sie gab an, das Verhalten des Angeklagten gegenüber S. W. stelle keine Straftat dar. Indessen ließ sie die Ermittlungen wegen des Vorwurfs der sexuellen Belästigung der anderen Frau, A. A., bestehen. Am 30. August 2010 wurde Julian Assange von der schwedischen Polizei zu den Vorwürfen vernommen, und scheinbar beschränkte sich der Fall nun auf das Delikt der sexuellen Belästigung. Oder doch nicht? Zwei Tage später, am 1. September 2010, nahm eine andere Staatsanwältin, Marianne Ny, das Ermittlungsverfahren wegen Vergewaltigung, sexueller Belästigung und Nötigung wieder auf, nachdem Claes Borgström, der Rechtsberater der beiden Frauen, eine Überprüfung der Entscheidung zur Einstellung des Verfahrens beantragt hatte.

Es war schwer, die Nachrichten aus Stockholm genau nachzuvollziehen. Das Durcheinander von Verfahrenseröffnungen und -schließungen war dabei nicht gerade hilfreich. Aber abgesehen von der chaotischen Abfolge der Meldungen aus Schweden gab es noch zwei weitere wichtige Komplikationen. Erstens befanden sich die Ermittlungen in einem vorläufigen Stadium. Daher waren die genaueren Tatbestände nicht bekannt, weil sie unter dem Schutz der Vertraulichkeit standen, auch wenn die Nachricht über den Haftbefehl wegen Vergewaltigung unter völliger Missachtung der Privatsphäre der beiden Frauen und der von Assange an die Presse durchgereicht worden war. Zweitens hat das skandinavische Land, das für seine Kultur des Respekts vor Frauen bekannt ist, eine weit gefasste Definition von »Sexualdelikt«; was in Schweden als Vergewaltigung gilt, muss demnach nicht unbedingt mit juristischen Definitionen aus anderen Teilen der Welt übereinstimmen.

---

26 BBC (red. Bericht): Swedish rape warrant for Wikileaks' Assange cancelled, bbc.com, 21. August 2010.

Ich war bestürzt angesichts der Nachrichten aus Stockholm. Trotz aller Anerkennung für Julian Assanges Arbeit ist Vergewaltigung ein abscheuliches Verbrechen, falls er es denn begangen haben sollte.

Für den 27. September 2010 hatte ich in Berlin einen Termin mit WikiLeaks vereinbart, weil ich mich für die Arbeit an den Afghanischen Kriegstagebüchern interessierte. Bei dieser Gelegenheit wollte ich mehr über den schwedischen Fall erfahren. Aber Assange und seine Leute antworteten auf meine wiederholten Nachfragen nicht, und so ging ich davon aus, dass die Sache bereits ins Wasser gefallen war. Eines Abends meldeten sie sich dann doch: Das Treffen war bestätigt. Das war alles, was sie sagten.

Alexanderplatz

Ich flog nach Berlin und wartete den ganzen Tag in einem Hotel. Als es so spät geworden war, dass ich mir schon sicher war, der Termin wäre geplatzt, klingelte das Telefon. Es war ein Anruf von der Rezeption: »Hier ist Julian, können wir uns unten treffen?« Es war schon sehr spät am Abend, gegen 23 Uhr, und das trübe Regenwetter verlockte nicht gerade dazu, das Hotel zu verlassen.

»Sehen Sie, das ist alles, was sie mir am Flughafen gegeben haben«, sagte er, als ich die Lobby betrat, und zeigte mir eine kleine durchsichtige Plastiktüte mit einem weißen T-Shirt, einer Zahnbürste und ein paar kleinen Flaschen Shampoo. Er hatte kein anderes Gepäck dabei, außer einer Umhängetasche, die er fest umklammerte, als ob sie ihm jeden Moment entrissen werden könnte. Es fiel mir schwer, Assange zu erkennen: Er hatte sein schlohweißes Haar *chestnut blonde* gefärbt, das nun vom Regen durchnässt war. Er sah müde und viel hagerer aus als bei unserem Treffen in Brüssel nur drei Monate zuvor. Wir setzten uns in eine abgelegene Ecke, wo das Licht eher gedämpft war. Eine Tasse kochend heißen Tees brachte etwas Wärme in das kühle Foyer, in dem wir weit weg von den großen gläsernen Eingangstüren saßen, um von außen nicht leicht gesehen zu werden.

Er nippte an seinem Tee und war in Gedanken versunken. »Um hierher zu kommen, habe ich einen Direktflug von Stockholm genommen«, sagte er, »und trotzdem ist mein Gepäck verloren gegangen. Merkwürdig.« Er nahm seinen Rechner aus der Umhängetasche.

»Und was ist damit?«, fragte ich. »Warum sollte der Koffer mit den Socken eines Julian Assange verloren gehen, nicht aber die Tasche mit seinem Computer?«, hakte ich skeptisch nach, um seine Paranoia etwa zu zerstreuen.

»Den trage ich immer am Körper«, antwortete er umgehend und zeigte auf seinen Laptop. »Er kann nicht verschwinden.« Der Vorfall mit seinem Gepäck, das auf dem Direktflug aus Schweden verloren ging, beunruhigte ihn umso mehr. Er befürchtete, dass »belastendes« Material auftauchen könnte, wie etwa kinderpornografische Bilder. Doch das Gegenteil war der Fall: Trotz zahlreicher Versuche von Assange und seinen Kontaktpersonen, es zurückzubekommen, ließ sich sein Gepäck nicht wiederfinden – einfach passé. Darin befanden sich mehrere Computer. Sie waren verschlüsselt und damit die Informationen wahrscheinlich gesichert. Während er darüber rätselte, was passiert war, begann auch ich, die Fakten in meinem Kopf zusammenzusetzen.

Er hatte einige Wochen in Schweden verbracht, bis er das Land am 27. September direkt Richtung Berlin verließ, um sich mit mir und anderen Journalistinnen und Journalisten zu treffen. Ich hatte unseren Termin einen Monat zuvor, am 25. August, vereinbart. Wiederum fünf Tage davor waren die Meldungen über den schwedischen Fall herumgegangen, während WikiLeaks vier Wochen vorher, am 25. Juli, die 76.910 Geheimakten über Afghanistan veröffentlicht hatte. Zur Organisierung unseres Treffens hatte ich unverschlüsselt gemailt. Für einen Geheimdienst wäre es ein Leichtes gewesen, den Inhalt meiner Nachricht abzufangen; zudem hätten sie genug Zeit gehabt, einen Gepäckdiebstahl vorzubereiten. Flughäfen sind ohnehin gefährliche Orte für einen Journalisten, der mit sensiblen Daten unterwegs ist. Für Geheimdienste und Polizei ist es denkbar einfach, einen Computer während der Sicherheitskontrollen oder nach der Gepäckabfertigung verschwinden zu lassen und so einen gewöhnlichen Verlust vorzutäuschen. Derlei Operationen werden als *plausible deniability* (glaubhafte Abstreitbarkeit) bezeichnet und gehören zum Einmaleins von Geheimdiensten. Damit können sie nach Durchführung einer Aktion ihre eigene Mitwirkung an ihr leugnen; der Vorfall lässt sich genauso gut auf reine Zufälligkeiten oder andere, völlig plausibel erscheinende Ursachen zurückführen. Was ist schließlich alltäglicher als ein Gepäckstück, das auf einem Flughafen verloren geht? Das kommt nun mal vor in dem Durcheinander. Doch war das in diesem Fall die Erklärung? Sich darauf festzulegen, war unmöglich; doch ich nutzte dieses Treffen allemal, um mich mit Julian Assange darüber zu verständigen, wie wir unsere Kommunikation in Zukunft schützen würden. Denn der Vorfall hatte uns einmal mehr vor Augen geführt, wie dringend notwendig verschlüsselte Kommunikation war.

Wir hatten uns erst kurz unterhalten, als Kristinn Hrafnsson, der Sprecher von WikiLeaks[27], eintraf. Hrafnsson war der erwähnte isländische Enthüllungsjournalist, der zuvor für das isländische öffentlich-rechtliche Fernsehen gearbeitet hatte und nach Bagdad geflogen war, um die beiden irakischen Kinder aufzuspüren, die durch den Angriff aus dem Apache-Hubschrauber verwundet worden waren. Hrafnsson und Assange umarmten sich herzlich. Als sie Platz nahmen, saß ich den beiden einzigen öffentlichen Gesichtern von WikiLeaks gegenüber, die Namen der anderen Journalisten hatten sie nicht offengelegt.

Es war schon spät, und das sanft gedämmte Licht der Lobby lud zu einer Entspannung ein, die ich mir leider nicht erlauben konnte: Ich musste auf der Hut bleiben, um jedes Detail zu erfassen. Assange zog einen USB-Stick unter seinem Pullover hervor. »Den habe ich auch immer dabei«, sagte er und zeigte mir das dicke Band, mit dem er ihn um den Hals gebunden hatte. Dann zog er ein kleines Behältnis aus seiner Umhängetasche, das wie ein Kinderspielzeug aussah. Es enthielt lauter winzige Zettel, zusammengerollt wie *Pizzini*, jene

---

27 Daniel Domscheit-Berg war zu dieser Zeit bereits suspendiert.

handgeschriebenen Notizen, die die sizilianische Mafia verwendet, um vertraulich zu kommunizieren, also ohne Handy zum Beispiel. Es waren Passwörter. Wir begannen, sie zu diskutieren. Bis zu diesem Zeitpunkt hatte ich nur theoretische Kenntnisse über Verschlüsselung: Für meinen Abschluss in Mathematik hatte ich auch ein wenig Kryptografie studieren müssen. Doch gerade mein Wunsch, Dateien und Quellen bestmöglich zu schützen, hatte mich zu WikiLeaks geführt, der damals einzigen Medienorganisation der Welt, die auf dem systematischen Einsatz von Verschlüsselung beruhte.

»Wie viele ›N‹ haben Sie bemerkt?«, fragte mich Assange, als ich gerade ein Passwort betrachtete, das aus einer sehr langen Reihe von Wörtern, Buchstaben und Sonderzeichen bestand. Ich hatte nur eines gesehen. »Schauen Sie genauer hin«, sagte er mit leicht enttäuschter Miene. In der Tat waren es zwei »N«: Wer auch immer das Passwort erstellt hatte: Der Buchstabe wurde in einem Wort, das normalerweise nur mit einem »N« geschrieben wird, verdoppelt, um dem entgegenzuwirken, was auch als »dictionary attack«, als »Wörterbuchangriff« bezeichnet wird. Daraufhin erklärte er, dass Passwörter niemals veröffentlicht werden dürften, auch dann nicht, wenn sie veraltet sind; denn es falle viel einfacher, bestehende Codes zu knacken, wenn die Kriterien für ihre Erstellung bekannt sind. Das Gespräch mit Assange war sehr interessant; wir unterhielten uns bis tief in die Nacht über Kryptografie und Afghanistan. Dabei erweckte er den Eindruck eines hochintelligenten Menschen.

Am nächsten Morgen machten sich Hrafnsson, Assange und ich zu Fuß vom Hotel aus auf den Weg zum Alexanderplatz, wo wir ein großes Café aufsuchten. In dem etwas schmuddeligen und praktisch leeren Lokal ließen wir uns in einem abgelegenen Raum nieder, in dem wir fast allein arbeiten konnten, und das bei reichlich Kaffee und Gebäck. Der WikiLeaks-Gründer legte zwei oder drei Handys auf den Tisch, die er bis dahin unmontiert aufbewahrt hatte. Er baute eines zusammen, das prompt klingelte. »Wie bitte, sie wollen mich vernehmen?«, sprach er auf Englisch in das Gerät. »Ich war sechs Wochen lang in Schweden, hätten sie mich nicht früher vorladen können?« Bei der Person am Telefon, erklärte er mir nach Beendigung des Gesprächs, handelte es sich um seinen schwedischen Anwalt Björn Hurtig.[28] Assange sprach mit mir unbekümmert über den schwedischen Fall. Dabei stritt er die Vorwürfe ab, und es fiel mir schwer, ihm konkrete, kritische Fragen zu stellen, da noch keine sachbezogenen Informationen zu den Ermittlungen vorlagen, mit denen ich seine Aussagen hätte infrage stellen können.

Wir konzentrierten uns auf die Afghanischen Kriegstagebücher. Dabei erläuterte Assange die Sicherheitsbedingungen für die Arbeit an den Dokumenten: Von diesem Moment an musste ich verschlüsselt kommunizieren. Über die geheimen Dateien durfte ich weder am Telefon sprechen noch in E-Mails über sie schreiben. Sie waren niemals per elektronischer Post zu verschicken. Für die Kommunikation mit WikiLeaks durfte ich mit Blick auf die Dateien oder andere sensible Angelegenheiten nur einen speziellen verschlüsselten Chat verwenden. Die Dateien mussten chiffriert bleiben, und um sie zu bearbeiten, durfte ich nur sogenannte ›air gapped‹-Netzwerke verwenden, also nur Computer, die stets vom Internet isoliert waren, und die ich zudem niemals unbeaufsichtigt lassen durfte, ganz gleich aus welchem Grund.

Es war das erste Mal, dass ich mich an derart strenge Arbeitsregeln halten musste. Mir war kein einziger Journalist bekannt, weder in Italien noch anderswo, der unter solchen Bedingungen arbeitete, noch nicht einmal meine Kollegen, die routinemäßig mit Themen wie Mafia oder Terrorismus zu tun hatten. Wie ich später herausfand, galt das auch für Journalisten in den weltweit führenden Redaktionen, die sich über die Anforderungen von WikiLeaks ärgerten.

Wir drei diskutierten ausführlich darüber, was noch an Arbeit mit den Dokumenten vor uns lag, und darüber, was bereits der *Guardian*, die *New York Times* und der *Spiegel* erledigt hatten. Hrafnsson schöpfte aus seiner großen Erfahrung als investigativer Reporter. Als

---

28 Zu dem Anruf vgl. Stefania Maurizi: L'eversore, in: L'Espresso, 9. Dezember 2010; am 5. Mai 2011 habe ich zudem in einer eidesstattlichen Versicherung für die Verteidigung Julian Assanges darüber berichtet.

Mann der wenigen Worte wirkte er anfangs distanziert und schwer auszulesen, aber in unserem langen Gespräch machte er auf mich den Eindruck eines ausgesprochen klugen Mannes, niemals arrogant und mit angenehmem Auftreten. Wir unterzeichneten ein Abkommen über eine »Medienpartnerschaft«: Ich für die italienische Wochenzeitschrift *L'Espresso* und die beiden als Journalisten von WikiLeaks. Ziel unserer Vereinbarung war eine gründliche Analyse der ›Afghan War Logs‹ im Anschluss an jene der *New York Times*, des *Guardian* und des *Spiegels*; schließlich war die Sache nicht nur für die US-amerikanische, britische und deutsche Öffentlichkeit von Interesse: Italien war mit fast 4.000 Soldaten in diesen Krieg verwickelt, über den wenig bekannt war und über den kaum medial berichtet, geschweige denn öffentlich diskutiert wurde.

Erst nach der Unterzeichnung des Abkommens gewährte mir WikiLeaks Zugang zu den 91.910 Kriegsprotokollen.

Ich machte mich auf den Weg zum Flughafen, den verschlüsselten USB-Stick mit den geheimen Dateien sicher in meiner Umhängetasche verstaut. Als ich Berlin verließ, hielt ich ihn fest umklammert. Der leichte Nieselregen verlieh diesem adrenalinhaltigen Herbsttag ein wenig Melancholie. Jener 28. September 2010, an dem ich den Gründer und den Sprecher von WikiLeaks in dem Café am Alexanderplatz zurückließ, war das letzte Mal, dass ich Assange als freien Mann traf.[29]

»Unsere Jungs«

Gepäckkarren, Koffer, Studentinnen und Studenten, Soldaten mit ihren Rucksäcken, Kinder mit ihren Plüschtieren und Mini-Trolleys: Der Flughafen war vom üblichen Trubel der Reisenden erfüllt.

---

29 Im Herbst 2024 sind seit unserem Treffen am Alexanderplatz vierzehn Jahre vergangen, und kürzlich wurde Julian Assange freigelassen. Möglicherweise werde ich ihn in nicht allzu ferner Zukunft wieder als freien Mann treffen können.

Ich schaute mich vorsichtig um – wachsam, als würde ich Drogen schmuggeln. Gerade noch hatte ich Julian Assange und Kristinn Hrafnsson am Alexanderplatz getroffen und stand nun in der Warteschlange »International Departures« auf dem Berliner Flughafen, auf dem Weg nach Rom. In meiner Tasche befanden sich 91.910 Dateien. Ich befand mich in einem NATO-Land, eine ausländische Journalistin mit geheimen US-Dokumenten, die das Pentagon von WikiLeaks zurückverlangt hatte.

Die Zeitschrift *L'Espresso* ist eines der bedeutendsten italienischen Medien, und so war es unwahrscheinlich, dass die deutschen Behörden mich verhaften würden; aber es erschien im Bereich des Möglichen, dass sie mich herausgreifen und vernehmen würden; und auf keinen Fall wollte ich, dass meine Umhängetasche so endete wie bei Julian Assange. Die Datenbank war verschlüsselt. Zum ersten Mal in meinem Berufsleben reisten – dank WikiLeaks – ich und andere internationale Kolleginnen und Kollegen mit geschütztem Material, das nicht gleich für jeden zugänglich war. Doch wenn diese Dateien auf dem Flughafen verloren gingen oder gestohlen würden, so wäre das eine äußerst schwerwiegende Angelegenheit, die die US-Behörden zweifellos gegen alle Beteiligten verwenden würden. Ich durchlief die Sicherheitskontrollen sehr behutsam und erlaubte mir keinen Moment der Ablenkung, als ich meinen Koffer und meine Umhängetasche durch den Röntgenscanner schob, meine Schuhe auszog und durch die Metalldetektoren ging. In der Warteschlange hatte ich meine Augen und Ohren überall, auf jede anomale Bewegung um mich herum fokussiert. Schließlich landete ich in Rom. Ich hatte es geschafft.

Nun endlich konnte ich die Datenbank entschlüsseln und nach sachlichen Informationen über die Rolle meines Landes in einem Krieg suchen, der bis dahin in einem Klima allgemeiner Gleichgültigkeit geführt wurde.

Seit November 2001, als sich Italien bald nach dem 11. September in Afghanistan einmischte, hatte sich die offizielle Version der italienischen Regierung nie geändert: Unsere Truppen – »Unsere Jungs«

3. AFGHANISTAN: DER FERNE KRIEG

in der nationalen Rhetorik – sind dort, um der Bevölkerung vor Ort zu helfen und sie vor den Taliban zu schützen. Doch die Dokumente erzählten eine andere Geschichte: die des wirklichen Krieges, in dem die italienische Armee von 2004 bis 2009 tagtäglich im Einsatz war, ein Krieg mit Hunderten getöteter Aufständischer, Luftangriffen, Sprengfallen, Hinterhalten, Kamikazeangriffen, Dutzenden von teils schwer, teils weniger schwer verwundeten Soldaten. Über all das war in Italien nicht berichtet worden. In den Protokollen tauchten mysteriöse Vorfälle auf, die nur schwer zu ergründen waren, wie etwa jener, bei dem einer »unserer Jungs« auf einen afghanischen Geheimdienstagenten schoss, der einem »unserer« Einsätze irgendwie entgegengewirkt hatte.

Ein anderer undurchsichtiger Fall betraf die Übergabe eines Gefangenen an unsere Regierung. Der Mann war im Militärgefängnis der Bagram Air Base inhaftiert, jener US-Luftwaffenstützpunkt in Afghanistan, der für die Folterung von Gefangenen berüchtigt war. Tausende Terrorverdächtige wurden dort unter entsetzlichen Bedingungen festgehalten, ohne dass irgendjemand Informationen darüber erhalten konnte, wer sie waren oder was ihnen vorgeworfen wurde. Manche von ihnen waren jahrelang in dieser Hölle eingesperrt, ohne das Recht auf einen Anwalt und ohne die Chance auf journalistische Recherche über sie. Eine Berichterstattung konnte es schon deshalb nicht geben, weil die Vorgänge in der Militärbasis höchster Geheimhaltung unterlagen.

Der Gefangene, der am 20. Dezember 2009 auf dem Stützpunkt Bagram an Bord der Maschine C130 Hercules verbracht wurde, war bloß als ISN 1455 benannt – ISN für »Internment Serial Number«, jene Nummer, mit der Gefangene im Gewahrsam des US-Verteidigungsministeriums gekennzeichnet werden.[30]

---

30 Dank einer der wichtigsten US-amerikanischen Organisationen für Menschen- und Bürgerrechte, der American Civil Liberties Union (ACLU), die im September 2009 eine Liste von 645 Gefangenen aus Bagram erhalten hatte, konnte ich herausfinden, dass die Kennzeichnung ISN 001455 zu dem Namen Moez Bin Abdul Qadir Fezzani gehört; und dank der von WikiLeaks veröffentlichten

Die Dokumente enthielten keine Informationen, die Anlass zur Besorgnis über Missbrauch oder schwere Gewalt seitens der italienischen Truppen gegenüber der örtlichen Bevölkerung hätten geben können.

Hatte es keine gewalttätigen Übergriffe gegeben oder wurden sie hier nur nicht dokumentiert, da der Geheimhaltungsgrad der Berichte nicht hoch genug war? Die Dokumente waren als *geheim* eingestuft; es könnte also Vorfälle gegeben haben, die nicht in die Kriegstagebücher aufgenommen wurden, weil sie nur in *streng geheimen* Berichten auftauchen durften.

Eines wurde jedenfalls sehr deutlich: wie wenig die westlichen Truppen nach so vielen Kriegsjahren in Afghanistan zustande gebracht hatten. Die Dokumente bestätigten etwa, dass die USA auch nach fast einem Jahrzehnt keinerlei Vertrauen in lokale Einheiten hatten, die in vielen Fällen von italienischen Soldaten ausgebildet worden waren.

In den Berichten wurde die große Mehrheit der afghanischen Polizeikräfte in der Region Herat, die unter italienischer Kontrolle standen, als nicht vertrauenswürdig bezeichnet. Oft wurde ihnen ihr Gehalt nicht ausgezahlt, und es war unklar, wo die Gelder blieben. Im Ergebnis schlossen sich viele den Taliban an. Afghanische Polizisten besserten ihren Lohn durch Entführungen auf, zudem legten die Berichte nahe, dass die Kidnapper Komplizen unter hochrangigen Polizeibeamten hatten.

Ein weiteres großes Rätsel stellte die Entwicklungshilfe dar, die von westlichen Regierungen an afghanische Behörden erging: Wohin flossen sind die Gelder? Die Unterlagen dokumentierten einen Mangel an Transparenz bei der Verwaltung dieser Mittel. So wurde zum Beispiel ein Treffen zwischen dem Finanzminister der Regie-

---

Botschaftsdepeschen konnte ich gegenprüfen, dass es sich bei dem mysteriösen Gefangenen um den besagten Tunesier handelte. Die von der ACLU erhaltene Liste ist verfügbar unter: aclu.org, 15.1.2010. Die Depesche, mit der sich die Identität des Häftlings bestätigen lässt, datiert vom 22. Dezember 2009 und hat folgendes Kennzeichen: 09STATE130318_a.

3. AFGHANISTAN: DER FERNE KRIEG 91

rung, Hamid Karsai, und einem ISAF-Vertreter der NATO protokolliert.[31] Auf dem Treffen sollte der Bau einer Trasse erörtert werden, die den italienisch kontrollierten Distrikt Herat mit Dowshi verbinden sollte, eine Durchfahrt, die Tschaghtscharan passieren sollte, eine Stadt in der Provinz Ghor, »dem ärmsten Gebiet Afghanistans«. Während des Treffens brandete jedoch ein Streit auf: Nur 60 Prozent der im Jahr zuvor bereitgestellten Mittel waren ausgegeben worden. Was war mit dem Rest geschehen? Die US-Vertreter kamen zu dem Schluss, sie würden »überprüfen, wie das Geld für Straßen ausgegeben wird, und sicherstellen, dass die zu bauenden Straßen auch in den vereinbarten Gebieten liegen.«[32] Ähnlich wie bei lokalen politischen Banden in Italien, so wurden Fahrwege auch in Afghanistan nicht auf der Grundlage des tatsächlichen Bedarfs, sondern nach Gutdünken örtlicher Potentaten gebaut, und öffentliche Gelder verschwanden unkontrolliert.

Tagelang grub ich mich durch die Datenbank der ›Afghan War Logs‹ – mit Hilfe von Gianluca Di Feo, damals der für mein Ressort verantwortliche Redakteur bei *L'Espresso*. Schließlich gelang es uns, die Beteiligung Italiens am Krieg für die protokollierten Jahre detailliert zu rekonstruieren: samt einer Beschreibung von Kampfeinsätzen, von denen in Italien zuvor nie die Rede gewesen war – außer in den seltenen Fällen, in denen italienische Soldaten getötet wurden. Nur zu solch raren Anlässen tauchte Afghanistan für ein paar Tage in den Medien auf und löste flüchtige politische Reaktionen aus, um dann wieder in der Versenkung zu verschwinden.

Als Gianluca Di Feo und ich unsere Untersuchung in *L'Espresso* veröffentlichten,[33] hatten wir die Hoffnung, damit endlich eine konkrete öffentliche Debatte, parlamentarische Untersuchungen sowie Berichte und Recherchen italienischer Medien auszulösen. Zumal

---

31 Die Dokumente sind zugänglich unter: https://wardiaries.wikileaks.org/id/84C205D3-D277-4AC9-A3A4-B0A757CF5C19/.

32 Ebd.

33 Gianluca Di Feo / Stefania Maurizi: Afghanistan, ecco la verita, in: L'Espresso, 15. Oktober 2010.

in Kabul ein Jahr zuvor, am 17. September 2009, sechs Soldaten der Fallschirmjägerbrigade »Folgore« von einer Autobombe mit 150 kg Sprengstoff in Stücke gerissen worden waren;[34] nicht zu schweigen von etwa 15 getöteten und 60 verletzten afghanischen Zivilisten sowie vier verletzten italienische Soldaten.

Mit den Afghanischen Kriegstagebüchern hatten wir politischen Entscheidungsträgern, den Medien und der Öffentlichkeit in Italien Datenmaterial und Sachinformationen zur Verfügung gestellt. Damit hatten sie endlich die Möglichkeit, diesen militärischen Konflikt als solchen zu analysieren und zu diskutieren – jenseits der Kriegsnebel und der Losung von »unseren Jungs«, die losziehen, um Gutes zu tun. Doch es herrschte Ruhe. Keine Debatte. Kläglisches Schweigen der Politik und die Unfähigkeit oder der Unwille der italienischen Medien, gemeinsam Druck auf die Institutionen auszuüben. Um solch ein Land brauchte sich die CIA nicht zu sorgen: Sie musste erst gar nicht Wege der Einflussnahme aufspüren – wie etwa im Falle einer französischen oder deutschen Bevölkerung –, auf die zurückzugreifen wäre, falls aus Politik und Medien wie auch seitens der öffentlichen Meinung eine Kriegsbeteiligung allmählich in Frage gestellt würde.

Doch ich ließ mich von dem Schweigen und der Apathie nicht entmutigen. Eine junge Soldatin, Chelsea Manning, hatte alles riskiert, um diese Dokumente an Land zu ziehen. Eine kleine Nachrichtenorganisation, jene von Julian Assange, hatte außergewöhnlichen Mut bewiesen und sie veröffentlicht – trotz der Drohungen des Pentagons. Auch ich wollte, mit investigativer Arbeit, meinen Teil dazu beitragen. Ich hatte die Gelegenheit, in Datenbanken zu recherchieren, die Licht in die hintersten Ecken unserer Regierungen brachten; dorthin, wo unter dem Schutz des Staatsgeheimnisses Misshandlungen und Gräueltaten begangen werden, journalistisch selten nachweisbar. Das brachte mich in die Lage, die Öffentlichkeit

---

34 »Afghanistan, attacco ai militari italiani: uccisi sei para della Folgore, quattro feriti«, in: la Repubblica, 17. September 2009.

darüber zu informieren, denn nur so konnten die Bürgerinnen und Bürger fundierte Entscheidungen treffen und öffentliche Einrichtungen kontrollieren. Konnte ich mir diese Chance entgehen lassen? Ich würde weitermachen.

4.
Der Cypherpunk

Eine »hochintelligente Person«

Schon lange hatte ich, beeindruckt von Julian Assange und seiner Organisation, mehr über sie zu erfahren versucht. Ich nahm nicht nur jede eigene Interaktion mit ihnen unter die Lupe, sondern sprach auch mit allen möglichen Leuten, die über das nötige Fachwissen verfügen, um das Phänomen WikiLeaks zu erfassen. Einer derjenigen, die mir dabei halfen, war der besagte US-amerikanische Kryptografie-Experte Bruce Schneier, den der *Economist* als »Sicherheitsguru« bezeichnet hatte.[1]

Einige Wochen nach Veröffentlichung der ›Afghan War Logs‹ fragte ich Bruce Schneier, wie die WikiLeaks-Quelle Chelsea Manning – damals noch: die mutmaßliche Quelle –, diese Flut an geheimen Dateien herunterladen konnte, ohne dass jemand Verdacht schöpfte. »Jeden Tag«, so Schneider, »werden beim Militär Hunderttausende von geheimen Dokumenten aus den Netzwerken des Pentagon eingesehen und heruntergeladen. Warum sollte da irgendwer etwas Ungewöhnliches bemerken?«[2] Nach den Anschlägen vom 11. September habe eine sehr große Zahl von Geheimdienstanalysten, Soldaten und Vertragspartnern, also von Personen, die bei privaten Unternehmen beschäftigt sind und für die US-Regierung arbeiten, Zugang zu geheimen Dateien erhalten. »Einer der Faktoren, die zur Tragödie der Zwillingstürme führten«, sagte er, »war die Unfähigkeit der ver-

---

1   Zur Arbeit von Bruce Schneier vgl. schneier.com.
2   Stefania Maurizi: Dossier WikiLeaks. Segreti Italiani, Mailand 2011.

schiedenen Agenturen, Informationen auszutauschen, um den Angriff zu verhindern: Die CIA sprach nicht mit der NSA, die ihrerseits nicht mit dem FBI kommunizierte, und so weiter. Nach der Katastrophe wurde beschlossen, bei vertraulichen Dokumenten den Zugang und die gemeinsame Nutzung auszuweiten.«[3]

Die Ausweitung des Personenkreises, der vertrauliche Dateien einsehen kann, erhöht natürlich die Wahrscheinlichkeit, dass Dateien geleakt werden. »Es liegt also am System. Wie lässt sich dem entgegenwirken?«, fragte Schneier.[4]

Was Julian Assange selbst betrifft, so erhielt ich nach und nach bruchstückhafte Informationen über ihn. Wie ich wusste, hatte er in Australien einige Jahre an der Universität von Melbourne Physik und Mathematik studiert. Das überraschte mich kaum, zeigte er doch zweifellos Eigenschaften, die ich schon oft bei Personen gesehen und während meiner Jahre an den Fakultäten für Mathematik und Physik erkannt hatte: logische Intelligenz und neugieriger Geist; ein ungewöhnliches Verhalten, das Außenstehenden skurril vorkommen kann; intensive Konzentration auf ein Ziel, was dazu führen kann, ganz banale, praktische Notwendigkeiten zu vergessen – wie eine Fahrkarte für einen Zug zu besorgen; Schwierigkeiten bei sozialen Beziehungen; Interesse an geistiger Arbeit, der mit Besessenheit nachgegangen wird, bis hin zur Vernachlässigung zwischenmenschlicher Kontakte.

Erst später erfuhr ich mehr über seine Vorgeschichte. Assanges Jugend war unkonventionell verlaufen. Geboren am 3. Juli 1971 in Townsville an der Nordostküste Australiens, wuchs er bei seiner Mutter Christine Hawkins auf, die nach der Scheidung von seinem Vater, John Shipton, den Namen ihres neuen Mannes, des Theaterregisseurs Brett Assange, annahm. Theater und Kunst gehörten zu den Hauptinteressen seiner Mutter, bei der er groß wurde, während sie von einer Stadt zur anderen zogen. Ihr nomadischer Lebensstil führte dazu, dass er Dutzende von verschiedenen Schulen besuchte, manche gar

---

3   Ebd.
4   Ebd.

nur für einen Tag. Das Bedürfnis, unterwegs zu sein, blieb ihm erhalten, ebenso wie seine frühe Ahnung, ein Kind des Internets zu sein; jemand mit keiner festen Ortung: einer, der die Welt global betrachtet. Nicht zufällig würde er eine im wahrsten Sinne staatenlose Nachrichtenorganisation wie WikiLeaks gründen.

Ein anderer Mensch lässt sich besser verstehen, wenn man dessen Eltern trifft oder sich mit ihnen austauscht, und sei es nur aus der Ferne. Als ich in späteren Jahren mit Christine Hawkins und John Shipton sprach und anderweitig korrespondierte, stellte ich fest: Julian Assange hatte den logischen Verstand seines Vaters, während ihm seine Mutter die antiautoritäre Haltung sowie und den Drang nach Unabhängigkeit mitgegeben hatte.

In Sorge, dass die Intelligenz und die geistigen Kräfte ihres Sohnes unter dem öffentlichen Schulsystem litten, förderte Christine parallel eine informelle Art von Bildung, die von kritischem Denken geprägt war.[5] Es waren seine Bücher und sein Commodore 64, die Assanges Geist anregten, nicht der traditionelle Unterricht.

Im Alter von 18 Jahren war er bereits Vater eines Kindes, Daniel. Mit 25 wurde er für schuldig befunden, sich in das kanadische Telekommunikationsunternehmen Nortel gehackt zu haben. Das genannte Urteil des Victoria County Court in Melbourne kam einem milden Verweis gleich.[6] »Julian Paul Assange, Sie haben sich selbst schuldig bekannt, in 24 Fällen gegen das Gesetz, das heißt gegen den Crimes Act of the Commonwealth, verstoßen zu haben«, heißt es in dem Urteil. »Aus den gewonnenen Informationen und aus den Störungen, die Sie in verschiedenen Computernetzwerken verursachten, haben Sie keinen persönlichen Vorteil gezogen. Es gibt keine Indizien dafür, dass Sie sich von einem anderen Interesse leiten ließen als von Ihrer Wissbegierde rund um den Computer und von Ihrem Wunsch nach der reinen Fähigkeit, auf dieses konkrete Material zugreifen zu können«, so das richterliche Urteil von Leslie Ross. Und

---

5   Christine Assange, E-Mail an die Autorin, 9. Februar 2019.
6   The Queen ./. Julian Paul Assange, Urteil von Richter Ross, 5. Dezember 1996.

weiter: »Hätten Sie dies zum Zwecke der persönlichen Bereicherung getan, so müsste ich davon ausgehen, dass – ungeachtet etwaiger mildernder Umstände – nur eine Gefängnisstrafe in Frage gekommen wäre. Auf den schwerwiegenderen dieser Straftaten, das wird Ihnen bewusst sein, steht eine Höchststrafe von zehn Jahren Haft.«

Was aber waren die mildernden Umstände? Über die genannten Punkte hinaus – Wunsch nach intellektuellem Wissen, kein finanzielles Motiv, Kooperation bei den Ermittlungen – führte Leslie Ross den persönlichen Hintergrund des Angeklagten an: »Ich erkenne an, was Ihr anwältlicher Beistand über den unsteten persönlichen Hintergrund gesagt hat, der Ihre Jugend prägte; über das Nomadendasein, das Ihre Mutter und Sie selbst notgedrungen fristeten; und nicht zuletzt über die persönlichen Zerrüttungen bei Ihnen zu Hause.« Das Urteil schloss: »Das kann nicht einfach für Sie gewesen sein. All das hatte Auswirkungen auf Sie, zugleich erlangten Sie formale Bildungsabschlüsse, denen Sie ganz offensichtlich gewachsen waren, und der Hinweis, Sie seien eine hochintelligente Person, scheint wohlbegründet zu sein. ... Die Taten, derer Sie sich strafbar gemacht haben, lassen sich schließlich nur mit entsprechender Intelligenz begehen«, so die Begründung für die verhältnismäßig milde Verurteilung zu einer Geldstrafe von 2.100 Australischen Dollar.

Aus juristischen Dokumenten, archiviert im Victoria County Court von Melbourne, erfuhr ich: Assange leistete 1993, im Alter von 22 Jahren, einer australischen Polizeieinheit, die für die Bekämpfung von Kinderpornografie zuständig ist, der Victoria Police Child Exploitation Unit, technische Unterstützung. Er nutzte seine Computerkenntnisse, um Pädophile zu identifizieren, die ihr Material online veröffentlichten und verbreiteten. »Die Mitwirkung von Mr. Assange wurde Mitte der neunziger Jahre beendet«, heißt es in den Unterlagen, »sein technisches Fachwissen war wertvoll für die Ermittlungen. Mr. Assange hat keinen persönlichen Nutzen aus seinem Beitrag gezogen und war froh, helfen zu können.«[7]

---

7 County Court of Victoria, Revocation of Prohibition Order, 11. Februar 2011.

Zudem erwies sich die Website Cryptome als elementar, um den Hintergrund von Julian Assange aufzuspüren. Gegründet von dem US-Amerikaner John Young im Jahr 1996, zehn Jahre vor WikiLeaks, war Cryptome das erste Projekt, das routinemäßig vertrauliche oder anderweitig beschränkt zugängliche Dokumente freigab. In jenen Monaten des Jahres 2010, als der Ruhm von WikiLeaks durch die Decke ging, versuchte ich, Young zu kontaktieren, um seine Sichtweise zu erfahren; doch ich stieß auf beträchtliches Misstrauen.

Cryptome diente als Online-Archiv, in dem Young Dateien veröffentlichte, ohne vorab mit traditionellen Medien zusammenzuarbeiten, wie dies WikiLeaks seit den ›Afghan War Logs‹ systematisch und mit großen Teams tat, um die Authentizität von Dokumenten bestätigen zu lassen. Soweit ich es als außenstehende Beobachterin beurteilen konnte, arbeitete Cryptome auf sich allein gestellt, und es war mir nie klar, wie sie bei der Authentifizierung von Dateien vorgingen. Später, im Fall von WikiLeaks, führten wir als Medienpartner vor der Veröffentlichung von Dokumenten weitere, unabhängige Kontrollen durch. Wie dem auch sei, Assange sagte mir in unseren Gesprächen damals, John Young habe gewiss »heroische Arbeit« geleistet.

Einige Wochen nach der Veröffentlichung des ›Collateral Murder‹-Videos veröffentlichte Cryptome den Inhalt dessen, was über die den Cypherpunk-Verteiler lief.[8] Dieser Mailverkehr gleicht einem Abbild jenes kulturellen Umfelds, das den Gründer von WikiLeaks entscheidend prägte.

Visionäre und Libertäre

In den 1990er Jahren war Julian Assange einer von ihnen. Zu den Visionären und Libertären der Cypherpunks – frei übersetzt: ›Verschlüsselungsrebellen‹ – gehörten Mathematiker wie Eric Hughes

---

8   Der Inhalt des Cypherpunk-Verteilers ist zugänglich unter: cryptome.org.

von der University of California in Berkeley, der ihr Manifest geschrieben hatte (»A Cypherpunk's manifesto«), oder der Physiker Timothy May, der für den Mikrochip-Giganten Intel gearbeitet hatte. May hatte einst ein gravierendes technisches Problem gelöst, was ihm ein solches Vermögen einbrachte, dass er sich im Alter von 34 Jahren zur Ruhe setzen konnte. Wie er selbst ausrechnete, würde er nie wieder arbeiten müssen.

Zudem war John Gilmore unter ihnen, der beim Software-Riesen Sun Microsystems in fünfthöchster Position gewesen war und mit nicht einmal 30 Jahren genug verdient hatte, um ebenfalls in Frührente gehen zu können[9] und sich seinen persönlichen Interessen zu widmen, unter anderem Fragen von digitalen Rechten. Gilmore half bei der Gründung der Electronic Frontier Foundation (EFF), einer einflussreichen US-amerikanischen Organisation, die sich später im Fall der Schweizer Bank Julius Bär auf die Seite von WikiLeaks stellen sollte.

Auch mit an Bord: Esther Dyson, Expertin für digitale Technologien und damalige Leiterin der EFF, und John Young von Cryptome sowie junge Computertalente wie Julian Assange, der ab 1995 am Mailverkehr der Gruppe aktiv teilnahm, als er erst 24 Jahre alt war und die Ermittlungen der US-Regierung gegen Philip Zimmermann und dessen PGP die Kryptografie-Debatte gerade anheizten.

Die Cypherpunks einte ein übergeordnetes Interesse: die Auswirkungen der Überwachung und die Entwicklung von Instrumenten zur Verteidigung der Privatsphäre und der Anonymität, einschließlich anonymer Zahlungssysteme, um den einzelnen vor der absoluten Kontrolle des Staates zu schützen. Oder mit den Worten von Eric Hughes aus seinem »Cypherpunk's manifesto«: »Die Privatsphäre ist eine notwendige Voraussetzung für eine offene Gesellschaft im elektronischen Zeitalter. Privatsphäre hat nichts mit Fragen von Geheimhaltung zu tun. Eine private Angelegenheit ist etwas, wovon man nicht will, dass die ganze Welt an ihr teilhat; dagegen ist eine

---

9 John Gilmore, E-Mail an die Autorin, 18. Februar 2021.

geheime Sache etwas, wovon man will, dass niemand von ihr weiß. Privatsphäre ist die Möglichkeit, ausgewählte Informationen über sich selbst mit der Welt zu teilen.« Und weiter: »Wenn ich in einem Geschäft eine Zeitschrift kaufe und dem Verkäufer Bargeld gebe, muss niemand wissen, wer ich bin. [...] Wenn meine Identität durch den zugrundeliegenden Mechanismus der Transaktion offengelegt wird, habe ich keine Privatsphäre. Ich kann nicht mehr wählen, ob und welche Informationen ich über mich preisgebe; ich muss meine Informationen *immer* preisgeben. Daher erfordert die Privatsphäre in einer offenen Gesellschaft anonyme Transaktionssysteme. Bislang bestand das wichtigste System dieser Art im Bargeld. Ein anonymes Transaktionssystem ist kein geheimes Transaktionssystem. Ein anonymes System verleiht uns die Macht, unsere Identität nur dann offenzulegen, wenn dies gewünscht ist, und zwar ausschließlich, wenn dies gewünscht ist. Das ist das Wesen der Privatsphäre.«[10]

Die Cypherpunks waren antiautoritär, ihre politischen Ansichten zugleich bunt gemischt. Timothy »Tim« May etwa war ein rechtsgerichteter Anarchist, der jegliche staatliche Einmischung in politische, soziale und wirtschaftliche Bereiche ablehnte und für einen Kapitalismus frei von jeglicher Regulierung stritt. Tim May selbst hatte mit »The Crypto Anarchist manifesto« eines der provokanteren Dokumente verfasst, dessen Einleitung das »Manifest der Kommunistischen Partei« von Karl Marx und Friedrich Engels paraphrasierte: »Ein Gespenst geht um in der modernen Welt, das Gespenst der Krypto-Anarchie. Die Computer-Technologie steht kurz davor, Einzelpersonen und Gruppen die Möglichkeit eröffnen zu können, in absoluter Anonymität miteinander zu kommunizieren und interagieren. Zwei Personen werden miteinander Nachrichten austauschen, Geschäfte abschließen und elektronische Verträge aushandeln können, ohne jemals den tatsächlichen Namen oder die Identität des jeweils anderen zu kennen.« May fuhr fort: »Der Staat wird natür-

---

10 A Cypherpunk's Manifesto: vgl. activism.net. (Anm. d. Ü. zum Zitat aus dem »Manifesto«: Teils eigene Übersetzung, teils unter Rückgriff auf eine unter dem Namen »CPU_Fronz« veröffentlichte Übertragung, vgl. peakd.com.)

lich versuchen, die Ausbreitung dieser Technologie aufzuhalten oder zu verlangsamen, indem Bedenken im Hinblick auf die nationale Sicherheit und bezüglich der Nutzung der Technologie durch Drogenhändler und Steuerhinterzieher und schließlich die Gefahr des Zerfalls der Gesellschaft angeführt werden. Viele dieser Bedenken werden stichhaltig sein; die Krypto-Anarchie wird es ermöglichen, Staatsgeheimnisse, gesetzwidriges und gestohlenes Material frei zu handeln. Durch einen anonymisierten, computerbasierten Marktplatz werden sich sogar verabscheuungswürdige Märkte für Attentate und Erpressung ergeben. Verschiedene kriminelle Elemente, aber auch religiöse Fanatiker und andere Extremisten werden aktive Nutzer des Krypto-Netzes sein. Doch dies wird die Ausbreitung der Krypto-Anarchie nicht aufhalten.«[11]

Als ich Philip Zimmermann fragte, was er von dem Manifest halte, sagte er mir, die Krypto-Anarchie sei für ihn keine einleuchtende Perspektive: Sie sei eine Dystopie.[12] Und später verstand ich: Tim Mays Dystopie war nicht die Vision von Kryptografie, die Julian Assanges sich zu eigen machte: Er wollte sie nicht dazu nutzen, um Drogenhändler, Steuersünder oder Mörder der Rechenschaft zu entziehen; vielmehr sollte die Kryptografie dazu verhelfen, Verantwortliche von Staatsverbrechen haftbar zu machen. So oder so: Derlei Anregungen, Meldungen und Analysen zur Bedeutung von Verschlüsselung, Anonymität und anonymen Zahlungssystemen heizten die Diskussionen im Mailchat der Cypherpunks an. Es war eine Debatte, an der der junge Assange von 1995 bis 2002 intensiv teilnahm, als die Gründung von WikiLeaks im Jahr 2006 erst noch bevorstand.

---

11 The Crypto Anarchist manifesto: vgl. groups.csail.mit.edu. (Anm. d. Ü.: Beide Zitate nach der Übersetzung von Joerg Platzer, bei dem das zweiseitige Krypto-Anarchistische Manifest dokumentiert ist, in: Joerg Platzer: Bitcoin – kurz & gut. Banking ohne Banken, Köln 2014, S. 9f. Die einzige Abweichung findet sich im vorletzten Satz des Zitats, der in der hier herangezogenen Fassung lautet: »Various criminal and foreign elements will be active users of CryptoNet.«).

12 Philip Zimmermann, E-Mail an die Autorin, 24. Juni 2011.

In diesem Chat zeigte sich Assange als unbeugsamer Libertärer, was digitale Rechte wie Anonymität oder Verschlüsselung angeht, nicht aber als Verfechter eines entfesselten Kapitalismus, wie die US-amerikanischen Libertären es waren.[13]

So schrieb ein Cypherpunk namens Declan in einem Beitrag: »Man mag einräumen, dass die Globalisierung negative Auswirkungen hat […] Aber wenn etwa behautet wird, ein Fabrikarbeiter in ärmeren Ländern würde nur zwei 2 Dollar pro Stunde oder was auch immer bekommen, lässt sich sinnvoll erwidern: Ist das denn schlimmer als die Alternativen, die er hat, wie etwa in dörflichen Lehmhütten zu hausen?«

Julian Assange entgegnete: »Man braucht keinen Nobelpreis, um zu erkennen: Das Verhältnis zwischen der Führungsetage eines großen Unternehmens und einer einfachen Arbeitskraft ist brutal asymmetrisch. Die eine Seite kennt sich in den Verhandlungsregeln ungleich besser aus als die andere. Auf der einen Seite stehst du als künftiger Beschäftigter und auf der anderen das Monopol über die regionalen Arbeitsplätze, mitsamt hunderter von Arbeitsrechtsanwälten, Psychologen und anderen Strategen, die dir ein Dokument voller juristischer Fachausdrücke vorlegen und dir sagen, wo du unterschreiben sollst. Ohne Rechtsberatung wirst du das Dokument und die zugrundeliegenden politischen Zusammenhänge nie verstehen. Doch selbst wenn du es verstehst, so gibt es eine Million andere, die sie für dumm genug halten. Um dieser Art von Asymmetrie zu begegnen, versuchen die Beschäftigten selbstverständlich, sich zusammenzuschließen, um den Austausch ihrer Informationen zu verbessern und ihre Verhandlungsmacht zu erhöhen. Und das ist richtig so. GEWERKSCHAFTEN, mein lieber Declan. Diese verschlagenen Organisationen, die von Unternehmen und Regierungen des Nordens überall in der Dritten Welt unterdrückt werden, indem sie die Versammlungs- und Redefreiheit sowie andere

---

13 Robert Manne: The Cypherpunk revolutionary, in: The Monthly, März 2011: themonthly.com.au.

grundlegende politische Rechte beschneiden, die wir für selbstverständlich halten.«

Das schrieb Assange im Oktober 2001, als er 30 Jahre alt war. Politisch macht ihn genau das bis heute aus: Gegen Krieg eingestellt und zugleich überzeugt libertär, was das Recht des Einzelnen angeht, sich vor völliger staatlicher Überwachung und Kontrolle zu schützen; nicht aber für einen unregulierten Markt.

Im Mailchat der Cypherpunks wurde Assanges Arbeit an einem Verschlüsselungsprogramm namens Rubberhose hervorgehoben, das er im Alter von 26 Jahren zusammen mit Suelette Dreyfus entwickelt hatte, einer findigen australischen Medienwissenschaftlerin an der Universität Melbourne, zugleich einer Technologieexpertin, die mit großem Enthusiasmus vorging und die Assange seit seiner Jugend kannte.[14]

Rubberhose wurde entwickelt, um Menschenrechtsaktivisten und Journalisten, die in autoritären Gesellschaften oder anderweitig feindseliger Umgebung arbeiten, für den Fall zu schützen, dass sie aufgegriffen und nach belastenden Informationen durchsucht werden. Die Idee hinter dem Projekt war es, diese Informationen in verschlüsselten Archiven abzulegen, die schwer aufzuspüren sind, sodass gewaltsam bedrohte Reporter oder Aktivistinnen glaubhaft leugnen können – siehe den Begriff »Rubberhose« (»Gummischlauch«) –, sie bei sich zu haben.

Rubberhose fand nie weite Verbreitung; doch der Entschluss, Quellen zu schützen, die über sensible Dokumente verfügen, sollte zum Wesenskern von WikiLeaks werden. »Wir sind der Überzeugung, dass Transparenz in Regierungstätigkeiten zu weniger Korruption, einer besseren Verwaltung und stärkeren Demokratien führt«, hieß es auf der Website der Organisation einige Monate nach ihrer Gründung. »Alle Regierungen können von einer verstärkten Kontrolle durch die Weltgemeinschaft und die eigene Bevölkerung profi-

---

14 Vgl. Julian Assange / Suelette Dreyfus: Underground. Tales of hacking, madness, and obsession on the electronic frontier (Kew/Australien 1997).

tieren. Diese Kontrolle, so denken wir, erfordert Informationen«, so WikiLeaks weiter. »Historisch gesehen, wurde für solch Informationen ein hoher Preis bezahlt – in Bezug auf Menschenleben und Menschenrechte. Aber mit technologischen Fortschritten – siehe Internet und Kryptografie – lassen sich die Risiken der Übermittlung wichtiger Informationen senken.«[15]

Damit war genau jenes Risiko benannt, dem Chelsea Manning ausgesetzt war, als sie geheime Dokumente wie das ›Collateral Murder‹-Video oder die ›Afghan War Logs‹ aufdeckte. Als ich im Oktober 2010 gerade die Enthüllungen über Italiens Rolle im Afghanistankonflikt veröffentlicht hatte, konnte ich nicht wissen, wie teuer Chelsea Manning das Whistleblowing noch zu stehen kommen sollte; doch dank ihrer bemerkenswerten Courage, so viel wusste ich, sollten bald neue Dokumente von entscheidender Bedeutung ans Licht der Öffentlichkeit gelangen.

---

15 Zitiert nach dem in Kapitel 1 erwähnten ACIC-Dokument »Wikileaks.org – an online reference to foreign intelligence services, insurgents, or terrorist groups?« Vgl. https://file.wikileaks.org/file/us-intel-wikileaks.pdf (abgerufen: 19.5.2022)

5.
Datenbank aus der Hölle
Oder: Die ›Iraq War Logs‹

Nur achtmal das Wort »Demokratie«

Noch nicht einmal ein Monat war vergangen seit meinem Treffen mit Julian Assange und Kristinn Hrafnsson am Alexanderplatz, als WikiLeaks erneut Dateien von außerordentlichem journalistischem Wert veröffentlichte: Am 22. Oktober 2010 wurden 391.832 als geheim eingestufte Dateien über den Irakkrieg veröffentlicht. Wie die afghanischen Kriegstagebücher, so waren auch die ›Iraq War Logs‹[1] Berichte vom Schlachtfeld, die von US-Truppen verfasst wurden und alle »significant activities« (SigActs) auf dem irakischen Kriegsschauplatz kurz und bündig wiedergaben, in der Regel in nüchternem Militärjargon voller Abkürzungen. Die Schilderungen erstreckten sich über den Zeitraum vom 1. Januar 2004 bis zum 31. Dezember 2009 und ermöglichten es, sechs Jahre des bewaffneten Konflikts anhand von Tatsachenberichten nachzuvollziehen. Diese glichen einmal mehr einer Serie von Polaroidaufnahmen: Schnappschüsse dessen, was an einem bestimmten Ort (Breiten- und Längengrad), an einem bestimmten Tag und zu einem bestimmten Zeitpunkt geschah – erlittene und unternommene Angriffe, improvisierte Sprengfallen (IEDs), Gefangene, Tote, Verwundete, Entführungen, Meldungen und Warnungen, die die Armee von der örtlichen Bevölkerung erhielt.

---

1 Die 391.832 ›Iraq War Logs‹ [Kriegstagebücher, auch: War Diaries] sind zugänglich unter: https://wardiaries.wikileaks.org/ (abgerufen: 19.1.2022).

Der Irakkrieg bietet ein erstklassiges Muster für die Manipulation von Geheimdienstinformationen zur Verfolgung eines politischen Ziels. Die Vereinigten Staaten marschierten am 20. März 2003 in das Land ein, und zwar unter Angabe völlig falscher Informationen, wonach das Regime unter Führung von Saddam Hussein über Massenvernichtungswaffen verfügte und Verbindungen zu Al-Qaida unterhielt. Eine reine Erfindung der Administration von George W. Bush, im Bunde mit der britischen Regierung unter Anthony »Tony« Blair, um die Invasion zu rechtfertigen. Doch gewiss wären sie mit den gefälschten Geheimdienstinformationen nicht so leicht durchgekommen, wenn die US-Medien mehrheitlich ihre Arbeit getan und die Nachrichtendienste sowie deren politische Vorgesetzte mit einer Portion Skepsis bedacht hätten.

Einige versuchten genau das, etwa die Zeitungen des US-Verlags McClatchy, die in einer Reihe von Artikeln die Unwahrheiten der Regierung Bush über Massenvernichtungswaffen aufdeckten.[2] Unterdessen folgte die *New York Times* der Fälschung, auch wenn einige von deren Reportern, wie sich später herausstellte, intern Zweifel äußerten, nachdem einige Quellen aus den Reihen der Geheimdienste ihnen ihr Unbehagen anvertraut hatten; doch diese Journalisten konnten die redaktionelle Haltung des Blattes nicht ändern.[3] Julian Assange äußerte mir gegenüber mehrfach die Überzeugung: Hätte es WikiLeaks schon vor dem Irakkrieg gegeben, samt entsprechender Quellen, die Dokumente über den Betrug der Regierung Bush

---

2   Nieman News (red. Beitrag): John Walcott receives first I.F. Stone medal for journalistic independence for pre-Iraq War coverage, 23. Juli 2008, nieman. harvard.edu.

3   Um zu verstehen, wie die *New York Times* dazu beitrug, jene Unwahrheiten zu verbreiten, mit denen der Irakkrieg gerechtfertigt wurde, ist es von Bedeutung, die Rekonstruktion des Pulitzer-Preisträgers James Risen zu lesen, dessen Berichterstattung ihn auf Konfrontationskurs zu seiner Zeitung brachte, die er schließlich verließ. (James Risen: The biggest secret: My life as a New York Times reporter in the shadow of the War on Terror, in: The Intercept, 3. Januar 2018.) Für eine Kritik an der Rolle der US-Medien bei der Konsensbildung für den Irakkrieg vgl. Matt Taibbi: 16 years later, how the press that sold the Iraq war got away with it, in: Rolling Stone, 22. März 2019.

enthüllt hätten, so wäre die internationale Debatte infolge einer wirkungsvollen Veröffentlichung anders verlaufen. Wäre WikiLeaks bereits in der Anfangsphase des Irakkriegs aktiv gewesen und hätte sofort Dokumente wie das ›Collateral Murder‹-Video erhalten und öffentlich machen können, so wäre der Krieg seiner Ansicht nach früher beendet worden.

Ob es wirklich so gekommen wäre? Wer weiß es schon? Zumindest jedoch hätte WikiLeaks jenen Quellen, die über etwaige Belege für die Lügen der Regierung Bush verfügten, die Möglichkeit gegeben, ihre Zweifel mit der Weltöffentlichkeit zu teilen.

Doch Assanges Organisation gab es damals noch nicht, und die *New York Times* war für Bush und seine Falken eine gewaltige Hilfe bei der Verbreitung von Unwahrheiten. Die *New York Times* war (und ist) nicht nur die einflussreichste Zeitung der Welt, sondern stand auch politisch in Opposition zur Regierung Bush. Das trug dazu bei, die unwahren Behauptungen über die Massenvernichtungswaffen glaubwürdiger erscheinen zu lassen, gestützt durch die Autorität einer maßgeblichen und zumal gegnerischen Zeitung.

Die Kombination aus falschen Geheimdienstinformationen und Medienpropaganda löste einen Krieg aus, von dem sich der Nahe Osten bis heute nicht erholt hat; nicht nur, weil er Millionen von Toten und Flüchtlingen zur Folge hatte, sondern auch, weil er die Gräueltaten des ›Islamischen Staates‹ (IS) mit hervorbrachte, der in jenen irakischen Gebieten entstand, die infolge der US-Invasion in Chaos und Gewalt versunken waren. Von dort aus drangen die IS-Fanatiker nach Europa und bis nach Afghanistan vor, mit einer Fanfare aus Enthauptungen, Selbstmordattentaten und Massenvergewaltigungen – noch brutaler, so das möglich schien, als von Al-Qaida bekannt.

Der Einmarsch im Irak begann am 20. März 2003 unter dem Namen »Operation Iraqi Freedom«, und für eine Supermacht wie die Vereinigten Staaten war der Sturz des Regimes ein Kinderspiel. »Mission accomplished«, erklärte George W. Bush am 1. Mai 2003, und etwa sieben Monate später wurde Saddam Hussein gefangen genommen. Am 30. Dezember 2006 wurde der Diktator gehängt, ihm waren Verbrechen gegen die Menschlichkeit vorgeworfen wurden, darunter der Einsatz chemischer Waffen gegen die kurdische Bevölkerung von Halabdscha 1988 im Nordirak mit etwa 5.000 Toten.

Nach dem Sturz von Saddam Hussein nahm das Land keineswegs den von der US-Propaganda vorgesehenen Weg, wonach die Iraker den Amerikanern für die Befreiung von ihrem Diktator dankbar sein und endlich in Frieden in einem demokratischen Land leben würden. In Wirklichkeit geriet der Irak in eine Spirale von Gewalt, die ihn bis heute prägt. Unter der mehrheitlich muslimischen, aber in Schiiten und Sunniten gespaltenen Bevölkerung[4] entbrannte eine religiös motivierte Gewalt, die das Land bis an den Rand des Zusammenbruchs führte.

Die Sunniten waren in der Minderheit, hatten aber bis dahin unter der brutalen Führung von Saddam Hussein gesellschaftlich dominiert. Als der Diktator fiel, stürzte der Irak ins Chaos: Sunniten gegen Schiiten, private US-amerikanische Militärunternehmen gegen die irakische Bevölkerung, lokale Milizen gegen US-Besatzer, Al-Qaida gegen den Rest.

Die ›Iraq War Logs‹ beschreiben dieses Inferno Tag für Tag. Der *Spiegel* kommentierte die Dokumente umgehend: »Es sind nicht Amerikas Gegner, nicht skeptische Alliierte oder oppositionelle Medien, die hier zusammengetragen haben, wie desaströs das Unternehmen ›Irakische Freiheit‹ wirklich verlaufen ist, es waren die Saddam-Bezwinger selbst.«[5]

---

4   Die religiöse Spaltung zwischen schiitischen und sunnitischen Muslimen ist 14 Jahrhunderte alt und geht auf einen Streit darüber zurück, wer die Gemeinschaft nach dem Tod des Propheten Muhammad im Jahr 632 führen sollte. Heute ist die überwiegende Mehrheit der 1,5 Milliarden muslimischen Gläubigen sunnitisch, doch der Iran ist schiitisch und konkurriert um die regionale Vorherrschaft mit Saudi-Arabien, das eine extrem rigide Form des sunnitischen Islam praktiziert: den Wahhabismus.

5   Hans Hoyng / Cordula Meyer / Juliane von Mittelstaedt / Friederike Ott / Marcel Rosenbach / Gregor Peter Schmitz / Holger Stark: The Iraq War Logs. A protocol of barbarity, spiegel.de/international, 25. Oktober 2010. [Anm. d. Ü.: Bei Maurizi aus der englischsprachigen Ausgabe von *Spiegel International* zitiert; hier gemäß der dt. Fassung: Hoyng u. a.: Protokolle der Grausamkeit, spiegel.de, 24.10.2010.]

5. DATENBANK AUS DER HÖLLE

In vielen der Dokumente können wir für einzelne Tage Stunde für Stunde nachvollziehen, wie gepanzerte Fahrzeuge durch IEDs in die Luft gesprengt, Frauen und Kinder enthauptet, Ausländer entführt werden; wie Bewaffnete privater Sicherheitsunternehmen um sich schießen, ohne zu wissen, wen sie töten; wie US-Truppen Männer, Frauen und Kinder an Checkpoints töten. Ein endloser Kreislauf an Gräueltaten. Es braucht ein dickes Fell, wer diese Kriegstagebücher mit den nicht enden wollenden Berichten über all die Schrecken lesen will.

3. November 2007, 16:46:00 Uhr: Eine irakische Staatsangehörige berichtet, dass »AQI«, also Al-Qaida im Irak, in ihr »Haus eingedrungen« sei, und ihre »Babys *[sic]* einen Kopf kürzer gemacht« habe, heißt es in einem der vertraulichen Dokumente. »Confirms baby is decapitated«, wird darin am Ende festgehalten – »Bestätigt: Baby ist enthauptet.«[6]

Nicht weniger erschütternd sind Berichte über Misshandlung und Folter von Gefangenen, teils von der US-Seite verübt, meist aber von irakischen Kräften. In der Datenbank sind 1.088 solcher Berichte enthalten.

3. Dezember 2008, 11:00:00 Uhr. In einem Bericht ist von einem Gefangenen die Rede, der in der Haft an Nierenversagen starb: »Es liegen Anzeichen für irgendeinen ungewissen chirurgischen Eingriff an seinem Unterleib vor«, ist darin vermerkt. »Es gibt zudem Hinweise auf Blutergüsse im Gesicht, auf der Brust, am Knöchel und am Rücken des Körpers.«[7]

In einem weiteren Protokoll schildern US-Soldaten die Behandlung eines Gefangenen durch irakische Streitkräfte, die ihn an einem

---

6   In geschwärzter Form zugänglich unter: https://wardiaries.wikileaks.org/id/0691646F-0D1C-F0D1-0364DF9D4FFD9438/ (abgerufen: 19.1.2022); zunächst angeführt in: Hoyng u. a.: Protokolle der Grausamkeit, a. a. O.

7   Das Dokument ist in geschwärzter Form zugänglich unter: https://wardiaries.wikileaks.org/id/FC615C05-E517-5C89-78B2CF941B76EDE4/ (abgerufen: 19.1.2022); zunächst angeführt in: Nick Davies / Jonathan Steele / David Leigh: Iraq War Logs. Secret files show how US ignored torture, in: The Guardian, 22. Oktober 2010.

Checkpoint festgenommen hatten: »[Das Opfer] behauptet, man habe ihm beim Verhör mit einem Holz- oder Metallstock auf die Hände geschlagen, ihn mit Kabeln drangsaliert und beleidigt. [Das Opfer] gibt an, ihm sei gesagt worden, er solle sich auf den Bauch legen, die Hände auf den Rücken. Daraufhin traten, sprangen und urinierten irakische Soldaten angeblich auf ihn und hätten ihn angespuckt. [Er] sei zudem geohrfeigt und mit einem Kabel geschlagen worden und habe Elektroschocks erhalten. [Er] gibt an, dies habe etwa acht Stunden gedauert und sich noch zwei weitere Male wiederholt.«[8]

Laut dem Dokument wurde der Häftling mit folgenden Verletzungen ins Krankenhaus gebracht: »Sehstörungen, vermindertes Hörvermögen auf der linken Seite, Blutungen in beiden Ohren, Prellungen an Stirn, Hals, Brust, Rücken, Schultern, Armen, Händen und Oberschenkeln, Schnittwunden über dem linken Auge und an Ober- und Unterlippe, blutunterlaufene Augen, Blut in den Nasenhöhlen und geschwollene Hände/Handgelenke.« Der Bericht schließt: »Da es für eine US-Beteiligung keine Anschuldigungen oder Beweise gibt, leiten die USA keine Ermittlungen ein.«

Es war der Irakkrieg, der jene Gewalttaten gegenüber Häftlingen hervorbrachte, die schlechthin zum Symbol für die Brutalität des ›War on Terror‹ wurden: Abu Ghraib. Dieses berüchtigte Gefängnis, zuvor von Saddam Hussein zur Inhaftierung und Folterung seiner Gegner genutzt, wurde schon bald zum Epizentrum der Gräuel. Saddams Handlanger wurden durch US-amerikanische und einheimische Folterer ersetzt. Als WikiLeaks im Oktober 2010 die ›Iraq War Logs‹ veröffentlichte, war der Skandal von Abu Ghraib bereits sechs Jahre zuvor von dem berühmten investigativen Reporter Seymour Hersh aufgedeckt worden.[9] Doch die nun veröffentlichten Kriegs-

---

8   Das Dokument ist in geschwärzter Form zugänglich unter: https://wardiaries.wikileaks.org/id/EF414A9C-3EAA-4A7D-8E3B-3D9BAAE09C7E/ (abgerufen: 19.1.2022).

9   Seymour Hersh: Torture at Abu Ghraib, in: The New Yorker, 30. April 2004. Auch der US-Sender CBS zeigte einige der Fotos von Folterungen in Abu Ghraib.

tagebücher boten eine unumstößliche Dokumentation der uferlosen Folter und darüber, wie die Vereinigten Staaten sie zuließen und sie zugleich verschwiegen.

Die Invasion, von der Regierung Bush als Krieg zur Befreiung der irakischen Bevölkerung von einem brutalen Diktator und zur Schaffung einer demokratischen Gesellschaft mit Vorbildcharakter für den Nahen und Mittleren Osten verkauft, entpuppte sich, daran gemessen, als völliges Versagen. Der *Spiegel* stellte dazu fest: »Das Wort ›Demokratie‹ taucht in den knapp 400.000 Dokumenten genau achtmal auf, die ›improvisierten Sprengsätze‹ der Aufständischen, die Amerikas Soldaten zu fürchten gelernt hatten, dagegen 146.895-mal.«[10]

Nur dank der ›Iraq War Logs‹ konnte eine angesehene Rechercheorganisation wie ›Iraq Body Count‹,[11] mitbegründet von Hamit Dardagan und John Sloboda, den Tod von 15.000 zivilen Opfern des Irakkrieges bestätigen – eine zuvor nie genannte Zahl. Das mag nach einer rein statistischen Größe klingen, doch dahinter verbergen sich Mütter, Väter, Kinder. Es bedurfte der beharrlichen Arbeit des ›Iraq Body Count‹-Teams, etwa von Josh Dougherty, um diese bis dahin unbekannten Todesfälle ans Licht zu bringen.[12] Nach wie vor sind die ›Iraq War Logs‹ die einzige Quelle, um die Angaben sorgfältig zu rekonstruieren.

Laut ›Iraq Body Count‹ liegt die Zahl an unschuldigen Zivilisten, die von März 2003 bis Oktober 2020 im Irak getötet wurden, zwischen 185.395 und 208.419: Diese Zahlen beziehen sich nur auf die Opfer direkter Gewalt und schließen nicht diejenigen ein, die an den indirekten Folgen des Konflikts starben, etwa durch den Zusammenbruch von Krankenhäusern oder den Kollaps der Gesundheitsversorgung.[13] Nimmt man letzteres hinzu, erhöht sich die Zahl der Opfer

---

10 Hoyng u. a.: A protocol of barbarity, a. a. O.; hier nach dt. Fassung: Protokolle der Grausamkeit, spiegel.de, 24.10.2010.
11 Iraq Body Count project: iraqbodycount.org.
12 Hamit Dardagan, Mitteilung an die Autorin, 20. Mai 2022.
13 Hamit Dardagan (Iraq Body Count), E-Mail an die Autorin, 17. November 2020.

auf rund 600.000,[14] wenngleich es unmöglich ist, verlässliche Daten darüber zu erhalten. Dabei handelt es sich nur um Schätzungen, während die von ›Iraq Body Count‹ angegebene Zahl der zivilen Opfer tatsächlich nachweisbar ist. Der Krieg zwang 9,2 Millionen – das sind 37 Prozent der Bevölkerung vor dem Zeitpunkt der US-Invasion – zur Flucht, sei es innerhalb des Landes oder ins Ausland.[15] Die ›Iraq War Logs‹ gehörten, wie das ›Collateral Murder‹-Video und die Afghanischen Kriegstagebücher, zu jenem Bestand an vertraulichen Daten, die Chelsea Manning unerschrocken aus den Netzwerken des US-Verteidigungsministeriums herunterlud und WikiLeaks überließ.

Die Veröffentlichung der Kriegsprotokolle hatte, wie bereits im Fall der ›Afghan War Logs‹, heftige Reaktionen des Pentagons zur Folge: »Wir verurteilen, dass WikiLeaks Einzelpersonen zum Bruch von Gesetzen verleitet, geheime Dokumente veröffentlicht und daraufhin vertrauliche Informationen hochmütig mit der Welt, einschließlich unserer Feinde, teilt.« Und: »Für WikiLeaks wäre die einzige verantwortungsvolle Maßnahme, das gestohlene Material zurückzugeben und es so schnell wie möglich aus dem Netz zu entfernen.«[16]

Doch einmal mehr kamen Julian Assange und seine Organisation der Aufforderung nicht nach. Und schon bald saß ihnen neben dem Pentagon auch die *New York Times* im Nacken.

Wie zersetzende Säure

Eine verschlagene Figur, die wie ein Justizflüchtling durch die Welt zog, sich die Haare färbte, unter falschem Namen in Hotels schlief, teure verschlüsselte Telefone benutzte und Kreditkarten zugunsten

---

14 Philip Bump: 15 years after the Iraq War began, the death toll is still murky, in: The Washington Post, 20. März 2018.

15 D. Vine / C. Coffman / K. Khoury / M. Lovasz / H. Bush / R. Leduc / J. Walkup: Creating refugees. Displacement caused by the US post-9/11 wars, Projekt ›Costs of War‹, Brown University, 21. September 2020, watson.brown.edu.

16 »The Defense Department's response«, in: New York Times, 22. Oktober 2010.

von Bargeld mied. Ein Mann mit einem herrischen Auftreten, der seine eigene Organisation vor den Kopf stieß und der in Schweden in einen Fall von Vergewaltigung und sexueller Belästigung verwickelt war. Vor allem aber ein Mann, der keine Skrupel hatte, das Leben anderer Menschen in Gefahr zu bringen, indem er hemdsärmlig geheime Akten veröffentlichte. So beschrieb die *New York Times* Julian Assange in einem langen Artikel, der genau einen Tag nach Veröffentlichung der ›Iraq War Logs‹ erschien.[17]

Kaum drei Monate waren vergangen, seit WikiLeaks mit den 76.910 Dokumenten zu Afghanistan weltweit für Aufsehen gesorgt und der *Spiegel* jenes Interview mit Assange gebracht hatte, in dem dieser erklärte, warum er sein Talent nicht für eine lukrative Unternehmensgründung im Silicon Valley nutzte, sondern für das WikiLeaks-Projekt. »Ich habe Freude daran, Menschen zu helfen, die schutzlos sind. Und ich genieße es, den Mächtigen in die Suppe zu spucken«, hatte er dem Wochenmagazin gesagt.[18]

Doch nun wurde der hochbegabte, antiautoritäre 39-Jährige, der mit kaum mehr als einem Rucksack und einem Laptop umherreiste, von der mächtigsten Zeitung der Welt als launischer Exzentriker dargestellt, der das Leben anderer achtlos in Gefahr brachte. War diese Gefahr nun real oder nicht?

Die Kriegsprotokolle zum Irak wie auch zu Afghanistan wurden, wie berichtet, in Kooperation mit der *New York Times*, dem *Guardian* und dem *Spiegel* veröffentlicht sowie – im Falle des Irak – in Zusammenarbeit mit dem Bureau of Investigative Journalism, einer Nachrichtenorganisation mit Sitz in London. Sie halfen jeweils bei der Entscheidung, welche Informationen der Öffentlichkeit vorenthalten werden sollten. WikiLeaks selbst ließ zudem 15.000 Dateien über Afghanistan außen vor, da sie teilweise vertrauliche Namen enthielten. Die Dokumente wurden, wie schon die ›Iraq War Logs‹,

---

17 John F. Burns / Ravi Somaiya: WikiLeaks founder on the run, trailed by notoriety, in: New York Times, 23. Oktober 2010.

18 John Goetz / Marcel Rosenbach: »I enjoy crushing bastards«, spiegel.de, a. a. O.

redaktionell derart intensiv bearbeitet,[19] dass sogar Namen entfernt wurden, die schon seit Jahren durch die Presse gingen, wie etwa der von Blackwater, jener Söldnerfirma, die 2007 das Massaker am Nisour-Platz in Bagdad verübt hatte.

Aufgrund der getroffenen Vorsichtsmaßnahmen, der beispiellosen Sicherheitsvorkehrungen und der gewissenhaften journalistischen Arbeit war es höchst unwahrscheinlich, dass einer Gefahr ausgesetzt war, wer in den Dokumenten auftauchte.

Eines jedoch war überdeutlich: Nach nur drei Monaten prägte die *New York Times* die öffentliche Meinung im Sinne der Behauptung des Pentagons, Assange und WikiLeaks hätten rücksichtslos gehandelt. Und doch gab es eine namhafte Person, die in der Zeitung angeführt wurde und die ihre Stimme zur Verteidigung von Assange erhob: Daniel Ellsberg, der legendäre Whistleblower, der 1971 Kopf und Kragen riskiert hatte, um die ›Pentagon Papers‹ zum Vietnamkrieg zu veröffentlichen. Ellsberg sprach von einer Seelenverwandtschaft mit Julian Assange und Chelsea Manning. »Sie nahmen in Kauf, lebenslang ins Gefängnis zu gehen oder hingerichtet zu werden, um diese Informationen zugänglich zu machen«, sagte er der *New York Times* und gestand: »Ich habe 40 Jahre darauf gewartet, dass jemand Informationen in einem Ausmaß enthüllt, das wirklich etwas bewirken könnte.«

Seit 1971 stellt Daniel Ellsberg das ikonenhafte Sinnbild eines engagierten Bürgers mit außergewöhnlicher Zivilcourage dar. Um sich nicht an einem militärischen Konflikt wie dem Vietnamkrieg mit seinen drei Millionen Toten mitschuldig zu machen, riskierte er alles, um Tausende von Seiten, eine nach der anderen, des Nachts heimlich zu vervielfältigen – mit einem einfachen Fotokopierer aus jener Zeit.[20]

---

19 Der Mitbegründer von ›Iraq Body Count‹ sollte später bei Assanges Auslieferungsanhörung in London über die entscheidende Bedeutung der ›Iraq War Logs‹ und über den Beitrag von ›Iraq Body Count‹ zu deren Redigierung aussagen. (Zeugenaussage von John Sloboda am 17. Juli 2020 vor dem Westminster Magistrates' Court.)

20 Niraj Chokshi: Behind the race to publish the top-secret Pentagon Papers, in: New York Times, 20. Dezember 2017. Daniel Ellsberg starb im Juni 2023 im Alter von 92 Jahren.

5. DATENBANK AUS DER HÖLLE 115

Ellsberg, der als Militäranalyst an der Erstellung der ›Pentagon Papers‹ mitgewirkt hatte, übergab all diese streng geheimen Dokumente an die US-amerikanische Presse, um die Sache auffliegen zu lassen, damit die Öffentlichkeit endlich Beweise dafür hatte, dass die US-Behörden ihre eigene Bevölkerung belogen und Tausende junger Männer in den Tod geschickt hatten; sie ließen ihr Leben in einem Krieg, von dem man genau wusste, dass er nicht zu gewinnen war und der das vietnamesische Volk letztlich Millionen von Menschenleben kosten würde.

Während Ellsberg Leben und Freiheit riskierte, um die streng geheimen ›Pentagon Papers‹ zu enthüllen, mussten zudem die *New York Times* und die *Washington Post* einen Rechtsstreit bis hin zum Supreme Court führen, weil die Regierung Richard Nixon die Veröffentlichung mit der Begründung zu verhindern versuchte, dass die Dokumente klassifiziert seien.

Seitdem stehen Daniel Ellsberg und die ›Pentagon Papers‹ sinnbildhaft für moralische Integrität und Pressefreiheit. Für Julian Assange und Chelsea Manning hätte es also keine größere Autorität, keinen verehrteren Unterstützer geben können als Daniel Ellsberg. Und doch wurden dessen solidarische Worte, mit denen er Assange und Manning verteidigte, in dem Beitrag der *New York Times* völlig verwässert: Vermittelt wurde eine ganz andere Botschaft.

In dem Porträt der angesehenen Tageszeitung erschien der Gründer von WikiLeaks bestenfalls als umstrittene, mitunter verdächtige, wenn nicht gar finstere Figur. Es war nur der Beginn einer langwährenden Medienkampagne, die 2010 begann und ein ganzes Jahrzehnt lang eine Schlüsselrolle dabei spielte, die Öffentlichkeit zu verprellen, deren Unterstützung schon immer der wichtigste Schutz für diejenigen war, die – wie Assange und die WikiLeaks-Journalisten – einige der mächtigsten Institutionen der Welt, wie etwa das Pentagon, gegen sich aufbrachten.

Zweifellos war es legitim, Fragen zu möglichen Gefahren für Personen zu stellen, die in den Irak- und Afghanistan-Dokumenten genannt waren. Doch die *New York Times* schien die intensive Arbeit, die WikiLeaks zum Schutz von Dritten geleistet hatte, in keiner Weise zur Kenntnis zu nehmen. Und paradoxerweise konzentriert sich seit 2010 die gesamte Aufmerksamkeit der Medien auf die Person Assange und dessen Organisation und nicht etwa auf das Verschulden jener, die ganze Länder zerstört und deren Bevölkerungen dezimiert haben und zugleich verantwortlich für Folter waren.

Wie eine Säure, die selbst das edelste Metall mit der Zeit zersetzt, so verlor auch der Ruf von WikiLeaks seinen Glanz, indem der Vorwurf, Menschenleben gefährdet zu haben – vom US-Verteidigungsministerium ohne jeden Beweis erhoben –, über ein Jahrzehnt lang unhinterfragt wiederholt wurde. Es fällt nicht schwer, sich vorzustellen, wie sehr dies das Pentagon erfreut haben muss.

6.
Cablegate
Oder: Auf höchster Ebene an der Macht gerüttelt

Verbrechen, Skandale und politischer Druck

Es war einer der größten Scoops in der Geschichte des Journalismus. Er erschütterte das Weiße Haus und die gesamte Weltpolitik, von US-Präsident Barack Obama und dem damaligen russischen Ministerpräsident Wladimir Putin bis hin zu den Meinungsmachern in den USA, die selbst vor dem Vorschlag nicht zurückschreckten, extreme Maßnahmen gegen Julian Assange zu ergreifen, gar »den Hurensohn widerrechtlich zu erschießen«.[1] Am 28. November 2010, nur einen Monat nach Enthüllung der ›Iraq War Logs‹, begann WikiLeaks mit der Veröffentlichung von 251.287 diplomatischen US-Depeschen, und zwar in Kooperation – wenn auch teils mühselig – mit fünf großen internationalen Medien: der *New York Times*, dem *Guardian*, dem *Spiegel*, der französischen Tageszeitung *Le Monde* und der spanischen *El País*.

Es war der Beginn von »Cablegate«: »Cable« mit Blick auf Telegramme und »-gate« in Anspielung auf Watergate, jenen Skandal, der 1974 zum Rücktritt von US-Präsident Richard Nixon führte und dem auch ein gewaltiges »Leak« vorangegangen war: die ›Pentagon Papers‹. Nachdem Daniel Ellsberg die Dokumente geleakt hatte, stellte Nixon eine spezielle Einheit von Agenten zusammen, die so-

---

1 Huffington Post (red. Beitrag): Fox News' Bob Beckel calls for »illegally« killing Assange: »A dead man can't leak stuff«, in: Huffington Post, 7. Dezember 2010.

genannten »Plumbers«, also »Klempner«, die die undichten Stellen schließen sollten, durch die die vertraulichen Informationen gesickert waren; es galt zu verhindern, dass die US-Regierung weiterhin, um im Wortfeld zu bleiben: unterspült würde. Die Plumbers schlichen sich zunächst in das Büro von Ellsbergs Psychiater, auf der Suche nach Geheimnissen, mit denen sie ihn hätten erpressen und damit möglichst zum Schweigen bringen können;[2] später drangen sie gar in den Hauptsitz der Democratic Party ein, gelegen in einem Gebäude des Watergate-Komplexes in Washington, D.C.

Anders als bei den ›Pentagon Papers‹ handelte es sich bei den von WikiLeaks veröffentlichten ›cables‹ nicht um streng geheime Dokumente; ihre höchste Geheimhaltungsstufe war »secret/noforn«, das heißt geheim und nicht freizugeben an Nicht-US-Bürger.[3] Sie bestanden aus Korrespondenzen von 260 Botschaften und Konsulaten der USA aus 180 verschiedenen Ländern, übermittelt an das State Department in Washington, also an die für die Außenpolitik und die internationalen Beziehungen zuständige Stelle der US-Regierung. Darin berichteten die Botschafter und Konsuln, die jedem der 180 Länder zugeteilt waren, über die wichtigsten laufenden Angelegenheiten des jeweiligen Landes: Innen- und Außenpolitik, militärische Fragen, organisierte Kriminalität, internationale Handelsabkommen. Die Protokolle datieren von Ende 2001 bis Februar 2010.

Solche Schriftwechsel bleiben normalerweise jahrzehntelang unter Verschluss, und in der Regel vergehen dreißig, vierzig oder noch mehr Jahre, bevor ihre Geheimhaltung verjährt; die offengelegten Fakten sind dann gerade noch für Historiker von Interesse. Dank WikiLeaks und der Quelle Chelsea Manning konnten derlei Geheimnisse nun zum ersten Mal in der Geschichte gelüftet werden:

---

2 »The Watergate story: timeline«, in: The Washington Post, washingtonpost.com; Niraj Chokshi: Behind the race to publish the top-secret Pentagon Papers, in: New York Times, 20. Dezember 2017.

3 NOFORN steht für »Not Releasable to Foreign Nationals« (»Keine Weitergabe an ausländische Staatsbürger«). [Anm. St. M.]

Die damals hochaktuellen Depeschen konnten von allen frei gelesen werden, sie enthüllten Staatsverbrechen, Skandale und die Ausübung politischen Drucks in jedwedem Land der Welt. Samt Namen von Personen ausländischer Regierungen, die vertrauliche Informationen an US-Diplomaten weitergaben; Ansichten von Diplomaten über Politiker aus 180 Ländern, über religiöse Führer oder über die Hintergründe im Vatikan unter der Führung von zwei Päpsten, Johannes Paul II. und Benedikt XVI.

Die Dokumente vermittelten nicht die absolute Wahrheit, sondern gaben die Welt in den Augen der US-Diplomatie wieder. Und zwar auf eine sehr freimütige Art und Weise. In ihrer vertraulichen Korrespondenz waren die Diplomaten nicht im Geringsten diplomatisch. Zuweilen gaben sie sich extrem unverblümt, vielfach sogar machiavellistisch, in der Gewissheit, dass ihre Analysen und Ansichten höchstens nach vielen Jahrzehnten öffentlich würden und dann niemanden mehr in Verlegenheit brächten.

Die 251.287 Dateien bildeten ein riesiges Reservoir an Informationen, das sich nach Stichworten durchsuchen ließ. Fast ein bisschen so, als könnte man den Zauberspiegel im Märchen nach den Geheimnissen des Königreichs befragen. Was dachten die Vereinigten Staaten in Wirklichkeit über Wladimir Putin? Welche Art von Druck übten sie aus, um die Unterstützung der Verbündeten in Afghanistan zu sicherzustellen? Was hielten sie, jenseits offizieller Erklärungen, von Silvio Berlusconi? Und wie verhandelten sie mit dem Vatikan, im Allerheiligsten der Diplomatie? Und so weiter und so fort... Kuba, Iran, China, Guantanamo, der Drohnenkrieg.

Einige der interessantesten Enthüllungen betrafen Russland, das die US-Diplomaten, freilich aus ihrer Sicht, in düsteren Farben malten, wobei sie sich nicht nur auf Vorwürfe schwerer Korruption bezogen, sondern auch auf die Beurteilung des spanischen Anti-Mafia-Staatsanwalts José Grinda González, demzufolge Russland, Weißrussland und Tschetschenien praktisch in den Händen der Mafia lagen. »In keinem dieser Länder«, so González, »lässt sich zwischen den Aktivitäten der Regierung und solchen aus Kreisen der

OK [Organisierten Kriminalität] unterscheiden.« Und er fügte hinzu, dass auch die Ukraine auf dem Weg in ein solches Land sei.

Der spanische Staatsanwalt, den die US-Diplomaten für einen »fähigen und strengen Fachmann mit profunder Sachkenntnis« hielten, erzählte den USA gar, er teile die »These« von Alexander Litwinenko, dem einstigen russischen Spion, der 2006 in London mit einer Dosis Polonium vergiftet wurde.

Laut Litwinenko übten Sicherheitsbehörden wie der aus dem KGB hervorgegangene Inlandsgeheimdienst FSB, der Militärgeheimdienst GRU und der Auslandsgeheimdienst SWR »die Kontrolle über die OK in Russland« aus. Die Strategie der russischen Regierung bzw. der »GOR« (government of Russia), wie sie in den Depeschen hieß, bestehe darin, so die Schlussfolgerung des spanischen Staatsanwalts, »OK-Gruppen einzusetzen, um zu tun, was die GOR als Regierung sich nicht leisten kann zu tun.« Dies waren verheerende Einschätzungen, und der *Guardian* berichtete, sein Moskauer Korrespondent Luke Harding sei des Landes verwiesen worden, nachdem er diese Dokumente in der britischen Tageszeitung veröffentlicht hatte.[4] Aus den Dokumenten ging auch hervor, wie US-Diplomaten Wladimir Putin vorwarfen, russisches Gas und Öl als politische Waffe gegen den Westen Europas einzusetzen,[5] ein Vorwurf, der nach dem Einmarsch Russlands in die Ukraine im Februar 2022 im Mittelpunkt der öffentlichen Debatte stehen sollte. Mehr als ein Jahrzehnt nach ihrer Veröffentlichung informieren die ›cables‹ noch immer über Hintergründe dieser und anderer großer Krisen, die die Welt heute prägen.

Während das Bild Russlands, wie es aus dem Material hervorging, finster war, erschien auch das der Vereinigten Staaten nicht besonders

---

4   Das Dokument ist zugänglich unter: https://wikileaks.org/plusd/cables/10MADRID154_a.html (abgerufen: 7.3.2022). Die Dokumente, die Russland als Mafiastaat darstellen, wurden zunächst vom *Guardian* veröffentlicht (vgl. Luke Harding: WikiLeaks cables condemn Russia as a mafia state, in: The Guardian, 1. Dezember 2010.) Zu einer vollständigen Rekonstruktion der US-Depeschen über Russland vgl. mein Buch »Dossier WikiLeaks« (a. a. O.).

5   Ebd.

erbaulich. Einige der Depeschen wurden von der US-amerikanischen Wochenzeitschrift *The Nation* in Zusammenarbeit mit *Haïti Liberté*, dem führendem Wochenblatt Haitis ausgewertet. Was sie ans Licht brachten? Textilunternehmen, die in dem karibischen Land im Auftrag von US-Bekleidungsherstellern wie Levi's, Fruit of the Loom oder Hanes tätig waren, »arbeiteten eng mit der US-Botschaft zusammen, als sie sich einer Erhöhung des Mindestlohns für haitianische Arbeiter in der Montagezone, den am schlechtesten bezahlten in der gesamten Hemisphäre, energisch entgegenstellten«.[6] Anhand der ›cables‹ deckten die beiden Medien auf, in welchem Ausmaß die US-Diplomatie die Vertragspartner dieser führenden Markenunternehmen bei der Weigerung unterstützte, die Löhne auf 62 Cent pro Stunde anzuheben, was einen Mindestlohn von 5 Dollar pro Tag bedeutet hätte. In einem Land, dessen Bevölkerung in extremer Armut lebt und in dem ein Dreipersonenhaushalt mit einem Werktätigen und zwei Familienangehörigen mindestens 12,50 Dollar pro Tag zum Überleben benötigt – so eine Statistik, die *The Nation* anführte –, verdeutlicht die Verweigerung eines Stundenlohns von 62 Cent das brachiale Vorgehen des US-Kapitalismus, gestützt durch den mächtigsten Auslandsdienst der Welt. Laut *The Nation* und *Haïti Liberté* bezeichnete einer der nach Haiti entsandten US-Diplomaten den Gesetzesentwurf zur Erhöhung des Mindestlohns als eine jener populistischen Maßnahmen, die »die wirtschaftliche Realität nicht in Betracht ziehen, sondern ein Appell an die arbeitslosen und unterbezahlten Massen sind«.

Nicht minder ernst waren die Enthüllungen über den Militärisch-Industriellen Komplex der USA, mithin über eine Kriegsmaschinerie, die oftmals imstande war, von verbündeten Ländern wie Italien zu bekommen, was sie nur einforderte, teilweise auch weil die Öffentlichkeit nicht über die notwendigen Informationen verfügte, um die

---

6   Dan Coughlin / Kim Ives: WikiLeaks Haiti. Let them live on $3 a day, in: The Nation, 1. Juni 2011. Die Depesche, in der der US-Diplomat einen Mindestlohn von 5 Dollar pro Tag als »populistische Maßnahme« bezeichnete, die »die wirtschaftliche Realität nicht in Betracht ziehen« würde, ist zugänglich unter: https://wikileaks.org/plusd/cables/09PORTAUPRINCE881_a.html (abgerufen: 7.3.2022).

Rolle ihres Landes in den immerwährenden Kriegen der Vereinigten Staaten – in den ›Forever Wars‹ – zu reflektieren. In der Tat gab es seither keine Debatte darüber, und selbst wenn sich Gegenstimmen auftaten – wie im Fall jener italienischen pazifistischen Gruppen, die in den ersten Monaten des Jahres 2003 gegen die Invasion des Irak protestierten –, ging man mit entsprechendem Störfeuer vor, um den Widerspruch zu neutralisieren.[7] Viele der Depeschen legten hochbrisante Fakten offen, wie etwa die Bestimmung, nachrichtendienstliche Erkenntnisse über hochrangige UN-Mitarbeiter, einschließlich Generalsekretär Ban Ki-moon, zu gewinnen. Zu den angeforderten Informationen gehörten biometrische Daten wie DNA-Spuren, Fingerabdrücke oder Iris-Scans bis hin zu technischen Angaben über Kommunikationssysteme, einschließlich Passwörtern und Verschlüsselungscodes.[8] Die Anweisung ging aus einem geheimen Dokument von Juli 2009 hervor und trug die Unterschrift der damaligen Außenministerin Hillary Clinton. Es handelte sich um eine Richtlinie von zweifelhafter Rechtmäßigkeit, die, wie der *Guardian* feststellte, die Grenze zwischen Diplomatie und Spionage verwischte.

Eine beträchtliche Anzahl der Schriftstücke enthielt, gelinde gesagt, unfreundliche Beurteilungen zu Staatsoberhäuptern und Politikern. So sahen sich die US-Behörden kurz vor deren Veröffentlichung in Panik versetzt: Sie begannen, verbündete Regierungen zu kontaktieren, um sich im Voraus für die peinlichen Enthüllungen zu entschuldigen.[9] Die Freimütigkeit, von der die Dokumente geprägt waren, etwa über das Tunesien von Zine el-Abidine Ben Ali – dargestellt als eine eingefahrene Kleptokratie, in der einfache Bürger inmitten von Repression und Wirtschaftskrise im Elend lebten, während Ben

---

7   Stefania Maurizi: I no global italiani erano spiati, in: L'Espresso, 16. Juli 2002.

8   Ewen MacAskill / Robert Booth: WikiLeaks cables. CIA drew up UN spying wishlist for diplomats, in: The Guardian, 2. Dezember 2010. Das ursprüngliche Dokument ist zugänglich unter: https://wikileaks.org/plusd/cables/09STATE80163_a.html (abgerufen: 7.3.2022)

9   Daniel Kurtz-Phelan: In his first book, Ronan Farrow laments the decline of diplomacy, in: New York Times, 9. Mai 2018.

Alis Familie im Luxus schwelgte –, trug zum Ende dieses 23-jährigen Regimes mit bei, sodass Amnesty International später WikiLeaks eine Rolle bei der Auslösung des arabischen Frühlings zuschrieb.[10]

Assanges Organisation machte nicht sofort den gesamten Bestand an 251.287 Berichten publik, anders als bei den Kriegstagebüchern zu Afghanistan und Irak. Diesmal wurden die Dateien erst nach und nach freigegeben, um den Redaktionen von fünf der führenden Medien Zeit zu geben, die immensen Datensätze zu prüfen, was deutlich komplizierter war als in den beiden anderen Fällen. Die *New York Times*, *The Guardian*, *Der Spiegel*, *El País* und *Le Monde* prüften die Dokumente einzeln, auch für den Fall, dass Namen von potenziell gefährdeten Personen geschwärzt werden mussten. Doch obwohl die ›cables‹ nicht sofort in ihrer Gesamtheit online gestellt wurden, reagierte die von den Demokraten gestellte US-Regierung, um das Mindeste zusagen: erbost.

Das Weiße Haus verurteilte die Veröffentlichung als »unverantwortliche und gefährliche Aktion«.[11] Das von Hillary Clinton geleitete Außenministerium bezeichnete sie als »Angriff auf die internationale Gemeinschaft«. Joe Biden wurde gefragt, ob Assange eher ein Hightech-Terrorist sei oder als eine Art Whistleblower der ›Pentagon Papers‹ gelten könne. Der damalige Vizepräsident und spätere 46. US-Präsident entschied sich für »hi-tech terrorist«[12], obwohl er doch, seltsamerweise, nur einen Tag zuvor erklärt hatte, er »glaube nicht, dass es einen substanziellen Schaden gibt«. Derweil sprang die US-amerikanische Rechte im Dreieck. Auf dem Fernsehsender *Fox* bekundete der Kommentator Robert »Bob« Beckel, die Angelegen-

---

10 Scott Shane: Cables from American diplomats portray US ambivalence on Tunisia, in: New York Times, 15. Januar 2011; Peter Walker: Amnesty International hails WikiLeaks and Guardian as Arab Spring »catalysts«, in: The Guardian, 13. Mai 2011.

11 Reuters (red. Bericht): White House condemns latest WikiLeaks release, 28. November 2010.

12 Ewen MacAskill: Julian Assange like a hi-tech terrorist, says Joe Biden, in: The Guardian, 19. Dezember 2010.

heit solle durch Sondereinsatzkommandos geregelt werden. Und wie bitte? Einfach »den Hurensohn« Assange »widerrechtlich erschießen« – »illegally shoot the son of a bitch«.

Die ultrakonservative Sarah Palin, einstige Gouverneurin von Alaska, schlug vor, ihn wie einen Al-Qaida-Führer zur Strecke zu bringen, während der Republikaner Newt Gingrich darauf drängte, ihn wie Bin Laden zu behandeln: »Julian Assange ist in den Terrorismus verwickelt.« Und Gingrich weiter: »Er sollte wie ein feindlicher Kombattant behandelt werden. WikiLeaks sollte dauerhaft und entschlossen dichtgemacht werden.«[13]

Den verurteilenden Worten durch die Demokraten und den Drohungen der Rechten folgten konkrete Taten. WikiLeaks hatte auf höchster Ebene an der Macht gerüttelt. Und die Macht reagierte. Von diesem 28. November 2010 an wussten Julian Assange und seine Organisation, was es heißt, einen ganzen Staat und dessen Gewalt gegen sich zu haben. Und zwar nicht irgendeinen Staat, sondern den mächtigsten Staat der Welt. Die Vereinigten Staaten von Amerika.

Belagert

Von Amerika bis Indien, von Westeuropa bis Russland: In den Tagen zwischen dem 28. November 2010 und Anfang Dezember war der Begriff »WikiLeaks« weltweit in den Schlagzeilen. Enthüllung um Enthüllung. Den Anfang machten die fünf großen Medien, die exklusiven Zugang zu den vielen Tausenden von Depeschen hatten; von dort bahnten sich die Meldungen ihren Weg durch Zeitungen und Fernsehsender auf der ganzen Welt.

Es war ein Spektakel für das globale Zeitalter des Journalismus. Doch kurz nachdem WikiLeaks gemeinsam mit den fünf Medienhäusern mit der Veröffentlichung begonnen hatte, wurde die Website

---

13 James Hohmann: Gingrich faults Obama administration over WikiLeaks, in: Politico, 5. Dezember 2010.

der Organisation durch einen massiven Cyberangriff komplett lahmgelegt. Der Angriff war eine gigantische Operation, die tagelang andauerte, und auf Twitter tauchte ein Bekenner-Tweet auf, womöglich eine gefälschte Nachricht: »WikiLeaks.org – TANGO DOWN – For attempting to endanger the lives of our troops, ›other assets‹ & foreign relations.« – »Ziel vernichtet« also, mit Blick auf »den Versuch, das Leben unserer Truppen, ›sonstiges Vermögen‹ und auswärtige Beziehungen in Gefahr zu bringen«. Die Kurznachricht trug die Unterschrift »th3j35t3r«, auch zu lesen als »The Jester«, »Der Narr«. Bei »Tango down« handelt es sich um einen Ausdruck, der im Jargon der Spezialeinheiten verwendet wird, um die Ermordung eines Terroristen zu benennen. Wer auch immer sich hinter dem Tweet verbarg: »The Jester« behauptete auch, in der Vergangenheit Hunderte dschihadistischer Websites gehackt zu haben. War es bloß ein patriotischer Eiferer?

Eine Kopie der WikiLeaks-Seite erschien auf Amazon-Servern, doch schon berichtete die Presse, die Politik habe interveniert und die gespiegelte Website sei vom Netz genommen worden.[14] Amazon gab eine Erklärung heraus, in der es bestritt, auf Regierungsdruck gehandelt zu haben, und behauptete, es handele sich um ein Problem der Verletzung seiner Nutzungsbedingungen.[15] Die Proteste von WikiLeaks, die sich auf den konstitutionellen Schutz beriefen, der der Presse in den Vereinigten Staaten durch den ersten Verfassungszusatz gewährt wird, halfen kaum weiter, obwohl doch genau jene Brandmauer der *New York Times* und der *Washington Post* Jahre zuvor ermöglicht hatte, den Rechtsstreit um die ›Pentagon Papers‹ zu gewinnen: Der Oberste Gerichtshof der USA hatte entschieden, dass die Regierung Nixon den Zeitungen die Veröffentlichung der Dokumente nicht untersagen konnte, weil die Presse durch den ersten Verfassungszusatz geschützt sei – ein regelrechtes Bollwerk, das sogar die Offenlegung streng geheimer Akten erlaubt.

---

14 Ewen MacAskill: WikiLeaks website pulled by Amazon after US political pressure, in: The Guardian, 2. Dezember 2010.

15 Amazon Web Services: WikiLeaks, aws.amazon.com.

Die Berufung auf die Verfassung reichte im Fall von Cablegate jedoch nicht aus, obwohl die Situation die gleiche war: WikiLeaks hatte Verschlusssachen veröffentlicht, die von einer Quelle zur Verfügung gestellt worden waren, in dem Fall von Chelsea Manning, die als Geheimdienstanalystin mit einer Genehmigung zur Einsichtnahme in die Dokumente rechtmäßigen Zugang zu ihnen hatte, sie dann aber an eine Nachrichtenorganisation, die von Julian Assange, weitergab. Genau das war 1971 bei der *New York Times* und der *Washington Post* geschehen: Sie hatten die ›Pentagon Papers‹ von einem Militäranalysten, Daniel Ellsberg, erhalten, der rechtmäßigen Zugang zu den Dokumenten hatte und beschloss, sie an zwei große Presseorgane durchzustecken.

Indes schützt der erste Verfassungszusatz seit jeher die Presse sowie die Bürgerinnen und Bürger vor staatlicher Zensur, nicht aber vor der Zensur durch private Unternehmen wie Amazon. Der Koloss von Jeff Bezos hätte die Veröffentlichung der ›cables‹ im Namen der freien Meinungsäußerung schützen können, hat dies aber nicht getan. Nur gut zwei Jahre später erinnerten sich die US-Behörden wohl an diese Geste, als sie dem Unternehmen einen äußerst wichtigen Auftrag erteilten: für die CIA eine Cloud zu erstellen zwecks Datenanalyse, -verarbeitung und -speicherung.[16] »Amazon hatte die Gelegenheit, sich für das Recht seiner Kunden auf freie Meinungsäußerung einzusetzen. Stattdessen lief Amazon mit eingezogenem Schwanz davon«, so die Nichtregierungsorganisation Electronic Frontier Foundation.[17]

WikiLeaks gelang es schließlich, die Website wieder auf die Beine zu stellen und die Veröffentlichungen fortzusetzen, aber nun kam es zu einem weiteren Manöver. Der Online-Bezahldienst PayPal sperrte das Konto der Organisation, und der Vizepräsident von PayPal,

---

16 Frank Konkel: Sources. Amazon and CIA ink cloud deal, in: The Business of Federal Technology, 18. März 2013.

17 Rainey Reitman/Marcia Hofmann: Amazon and WikiLeaks. Online speech is only as strong as the weakest intermediary, Electronic Frontier Foundation, 2. Dezember 2010, eff.org.

Osama Bedier, behauptete öffentlich, dies auf die explizite Aufforderung des US-Außenministeriums getan zu haben, was das State Department bestritt.[18] Auf die Blockade durch PayPal folgte jene durch die Herren des Kredits: Visa, Mastercard, Bank of America und Western Union nahmen WikiLeaks schlagartig die Möglichkeit, Spenden aus ihrem Nutzer- und Unterstützerkreis zu erhalten – und damit die einzige materielle Grundlage der Organisation. Die Belagerung war beispiellos. Zum ersten Mal überhaupt sah sich eine journalistische Organisation von internationalem Rang mit einer Bankensperre konfrontiert, ohne dass es dafür auch nur die geringste rechtliche Grundlage gab. Wäre dies der *New York Times* oder *Le Monde* widerfahren, hätte es einen weltweiten Eklat ausgelöst: Wie ließen sich die Konten einer journalistischen Organisation einfach so, von einem Tag auf den anderen, ohne juristische Begründung schließen? Es gab Presseartikel und Proteste, aber nur wenige sahen einen Skandal darin.

Bedroht, als Hightech-Terrorist denunziert und durch eine Finanzblockade trockengelegt: Julian Assange und sein Team waren besorgt. Konnte es noch schlimmer kommen? Ja, konnte es.

Interpol veröffentlichte eine ›Red Notice‹: Damit wurde der Gründer von WikiLeaks weltweit zum gesuchten Mann – »a wanted man«. Die schwedische Staatsanwältin Marianne Ny stellte einen Europäischen Haftbefehl aus, auch wenn es lediglich ein Ermittlungsverfahren gegen Assange gab: Ny beantragte seine Auslieferung nach Schweden, um ihn wegen des Vorwurfs der Vergewaltigung, der sexuellen Belästigung und der Nötigung zu vernehmen, nicht aber, um ihm den Prozess zu machen. Es wurde keine Anklage gegen ihn erhoben, und die Ermittlungen befanden sich noch im Anfangsstadium.

Am 7. Dezember 2010 stellte sich Julian Assange der Metropolitan Police of London, besser bekannt als Scotland Yard. Er wurde in

---

18 Josh Rogin: State Department: We did not ask PayPal to cut off WikiLeaks, in: Foreign Policy, 8. Dezember 2010.

Wandsworth inhaftiert, einem Londoner Männergefängnis für 1.600 Insassen, das unter Queen Victoria gebaut wurde. 1895 wurde dort der berühmte Schriftsteller Oscar Wilde inhaftiert, der Homosexualität beschuldigt und zu zwei Jahren Zwangsarbeit verurteilt, was verheerende Folgen für seine körperliche und geistige Gesundheit hatte. Er starb drei Jahre nach seiner Entlassung, im Alter von gerade mal 46 Jahren. Es war allemal ein berühmtes Zitat von Wilde, das Assange dazu inspiriert hatte, am Konzept von WikiLeaks zu arbeiten, einem Geschöpf des digitalen Zeitalters, das dazu beiträgt, die Wahrheit ans Licht zu bringen, indem den Quellen erlaubt wird, ihre wahre Identität zu verbergen und vertrauliche Dokumente anonym zu senden: »Der Mensch ist am wenigsten er selbst, wenn er für sich selbst spricht«, hatte Oscar Wilde gesagt. »Gib ihm eine Maske, und er wird dir die Wahrheit sagen.«[19] Wilde konnte nicht ahnen, dass mehr als ein Jahrhundert später ein Journalist, der für den Entwurf einer digitalen Maske verantwortlich war, wie er selbst in Wandsworth landen würde. Glücklicherweise blieb Julian Assange nicht lange dort.

Ein Cottage im ländlichen England

Zehn Tage nachdem er sich freiwillig in die Hände von Scotland Yard begeben hatte, wurde der Gründer von WikiLeaks gegen Kaution freigelassen, und zwar unter der Bedingung, dass er eine elektronische Fußfessel trägt, sich täglich bei der Polizei meldet und 200.000 britische Pfund beim Gericht hinterlegt. Die britischen Behörden hatten Einspruch gegen die Freilassung erhoben, sich aber vor Gericht nicht durchsetzen können. Und so konnte er das Gefängnis von Wandsworth verlassen.

Julian Assange hatte im Vereinigten Königreich keine Wohnung, in die er sich unter Hausarrest begeben konnte. Einer seiner Unter-

---

19 Oscar Wilde: The critic as artist, 1891. (Übers. nach: Wilde: Die Wahrheit von Masken. Der Kritiker als Künstler, übers. von Joachim Bartholomae und Volker Oldenburg, Hamburg 2013, Szene 2.)

6. CABLEGATE

stützer, Vaughan Smith, ein ehemaliger Offizier der britischen Armee, Kriegsberichterstatter und Gründer eines unabhängigen Journalistenvereins, des Front Line Club of London, bot Assange an, in Ellingham Hall zu wohnen, seinem schönen georgianischen Herrenhaus auf dem Lande, etwa 200 Kilometer von der Hauptstadt entfernt. Die britische Presse betrachtete Smith als einen »Maverick«, einen Alleingänger und Freigeist. Und der *Guardian* verkniff sich nicht den Hinweis auf die ironische Pointe: Ein Journalist, der zum historisch größten Verstoß gegen diplomatische Geheimnisse beigetragen habe, nämlich Julian Assange, beherbergt vom Sohn eines »Queen's messenger«, eines Gesandten, der damit beauftragt war, die diplomatische Korrespondenz des Königreichs zu überliefern, gemäß einer fast tausendjährigen Tradition, die mindestens bis ins Jahr 1199 zurückreicht, als King John of England regierte, jener König Johann, der einst die Magna Carta unterzeichnete.[20]

Assange hatte auch nicht die Hunderttausende an englischen Pfund übrig, die für seine Kaution nötig waren. Eine beachtliche Summe für seine finanziellen Verhältnisse. Zu jenen, die ihm – je nach Möglichkeit – halfen, das nötige Geld und Bürgschaften von über 240.000 Pfund zusammenzubekommen, gehörten der große Filmregisseur Ken Loach, der Nobelpreisträger John Sulston[21], die britische Schauspielerin und Aktivistin Tracy Worcester, die Journalistin Sarah Harrison und der Journalist Joseph Farrell, beide aus Großbritannien und für Wikileaks tätig, sowie die britische Köchin Sarah Saunders.

Saunders, zusammen mit ihrer Mutter Susan Benn und deren Mann Gavin MacFadyen – ein prominenter Enthüllungsjournalist

---

20 Mit dem Tod von Queen Elisabeth II. im September 2022 und der Krönung von Charles III. wurde der Queen's Messengers Service in King's Messengers Service umbenannt. Vgl. die Ausführungen des ›Foreign, Commonwealth & Development Office‹ zu der Tradition: fcdoservices.gov.uk.

21 Sir John Sulston gewann 2002 den Medizinnobelpreis. Er war eine führende Persönlichkeit bei der Verteidigung des öffentlichen Genoms gegen dessen Privatisierung.

und Gründer des Centre for Investigative Journalism (CIJ) in London – waren für Assange eine Art »britische Familie«. Mit der Zeit lernte ich sie kennen: intelligent, unabhängig, leidenschaftlich. Und ich werde niemals vergessen, was mir Gavin MacFadyen auf den Weg gab: »Glaube niemals etwas, bis es offiziell dementiert wird.«

Nun, da er aus Wandsworth entlassen war, konnte Julian Assange wieder an die Arbeit gehen, sofern er die gerichtlich auferlegten Bedingungen erfüllte. Nach Weihnachten 2010 meldete sich WikiLeaks erneut verschlüsselt bei mir, mitten in der Nacht: »Können Sie sofort nach England fliegen?«

Am 10. Januar 2011 nahm ich einen Flug und fand mich zu dem vereinbarten Treffen in einem Cottage in der grünen englischen Countryside, ein, also nicht in einem Herrenhaus wie Ellingham Hall. Der Ort war insofern etwas problematisch, da er von jeglicher Mobilfunkverbindung abgeschnitten war und es keinen Internetzugang gab.

Die Organisation wollte, so viel wusste ich, die ›cables‹ journalistisch aufbereiten, und zwar über das bisherige Maß der fünf großen Medienhäuser hinaus. Die *New York Times*, *The Guardian*, *Der Spiegel*, *El País* und *Le Monde* waren nicht bereit, den erlauchten Kreis der Medien zu erweitern, der exklusiven Zugang zu den Dokumenten hatte, um diese als erstes zu enthüllen. Die Koordination von Dutzenden von Zeitungen in der ganzen Welt, von Japan bis Argentinien, wäre gewiss ein organisatorischer Albtraum gewesen, andererseits betrafen diese Depeschen alle Länder der Welt. Eine gründlichere Recherche war unabdingbar, und zwar Land für Land, mit investigativen Journalisten, die sich mit den örtlichen Gegebenheiten auskannten und in der Lage waren, auch die Dokumente der US-Regierung zu analysieren und dabei die Namen von Personen zu entfernen, die möglicherweise gefährdet waren.

Es war ein kleiner Geniestreich von WikiLeaks, internationale Medienpartnerschaften einzurichten, und damit Journalistinnen und Journalisten aus verschiedenen Ländern einzubeziehen, die in den Datenbanken graben, das eigene spezifische Fachwissen einbringen und Erkenntnisse zu jeweiligen Ländern gewinnen konnten.

6. CABLEGATE 131

Von den USA bis Italien, von Frankreich bis Indien: Das war ein so kluger wie beispielloser Ansatz, der später von praktisch allen internationalen journalistischen Netzwerken nachgeahmt werden sollte. WikiLeaks erfand diese Strategie, und das nicht nur, um seinen Enthüllungen maximale Wirkung zu verleihen, sondern auch, weil man als Spross des World Wide Web die Welt und ihre Probleme in ihrer Gesamtheit betrachtete.

Ich kam in dem Landhaus an, in dem man mich und andere Journalistinnen und Journalisten aus allen Ecken der Welt erwartete. Wir trafen uns jeweils separat mit Julian Assange und seinem Medienteam, vor uns lag eine komplexe Aufgabe. Das erste, was der WikiLeaks-Gründer machte? Er schloss die dicken Vorhänge, sodass es unmöglich war, von außen durch die Fenster zu sehen. »Das ist widersinnig«, beschwerte ich mich: Weder die Handys noch das Internet funktionierten hier. Wir waren völlig von der Kommunikation nach außen abgeschnitten. »Das ist Absicht«, entgegnete mir Assange.

Wir sprachen über die Datenbank der ›cables‹, und mir wurden noch einmal die äußerst strengen Sicherheitsbedingungen erläutert, die ich bei der Arbeit an den Dokumenten zu beachten hatte. Ich kannte sie inzwischen und wusste, dass sie völlig unerhört waren. Weder ich noch meine internationalen Kolleginnen und Kollegen hatten jemals von vergleichbar strengen Bedingungen gehört, wie Assange sie vorschrieb.

Nachdem wir eine Reihe von Dateien zusammen analysiert hatten, gab mir WikiLeaks Zugang zu den 4.189 Depeschen über Italien und den Vatikan. Die gesamte Datenbank würde ich erst später konsultieren: Die 251.287 ›cables‹ konnte ich gewiss nicht auf einem einfachen USB-Stick speichern, wie im Fall der gut 4.000 Dateien über mein Land und den Heiligen Stuhl.

Es war schon spät, als ich das Cottage verließ. Die WikiLeaks-Mitarbeiter fuhren mich zu einem dieser heruntergekommenen Bahnhöfe, die typisch für das ländliche England sind, um einen der letzten Züge zu erwischen, der mich rechtzeitig zu meinem Hotel zurückbringen würde; dann noch meine Koffer packen, um am nächsten Tag nach Rom zu fliegen. Auf diesem viktorianischen Bahnhof war ich völlig allein: kein Bahnpersonal, kein Wartesaal, kein Café. Wenigstens mein Handy funktionierte hier. Ich musste lange auf den Zug warten, weil ich den vorherigen verpasst hatte, und es blieb mir nichts anderes übrig, als draußen zu stehen, in der klammen Januarkälte, in die sich ein paar Regentropfen mischten. Es war keine Menschenseele zu sehen. Irgendwann fuhr ein Auto vor und leuchtete mich immer wieder an. Das Fernlicht beunruhigte mich. Langsam begann ich, mich etwas vom Bahnhof zu entfernen, das Auto folgte mir ein kurzes Stück und hielt dann an. Sobald ich jedoch zum Bahnhof zurückging, erfassten mich die Scheinwerferlichter wieder. Es war einer dieser ganz gewöhnlichen Belästiger, wie sie von Bahnhöfen geradezu magnetisch angezogen werden, sagte ich mir. Im Zweifel brauchte ich nur die örtliche Polizei anzurufen, die schnell da wäre, um ihm ein paar Fragen zu stellen, und er würde damit aufhören. Ich hatte damals, als ich mit der Arbeit an den WikiLeaks-Dokumenten begann, beschlossen, mich nicht einschüchtern oder verängstigen zu lassen. Es war unwahrscheinlich, dass jemand eine Journalistin, die an den vertraulichen Dateien arbeitete, körperlich angreifen würde.

Tags darauf ging ich am Flughafen mit großer Vorsicht durch die Sicherheitskontrollen, so wie ich es in Berlin getan hatte, als ich die afghanischen Kriegstagebücher bei mir hatte. Ich bestieg das Flugzeug, doch kaum hatten wir abgehoben, wurde es von einem Blitz getroffen. Nichts Ernstes, aber wir mussten direkt wieder landen, zum Flughafen zurückkehren und in eine andere Maschine umsteigen. In dem Moment war ich mehr denn je dankbar, Journalistin im digitalen Zeitalter zu sein: Die 4.189 Depeschen waren auf einem winzigen, verschlüsselten USB-Stick gespeichert, den ich in meiner Umhängetasche mitführte. Die ›cables‹ blieben völlig unbemerkt, und ich konnte sie mühelos mit mir herumtragen. 1971 hingegen musste der Reporter der *Washington Post*, der die ›Pentagon Papers‹ erst erhalten hatte, nachdem die *New York Times* bereits mit deren Veröffentlichung begonnen hatte, zwei Flugtickets erster Klasse buchen:

eines für sich selbst und eines für die sperrige Kiste mit den 7.000 fotokopierten Seiten der Dokumente.[22] Rund vierzig Jahre später konnte ich mit einer Handtasche mit Tausenden von geheimen Akten, die Zehntausenden von Seiten entsprachen, nach Rom fliegen und damit problemlos das Flugzeug wechseln.

Die Dateien waren sicher, und selbst im äußersten Fall, wie bei Extremsituationen, etwa unter Gewaltandrohung, konnte mich niemand zwingen, die Datenbank zu entschlüsseln, um auf diese zuzugreifen, denn nicht einmal ich kannte das Passwort. Für einen zusätzlichen Schutz hatte WikiLeaks die Sicherheitsverfahren so gestaltet, dass die Datenbanken auf dem Rückflug verschlüsselt transportiert wurden, also ohne die Passwörter weitergegeben zu haben. Erst einige Tage nachdem ich nach Italien zurückgekehrt war, erhielt ich die Anweisungen zur Entschlüsselung der Dateien. Nun ließen sich die italienischen Geheimnisse aufdecken.

Eine Demokratie an der kurzen Leine

Das Passwort für die Entschlüsselung der Datenbank war sehr komplex, und die Eingabe erforderte immer wieder Geduld. Doch es lohnte sich, wenn man bedenkt, wie aktuell die 4.189 Depeschen zu Italien und dem Vatikan waren. Sie stammten aus der Zeit von Ende 2001 bis Februar 2010. Als ich im Januar 2011 Zugang zu den Dokumenten hatte, konnte ich nur staunen über eine diplomatische Korrespondenz der USA, in der Geheimnisse über Regierungsmitglieder enthüllt wurden, die noch im Amt waren oder zumindest noch eine Schlüsselrolle in der italienischen Politik innehatten. Keiner der Namen gehörte der Vergangenheit an, ob Journalistinnen und Journalisten, ob Kardinäle, Päpste oder Generäle, ob italienische oder ausländische Staatsbedienstete. Und sie waren allesamt ungeschwärzt:

---

22 Michael S. Rosenwald: Fact checking »The Post«: The incredible Pentagon Papers drama Spielberg left out, in: The Washington Post, 23. Dezember 2017.

Keine der Dateien war im Geringsten zensiert worden, anders als es oft bei Unterlagen der Fall ist, von denen die US-Regierung Kopien herausgibt, wenn dies nach dreißig oder vierzig Jahren beantragt wird. Nein, hier war alles zu lesen.

Es handelte sich um eine enorme Anzahl von Dokumenten. Ihre systematische Durchsicht ermöglichte es, sich in die Regierungen Bush und Obama hineinzuversetzen und genau zu verstehen, wie sie auf globaler Ebene operierten, was sie wirklich dachten – jenseits offizieller Verlautbarungen und einer ungenauen oder verzerrten Medienberichterstattung.

Es war nicht schwer, die Echtheit der Dokumente zu bestätigen. Ich konnte mich auf die Erfahrung internationaler Kolleginnen und Kollegen stützen, die bereits an ihnen gearbeitet hatten; zudem auf die Analyse von etwa 200 diplomatischen Schriftwechseln der USA, die mehr als vierzig Jahre zurückreichen und die ich dank der Expertise eines ehemaligen Diplomaten und einiger US-amerikanischer Wissenschaftler, die auf die amtliche Freigabepolitik spezialisiert sind, nach all dieser Zeit deklassifiziert bekommen hatte.

Das Italien, das durch die Depeschen zum Vorschein kam, war eine Demokratie an der kurzen Leine, in der die Politik einem enormen Druck ausgesetzt war. Vom Krieg in Afghanistan bis hin zu Lebensmitteln, für die wir weltweit berühmt sind, mischten sich die Vereinigten Staaten eingehend in italienische Angelegenheiten ein. Diesmal waren es nicht sogenannte antiamerikanische Bücher oder Artikel oder gar ein ideologisches *J'accuse* von Intellektuellen oder Aktivisten, die den Druck der USA aufzeigten: Es waren die US-Diplomaten selbst. Sie schrieben es nieder: schwarz auf weiß in ihrer offiziellen Korrespondenz mit dem State Department. Die 4.189 ›cables‹ über Italien und den Vatikan liefern den Beweis.[23] Unzweideutig waren etwa Dokumente mit Bezug zum Irakkrieg. In einem davon, datiert auf den 12. Mai 2003, nicht einmal zwei Wochen nach-

---

23 Zu einer vollständigen Rekonstruktion dessen, was die US-Depeschen über Italien enthüllten, vgl. mein Buch: Dossier WikiLeaks, a. a. O.

dem Präsident George W. Bush den Sieg ausgerufen hatte, analysierte der US-Botschafter in Rom, Mel Sembler, welchen Beitrag zur Invasion Italien leistete, das damals von Präsident Carlo Azeglio Ciampi und Ministerpräsident Silvio Berlusconi geführt wurde.[24]

Der Krieg hatte in der ganzen Welt heftigen Widerstand hervorgerufen, insbesondere in Europa, wo die USA unter der Regierung eines George W. Bush kritisiert und zurückgewiesen wurden. Doch Berlusconis Italien durchbrach die Isolation der Vereinigten Staaten und sicherte Unterstützung zu, obwohl die öffentliche Meinung klar dagegenstand und trotz der Verfassung, in deren Artikel 11 es heißt: »Italien lehnt Krieg als Mittel der Aggression gegen die Freiheit anderer Völker und als Mittel zur Beilegung internationaler Auseinandersetzungen ab.«

Die »GOI« – die Regierung Italiens also (Government of Italy) – habe, so Sembler, »die strategische Entscheidung getroffen, ihre Politik an den USA auszurichten, und sie hielt daran fest. Trotz des starken innenpolitischen Drucks knickte sie nicht ein.« Der US-Botschafter erläuterte weiter: »Als Präsident Ciampi kurz davor zu stehen schien, die Entsendung der 173. Luftlandebrigade der US-Armee – direkt von italienischem Boden aus in den Irak – verfassungsrechtlich in Frage zu stellen, arbeitete die GOI mit uns zusammen Taktiken aus, um seine Bedenken zu zerstreuen. Die logistische Unterstützung für das US-Militär war ausgezeichnet. Wir bekamen, worum wir baten.«[25] Sembler berichtete weiter, man habe Italien als Umschlagsort nutzen können, um benötigtes Kriegsgerät in den Irak zu befördern: »Italienische Flugplätze, Häfen und Transportinfrastruktur wurden uns zur Verfügung gestellt.«[26]

Eine entscheidende Frage, bei deren Lösung die Regierung Berlusconi eine wichtige Rolle gespielt habe, sei Ciampis mögliche Ab-

---

24 Die Original-Depesche ist zugänglich unter: https://wikileaks.org/plusd/cables/03ROME2045_a.html (abgerufen: 8.3.2022).
25 Ebd.
26 Ebd.

lehnung der Zusammenarbeit unter Verweis auf einen Verfassungsverstoß gewesen. Sembler schrieb: »GOI stellte sicher, dass Präsident Ciampi die Verfassungsmäßigkeit des Einsatzes der 173. Brigade von Vicenza in den Nordirak nicht in Zweifel zog.«[27] Dem US-Botschafter zufolge war das Aufgebot der 173. Brigade »der größte Luftwaffeneinsatz seit WW II« – seit dem Zweiten Weltkrieg. Nach einer detaillierten Beschreibung der Unterstützung bekräftigte er: »Die Regierung Berlusconi brachte ein Land, das den Krieg rundweg ablehnte, so weit, wie es politisch ging, an den Rand des Kriegszustandes.« Eine Regierung unter Führung von Silvio Berlusconi habe alles viel einfacher gemacht: »Wäre eine andere Regierung im Amt gewesen – insbesondere eine von Mitte-Links, wäre die Situation viel schwieriger gewesen«, betonte er.

Zusammenfassend schrieb Sembler: »Italien mag, dessen sind wir uns bewusst, auf frustrierende Art etwas obskur und altrömisch erscheinen; doch es ist gewiss ein hervorragender Ort für unsere politisch-militärischen Angelegenheiten.«[28]

Erstaunlich waren nicht nur die genannten Fakten und die dreiste Sprache, sondern auch die angewandten Methoden, um Menschen, die gegen einen Krieg demonstrierten – zumal einen Krieg, der sich noch als verheerend erweisen sollte –, davon abzubringen, »Züge und Lastwagen aufzuhalten, die US-Ausrüstung durch Italien transportierten«. All dies geschah auf scheinbar demokratische Weise, aber die Depeschen gaben einen Einblick, wie hier in Wirklichkeit vorgegangen wurde.

»GOI«, so der US-Botschafter, »beeindruckt uns mit ihrer Fähigkeit, das politische Gebot, keine Gewalt gegen Kriegsgegner anzuwenden, mit der Notwendigkeit in Einklang zu bringen, dem US-Militär dabei zu helfen, seinen ›Job‹ zu erledigen. Obwohl sich die italienischen und die US-amerikanischen Methoden unterscheiden (unsere Gastgeber bevorzugen nächtliche Verfrachtungen, Ände-

---

27 Ebd.
28 Ebd.

rungen des Zeitplans in letzter Minute und sonstige Täuschungsmanöver), konnte die italienische Regierung – Hand in Hand mit der US-Armee und der -Botschaft – erfolgreich verhindern, dass Demonstranten Züge und Kraftfahrzeuge aufhielten, die unsere militärische Ausrüstung durch Italien brachten.«[29]

Aber wie genau wurden die Proteste neutralisiert? Sembler erklärte dies in einer Notiz vom Februar 2003, nur einen Monat vor der Invasion des Irak: »Die Abteilung für öffentliche Sicherheit des MOI«, das heißt des italienischen Innenministeriums, »hat ein Krisenzentrum eingerichtet, um die Ereignisse zu beobachten und gemeinsam mit Vertretern der staatlichen Eisenbahn (Ferrovie di Stato) Taktiken auszuarbeiten.« Und weiter: »Ein System von Gegenmaßnahmen wurde eingeleitet; es beinhaltete die intensive Überwachung der Kommunikation der Aktivistinnen und Aktivisten, den Einsatz von Hunderten von Polizeikräften an wichtigen Punkten entlang der Zugstrecken und die nächtliche Verlegung von Ausrüstung. Durch ein Katz- und Mausspiel – die Züge änderten oft kurzfristig ihre Routen – gelang es der GOI, die Protestierenden auszumanövrieren.«[30]

So also funktionierte die Italienische Republik? Nach außen hin verlief alles nach Vorschrift. Doch in Wirklichkeit, das zeigt der Bericht des Botschafters, wurde die Meinungsfreiheit, genauer: die Freiheit zum Widerspruch, mithin das Lebenselixier der Demokratie, hintangestellt, während man zugleich Oppositionelle bespitzelte – nicht anders als in einem autoritären Land. Die angewandten Methoden waren allem Anschein nach achtbarer als in einer Diktatur, allemal nicht vergleichbar rabiat, und doch nicht weniger verwerflich. Oder, wie Chelsea Manning es ausdrückte, als sie den Inhalt der vertraulichen Dokumente beschrieb, die sie WikiLeaks zukommen ließ: »Ich meine, wir sind in mancher Hinsicht besser ... wir sind viel

---

29 Ebd.
30 Die Original-Depesche ist zugänglich unter: https://wikileaks.org/plusd/cables/03ROME810_a.html (abgerufen: 8.3.2022).

subtiler ... verwenden viel mehr Worte und juristische Techniken, um alles zu legitimieren. Das ist besser, als sich mitten in der Nacht aus dem Staub zu machen, aber nur weil etwas subtiler ist, ist es noch lange nicht richtig.«

Aus den ›cables‹ geht hervor, dass sich dieses Urteil auch auf die italienischen Institutionen anwenden lässt. Wer hatte die italienischen Pazifisten heimlich abgehört, um die Blockade von Zügen mit Kriegsgerät zu verhindern? Die italienischen Geheimdienste oder die US-amerikanischen? Oder vielleicht die italienische Polizei? Und wer hatte die Abhörung genehmigt?

Aus der diplomatischen Korrespondenz geht zudem hervor, wie die Vereinigten Staaten – jenseits offizieller Erklärungen – auf Silvio Berlusconi blickten. »Seine regelmäßigen verbalen Entgleisungen und seine unglückliche Wortwahl haben große Teile der italienischen Bevölkerung und viele führende EU-Politiker vor den Kopf gestoßen«, schrieb Botschafter Ronald Spogli, Nachfolger von Mel Sembler, im Februar 2009.[31] Und: »Was weithin wahrgenommen wird, ist seine Neigung, persönliche Interessen über die des Staates zu stellen, seine Vorliebe für kurzfristige Lösungen gegenüber langfristigen Planungen und seine häufige Nutzung öffentlicher Einrichtungen und Ressourcen, um sich mit Blick auf Wahlen einen Vorteil gegenüber seinen politischen Gegnern zu verschaffen. Das hat dem Ruf Italiens in Europa geschadet wie auch dem Ansehen Italiens in Kreisen der US-Regierung leider einen komödiantischen Anstrich verliehen.«

Ein sehr hartes Urteil, doch einer wie Silvio Berlusconi sollte nicht abtreten: »Die Kombination aus ökonomischem Niedergang und politischen Eigentümlichkeiten des Landes hat viele europäische Politiker dazu veranlasst, die Leistungen von Berlusconi und Italien schlechtzureden. Dem sollten wir uns nicht anschließen. Wir sollten

---

31 Die Original-Depesche ist zugänglich unter: https://wikileaks.org/plusd/cables/09ROME128_a.html (abgerufen: 8.3.2022). Vgl. ursprünglichen Bericht darüber: Stefania Maurizi / Gianluca Di Feo: Ha reso comica l'Italia, in: L'Espresso, 18. Februar 2011.

begreifen, dass ein langfristiges Engagement gegenüber Italien und seiner Führung uns heute und in Zukunft wichtige strategische Vorteile bringen wird«, schloss Spogli.

Aus den Dokumenten geht hervor, dass die US-Diplomatie unter der Regierung Berlusconi leichtes Spiel hatte. So versuchte die US-Regierung im Jahr 2002, die Wirksamkeit des Internationalen Strafgerichtshofs (IStGH) – dessen Aufgabe es ist, die Verantwortlichen für Kriegsverbrechen, Verbrechen gegen die Menschlichkeit und Völkermord zu bestrafen – auszuhöhlen; dazu schlossen sie eine Reihe von bilateralen Verträgen, die Länder wie Italien dazu verpflichteten, keine US-Soldaten an den IStGH auszuliefern, um sie vor internationalem Recht zu schützen. Den Depeschen zufolge signalisierte die Regierung Berlusconi umgehend ihre Bereitschaft, ein solches Abkommen zu unterzeichnen.[32] »Einmal mehr«, meldete der Botschafter nach Washington, »sieht es danach aus, dass Präsident Bush Hilfe bekommt, wenn er Ministerpräsident Berlusconi um Hilfe bittet.«

Es war nicht etwa so, dass eine Mitte-Links-Regierung die Zusammenarbeit mit den Vereinigten Staaten verweigert hätte. »Wenn Mitte-Links gewinnt«, so Spogli am Vorabend der italienischen Parlamentswahlen im April 2006, »dann können und werden wir mit einer Regierung [Romano] Prodi zusammenarbeiten, die für eine relative Kontinuität in der italienischen Außenpolitik stehen wird. Aber die Zeiten, in denen sich [Berlusconis] Italien wie von selbst für uns eingesetzt hat, werden dann vorbei sein, da Prodi die italienische Außenpolitik gezielt der EU unterordnen will. Um die gegenwärtigen italienischen Initiativen aufrechtzuerhalten, müssen wir uns mehr anstrengen und zugleich auf mehr Stolpersteine gefasst sein.«[33]

In der linken Mitte gab es damals nur einen Politiker, der mit Blick auf die Beziehungen zu den USA davon ausging, dass Berlusco-

---

32 Die Original-Depesche ist zugänglich unter: https://wikileaks.org/plusd/cables/02ROME3796_a.html (abgerufen: 8.3.2022).

33 Die Original-Depesche ist zugänglich unter: https://wikileaks.org/plusd/cables/06ROME864_a.html (abgerufen: 8.3.2022).

ni die richtigen Entscheidungen getroffen hatte: Marco Minniti, den die *New York Times* später als »Italy's ›Lord of the Spies‹« bezeichnen sollte – »Italiens ›Herr der Spione‹«. Zumindest wurde in der Datenbank niemand anderes erwähnt. Den ›cables‹ zufolge begrüßte Minniti im März 2006 »die engen Beziehungen, die Premierminister Berlusconi zu den USA aufgebaut hat, und nannte diese sie ›einen Vorteil, der nicht aufs Spiel gesetzt werden sollte‹.«[34]

In den zahlreichen Dateien über Italien und den Vatikan wurde die Einmischung der Vereinigten Staaten in die inneren Angelegenheiten Italiens bei einer äußerst großen Vielzahl von Themen dokumentiert: vom Afghanistankrieg bis eben hin zu italienischen Lebensmitteln. Damit kam etwa der intensive Druck zum Vorschein,[35] den die USA auf Italiens Entscheidung ausübten, gentechnisch veränderte Organismen (GVOs) aus der Landwirtschaft fernzuhalten – und damit aus der ruhmreichen Küche des Landes. So standen die massiven ökonomischen Interessen von multinationalen Konzernen wie Monsanto oder dem Chemieriesen DuPont's Pioneer auf dem Spiel. US-Diplomaten verteidigten diese Interessen mit unnachgiebigem Druck auf die italienische Regierung und einer energischen Lobbyarbeit beim Vatikan.

Was Afghanistan anbelangt, so wurde ständig mehr gefordert: mehr Truppen, mehr Carabinieri zur Ausbildung der afghanischen Polizei, mehr Gelder, mehr Freiheit von Restriktionen, die den italienischen Soldaten im Krieg gegen die Taliban auferlegt wurden. Der Druck blieb konstant, unter Bush wie unter Obama. »Wenn wir um zusätzliche militärische Ressourcen oder finanziellen Beistand für Afghanistan bitten«, so ein US-Diplomat im Februar 2009, als Barack Obama gerade sein Amt angetreten hatte, »so antworten Vertreter der italienischen Regierung, ihr knappes Budget hindere sie daran, mehr zu tun. Diese Ausrede sollten wir nicht durchgehen

---

34 Die Original-Depesche ist zugänglich unter: https://wikileaks.org/plusd/cables/06ROME839_a.html (abgerufen: 8.3.2022).

35 Maurizi: Dossier WikiLeaks, a. a. O.

lassen. Tatsache ist, dass die italienische Regierung die politische Entscheidung getroffen hat, weniger für die Verteidigung auszugeben – etwa 1 Prozent des Bruttoinlandsprodukts –, als nötig wäre, um den Status eines führenden NATO-Verbündeten zu behaupten. Wir sollten sie dazu drängen, ausreichende Mittel in ihren Verteidigungshaushalt einzustellen, um ihrer Verantwortung in Afghanistan gerecht zu werden.«[36]

Die Regierung Bush hielt die linksgerichteten Parteien auch aus diesem Grund für sehr problematisch: »Ein starker CL-Sieg«, also von center-left (Mitte-Links), »würde die Gewerkschaften und die traditionellen ›Sozialpartner‹ wieder an die Macht bringen, mit vorhersehbaren Forderungen nach höheren Sozialausgaben, die die Verpflichtungen im Bereich der Außen- und Verteidigungspolitik untergraben könnten«, so US-Diplomaten am Vorabend der italienischen Parlamentswahlen im April 2006.[37] Doch nicht nur das Ausmaß der bereitgestellten Mittel für den Afghanistankrieg war ein Stein des Anstoßes: Den ›cables‹ zufolge stand Italien im Verdacht, korrupt zu sein. »Informationen von 2008 legen nahe, dass der italienische Geheimdienst Aufständische in der Region Kabul dafür bezahlte, italienische Truppen nicht ins Visier zu nehmen«, berichteten US-Gesandte im Februar 2009. Der damalige Botschafter Spogli habe »die Angelegenheit bei Premierminister Berlusconi angesprochen und die Zusicherung erhalten, die italienische Regierung würde den Fall untersuchen und solchen Praktiken Einhalt gebieten, falls die Anschuldigungen zuträfen. Berichten zufolge sprach auch Präsident Bush die Angelegenheit direkt gegenüber Ministerpräsident Berlusconi an, der bekräftigte, die italienische Regierung werde sich auf so etwas nicht einlassen.«[38]

---

36 Die Original-Depesche ist zugänglich unter: https://wikileaks.org/plusd/cables/09ROME177_a.html (abgerufen: 8.3.2022).

37 Die Original-Depesche ist zugänglich unter: https://wikileaks.org/plusd/cables/06ROME864_a.html (abgerufen: 8.3.2022).

38 Die Original-Depesche ist zugänglich unter: https://wikileaks.org/plusd/cables/09ROME177_a.html (abgerufen: 8.3.2022).

Waren diese Anschuldigungen begründet? Zwischen April 2008 und Februar 2009 tauchten derlei Verdachtsmomente in den Dokumenten wiederholt auf. Bis heute gibt es keine Beweise für diese Form der Korruption; doch sollte sich der Verdacht eines Tages zweifelsfrei erhärten, würde dies zu einem gewaltigen Skandal taugen.

Während ich diese Zeilen schreibe, ist die italienische Armee nach zwanzig Jahren aus Afghanistan abgezogen. Italien hat 54 Soldaten verloren, etwa 700 Verwundete heimgeholt und rund 8,47 Milliarden Euro ausgegeben,[39] eine beachtliche Summe angesichts der schweren Wirtschaftskrise, mit der das Land seit mehr als einem Jahrzehnt zu kämpfen hat. Und all das für einen Einsatz, der Zehntausende unschuldige Afghaninnen und Afghanen das Leben gekostet hat. Und darüber hinaus sollen wir auch noch die Taliban und örtliche Warlords bezahlt haben?

Die Dokumente zu Italien enthüllten viel mehr als nur den Druck, sich an Kriegen im Irak und in Afghanistan zu beteiligen. Sie zeichneten ein frappierendes Bild davon, wie entscheidend Italien für den Militärisch-Industriellen Komplex der USA und seine ›Forever Wars‹ geworden war, nach dem 11. September mehr denn je. »Italien bleibt unser wichtigster europäischer Verbündeter für unsere militärischen Planungen gegenüber dem Mittelmeerraum, dem Nahen Osten und Nordafrika«, so Botschafter Spogli im Oktober 2008.[40] Man habe in Italien »15.000 militärische und zivile Mitarbeiter des DOD«, also des Verteidigungsministeriums (Department of Defense), »sowie 17.000 ihrer Familienangehörigen auf fünf Stützpunkten. Die GOI hat die Erweiterung der Basis in Vicenza zur Konsolidierung der 173. Luftlandebrigade, die Stationierung der USAF [U.S. Air Force], der Global Hawk UAV [unmanned aerial vehicle, d. h. Drohnen] in Sizilien genehmigt, zudem arbeiten wir mit den Italienern zusam-

---

39 Die Zahlen stammen von dem Projekt ›Osservatorio Mil€x‹, mitbegründet von Francesco Vignarca; E-Mail von Vignarcas an die Autorin, 27. November 2020.

40 Die Original-Depesche ist zugänglich unter: https://wikileaks.org/plusd/cables/08ROME1226_a.html (abgerufen: 8.3.2022).

6. CABLEGATE

men, um die AFRICOM Army and Navy Component Commands in Italien aufzustellen.«[41]

Da die italienischen Medien der Präsenz von US- und NATO-Stützpunkten in Italien im Allgemeinen keine Beachtung schenkten – abgesehen von seltenen politischen Auseinandersetzungen –, war das Land zu einer »Startrampe für US-Kriege« geworden, wie es der *Guardian* 2013 ausdrückte.[42]

Anhand der ›cables‹ ließ sich verfolgen, wie diese Entwicklung ihren Lauf nahm und umgesetzt wurde; denn die Dokumente lieferten genaue Informationen darüber, wie die Vereinigten Staaten mit Unterstützung des politischen Establishments Italien schrittweise und so unauffällig wie möglich zu eben jener Startrampe machten.

Ohne diese detaillierten Berichte über die Gespräche zwischen Diplomaten und der italienischen Regierung hätte ich niemals jenes kritische Bewusstsein erlangen können, das mir diese Dokumente auf den Weg gaben – von den geheimen Drohnenkriegen bis hin zu den Konflikten um *boots on the ground*, sprich: der Invasion im Irak, die die Stadt Stadt Vicenza in den Mittelpunkt des »größten Luftkampfeinsatzes seit dem Zweiten Weltkrieg« rückte. Mit diesen Worten bezog sich US-Botschafter Mel Sembler auf die 173. Luftlandebrigade,[43] das heißt auf die Contingency Response Force der US-Armee in Europa, die schnelle Einsatzkräfte für drei der Regionalkommandos der Vereinigten Staaten bereitstellt: das US European Command, das US Africa Command und das US Central Command. Die sogenannte 173rd Airborne Brigade,[44] die innerhalb

---

41 Das AFRICOM (United States Africa Command) ist das Oberkommando über US-militärische Einsätze und Übungen sowie Sicherheitskooperationen auf dem afrikanischen Kontinent (mit Ausnahme von Ägypten).

42 David Vine: Italy. Home of pizza, pasta, wine and the US military, in: The Guardian, 3. Oktober 2013.

43 Die Original-Depesche ist zugänglich unter: https://wikileaks.org/plusd/cables/03ROME2045_a.html (abgerufen: 8.3.2022).

44 Nancy Montgomery: 173rd Airborne Brigade troops to deploy to Middle East, in: Stars and Stripes, 6. Januar 2020.

von 18 Stunden verlegt werden kann, war im Irak und in Afghanistan im Einsatz.

Aus den ›cables‹ geht nicht nur hervor, wie Italien zur Startrampe für US-Kriege wurde; sie waren zugleich eine Art Inside Story darüber, wie der US-Militär- und Geheimdienstkomplex ungestraft operieren durfte, selbst wenn er erschreckende Straftaten beging, wie die Entführung eines Menschen am helllichten Tag auf den Straßen von Mailand.

Wie unter Pinochet in Chile

Er war einfach verschwunden. Am 17. Februar 2003 wurde Hassan Mustafa Osama Nasr, bekannt als Abu Omar – ein Ägypter, der als Flüchtling nach Italien gekommen war –, gegen Mittag in Mailand entführt. Er war der Imam der Moschee in der Via Quaranta und stand unter dem Verdacht des internationalen Terrorismus.

Die italienische Staatspolizei – genauer: die auf Sonderoperationen gegen Terrorismus und Subversion spezialisierte DIGOS (Divisione Investigazioni Generali e Operazioni Speciali) – und die Mailänder Staatsanwaltschaft hatten zwar das Mosaik seiner Kontakte zusammengefügt.[45] Doch an jenem Februartag mussten Polizei und Justiz feststellen, dass ihr Verdächtiger nicht mehr aufzufinden war. Nach Angaben einer Zeugin wurde er in der Via Guerzoni in einen weißen Lieferwagen verladen.

Bei den Ermittlungen der Mailänder Justiz, namentlich von Ferdinando Pomarici und Armando Spataro, im Fall des Verschwundenen Abu Omar waren telefonische Metadaten enorm hilfreich: jene Daten, aus denen hervorgeht, wer wen am 17. Februar 2003 zwischen 11 und 13 Uhr in der Nähe der Via Guerzoni angerufen hat. Die Analyse dieser Metadaten führte die Antiterroreinheit der Polizei dazu, eine verdächtige Gruppe von Handys zu identifizieren. Unmittelbar

---

45 Armando Spataro: Ne valeva la pena, Rom/Bari 2010.

nach der Entführung waren einige dieser Mobilfunknutzer offenbar unterwegs auf dem Autobahnabschnitt nach Aviano – zu einer der beiden Militärbasen, auf denen die USA in Italien Atomwaffen lagern – und hatten unter anderem Oberst Joseph Romano, den Sicherheitschef des Stützpunktes, angerufen. Durch den Abgleich dieser Daten mit den Aufzeichnungen der Hotels, in denen einige der Handynutzer übernachtet hatten, und mit den Kreditkartentransaktionen sowie den Hotel- und Flugreservierungen – in einigen Fällen unter Angabe der Telefonnummern aus der Via Guerzoni – konnten die Anti-Terror-Polizei und die beiden Richter Pomarici und Spataro die Identität der Entführer feststellen.

Bei dem Fall handelte es sich um eine der berüchtigten ›extraordinary renditions‹, das heißt um *außerordentliche Überstellungen*, bei denen die CIA Terrorverdächtige entführte und in ihre geheimen, weltweit verstreuten Gefängnisse verschleppte, wo man sie folterte, um Informationen zu erhalten.

Abu Omar wurde zunächst auf die Aviano Air Base und dann nach Ägypten gebracht, wo er brutal gefoltert wurde. Zu den angewandten Maßnahmen gehörten sexuelle Übergriffe und Elektroschocks mit angefeuchteten Elektroden an Kopf, Brust und Genitalien.[46]

Die von Spataro und Pomarici geleiteten Ermittlungen führten zur Beschuldigung von 26 US-Bürgern, fast alle davon CIA-Agenten, und mehrerer Beamter des italienischen Militärgeheimdienstes SISMI, darunter dessen führender General Nicolò Pollari und Marco Mancini, Leiter der Spionageabwehr.

Die italienische Justiz funktionierte: Zwischen 2012 und 2014 wurden die 26 US-Amerikaner rechtskräftig zu Haftstrafen von sechs bis neun Jahren verurteilt. Italien galt weltweit als Vorbild: Es war das einzige Land, das im Falle einer ›extraordinary rendition‹ Recht gesprochen hat. Deutschland hingegen gelangte nie zu einem rechtskräftigen Urteil über jene CIA-Agenten, die verantwortlich

---

46 Die gegen Abu Omar angewandten Foltermethoden werden im Urteil des Europäischen Gerichtshofs für Menschenrechte beschrieben: Nasr e Ghali ./. Italia, hudoc.echr.coe.int, 23. Februar 2016.

waren für die *außerordentliche Überstellung* des unschuldigen deutschen Staatsbürgers Khaled al-Masri, der 2003 in einem Bus an der Grenze zu Mazedonien entführt und anschließend brutal zusammengeschlagen, misshandelt und nach Afghanistan überstellt wurde.

Und doch sind alle 26 Verurteilten frei wie ein Vogel: Zwischen 2006 und 2012 haben sich sechs verschiedene Justizminister von Mitte-Rechts- und Mitte-Links-Regierungen – Roberto Castelli, Clemente Mastella, Luigi Scotti, Angelino Alfano, Nitto Palma und Paola Severino – allesamt geweigert, die Suche nach den Schuldigen auf die internationale Ebene zu führen, um sie festnehmen und nach Italien ausliefern zu lassen.[47] Darüber hinaus sprachen zwei Präsidenten der Italienischen Republik vieren von ihnen eine Begnadigung aus: 2013 begnadigte Giorgio Napolitano Oberst Joseph Romano, einige Jahre später zog Sergio Mattarella im Fall von Robert Seldon Lady, Betnie Medero und Sabrina De Sousa nach.

Im Februar 2016 stellte der Europäische Gerichtshof für Menschenrechte einen Verstoß Italiens gegen die Artikel 3, 5, 8 und 13 der Europäischen Menschenrechtskonvention fest. Diese Artikel untersagen Folter sowie unmenschliche und erniedrigende Behandlung; zudem begründen sie das Recht auf Freiheit und Sicherheit, die Achtung des Privat- und Familienlebens und schließlich das Recht auf wirksamen juristischen Beistand auf nationaler Ebene. Italien, das einzige Land der Welt, dessen Richter und Staatsanwälte eine rechtskräftige Verurteilung der CIA-Agenten erwirkten, die für eine *außerordentliche Überstellung* verantwortlich waren, wurde nun vom Europäischen Gerichtshof für Menschenrechte dafür verurteilt, wie seine Institutionen – einschließlich zweier Präsidenten der Republik und des Verfassungsgerichts – mit dem Fall Abu Omar umgingen. Der Gerichtshof merkte an, dass sowohl den CIA-Agenten als auch den Spitzenbeamten des SISMI »letztlich Straffreiheit gewährt wor-

---

47 Die italienische Justizministerin Paola Severino erklärte sich nur bei einem der 26 für schuldig Befundenen bereit, die Fahndung auf die internationale Ebene auszuweiten: bei Robert Seldon Lady, dem einstigen Chef der CIA in Mailand.

den« sei.⁴⁸ Zwar waren SISMI-General Pollari und der Leiter der Spionageabwehr, Mancini, für schuldig befunden worden, doch stellte man sie unter den Schutz des Staatsgeheimnisses und erklärte ihre Verurteilungen für nichtig. Dennoch fand sich im Urteil des Europäischen Gerichtshofs für Menschenrechte großes Lob für die italienische Justiz; so wurde erwähnt, dass die italienischen Staatsanwälte im Gegensatz zu Fällen wie dem von Khaled al-Masri in Deutschland im Sinne der Wahrheitsfindung gründlich ermittelt hätten.

All diese Fakten im Zusammenhang mit dem Fall Abu Omar waren öffentlich bekannt, da die Ermittlungen weltweit medial verfolgt wurden; dank der Untersuchungen von Spataro und Pomarici ließen sich endlich sachliche Informationen über das ›extraordinary renditions program‹ der CIA erhalten. Aber nur dank der ›cables‹ kam ich an Beweise für jenen Druck, den die US-Regierung auf die italienische Politik ausübte, um eine Auslieferung ihrer 26 verurteilten Staatsbürger zu verhindern.

Den Dokumente zufolge sahen die US-Diplomaten ein: Sie hatten keine Möglichkeit, die Ermittlungen von Spataro und Pomarici zu beeinflussen, weil sie die italienische Justiz im Allgemeinen für »äußerst unabhängig« hielten. Da sie keinen direkten Druck auf die Justiz ausüben konnten, nahmen sie sich die Politik vor, links wie rechts. In einem der Dossiers, datiert auf den 24. Mai 2006, beschrieb der US-Botschafter in Rom, Ronald Spogli, sein Treffen mit Enrico Letta, damals Staatssekretär unter der Mitte-Links-Regierung von Ministerpräsident Romano Prodi: »Gegenüber Letta erklärte der Botschafter im Zusammenhang mit unseren ausgezeichneten bilateralen Beziehungen: Nichts würde diese schneller und ernsthafter beschädigen als eine Entscheidung der GOI, Haftbefehle gegen die mutmaßlichen CIA-Agenten zu erlassen, die mit dem Fall Abu Omar in Verbindung gebracht werden. Das wäre absolut bedenklich.«⁴⁹

---

48 Zitat aus dem Urteil des Europäischen Gerichtshofs für Menschenrechte, Nasr e Ghali ./. Italia, hudoc.echr.coe.int, 23. Februar 2016.

49 Die Original-Depesche ist zugänglich unter: https://wikileaks.org/plusd/cables/06ROME1590_a.html (abgerufen: 9.3.2022).

Erhob Enrico Letta irgendwelche Einwände gegen diesen unverhohlenen Druck? Der Depesche nach zu urteilen: nein. »Letta«, so das Dokument, »nahm dies zur Kenntnis und schlug dem Botschafter vor, die Angelegenheit persönlich mit Justizminister Mastella zu besprechen.«

Einige Monate später, im August 2006, informierte Botschafter Spogli erneut Washington: »Zu den gerichtlichen Forderungen nach Auslieferung mutmaßlicher CIA-Offiziere, die in die Überstellung des muslimischen Geistlichen Abu Omar verwickelt gewesen sein sollen: Da hat Justizminister Mastella bisher den Deckel draufgehalten; derweil lehnte Prodi es ab, Einzelheiten über mögliche italienische Kenntnisse oder Verstrickungen herauszugeben, und zwar unter Hinweis auf den notwendigen Schutz geheimer nationaler und sicherheitsrelevanter Informationen.«[50]

Ein Jahr später war Massimo D'Alema, Außenminister in der Regierung Prodi, an der Reihe. Über ein Treffen im April 2007 berichtete der US-Botschafter: »D'Alema beendete die einstündige Unterredung mit der Bemerkung, er habe das Ministerium um eine Notiz gebeten, wonach die USA einem Auslieferungsantrag im Fall Abu Omar nicht nachkämen, wenn er denn gestellt würde. Dies, so erklärte er, könnte von der GOI präventiv genutzt werden, um ein Auslieferungsbegehren italienischer Richter abzuwehren.«[51]

Ein Jahr verging und auf die Mitte-Links-Regierung von Romano Prodi folgte die Mitte-Rechts-Regierung von Berlusconi, aber das Ergebnis blieb dasselbe: »Berlusconi stand uns im Fall der 26 Amerikaner bestmöglich zur Seite«, so der US-Botschafter Ronald Spogli im Oktober 2008.[52] Derlei Druck der USA dokumentierten die Depeschen bis Februar 2010, leider reichten die Dokumente nicht über

---

50 Die Original-Depesche ist zugänglich unter: https://wikileaks.org/plusd/cables/06ROME2436_a.html (abgerufen: 9.3.2022).

51 Die Original-Depesche ist zugänglich unter: https://wikileaks.org/plusd/cables/07ROME710_a.html (abgerufen: 9.3.2022).

52 Die Original-Depesche ist zugänglich unter: https://wikileaks.org/plusd/cables/08ROME1226_a.html (abgerufen: 9.3.2022).

dieses Datum hinaus. Doch bis zum Ende dieses Zeitraums wurde er allemal aufrechterhalten – sowohl auf Berlusconi als auch auf Verteidigungsminister Ignazio La Russa.: »In Bezug auf den Fall Abu Omar«, so die US-Diplomaten im Machtzenit der Obama-Regierung im Februar 2010, »bat der SecDef [U.S. Secretary of Defense] die GOI um Befürwortung, dass die rechtliche Zuständigkeit der USA in der Sache von Oberst Joseph Romano« anerkannt werde, und zwar im Rahmen des Stationierungsabkommens »NATO SOFA« (Status of Forces Agreement). Berlusconi habe sich »optimistisch geäußert, dass die Angelegenheit während des Berufungsverfahrens positiv gelöst werden« werde.[53] In einem anderen ›cable‹ wiederholte Gates gegenüber La Russa die gleiche Auffassung.[54]

Während der Arbeit an diesem Buch sind mehr als zwanzig Jahre vergangen, seit der *außerordentlichen Überstellung* von Abu Omar, der ›extraordinary rendition‹. 26 US-Bürger – flankiert von italienischen Geheimdiensten – entführten am helllichten Tag einen Mann, um ihn monatelang der Folter auszusetzen. Ganz wie in Chile unter Pinochet. Der Unterschied: Es geschah im Herzen Europas, in der modernsten Stadt Italiens. Und zwar ungestraft. Zudem nicht nur unter Verletzung der elementarsten Menschenrechte, sondern laut Armando Spataro auch zum Schaden der Ermittlungen, die er und sein Kollege gegen Abu Omar führten und die es ihnen ermöglicht hätten, Mitschuldige zu identifizieren und zu verhaften.

Die CIA stand an einer Weggabelung: Sie hatte die Wahl, die Menschenrechte zu achten. Der italienischen Justiz und Polizei war es gelungen, die CIA-Agenten festzunageln, obwohl diese weit besser geschult sind als die Terroristen, ganz zu schweigen von den größeren materiellen und technologischen Ressourcen. Doch die CIA nahm den Weg der Kriminalität und mittelalterlicher Methoden. Und die Institutionen Italiens sorgten dafür, dass dies ungestraft blieb.

---

53 Die Original-Depesche ist zugänglich unter: https://wikileaks.org/plusd/cables/10ROME174_a.html (abgerufen: 9.3.2022).

54 Die Original-Depesche ist zugänglich unter: https://wikileaks.org/plusd/cables/10ROME172_a.html (abgerufen: 9.3.2022).

Wären Chelsea Manning und WikiLeaks nicht gewesen, so hätten wir uns vielleicht irgendwie ausmalen können, wie es zu dieser Straffreiheit kam; aber wir hätten keine Beweise gehabt oder bestenfalls Jahrzehnte später welche erhalten, wenn es kaum noch wen interessiert hätte. Genau das ist der Grund, warum Chelsea Manning und Julian Assange hinter Gittern landeten, und warum anderen WikiLeaks-Journalisten wohl das gleiche Schicksal drohte: Weil sie geheime Dokumente wie jene über Abu Omar enthüllten, bei denen die staatliche Geheimhaltung, wie sie von den US-Behörden auferlegt wurde, nicht dem Schutz von Menschenleben diente, sondern der Vertuschung von Verbrechen und der Gewährleistung von Straffreiheit für jene Institutionen und Personen, die sie verübten.

Als wir im Februar 2010 begannen, die Depeschen in meiner damaligen Zeitung, der italienischen Wochenzeitung *L'Espresso*,[55] sowie in der Tageszeitung *la Repubblica* zu veröffentlichen, riefen diese ein weit größeres Medienecho hervor als die Afghanischen Kriegstagebücher. Und in Zusammenarbeit mit Julian Assange und seinem WikiLeaks-Team haben wir einen immensen Aufwand betrieben, um die Dokumente jeweils erst dann herauszugeben, wenn wir sie gründlich analysiert und alle Informationen geschwärzt hatten, die auch nur im Entferntesten ein Risiko für die darin erwähnten Quellen und Personen hätten darstellen können. Das bedeutete monatelange Arbeit – rund um die Uhr.

Doch trotz all unserer Arbeit und trotz des Wirbels, für den die ›cables‹ sorgten, versuchte keine einzige politische Partei oder Vereinigung Italiens, damit die Gerichte aufzufordern, die Kollaboration des Landes beim Irakkrieg, die Bespitzelung von Pazifisten, den Druck im Fall Abu Omar oder einen der vielen anderen wichtigen Aspekte untersuchen zu lassen.

Das Einzige, was noch schlimmer war als die Verbrechen der CIA, war die Gleichgültigkeit der italienischen Öffentlichkeit.

---

55 Maurizi / Di Feo: Ha reso comica l'Italia, a. a. O.

7.
Guantanamo
Oder: Das schwarze Loch der Zivilisation

The worst of the worst?

Im Herzen des glamourösen Londons, im Vorfeld der königlichen Hochzeit von Kate Middleton und Prinz William vom 29. April 2011, hatte sich WikiLeaks mit einer Gruppe von Journalistinnen und Journalisten verabredet, um die Geheimnisse jenes Internierungslagers zu lüften, das sinnbildlich für die Brutalität der USA in ihrem ›War on Terror‹ stand: Guantanamo. Wir saßen alle um einen Tisch in einer Nachrichtenredaktion und waren bereit, in die Dokumente einzutauchen, während die Straßen der Stadt in eine festliche Atmosphäre getaucht waren und die Parks und Gärten in voller Pracht erstrahlten.

Das Lager war am 11. Januar 2002 – genau vier Monate nach Nine Eleven – eröffnet worden und war nicht nur ein Symbol für die Folter, die den Gefangenen angetan wurde. Es stellte auch einen Angriff auf einen fast tausend Jahre alten Grundsatz dar: auf den des ›Habeas Corpus‹, des Rechts einer Person, nicht inhaftiert zu werden, ohne das Verbrechen zu kennen, dessen sie beschuldigt wird, und vor einem Richter zu erscheinen, um sich verteidigen zu können.[1]

Das ›Habeas Corpus‹-Prinzip wurde unter König Johann von England (»King John«) mit der Magna Carta im Jahr 1215 eingeführt. »Kein freier Mann soll verhaftet oder eingekerkert werden […], es sei denn auf Grund eines rechtmäßigen Urteils seiner Stan-

---

1 »Habeas Corpus«, Cornell Law School, law.cornell.edu.

desgenossen und nach dem Gesetz des Landes«, hieß es darin. Seit jenem fernen Jahr ist dieses Recht tief in der angloamerikanischen Rechtsprechung verwurzelt und wurde zu einem Eckpfeiler der Verfassung der Vereinigten Staaten.[2]

Das Internierungslager, auch bekannt als »Gitmo«, befindet sich auf dem US-Marinestützpunkt Guantanamo Bay im Südosten Kubas. Es wurde eigens zu dem Zweck eingerichtet, das US-amerikanische und internationale Recht zu umgehen, und zwar im Fall von Terrorverdächtigen, die nach Ansicht der US-Regierung eine außergewöhnliche Bedrohung darstellten, insoweit sie mit den Anschlägen vom 11. September in Verbindung gebracht wurden oder zumindest im Verdacht standen, hochrangige Al-Qaida-Mitglieder zu sein.

Donald Rumsfeld, der damalige Verteidigungsminister der Regierung Bush, hatte diese Verdächtigen als »the worst of the worst«, als »die Schlimmsten der Schlimmen«, bezeichnet, und die allgegenwärtige Angst, die in jenen Monaten herrschte, sowie die Geheimhaltung des Lagers taten ihr Übriges. Wer in Guantanamo landete, so wurde der Weltöffentlichkeit vorgegaukelt, musste ein regelrechter Unmensch sein, der für immer weggesperrt gehörte. Niemand hatte genaue Informationen darüber, wer die Gefangenen waren oder warum sie dorthin verlegt worden waren.

Es dauerte Jahre, bis überhaupt einige Informationen durchsickerten. Julian Assange und seine Organisation hatten im November 2007 einen Einblick in die Geheimhaltung gewährt, als sie das »JTF-Gtmo« veröffentlichten, das besagte Betriebshandbuch der militärischen Task Force, die Guantanamo leitet. Es war eine der Dateien, die mir auffiel, als ich begann, mich für WikiLeaks zu interessieren.

Als Assange und die anderen Journalisten im März 2011 Kontakt zu mir aufnahmen, waren weniger als drei Monate vergangen, seit wir uns in London wegen der ›cables‹ getroffen hatten. Ich arbeitete noch immer Tag und Nacht an diesen 4.189 Dokumenten und veröffentlichte investigative Berichte und Artikel.

---

2   ACLU: Background on Habeas Corpus, aclu.org.

»Können Sie hierher fliegen?«, fragten sie einmal mehr. Wiki-Leaks saß auf Tausenden von Seiten geheimer Dokumente über Guantanamo und sie wollten wissen, ob ich daran interessiert sei, Teil des internationalen Journalistenteams mit exklusivem Zugang zu den Dateien zu werden.

Kurz darauf nahm ich einen Flug nach London. Wir waren alle zusammen dort: Julian Assange und einige Journalisten seiner Organisation, der *Spiegel*, *Le Monde*, *El País*, die britische Tageszeitung *The Daily Telegraph*, die schwedische Boulevardzeitung *Aftonbladet*, die *Washington Post*, der US-Verlag McClatchy – der zugeschaltet wurde – und ich, damals für *L'Espresso* und *la Repubblica* tätig; zudem Andy Worthington, ein britischer Journalist und Guantanamo-Experte. Worthington hatte viele Jahre damit verbracht, eine Liste aller Personen zusammenzustellen, die in dem Lager inhaftiert waren.

Der *Guardian* und die *New York Times* waren nach den Unstimmigkeiten, die während der Veröffentlichung der ›cables‹ zwischen ihnen und WikiLeaks herrschten, nicht dabei; dafür waren mit der *Washington Post* und McClatchy zwei große US-Medienhäuser vertreten. Assange und seine Journalisten schätzten McClatchy damals sehr, gerade wegen der Unabhängigkeit, mit der Reporter aus den Reihen des Unternehmens die Lügen über Saddam Husseins Massenvernichtungswaffen entlarvt hatten – Lügen, mit denen die Regierung Bush die Irak-Invasion gerechtfertigt hatte. McClatchy konnte sich auch auf das Fachwissen von Carol Rosenberg verlassen, einer Journalistin, die von Anfang an zu Guantanamo gearbeitet hatte; sie war sogar dabei, als am Tag der Eröffnung des Lagers die ersten zwanzig Gefangenen ankamen.[3] Andy Worthington mit einzubeziehen, war eine weitere gute Wahl; seit Jahren hatte er unermüdliche, unabhängige Untersuchungen zu dem Lager durchgeführt. Julian Assange und WikiLeaks waren wieder einmal entschlossen, die geheimen Dokumente, über die sie verfügten, umsichtig und sorgfäl-

---

3 Während der Arbeit an diesem Buch ist Carol Rosenberg für die *New York Times* tätig und berichtet weiterhin systematisch über Guantanamo.

tig zu veröffentlichen, indem sie sie auszugsweise mit einem internationalen Team von Journalistinnen und Journalisten teilten, die sich damit auskannten, über CIA-Praktiken zu berichten, das heißt über *außerordentliche Überstellungen*, Geheimgefängnisse oder Folter.

Bei den fraglichen Dokumenten handelte es sich um Aufzeichnungen über die Gefangenen von Guantanamo: Namen, Vornamen und Nationalitäten von 765 Personen, die im Laufe der Jahre inhaftiert worden waren – von fast allen, insgesamt waren 780 Personen dort inhaftiert. Mindestens zweiundzwanzig von ihnen waren minderjährig. Omar Khadr zum Beispiel war 16 Jahre alt, als er in das Lager kam, doch nicht einmal sein zartes Alter bewahrte ihn vor brutaler Folter und zehn Jahren Haft.

Die Dokumente bestanden aus Tausenden als geheim eingestuften Seiten und datierten noch aus der Ära Bush. Sie enthüllten erstmals die Gründe, warum die Gefangenen nach Guantanamo verlegt und dort weggesperrt worden waren, und zeigten Fotos von deren Gesichtern, das heißt von mindestens 172 von ihnen.

Eindeutig widerlegt wurde damit die Version der Regierung Bush, wonach in Guantanamo »die Schlimmsten der Schlimmen« einsaßen. Nach Recherchen des britischen *Telegraph*[4] zu den 765 Aufzeichnungen hatte die »JTF-Gtmo«, also sogar die verantwortliche Einheit des US-Militärs, nur 220 von ihnen als gefährliche Terroristen eingestuft, während 395 auf niedrigem Niveau und die übrigen 150 als völlig unschuldig gekennzeichnet waren. Zumindest war dies die Einschätzung zum angegebenen Datum, was sich noch ändern konnte, wenn die Task Force den Status der einzelnen Gefangenen überprüfte. Doch selbst bei den als gefährlich eingestuften Häftlingen wurde aus den Dokumenten deutlich: Die Einschätzungen beruhten häufig auf äußerst unzuverlässigen Informanten, wie etwa Gefangenen, die andere Gefangene beschuldigten, nachdem sie gefoltert worden waren, oder die einen persönlichen Vorteil anstrebten.

---

4   Christopher Hope/Robert Winnett/Holly Watt/Heidi Blake: WikiLeaks: Guantanamo Bay terrorist secrets revealed, in: Telegraph, 25. 2011.

Die Aufzeichnungen offenbarten das Chaos und die blindlings getroffenen Entscheidungen, die die US-Behörden bei der Errichtung des Lagers trafen, indem sie die von den Gefangenen ausgehende Bedrohung bis auf wenige Ausnahmen maßlos übertrieben, sich auf unzuverlässige Zeugen und das Belohnungssystem stützten, das die Verhaftung Unschuldiger begünstigte.

Da war etwa der Mann, der in Guantanamo gelandet war, weil er mit einem ehemaligen Taliban-Kommandanten verwechselt wurde: Er hieß »Mohammed Nasim«, ähnlich dem in einem Funkspruch abgefangenen Namen »Mullah Nasim«.

Mohammed Nasim war ein Bauer, der weder lesen noch schreiben konnte und auch sein genaues Alter nicht kannte. Nasim hatte nichts mit den Taliban zu tun, wie selbst die US-Armee festhielt: »Es ist davon auszugehen, dass der Gefangene ein armer Bauer ist und seine Verhaftung auf einem Irrtum gründet.« Er wurde am 9. Mai 2003 inhaftiert und war im Februar 2005 noch immer in Guantanamo.[5]

Und es gab jene, die nicht den geringsten Wunsch hatten, in irgendeinen Kampf zu ziehen, wie etwa Asad Ullah, ein junger Pakistaner von 21 Jahren: Er wurde »von einer Person rekrutiert, die den Häftling davon überzeugte, nach Afghanistan zu gehen, um dort am Dschihad teilzunehmen und für seine Sünden, Opium zu rauchen und vorehelichen Sex zu haben, Buße zu tun«, so die Task Force Guantanamo, die abschließend einräumte, der Inhaftierte stelle »keine zukünftige Bedrohung für die USA oder die Interessen des Landes dar«.[6]

Oder der Holzfäller Ezat Khan, der wegen der »auf den Betrieb drückenden Steuerlast« in Not war, »was es dem Gefangenen zunehmend erschwerte, seine Familie zu ernähren.« Er verließ Afghanistan

---

5   Das ursprüngliche Dokument ist zugänglich unter: https://wikileaks.org/gitmo/prisoner/958.html (abgerufen: 11.3.2022). Zunächst berichtet in: Stefania Maurizi: Guantanamo, gli errori e gli orrori, in: L'Espresso, 11. Januar 2012.

6   Originaldokument zugänglich unter: https://wikileaks.org/gitmo/prisoner/47.html (abgerufen: 11.3.2022); Maurizi: Guantanamo, gli errori e gli orrori, a. a. O.

in Richtung Pakistan, wurde dort jedoch verhaftet und der US-Armee übergeben, die ihn im Juni 2002 nach Guantanamo verlegte. Und warum? »Weil er Kenntnis hatte von einer geheimen Route durch die Berge südlich von Dschalalabad (Afghanistan) nach Parachinar (Pakistan).« Doch sechs Monate später kam das Militär zu dem Schluss, er sei zwar »kooperativ« gewesen, »aber die Joint Task Force Guantanamo betrachtet die von ihm und über ihn erhaltenen Informationen als nicht wertvoll bzw. taktisch verwertbar.«[7]

Oder Mohammed Sadiq, geboren 1913, der am 4. Mai 2002 im Alter von 89 Jahren in das Lager verbracht wurde. Den Dokumenten der Task Force zufolge litt er an Prostatakrebs, Altersdemenz, schweren Depressionen und Arthrose.[8] Wie er dorthin gekommen war? Als er am 7. Januar 2002 in seinem Haus in Afghanistan verhaftet wurde, fand man bei ihm ein Satellitentelefon, Marke Thuraya, das einem Nachbarn gehörte, und eine Liste mit Telefonnummern von Personen, die im Verdacht standen, den Taliban anzugehören. Obwohl die Liste nicht direkt mit ihm in Verbindung gebracht wurde und der ältere Mann nicht die leiseste Ahnung hatte, wie das Gerät zu benutzen war, verschleppte man ihn nach Guantanamo.

Und schließlich war da noch ein Mann, der durch eine Art Lotteriespiel in dieses Inferno geraten war. Abdullah Bayanzay, ein 42-jähriger Afghane, wurde von den Taliban zwangsrekrutiert, nachdem die Dorfältesten, die wussten, dass ihnen schreckliche Repressalien drohten, wenn sie keine neuen Rekruten für Militäroperationen der Taliban lieferten, beschlossen hatten, in Ermangelung von Freiwilligen zu einem Losverfahren zu greifen, um den unglücklichen Gewinner zu ermitteln. Nach dem Einmarsch der USA in Afghanistan wurde Bayanzay verhaftet, im Juni 2002 war das Internierungslager

---

7 Originaldokument zugänglich unter: https://wikileaks.org/gitmo/prisoner/314.html (abgerufen: 11.3.2022); Maurizi: Guantanamo, gli errori e gli orrori, a. a. O.

8 Originaldokument zugänglich unter: https://wikileaks.org/gitmo/prisoner/349.html (abgerufen: 11.3.2022); zunächst öffentlich gemacht in: James Ball: Guantánamo Bay files: children and senile old men among detainees, in: The Guardian, 25. April 2011; später in: Maurizi: Guantanamo, gli errori e gli orrori.

die nächste Station. Und sechs Monate später? Da kam die Task Force zu dem Schluss, dass er keine Bedrohung darstellte.⁹

Die 765 ›Files‹ zu den Guantanamo-Häftlingen waren – wie schon das ›Collateral Murder‹-Video, die Kriegstagebücher zu Afghanistan und Irak und wie die ›cables‹ – von Chelsea Manning an WikiLeaks weitergegeben worden. Assange und seine Organisation wollten die Dokumente erst publik machen, nachdem wir gemeinsam die notwendige investigative Arbeit geleistet hatten.

Zusammen mit WikiLeaks und anderen Medienpartnern hatte ich mehrere Wochen lang an diesem Material gearbeitet, als am 25. April 2011 die *New York Times*¹⁰ und der *Guardian* plötzlich ihre eigenen Untersuchungen auf Grundlage der Dokumente veröffentlichten. Obwohl sie nicht an unserer Arbeit beteiligt waren, hatten die beiden Zeitungen eine Kopie der Dokumente erhalten, möglicherweise von jemandem, der früher Teil der Organisation war.

Über ein Jahrzehnt später sollte ich eine interne E-Mail¹¹ aus dem State Department erhalten, aus der hervorging: Man habe erfahren, dass die *New York Times* vor der Veröffentlichung der ›Guantanamo Files‹ das Pentagon konsultierte. »Am Sonntag um 22.00 Uhr wird die *NYT* online die erste Story der Druckausgabe von Montag veröffentlichen, einen drei- bis vierseitigen Blow-out mit unterstüt-

---

9   Das ursprüngliche Dokument ist zugänglich unter: https://wikileaks.org/gitmo/prisoner/360.html (abgerufen: 11.3.2022); zunächst öffentlich gemacht in: Carlo Bonini / Stefania Maurizi: Abdullah, il Taliban per caso finito in carcere dopo una lotteria, in: la Repubblica, 26. April 2011.

10 Die *New York Times* veröffentlichte ihren ersten Artikel dazu in der Nacht vom 24. auf den 25. April 2011 (MEZ) und der *Guardian* in den frühen Morgenstunden des 25. April.

11 E-Mail von Dana S. Smith, State Department, an mehrere geschwärzte und ungeschwärzte Empfänger, darunter Jacob J. Sullivan, vom 23. April 2011. Ich erhielt diese E-Mail in geschwärzter Form dank meiner Klage im Rahmen des Freedom of Information Act (FOIA) gegen das US-Außenministerium, bei der ich zunächst von den Anwältinnen Kristel Tupja und Alia Smith von der US-amerikanischen Kanzlei Ballard Spahr vertreten wurde, später von Lauren Russell und Alia Smith (ebenfalls beide von Ballard Spahr). Auf mein FOIA-Verfahren gehe ich in Kapitel 11 ein.

zendem Material. Angeblich sind die Dokumente weniger schädlich als der Schutthaufen an ›State Cable‹«, so das Außenministerium in seiner internen Korrespondenz. Und weiter: »Wird denjenigen Munition liefern, die GTMO [Guantanamo] schließen wollen.« Die *New York Times* »schickt Gen. [der Name des Generals und anderer Personen wurden unkenntlich gemacht] relevante Dokumente zur Überprüfung«, heißt es in der Mail weiter, die die Forderungen der US-Behörden detailliert aufführt: »Wir baten darum, keine Namen von Personen unter dem Rang eines Generals zu nennen, keine Informanten, keine Namen von Personen, die bereits umgesiedelt/repatriiert waren«. Und »etwa Pakistan zu erwähnen, das seine Gefangenen erst im Nachhinein aufsuchte, wäre in Ordnung, aber wir wollten nicht, dass jene, die bei der Inhaftierung von Personen halfen, geoutet würden, zum Beispiel Länder aus Osteuropa oder dem Nahen Osten, die bei Festnahmen und Überstellungen zur Seite standen.«

In ihrer E-Mail erklärten die US-Behörden weiter, die *New York Times* würde »alle unsere Bitten berücksichtigen und sich bei uns melden«; man wisse zu »schätzen, dass die NYT verantwortungsbewusst ist und auf uns zukommt«.

Für WikiLeaks zeigten sie mitnichten die gleiche Wertschätzung; als WikiLeaks und wir Medienpartner die Originaldokumente, die ›Gitmo files‹[12], und unsere darauf basierenden Recherchen veröffentlichten – also nachdem die *New York Times* und der *Guardian* ihre Artikel bereits gebracht hatten –, verurteilte das Pentagon nachdrücklich die Verbreitung der geheimen Dokumente, die »WikiLeaks illegalerweise erhalten« habe.[13]

Unsere gründliche analytische Arbeit wurde massiv untergraben, da wir nun unsere Artikel innerhalb weniger Tage veröffentlichen mussten, um zu verhindern, dass die beiden führenden Zeitungen all

---

12 The Gitmo files are publicly available on the WikiLeaks website: https://wikileaks.org/gitmo/ (abgerufen: 11.3.2022).

13 A statement by the United States government, in: New York Times, 24. April 2011, nytimes.com.

unsere Enthüllungen abschöpfen würden. Das war sehr bedauerlich, denn hätten wir einige Monate daran arbeiten können, wie bei den ›cables‹, so hätten wir wahrscheinlich viel wirksamere Recherchen publziert, in der Hoffnung, eine internationale Debatte anzustoßen: über die unmenschliche Behandlung der Gefangenen; über die verheerenden Folgen völlig falscher Informationen, die US-Geheimdienste durch Folter erlangten; und darüber, wie Guantanamo selbst die Flammen des Islamismus anfachte.

Bereits 2004 hatten Terroristen damit begonnen, westliche Geiseln, die im Irak oder in Syrien entführt worden waren, zu enthaupten und Videoaufnahmen der schauerlichen Hinrichtungen von Gefangenen, die leuchtend orangefarbene Uniformen wie die Guantanamo-Häftlinge trugen, zu machen. Es war eine klare Botschaft an die Vereinigten Staaten und ihre Verbündeten: Die Barbarei des ›War on Terror‹ wird mit gleicher Münze heimgezahlt. Von den Black Sites der CIA und Gefängnissen wie Abu Ghraib bis hin zu Guantanamo bedeuteten die von den US-Geheimdiensten und ihren Vertragspartnern begangenen Misshandlungen Öl ins Feuer terroristischer Propaganda: Sie trugen dazu bei, den USA weit mehr Feinde zu verschaffen – und diese zu radikalisieren –, als das Internierungslager jemals würde aufnehmen können.

Die anhaltende Barbarei von Guantanamo läuft Gefahr, einen Präzedenzfall zu schaffen

Unter der republikanischen Regierung von George W. Bush wurde das Lager im Januar 2002 eingerichtet, und obwohl Barack Obama, ein Demokrat, im Wahlkampf versprach, es dichtzumachen, und am 22. Januar 2009 – dem zweiten Tag seiner Präsidentschaft – eine Verordnung erließ, die die Schließung innerhalb eines Jahres vorsah,[14]

---

14 Die Verordnung (Executive Order 13492) vom 22. Januar 2009 ist zugänglich unter: irp.fas.org.

wird Guantanamo auch noch in den 2020er Jahren betrieben. Auch unter den Regierungen Trump und Biden zeichnete sich kein Ende des Lagers ab.

Von den 780 Gefangenen, die dort seit Anbeginn inhaftiert waren, kamen neun im Sarg heraus, nachdem sie unter ungeklärten Umständen ums Leben kamen; 741 verließen das Lager, nachdem die sechs wichtigsten US-Geheimdienste ihre Freilassung genehmigt hatten, weil sie »keine Bedrohung für die USA oder ihre Bündnispartner« darstellten.[15] Im Herbst 2024 sind noch immer 30 Gefangene in Guantanamo inhaftiert, was den öffentlichen US-Haushalt für jeden einzelnen von ihnen jährlich mehr als 13 Millionen Dollar kostet.[16] Von den 30 Personen wurden fünf unter dem Vorwurf angeklagt, in direktem Zusammenhang mit den Anschlägen vom 11. September zu stehen. Ihre Namen sind Khalid Shaikh Mohammed, der mutmaßliche Drahtzieher der Anschläge, Walid bin Attash, Ramzi bin al-Shibh, Ammar al-Baluchi und Mustafa Ahmad al-Hawsawi. Sie wurden 2008 offiziell angeklagt und warten seither auf ihren Prozess.

Und doch ging der Plan der Regierung Bush, Guantanamo in eine Art schwarzes Loch der Justiz zu verwandeln – in dem Gefangene auf unbestimmte Zeit jenseits des US-amerikanischen und internationalen Rechts eingesperrt bleiben, also ohne eine gerichtliche Überprüfung und ohne jeglichen Richterspruch – letztendlich nicht auf. Dass sie damit nicht durchkamen, lag an einer Reihe von US-Anwälten wie dem verstorbenen Michael Ratner vom Center for Constitutional Rights in New York sowie Clive Stafford Smith, Joe Margulies und Tom Wilner, die bis vor den Supreme Court zogen,

---

15 Dass Gefangene nur nach Genehmigung durch die sechs bedeutendsten US-Geheimdienste freigelassen werden können, wurde mir von Clive Stafford Smith bestätigt (E-Mail an die Autorin vom 21. Mai 2022). Clive Stafford Smiths Arbeit wird später in diesem Kapitel behandelt.

16 Carol Rosenberg: »20th hijacker« is returned to Saudi Arabia for mental health care, in: New York Times, 7. März 2022; Julian Borger: Guantánamo's last inmates detect a glimmer of hope after 19 years inside, in: The Guardian, 13. Dezember 2020.

um das ›Habeas Corpus‹-Prinzip für die Gefangenen von Guantanamo zu erstreiten.[17]

Trotz des Klimas der Angst, das auf den 11. September folgte, und im Gegensatz zu vielen, die fürchteten, als Feinde des amerikanischen Volkes angesehen zu werden, nur weil sie Rechtsstaatsprinzipien und die Verfassung verteidigten, ließen sich diese Anwälte nicht einschüchtern. Im Juni 2004 erzwangen sie mit der Entscheidung des Obersten Gerichtshofs der USA in der Causa *Rasul gegen Bush*, den ›Habeas Corpus‹-Grundsatz zu beachten, was für ihren inhaftierten Mandanten das Recht auf eine gerichtliche Überprüfung bedeutete. Die aufwendigen und langjährigen Bemühungen dieser Anwälte, den Fall untersuchen zu lassen, hatten die Unzuverlässigkeit der Aussagen aufgezeigt, mit denen die unbefristete Inhaftierung ihrer Mandanten gerechtfertigt wurde.

Nach den Recherchen von Clive Stafford Smith[18] beschuldigte beispielsweise ein Häftling in einer 85-minütigen Aussage 93 andere Gefangene, also mehr als einen pro Minute. Seine Zeugenaussage wurde angenommen, obwohl er in einer ganzen Reihe von Fällen zuvor als unzuverlässig eingestuft worden war. Ein anderer Informant hatte psychische Probleme und nutzte seine Aussagen, um sich bei den US-Behörden anzubiedern, in der Hoffnung, für eine Operation zur Penisvergrößerung in die USA reisen zu können.

Dass die westliche Welt nach den Anschlägen auf die Twin Towers nicht ganz und gar in Barbarei oder Autoritarismus versank, ist Strafverfolgern wie Armando Spataro oder Ferdinando Pomarici sowie ebenjenen Anwälten wie Ratner, Stafford Smith, Margulies, Wilner und anderen zu verdanken. Michael Ratner vertrat stets die Auf-

---

17 Sam Roberts: Michael Ratner, lawyer who won rights for Guantánamo prisoners, dies at 72, in: New York Times, 11. Mai 2016; Onnesha Roychoudhuri: The torn fabric of the law. An interview with Michael Ratner, in: Mother Jones, 21. März 2015; Michael Ratner: On closing Guantanamo: a Sisyphean struggle, in: Huffington Post, 23. Januar 2009.

18 Zeugenaussage von Clive Stafford Smith vor dem Westminster Magistrates' Court, London, während der Anhörung zur Auslieferung von Julian Assange, September 2020.

fassung, dass die Vereinigten Staaten über alle erforderlichen Mittel verfügten, um den Terrorismus mit den Mitteln des Rechts und nicht mit denen der Folter zu bekämpfen. Hocherfahrene italienische Staatsanwälte, etwa Spataro, der sein ganzes Leben damit verbracht hat, sich handfester Kriminellen und Terroristen anzunehmen, stimmen mit ihm völlig überein.

Ihr Kampf für das ›Habeas Corpus‹-Prinzip war ein Kampf für die Zivilisation, für die Rechte der Gefangenen und für die Grundlagen der Rechtsstaatlichkeit. Doch von rechtlicher Gewissheit sind jene 30 Gefangene noch weit entfernt, die noch immer in Guantanamo festgehalten werden, obwohl sie nie eines Verbrechens beschuldigt bzw. aufgrund höchst fragwürdiger Zeugenaussagen angeklagt wurden.

Ahmed Rabbani blieb 19 Jahre lang dort. Im Jahr 2002 wurde er für ein Kopfgeld von 5.000 Dollar als gefährlicher Terrorist namens Hassan Ghul an die Vereinigten Staaten verkauft, anschließend 540 Tage lang in einem Geheimgefängnis der CIA in Afghanistan gefoltert und dann 2004 nach Guantanamo überstellt. Als der echte Hassan Ghul 2012 von einer US-Drohne getötet wurde, wurde klar: Ahmed Rabbani war nicht jener Terrorist, für den man ihn gehalten hatte, und doch änderte das nichts an seiner Lage. Er verblieb im Lager und wurde mit 62 verschiedenen Foltermethoden traktiert, bis er schließlich im Februar 2023 frei kam. Von 2013 an befand er sich für die folgenden sieben Jahre mehrfach im Hungerstreik, was sein Gewicht von 77,1 auf 36,3 Kilo reduzierte; dabei wurde er mit brachialen Methoden zwangsernährt, bis er Blut erbrach. Ein paar Monate nachdem er für das besagte Kopfgeld an die USA verkauft worden war, wurde sein Sohn geboren, den er erstmals nach seiner Entlassung aus dem Gefangenenlager sehen konnte, als dieser 20 Jahre alt war. Von 2002 bis zu seiner Freilassung kannte Rabbani nur: Terror, Misshandlung, Internierung. Und obwohl er nicht mehr in Guantanamo ist, wird er weiterhin von seiner Vergangenheit eingeholt: Sein Anwalt, Clive Stafford Smith, berichtete, dass die US-Behörden auch nach seiner Freilassung weiterhin planten, seine Aussagen – die unter Folter zustande kamen und daher selbstredend unglaubwürdig sind – zu nutzen, um einen anderen Häftling, Abd al-Rahim al-Nashiri, zum Tode zu verurteilen.[19]

Die nach dem 11. September eingeführten Foltermethoden wurden von der Regierung Obama offiziell verboten, auch wenn Donald Trump im Januar 2017, direkt nach Beginn seiner Präsidentschaft, damit drohte, sie wieder einzuführen. Doch solange die Einrichtung in Betrieb ist, bleibt nicht nur die Unmenschlichkeit an sich, sondern die Gefahr des Präzedenzfalls. Nach keinem Terroranschlag mangelt es an Politikern, die sich für die Errichtung eines Guantanamo in Europa einsetzen.

Nach dem 11. September hielt das Vereinigte Königreich eine Reihe ausländischer Staatsangehöriger, die des Terrorismus verdächtigt wurden, im Londoner Hochsicherheitsgefängnis Belmarsh fest, bis im Dezember 2004 die Lordrichter – die sogenannten Law Lords fungierten damals als Oberster Gerichtshof – jegliche Aussicht beiseite räumten, Belmarsh zu »Großbritanniens Guantanamo« zu machen: Sie entschieden, dass die britische Regierung, damals unter Führung von Premierminister Anthony »Tony« Blair – die Gefangenen nicht auf unbestimmte Zeit inhaftieren darf, ohne sie anzuklagen und vor Gericht zu stellen.[20]

Wie in den Vereinigten Staaten, so sollte sich auch im Vereinigten Königreich der Einsatz eines engagierten Anwalts als entscheidend erweisen: Diesmal war es Gareth Peirce, die die in Belmarsh inhaftierten ausländischen Häftlinge verteidigte. Peirce ist eine lebende Legende. Geschult in der Kultur der Bürgerrechtskämpfe von Martin Luther King, führte ihr Einsatz für Gerechtigkeit, gepaart mit ihrer

---

19 Clive Stafford Smith: Guantánamo. Sorry seems to be the hardest word, Al Jazeera, 26. Februar 2023.

20 Lizette Alvarez: British court strikes down Antiterror Act, in: New York Times, 17. Dezember 2004. Ein Jahr später lehnten die Law Lords ebenfalls den Versuch der britischen Regierung ab, durch Folter gewonnene Beweise zu verwenden (vgl. Agenturmeldung / Redaktion: Torture evidence inadmissible in UK courts, Lords rules, in: The Guardian, 8. Dezember 2005).

Unabhängigkeit, dazu, dass sie in Fällen von eklatantem Justizirrtum gegenüber Einzelpersonen, die als Abschaum der Gesellschaft galten, wie die Guildford Four, die Wahrheit aufdeckte. Drei Männer und eine Frau wurden als vermeintliche Mitglieder der Irish Republican Army (IRA) zu lebenslanger Haft verurteilt, nachdem sie für schuldig befunden worden waren, in zwei von britischen Soldaten besuchten Pubs Bomben gelegt zu haben. Die Guildford Four verbrachten fünfzehn Jahre im Gefängnis, waren aber unschuldig. Der Fall wurde in dem Film *In the Name of the Father* mit der Schauspielerin Emma Thompson in der Rolle der Gareth Peirce anschaulich dargestellt. Einmal mehr trat nun Peirce auf den Plan, die die britischen Guantanamo-Gefangenen vertrat und ihre Freilassung vorantrieb. Zu ihnen gehörte mit Shafiq Rasul auch jener Häftling, der im Mittelpunkt des Urteils im Verfahren *Rasul gegen Bush* stand, in der die US-Anwälte Michael Ratner, Clive Stafford Smith, Joe Margulies und Tom Wilner das ›Habeas Corpus‹-Prinzip erwirkten.

Doch während der Supreme Court in den USA zwar im Sinne des ›Habeas Corpus‹-Prinzips entschied, was jedoch nicht zur Schließung das Gefangenenlagers führte, wurde in Großbritannien jenes »Guantanamo«, das die Regierung im Londoner Hochsicherheitsgefängnis Belmarsh einrichten wollte, durch die Entscheidung der Law Lords für nichtig erklärt.

Die ungeheuerlichen Menschenrechtsverletzungen, für die der ›War on Terror‹ steht – Guantanamo, Geheimgefängnisse der CIA oder *außerordentliche Überstellungen* –, werden für immer einen moralischen Makel für die USA und alle anderen Regierungen darstellen, die sich in unterschiedlichem Maße an ihm beteiligt haben, wie die italienische Regierung im Fall von Abu Omar. Die Foltermethoden waren so erbarmungslos, dass selbst CIA-Agenten zuweilen zu weinen begannen, wenn sie Zeugen etwa des Waterboardings wurden.[21] Und doch hat keiner der CIA-Mitarbeiter, die die Gräuel-

---

21 Conor Friedersdorf: The torturers wanted to stop, but the CIA kept going, in: The Atlantic, 23. Januar 2020.

taten begingen, jemals auch nur einen Tag im Gefängnis verbracht. Der einzige von ihnen, der hinter Gittern landete, war John Kiriakou, nicht jedoch, weil er jemanden folterte. Ganz im Gegenteil: In einem Interview sagte er mir,[22] er sei einer von zwei Agenten gewesen, die sich weigerten, sich in den nach dem 11. September eingeführten Techniken schulen zu lassen; zudem äußerte er sich später dahingehend, dass Folter nicht etwa auf dem Missbrauch einiger Einzeltäter beruhe, sondern die offizielle Linie der Regierung Bush darstelle.

2014 gab das Senate Select Committee on Intelligence, der für die Kontrolle der US-Geheimdienste zuständige Ausschuss des US-Senats, einen Teil seines streng geheimen Berichts über den Einsatz von Folter im Krieg gegen den Terror frei. Über einen Zeitraum von fünf Jahren untersuchte die Kommission 6,3 Millionen Seiten zuvor geheimer interner CIA-Dokumente über die sogenannten »erweiterten Verhörtechniken« (enhanced interrogation techniques), zu denen auch Waterboarding gehörte.[23] Das Ergebnis dieses gewaltigen Unterfangens war ein 6.779 Seiten umfassender Bericht, von dem nur etwa 520 stark geschwärzte Seiten veröffentlicht wurden. Der Bericht kommt zu dem Schluss, dass die Methoden laut den eigenen Unterlagen der CIA nicht wirksam waren und sogar falsche Aussagen hervorbrachten. Khalid Shaikh Mohammed zum Beispiel, der mutmaßliche Drahtzieher der Anschläge vom 11. September, sei allein dem Waterboarding 183 Mal unterzogen worden, habe aber erfundene Informationen geliefert, die »die CIA dazu brachten, mutmaßliche Terroristen festzunehmen und zu inhaftieren, die sich später als unschuldig erwiesen.«[24]

---

22 Stefania Maurizi: La spia in prigione lancia le sue accuse: Obama ha mancato le promesse, in: L'Espresso, 1. August 2014.

23 Daniel J. Jones: Opinion. The CIA tortured prisoners. Americans should know the whole truth, in: The Washington Post, 12. Dezember 2019.

24 Report of the Senate Select Committee on Intelligence Committee Study of the Central Intelligence Agency's Detention and Interrogation Program, intelligence. senate.gov (PDF). Zum Zitat von Khalid Shaikh Mohammed vgl. S. 485; zunächst berichtet in: Patrick Cockburn: CIA torture report. It didn't work then, it doesn't work now, in: Independent, 14. Dezember 2014.

Was Informationen anbelangt, die unter Folter zustande kamen, so ist der schockierendste Fall der des Libyers Ibn al-Sheikh al-Libi, der von dem Nachrichtenportal *Middle East Eye* gründlich untersucht wurde.²⁵ Nach dem 11. September wurde er in Afghanistan gefangen genommen, zum Luftwaffenstützpunkt Bagram gebracht und dann von der CIA in einem versiegelten Sarg nach Ägypten überführt. Wie bei Abu Omar, einem weiteren berüchtigten Fall von *außerordentlicher Überstellung*. Der mutmaßliche Terrorist wurde einem Regime übergeben, das für die USA die Drecksarbeit erledigte. Unter Folter gestand Ibn al-Sheikh al-Libi alles, was man bei der Vernehmung hören wollte: Der Irak unter Saddam Hussein, sagte er etwa aus, würde Al-Qaida ausbilden und dabei helfen, Massenvernichtungswaffen zu bauen. Zurück in den Händen der CIA, gab Ibn al-Sheikh al-Libi zwar an, er habe alles nur erfunden, damit die Folter aufhörte, aber da war es schon zu spät: »Einige dieser Informationen wurden von Außenminister Powell in seiner Rede vor den Vereinten Nationen angeführt und als Rechtfertigung für die Invasion des Irak im Jahr 2003 verwendet«, so Bericht des Senatsausschusses fest.²⁶

Nach Angaben von *Middle East Eye* sprach außer Ibn al-Sheikh al-Libi kein anderer Häftling jemals von Verbindungen zwischen Irak und Al-Qaida, geschweige denn vom Bau von Massenvernichtungswaffen. Gleichwohl wurde diese fabrizierte Geschichte vom britischen Premierminister Blair an das britische Parlament weitergegeben, um die Invasion des Landes zu unterstützen.

So ging eine Falschinformation, die entscheidend dazu beitrug, einen Krieg auszulösen, der Hunderttausende unschuldiger Zivilisten das Leben kostete und die Schrecken des Islamischen Staats hervorbrachte, auf Folter zurück.²⁷ Doch jedes Mal, wenn die Folterdebatte

---

25 Ian Cobain / Clara Usiskin: UK spy agencies knew source of false Iraq war intelligence was tortured, in: Middle East Eye, 7. November 2018.

26 Report of the Senate Select Committee on Intelligence Committee Study of the Central Intelligence Agency's Detention and Interrogation Program, S. 141.

27 Ibn al-Sheikh al-Libi wurde anfangs in einen sehr geheimen Bereich in Guantanamo gebracht, dann aber in Geheimgefängnisse, die sogenannten Black Sites

wieder aufflammt, treten auch deren entschiedene Verfechter auf den Plan. Wie indes die angesehene Wissenschafts- und Technologiezeitschrift *Scientific American* unterstreicht, war eine Studie des Senatsausschusses, basierend auf 6,3 Millionen Seiten geheimer CIA-Akten, kaum notwendig: Seit dem Mittelalter sei bekannt, dass Folter nicht funktioniert.[28] Seit jenem Zeitalter also, in das uns Guantanamo, die Geheimgefängnisse der CIA und *außerordentliche Überstellungen* zurückzubringen drohten.

Die ›Gitmo Files‹, die diplomatischen Depeschen, die Tagebücher über die Kriege in Afghanistan und im Irak sowie die Einsatzregeln für US-Soldaten im Irak sind der Grund dafür, dass Julian Assange fünf Jahre und zwei Monate im Londoner Hochsicherheitsgefängnis Belmarsh verbrachte – in jener Haftanstalt, die im Ruf stand, zum ›britischen Guantanamo‹ zu werden – und ihm für die Enthüllung der Dokumente bis zu 175 Jahren Gefängnis drohten, wenn sich die USA im Auslieferungsverfahren durchgesetzt hätten.

Am 27. April 2011, genau zwei Tage nachdem wir mit der Veröffentlichung der ›Guantanamo Files‹ begonnen hatten, deckte der US-Journalist Glenn Greenwald auf: Die US-Behörden hatten eine Vorladung ausgestellt, um jemanden zu zwingen, gegen WikiLeaks auszusagen, und zwar im Zusammenhang mit strafrechtlichen Ermittlungen wegen der Veröffentlichung geheimer US-Dokumente.[29] Gerüchte darüber kursierten bereits in den vorangegangenen Mo-

---

der CIA, verlegt. Schließlich überstellte man ihn an das Libyen al-Gaddafis, dem er offenbar ablehnend gegenüberstand. 2009 starb er dort in einem Gefängnis. Unter Gaddafi wurde sein Tod als »Selbstmord« bezeichnet; doch internationale Menschenrechtsorganisationen wie Human Rights Watch stellten diese offizielle Version in Frage und berichteten von Fotos seiner Leiche, die Blutergüsse an seinem Körper zeigten. (vgl. Cobain / Usiskin: UK spy agencies knew…, a. a. O.; Nadine Dahan: Codename Cuckoo: who was Ibn al-Sheikh al-Libi?, in: Middle East Eye, 6. November 2018.)

28 Michael Shermer: We've known for 400 years that torture doesn't work, in: Scientific American, 1. Mai 2017.

29 Glenn Greenwald: FBI serves Grand Jury subpoena likely relating to WikiLeaks, in: Salon, 27. April 2011.

naten. Im Januar wurde bekannt, dass die US-Behörden den Kurznachrichtendienst Twitter aufgefordert hatten, seine Daten über WikiLeaks, Julian Assange und andere WikiLeaks-Journalisten und -Unterstützer zur Verfügung zu stellen.[30] Nun bestätigten die Enthüllungen von Glenn Greenwald, dass Ermittlungen in der Tat eingeleitet worden waren.

Als Anwalt, der sie in den USA vertreten sollte, hatten Assange und seine Organisation Michael Ratner gewählt, während Assanges Verteidigung in Großbritannien später federführend von Gareth Peirce übernommen wurde, unterstützt unter anderem von der herausragenden Menschenrechtsanwältin Jennifer Robinson.[31] Ratner sollte Assange und WikiLeaks bis zu seinem Tod im Jahr 2016 vertreten. »Er gehörte zu einer Generation von Anwälten, die absolut mutig war und die politischen Gesichtspunkte des Rechts verstand«, so seine frühere Frau Margaret Ratner Kunstler, ebenfalls eine prominente Anwältin[32] und führende Verfechterin der Menschen- und Bürgerrechte in den Vereinigten Staaten, gegenüber der *New York Times*. In Anbetracht dessen, was vor ihnen lag, waren mutige Anwälte, die die »politischen Gesichtspunkte des Rechts« erfassten, genau das, was Julian Assange und die WikiLeaks-Journalisten dringend brauchen würden.

---

30 Scott Shane / John F. Burns: US subpoenas Twitter over WikiLeaks supporters, in: New York Times, 8. Januar 2011.

31 In diesen Jahren gehörten dem Anwaltsteam von Assange und WikiLeaks viele hochkarätige Fachleute an, darunter Geoffrey Robertson, Mark Summers, Carey Shenkman, Christophe Marchand, Ben Emmerson, Renata Avila und viele andere, auf die in diesem Buch noch eingegangen wird.

32 Auf Margaret Ratner Kunstler, auch Anwältin von Sarah Harrison, wird später in diesem Buch noch eingegangen. Sie war Anwältin und Beraterin von Julian Assange.

8.
»Die ›Huffington Post‹-Gang macht mich wahnsinnig«

Ellingham Hall

Aus dem satten Grün der englischen Countryside erhob sich Ellingham Hall unauffällig in seiner ganzen eleganten, zurückhaltenden Schönheit. Das Herrenhaus aus dem 18. Jahrhundert im georgianischen Stil, gelegen in der Grafschaft Suffolk im Südosten Englands, befindet sich im Besitz der Familie von Vaughan Smith.

Der genannte einstige Offizier der britischen Armee und spätere Kriegsberichterstatter, der den Frontline Club als eine Vereinigung für unabhängigen Journalismus mit Sitz in London gründen sollte, lud Julian Assange ein, den Hausarrest in Ellingham Hall abzusitzen, bis das britische Gericht über dessen Auslieferung an Schweden entscheiden sollte. Auch dank dieses Angebots konnte Assange am 16. Dezember 2010 das alte Gefängnis von Wandsworth auf Kaution verlassen, nachdem er dort zehn Tage lang inhaftiert worden war; dem hatte ein Europäischer Haftbefehl zur Auslieferung nach Schweden zugrunde gelegen, um ihn wegen des Vorwurfs der Vergewaltigung, sexuellen Belästigung und Nötigung zu vernehmen.

Nachdem er Wandsworth verlassen hatte, arbeitete Assange weiterhin intensiv: Im Januar 2011 das Treffen in dem Cottage, bei dem wir gemeinsam 4.189 Dokumente über den Vatikan und Italien analysierten und zur Veröffentlichung vorbereiteten. Einige Monate später, im April, unsere gemeinsame Arbeit an den geheimen ›Guantanamo Files‹.

Seine Kautionsauflagen waren streng und er trug eine elektronische Fußfessel. Er musste seinen Reisepass abgeben, konnte also nicht ins Ausland reisen, durfte aber tagsüber bis nach London fahren. Nachts hatte er eine Ausgangssperre einzuhalten, die von 22 Uhr bis 8 Uhr morgens dauerte, musste in Ellingham Hall schlafen und sich täglich zwischen 8:30 und 11:00 Uhr in der Polizeistation der nahegelegenen Kleinstadt Beccles einfinden, um schriftlich seine Anwesenheit zu bestätigen und sich Routinekontrollen zu unterziehen.

Zu Gast in einem reichen Herrenhaus: Das betonten die Medien gerne, vielleicht um ihn als jemanden darzustellen, vor dem einst die Machteliten dieser Welt erzitterten und der nun selbst ein Leben in Privilegien führte. Doch in Wirklichkeit – das wusste, wer ihn kannte – lebte er von sehr wenig.

Seit 2010, als WikiLeaks weltweit schlagartig bekannt wurde, konzentrierte sich alle Kritik an der Organisation auf Julian Assange. Und das nicht nur, weil er zusammen mit Kristinn Hrafnsson deren öffentliches Gesicht war, während die anderen bewusst im Hintergrund blieben; sondern auch, weil sein Charisma und seine Originalität wie die Pole eines Magnets gleichermaßen anziehend wie abstoßend wirkten. Die Medien porträtierten ihn als exzentrischen Hacker oder einen egozentrischen Peter Pan, oftmals als paranoiden, geheimnisumwitterten Mann im Zentrum eines internationalen Ränkespiels. Doch im Umgang mit ihm und seiner Organisation lernte ich einen Journalisten kennen, der intellektuell begabt, zu strategischem Denken fähig, nicht von materiellem Erfolg angetrieben und zweifellos mutig war. Seine Leidenschaft für Technologie und ihre gesellschaftlichen Auswirkungen waren selbstverständlich, war er doch als Teenager ein Hacker; aber Assange hatte auch ein Verständnis von herrschenden Machtstrukturen. Diese Art von politischem Verstand war bei Menschen wie ihm, die in der Welt der Technologie zu Hause sind, eher selten anzutreffen.

Und doch war WikiLeaks mehr als Julian Assange und eine technisch anspruchsvolle Plattform, an die anonyme Whistleblower Dateien übermitteln konnten. Es war eine journalistische Organisation, die sich aus Menschen zusammensetzte, die fähig waren, eigenständig zu denken – zumindest diejenigen, die ich kennengelernt hatte oder noch kennenlernen würde. So wie der zuvorkommende Kristinn Hrafnsson, der über fundierte Erfahrungen als investigativer Reporter verfügte. Nicht im Geringsten »eiskalt«, wie mitunter von den Medien dargestellt, konnte Hrafnsson Kontroversen ebenso gut herunterkühlen, wie Assange sie entfachte.

Joseph Farrell und Sarah Harrison, beide aus Großbritannien und journalistisch für WikiLeaks tätig, hatten ihre berufliche Ausbildung am Centre for Investigative Journalism in London erhalten. Die Einrichtung war von Gavin MacFadyen gegründet worden, der damit – bei scharfer Kritik am gravierenden Niedergang des Mainstream-Journalismus – eine Ausbildung zu investigativer Tätigkeit anstrebte: Journalistinnen und Journalisten, so sein Credo, sollten im öffentlichen Interesse arbeiten und gründliche, kritische Untersuchungen durchführen, also nicht bloß Artikel verfassen, die einem einflussreichen Wink folgen. Beide waren so aufrichtig wie bescheiden. Farrell, damals im Vorstand des Centre for Investigative Journalism, agierte scharfsinnig und lieferte besonders aufschlussreiche Analysen. Und nur ein paar Jahre später sollte Sarah Harrison ihrerseits zeigen, wie mutig sie war und wozu auch sie imstande war.

Ich war in und um WikiLeaks herum fähigen Leuten begegnet. Die guatemaltekische Anwältin und Aktivistin Renata Avila war eine von ihnen. Wegen ihrer überschwänglichen Art verkannte ich sie zunächst als frivol, aber in Wirklichkeit war sie einfach leidenschaftlich bei der Sache, zumal bei hoher Auffassungsgabe. Sie betrachtete den Anwaltsberuf nicht als Mittel, um reich zu werden und sich renommierte Mandanten zu sichern; vielmehr ließ sie sich von Anwälten wie Michael Ratner inspirieren, der seinen Beruf und seine Leidenschaft für Bürgerrechte dazu nutzte, um für Veränderungen hin zu einer gerechteren Welt einzutreten, indem er etwa das ›Habeas Corpus‹-Prinzip für die Ärmsten der Welt erwirkte.

Weniger vertraut war mir Stella Moris, die an dem schwedischen Fall arbeitete und sich erst nach und nach anderen Menschen gegenüber öffnete; es dauerte einige Zeit, bis ich sie besser kennenlernte. Und allmählich lernte ich auch den guatemaltekischen Filmemacher Juan Passarelli kennen, einen Journalisten italienischer Herkunft und sonnigen Gemüts, der einige der besonders entscheidenden Phasen unserer Arbeit filmte.

Es mangelte nicht an Leidenschaft und Genialität in den Reihen von und rund um WikiLeaks. Doch im Sommer 2011 geschah etwas, was schwerwiegende Auswirkungen auf die Zukunft der Organisation haben sollte.

Wessen schuld war es?

Sieben Monate nach der Veröffentlichung der ›Guantanamo Files‹ besuchte ich Julian Assange in Ellingham Hall, um mit ihm über meine journalistische Arbeit an den US-Depeschen zu sprechen, mit denen ich mich seit einiger Zeit befasst hatte. Zu diesem Zeitpunkt konnte ich die gesamte Datenbank mit 251.287 Dateien durchsuchen, nicht nur jene zu Italien und dem Vatikan. Es war der 26. August 2011, ein sommerlicher Freitag. WikiLeaks lief auf Hochtouren, und für mich wurde ein Wochenendtermin vereinbart, sodass ich zwei Tage in Ellingham Hall verbringen konnte.

Als ich eintrat, sah ich einen prächtigen, ausgestopften Tiger in einer kuppelförmigen Glasvitrine. Er muss mehr als ein Jahrhundert alt gewesen sein, aber die leuchtende Farbe seines Fells und seine kräftigen Pranken ließen ihn bereit aussehen, sich auf jeden zu stürzen, der hereinkam. In dem ganzen Herrenhaus gab es noch mehr in der Art, sogar vor dem Kaminzimmer, in dem ich die Nacht verbringen sollte. Die ausgestopften Tiger und die Hirschköpfe mit langem Geweih an den Wänden waren nur ein Teil des Vermächtnisses der Familie Smith, zu der Soldaten und Gesandte des Palasts gehörten, die aber auch einen Nachkommen wie Vaughan Smith hervorgebracht hatte, der stets Assange unterstützte, einen Mann, der vom Establishment verachtet wurde.

Ellingham Hall war wunderschön, aber es war ein altes Landhaus, mit Wasserhähnen, die selbst in diesem englischen August nur kaltes Wasser ausspien, und mit ziemlich unbequemen Betten. Vaughan Smith und seine Familie hatten sich sehr großzügig gezeigt, indem sie nicht nur den Gründer von WikiLeaks, sondern auch all seine Mitarbeiter und sogar Besuch sowie eine Journalistin wie mich beherbergten. Und doch war Ellingham Hall war kein Versailles, wie die Medien mit Andeutung auf ein neues privilegiertes Leben von Julian Assange glauben machen wollten.

In einem großen Raum im Erdgeschoss bot sich mir ein eigenartiges Bild: An den Wänden hingen mehrere Porträts von Vorfahren der Familie Smith, während sich auf dem Boden ein Gestrüpp aus Stromkabeln, Kameras, Rucksäcken und Computerladegeräten auftat – das Material von WikiLeaks. Fast schien es mir, als sähe ich die strengen Gesichtszüge der Ahnengalerie, stirnrunzelnd auf den Auftritt von Julian Assange und seinen Journalisten herabblickend, die den jahrhundertealten Hausfrieden störten. Eine beeindruckende Ironie der ganzen Situation: Der WikiLeaks-Gründer und die Seinen wirkten wie eine Gruppe von Rebellen, die im Hauptsitz des Establishments kampierten.

Als ich an diesem Tag in Ellingham Hall ankam, fand ich Julian Assange und die anderen WikiLeaks-Mitarbeiter in großer Sorge vor: Tags zuvor hatte *der Freitag* gemeldet: Die ›cables‹, das heißt die gesamten US-Depeschen, waren in vollem Umfang online verfügbar, ohne dass die Namen von möglicherweise gefährdeten Personen geschwärzt waren.[1] Diese riesige Menge an Dateien war verschlüsselt, aber *der Freitag* ließ wissen, dass das Passwort öffentlich war, man musste nur wissen, wo es zu suchen war. Die deutsche Wochenzeitung enthüllte keine Einzelheiten, aber wer den ganzen Fall aufmerksam verfolgt hatte, konnte Verbindungen herstellen. Inzwischen war es nur noch eine Frage der Zeit, bis alle Dokumente vollständig im Internet verfügbar sein würden, mit den Namen von Quellen, Politi-

---

1 Steffen Kraft: Leck bei Wikileaks, in: der Freitag, 25. August 2011, freitag.de.

kern und Aktivistinnen, die mit US-Diplomaten vertraulich gesprochen hatten, gleich aus welchem Land sie kamen, ob demokratisch ausgerichtet oder nicht.

Wir standen alle unter Schock. Seit dem 28. November 2010 hatte WikiLeaks die Depeschen häppchenweise veröffentlicht: Ich gehörte zu den Journalistinnen und Journalisten, die gut acht Monate lang an ihnen gearbeitet hatten, den Inhalt analysierten und, wenn nötig, Namen schwärzten. Genau deshalb hatte die Organisation nicht bereits den gesamten Datenbestand auf ihrer Website veröffentlicht, wie sie es in anderen Fällen getan hatte.

Die erforderliche journalistische Arbeit an den ›cables‹ war besonders anspruchsvoll; mit den Veröffentlichungen kamen wir nur sehr langsam voran. Und jetzt sollte alles unbesehen im Internet landen und all unsere Mühe um den Schutz einiger eventuell gefährdeter Personen zunichtegemacht werden? Das schien kaum real.

WikiLeaks hatte im November 2010 mit der Veröffentlichung der Depeschen begonnen. Jetzt, Ende August 2011, konnte man davon ausgehen, dass das State Department, das Zentrum der US-Außenpolitik also, Strategien zur Risikominimierung entwickelt hatte, wie etwa die Warnung aller potenziell betroffenen Personen und, falls erforderlich, deren Unterstützung. Aber die US-Behörden haben derlei Strategien nie vollständig und öffentlich erläutert. Jedenfalls wollten weder WikiLeaks noch Journalistinnen und Journalisten wie ich, die so intensiv – und unter Einhaltung der geforderten strengen Sicherheitsprotokolle – an den ›cables‹ gearbeitet hatten, jemals die Dokument online sehen, ohne zuvor jedes einzelne auf sensible Namen geprüft zu haben. Wie hatte das passieren können? Um das zu verstehen, muss man in das Innenleben von WikiLeaks eintauchen; oder besser: die Mechanismen verstehen, wie die Operationen zur Veröffentlichung von Dateien funktionieren.

Nachdem der damalige deutsche Sprecher, Daniel Domscheit-Berg, im Sommer 2010 von Assange suspendiert worden war, sprach er öffentlich von tiefgreifenden, unüberbrückbaren Meinungsverschiedenheiten mit dem WikiLeaks-Gründer, und zwar dahingehend, wie die Organisation zu führen sei. Er kündigte die Gründung seines eigenen ›WikiLeaks‹ namens ›OpenLeaks‹ an. Domscheit-Berg zufolge arbeitete seine neue Organisation ebenfalls mit Medienpartnern zusammen: mit Zeitungen und traditionellen Medien, mit denen er alle erhaltenen geheimen Dokumente exklusiv teilen würde, genau wie WikiLeaks es tat. Einer der Medienpartner von OpenLeaks wäre *der Freitag*, jene Wochenzeitung also, die am 26. August 2011 offenlegte, dass der gesamte verschlüsselte Datenbestand der ›cables‹ online zur Verfügung stand und auch das Passwort öffentlich war.

Domscheit-Bergs Kritik an Julian Assange wurde von einem Großteil der internationalen Presse ausgiebig aufgegriffen, die – mit Ausnahme des *Spiegels* – der Krise indes nicht weiter auf den Grund ging. Doch die Auseinandersetzung rührte tatsächlich an einen Kern.

Bei seiner Trennung von der Organisation hatte Domscheit-Berg zum einen über 3.000 Dateien mitgenommen, die an WikiLeaks übermittelt, aber noch nicht veröffentlicht worden waren; und zum anderen, wie der *Spiegel* rekonstruieren konnte,[2] den sogenannten Submission Server, auf dem die Dateien anonymer Quellen eintrafen, sowie einen weiteren Server mit allen alten Veröffentlichungen von WikiLeaks. Letzterer enthielt offenbar nicht nur die bereits zuvor bekanntgemachten Dokumente, sondern auch ein verschlüsseltes Archiv mit den 251.287 US-Depeschen. Die Datei hatte einen unscheinbaren Namen in einem schwer auffindbaren Unterordner.

Ich gebe hier aus zweiter Hand weiter, was der *Spiegel* berichtete, da ich keinen persönlichen Einblick in diese Ereignisse habe. Ich kann lediglich darlegen, was am 26. August 2011 in Ellingham Hall und in den Tagen danach geschah.

Bei dem Versuch, diese äußerst wichtigen, von Domscheit-Berg entwendeten Materialien zurückzubekommen, verließ sich Wiki-

---

2 Christian Stöcker: A dispatch disaster in six acts, in: Der Spiegel, 1. September 2011. [Anm. d. Ü.: Maurizi zitiert nach der englischsprachigen Online-Ausgabe: spiegel.de/international; hier zit. nach der dt. Fassung: Christian Stöcker: Depeschen-Desaster in sechs Akten, spiegel.de/netzwelt, 1. September 2011]

Leaks auf die Vermittlung des deutschen IT-Sicherheitsexperten und Journalisten Andy Müller-Maguhn, zu der Zeit Vorstandsmitglied und einer der Sprecher des Chaos Computer Clubs (CCC).

Der CCC, mit Sitz in Berlin, war stets eine der geachtetsten Hackerorganisationen der Welt. Auch wenn sie sich selbst als »Hacker« begreifen, so sind darunter keine »Cyberkriminellen« zu verstehen: Der CCC ist ein Bezugsrahmen für die Galaxie an Einzelpersonen und Organisationen, die für Technologie, Privatsphäre und Verschlüsselung sowie deren politische und soziale Auswirkungen brennen. Der CCC war eine Art Familie für Assange und WikiLeaks, von daher kamen sie für eine Schlichtung in Frage, zumal Domscheit-Berg Mitglied bei ihnen war.

Doch sie kamen nicht weiter. Der Organisation gelang es nie, die etwa 3.000 Dokumente zu erhalten, die Domscheit-Berg mitgenommen hatte. Allein den Server mit den alten Veröffentlichungen erlangten sie wieder.

Wenige Tage nachdem Julian Assange und WikiLeaks damit begonnen hatten, die diplomatische Korrespondenz der USA offenzulegen, wurden sie von einem massiven Cyberangriff getroffen, der ihre Website und ihre Computerinfrastruktur vollständig lahmlegte. »In Windeseile« wurden »nicht nur mehrere Spiegelserver aufgesetzt, um WikiLeaks vor dem Verschwinden zu schützen. Wohlmeinende Unterstützer brachten auch eine komprimierte Version aller bislang vorliegenden WikiLeaks-Veröffentlichungen über das Tauschbörsensystem BitTorrent in Umlauf«, so der *Spiegel*. Das machte es so schwierig, sie zu zensieren. Da BitTorrent eben ein »Tauschbörsensystem« – oder besser: ein Filesharing-Protokoll – ist, konnte nun jeder eine Kopie der Domscheit-Berg'schen Daten herunterladen und auf dem eigenen Computer speichern. Was weithin unbekannt war: Der Datensatz enthielt nicht nur alte Veröffentlichungen, sondern auch eine passwortgeschützte Kopie des gesamten Fundus an Depeschen.

Obwohl eben jene Dokumente allesamt ungewollt im Internet gelandet waren und höchstwahrscheinlich von Tausenden von ›Supportern‹ in der ganzen Welt unversehens heruntergeladen wurden, waren sie dennoch verschlüsselt, und das Passwort war nicht öffentlich. Mehr noch: Es war derart überzeugend, dass mir der IT-Sicherheitsexperte Bruce Schneier später sagte: »Ohne diesen Schlüssel wäre niemand in der Lage gewesen, die Dateien zu öffnen, auch nicht mit roher Gewalt. Niemand, wahrscheinlich nicht einmal Außerirdische mit Computern in Planetengröße.«[3]

Doch im Februar 2011 veröffentlichten zwei Journalisten des *Guardian*, David Leigh und Luke Harding, das Passwort in einem gemeinsamen Buch.[4] Und sie behaupteten, dass der WikiLeaks-Gründer, als er ihnen Zugang zu der verschlüsselten Datenbank gewährte, »ACollectionOfHistorySince_1966_ToThe_PresentDay#« auf einen Zettel schrieb. »Das ist das Passwort«, habe er zu David Leigh gesagt. »Aber Sie müssen vor dem Wort ›History‹ das Wort ›Diplomatic‹ einfügen. Können Sie sich das merken?«

Es handelte sich um eine zusätzliche Sicherheitsmaßnahme; wäre der Zettel in die Hände einer unautorisierten Person gelangt – also von jemandem ohne Zugangsberechtigung zu den Dateien, aber mit dem Wissen, wo sie zu finden waren –, wäre die Datenbank trotzdem nicht zu entschlüsseln gewesen, weil das Passwort unvollständig war. Ein schwindelerregender Vorgang: Zwei Journalisten des *Guardian* machten das vollständige Passwort publik.

Es war genau die Art von Information zum Dateischutz, die niemals hätte preisgegeben werden sollen. Assange hatte sich mir gegenüber völlig unzweideutig ausgedrückt, und soweit ich weiß, legte kein anderer Medienpartner jemals ein WikiLeaks-Passwort offen.

Doch obwohl das Kennwort bekanntgegeben worden war, schien die Öffentlichkeit die Tragweite dessen nicht erfasst zu haben. Und WikiLeaks hielt wohl nur deshalb still die Füße, um keine Aufmerksamkeit auf sich zu ziehen. Doch alles änderte sich, als *der Freitag* am 25. August 2011 enthüllte, dass die verschlüsselten Dokumente

---

3   Bruce Schneier, E-Mail an die Autorin, 5. September 2011.
4   David Leigh / Luke Harding: Inside Julian Assange's war on secrecy, London 2011. (dt. Ausgabe: WikiLeaks. Julian Assanges Krieg gegen Geheimhaltung, Berlin 2013.)

online verfügbar waren und auch das Passwort zugänglich war. Wer nun wusste, wo nach dem Archiv zu suchen war, konnte es entschlüsseln und auf die gesamten ungeschwärzten Depeschen zugreifen.

Rein technisch konnte WikiLeaks nichts mehr tun, um eine Veröffentlichung der Dokumente zu verhindern. Sie konnten die Daten nicht mehr zurücknehmen, da diese, einmal über Filesharing-Systeme wie BitTorrent verbreitet, wohl bereits von Zehntausenden, ob Freund oder Feind, heruntergeladen worden waren. Zudem stand das Passwort in dem Buch der beiden *Guardian*-Journalisten. Es war nicht aus dem Gedächtnis derer zu löschen, die es gelesen hatten.

Am Tag nach Erscheinen des *Freitag*-Artikels kam ich in Ellingham Hall an und wurde Zeugin einer Krise, die sich das gesamte Wochenende über vor meinen Augen abspielte. Sowohl Julian Assange als auch Sarah Harrison, die zu dieser Zeit als Journalistin für WikiLeaks arbeitete, versuchten wiederholt, das US-Außenministerium zu kontaktieren, um auf die unmittelbare Gefahr einer Online-Veröffentlichung des Materials ohne Namensschwärzung aufmerksam zu machen. Ihre abermaligen Versuche, die US-Behörden zu alarmieren und die Zusammenarbeit zu suchen, kann ich bezeugen.

Ich verließ Ellingham Hall am Samstag, dem 27. August, in der Sorge, dass es nur noch eine Frage von Tagen war. Wer auch immer die Dokumente zuerst auffinden sollte, würde sie publik machen. Am 1. September 2011 stellte Cryptome, die von dem Cypherpunk John Young gegründete Website mit Sitz in New York, den gesamten Fundus an ungeschwärzten Depeschen ins Netz.[5] Bereits am nächsten Tag, dem 2. September, veröffentlichte auch WikiLeaks die nun auf Cryptome verfügbaren Dateien.[6]

---

5   Die Depeschen zu John Youngs Website *Cryptome* sind zugänglich unter: cryptome.org. Im September 2020 sagte John Young im Rahmen der Auslieferungsanhörung von Julian Assange vor dem Westminster Magistrates' Court in London aus: Er bestätigte, am 1. September 2011 die vollständigen Daten mit den ungeschwärzten Depeschen veröffentlicht zu haben; zudem legte er wesentliche Informationen offen, die im weiteren Verlauf dieses Buches erörtert werden.

6   Die US-Depeschen sind zugänglich unter: www.wikileaks.org/plusd/ (abgerufen: 20.3.2022).

WikiLeaks brachte zudem umgehend eine redaktionelle Anmerkung darüber, wie der *Guardian* »fahrlässig das Cablegate-Passwort offengelegt« habe.[7] Aber weit davon entfernt, irgendeine Verantwortung einzuräumen, beschuldigte die Londoner Tageszeitung WikiLeaks der unverantwortlichen Veröffentlichung der ungeschwärzten ›cables‹, obwohl diese doch bereits seit dem Vortag vollständig auf Cryptome verfügbar waren. Dieser Version und der Verurteilung schlossen sich viele internationale Medien schnell an,[8] ohne auch nur den Versuch zu unternehmen, zu verstehen, was wirklich geschehen war. Die gleiche Haltung gegenüber Julian Assange und WikiLeaks, nämlich ein unkritischer Widerhall aktueller Anschuldigungen, konnte ich mehr als ein Jahrzehnt lang bei den meisten internationalen Medien beobachten.

Nicht einmal ein Jahr zuvor, gleich nachdem Assange und seine Organisation begonnen hatten, die Depeschen zu lancieren, hatten sie weltweit Ruhm erlangt, vergleichbar mit dem von Rockstars.[9] »Mein Instinkt sagt mir, dass Assange ›Man of the Year‹ der *TIME* wird«, hatte der Sprecher des State Department, Philip J. Crowley, in einer Mail geschrieben, die ich ein Jahrzehnt später erhalten sollte.[10]

---

7   WikiLeaks: Guardian journalist negligently disclosed Cablegate passwords, 1. September 2011, https://wikileaks.org/Guardian-journalist-negligently.html (abgerufen: Mai 2022).

8   James Ball: WikiLeaks publishes full cache of unredacted cables, in: The Guardian, 2. September 2011.

9   Nick Squires: WikiLeaks. Julian Assange crowned »Rock Star of the Year« by Italian Rolling Stone, in: Telegraph, 14. Dezember 2010; Hindustan Times Correspondent Rome: Assange elected »Rockstar of the Year«, in: Hindustan Times, 5. Dezember 2010.

10 E-Mail von Philip J. Crowley an Harold Hongju Koh und andere, darunter Jacob J. Sullivan, 9. Dezember 2010. Die Mail erhielt ich infolge meiner FOIA-Klage gegen das US-Außenministerium, wenn auch in stark geschwärzter Form. (Zu meiner FOIA-Klage vgl. Kapitel 11.) Philip J. Crowley trat später wegen seiner Bemerkungen zur Behandlung von Chelsea Manning zurück. Die *Time*-Redaktion wählte den Gründer und CEO von Facebook, Mark Zuckerberg, zur Person des Jahres des US-Magazins *Time*, doch Julian Assange gewann die Online-Abstimmung über die Auszeichnung (vgl. Daniel Trotta: *Time* ernennt Mark Zuckerberg zur Person des Jahres 2010, Reuters, 15. Dezember 2010).

Alec Ross, Senior Adviser für Innovation der damaligen Außenministerin Hillary Clinton, schrieb in seinem internen Schriftwechsel: »The HuffPo / Open government gang is driving me nuts.« Die *Huffington-Post-* bzw. die Open-Government-Gang mache ihn noch »wahnsinnig«. Denn »sie denken, Assange wäre eine Art Held.«[11]

Doch gerade mal acht Monate nach diesen E-Mails hatten die meisten Medien Julian Assange und WikiLeaks der Rücksichtslosigkeit bezichtigt und sie entsprechend degradiert: from rock stars to reckless.

Isoliert

Wer hatte den *Freitag* darauf aufmerksam gemacht, dass der verschlüsselte Datenbestand online war und auch das Passwort öffentlich war? Selbstredend gab die Wochenzeitung ihre Quelle nie preis, aber die Person muss mit der inneren Dynamik von WikiLeaks sehr vertraut gewesen sein: Wie viele Leute wussten, dass die Datenbank unbeabsichtigt ins Internet gelangt war?

Wer auch immer es war, tat dies höchstwahrscheinlich aus zwei Gründen: erstens, um das Vorgehen von WikiLeaks in Zusammenarbeit mit uns als Medienpartnern – also die schrittweise und sichere Veröffentlichung der ›cables‹ – zu torpedieren; und zweitens, um mit Blick auf die öffentliche Meinung den Ruf von Julian Assange und seiner Organisation dahingehend zu schädigen, dass sie unverantwortlicherweise Leben aufs Spiel setzen würden.

Die US-Behörden betrachteten den Vorfall sehr wahrscheinlich als Punktgewinn. Was hatten sie getan, um die Veröffentlichung der ungeschwärzten Dokumente zu verhindern, nachdem WikiLeaks sie benachrichtigt hatte? Schließlich hatte ich ja mitbekommen, wie sehr sich die Organisation um die Zusammenarbeit mit dem State

---

11 E-Mail von Alec J. Ross an Jared Cohen, 4. Dezember 2010. Die Mail erhielt ich, in stark geschwärzter Form, infolge meiner FOIA-Klage gegen das US-Außenministerium.

Department bemüht hatte – im August 2011, als sich Julian Assange und Sarah Harrison an das US-Außenministerium wandten und ich bei einigen ihrer Telefonate zugegen war; und sie unternahmen weitere Versuche. Nichtsdestotrotz konzentrierte sich die Verurteilung der Medien auf WikiLeaks. Wer wollte schon Fragen stellen? Warum zum Beispiel Daniel Domscheit-Berg mehr als 3.000 unveröffentlichte Dokumente mitgehen ließ, um dann zu behaupten – so jedenfalls der *Spiegel*, sie vernichtet zu haben? Das sei ihre »größte Niederlage« gewesen, sagte mir Assange später.[12] Oder fragte je irgendwer, was eigentlich aus der alternativen Organisation, aus OpenLeaks, wurde, die Domscheit-Berg als verbesserte Version von WikiLeaks angekündigt hatte. Bis heute kam sie nicht zustande.

Die dämonisierende Medienkampagne, die Assange und seien Organisation für die Gefährdung von weltweit Tausenden von Menschen verantwortlich machte, weil die Dokumente Namen enthielten, die »streng zu schützen« waren, kam mir von Anfang an übertrieben vor. Nach acht Monaten intensiver Arbeit an dem Material wusste ich, dass sich die Bezeichnung »streng zu schützen« nicht unbedingt auf mutmaßlich gefährdete Quellen bezog: Sie wurde auch einfach nur verwendet, um hochrangige Beamte ausländischer Regierungen nicht in peinliche Verlegenheit zu bringen, oder gar für Einrichtungen, also keine konkreten Personen, wie die italienische Polizei.

Die mediale Berichterstattung trug unkritisch zur Kampagne der US-Behörden gegen WikiLeaks bei; zudem führte die Auseinandersetzung zwischen dem ehemaligen deutschen Pressesprecher und Julian Assange zu einem Zerwürfnis im namhaften Chaos Computer Club Berlin, nachdem der regionale Zweig des Clubs beschlossen hatte, Domscheit-Berg auszuschließen.

Wie mir die Anwältin und Aktivistin Renata Avila später erklären sollte, wurden Assange und seine Organisation zwischen 2007 und 2011 von vielen verschiedenen zivilgesellschaftlichen Gruppen ins-

---

12 Stefania Maurizi: Julian Assange. WikiLeaks will go ahead, in: L'Espresso, 30. November 2012.

piriert und unterstützt. Avila war mit etlichen dieser Gruppen vertraut, denn sie war Teil von ihnen. Es gab die große und vielfältige Gemeinschaft, die für freie Software und den Schutz der Privatsphäre eintrat und sich um den CCC sowie die Wau Holland Stiftung und deren Bezugspersonen wie Andy Müller-Maguhn drehte. Es gab die Community, die anstrebte, die Medien zu demokratisieren und den Zugang zu Informationen und Wissen zu erweitern, um sie dem Griff jener oligarchischen Strukturen zu entreißen, die seit jeher Zeitungen, Fernsehen und Radio kontrollieren. Es gab Zusammenschlüsse von Lateinamerika bis Afrika, die dafür kämpften, die Urheber von Völkermorden und schweren Menschenrechtsverletzungen gesetzlich zur Verantwortung zu ziehen. Diese Gruppen unterschieden sich voneinander, aber sie teilten bestimmte Ziele und Projekte: die Demokratisierung der Technologie, der Medien und des Internetzugangs, die Verteidigung der Privatsphäre und der Verschlüsselung, den Kampf für Gerechtigkeit.

Der Konflikt zwischen Assange und Domscheit-Berg sowie der Ausschluss des letzteren aus dem CCC führte zu tiefen Gräben und bösem Blut in jenem Club, der für Assange und WikiLeaks wie eine Familie gewesen war. Derweil verprellte die kampagnenartige Dämonisierung immer mehr die mediale Unterstützung und die öffentliche Meinung. Einige Monate zuvor, im Februar 2011, war zudem ein Plan aufgetaucht, der darauf abzielte, den Ruf von WikiLeaks zu schädigen, die journalistische Arbeit zum Erliegen zu bringen und die öffentliche Unterstützung zunichtezumachen. Er basierte auf Techniken aus dem Reservoir des schmutzigen Krieges.

Spalten, diffamieren, sabotieren

Der Plan trug den Titel »The WikiLeaks Threat« und wurde in einem Dokument skizziert, das die Logos dreier US-amerikanischer Unternehmen trug: HBGary Federal, Berico Technologies und Palantir. Letzteres wurde mitbegründet von dem deutsch-amerikanischen

8. DIE ›HUFFINGTON POST‹-GANG

Milliardär Peter Thiel, auch Mitgründer des Zahlungsdienstleisters PayPal, der WikiLeaks unmittelbar nach der Veröffentlichung der ›cables‹ den Zugang zu Spendengeldern verwehrte. Palantir wurde später für seine Arbeit für die NSA und die CIA bekannt sowie dafür, dass es in der Anfangsphase seiner Gründung von der CIA über den In-Q-Tel-Fonds[13] unterstützt wurde, über den die US-Geheimdienste finanziell in Hightech-Firmen investieren, die sie als strategisch bedeutend betrachten.

Nach US-Presseberichten arbeitete das Unternehmen HBGary Federal für eine Kanzlei, die eine der größten Banken der Vereinigten Staaten vertritt: die Bank of America. Im November 2010 kündigte Julian Assange in einem Interview mit dem US-Magazin *Forbes* an, dass er Dokumente über »ein oder zwei Banken« publik machen werde, ohne deren Namen zu nennen.

Das Dokument, das den gegen WikiLeaks gerichteten Plan enthüllte, war nur durch Hacking-Aktivitäten aufgetaucht, die Anonymous zugeschrieben werden, einer Bewegung von Internetaktivisten, deren Identitäten anonym sind und die sich hinter der berühmten Guy-Fawkes-Maske verbergen. Anonymous war ein Kollektiv, keine Medienorganisation wie WikiLeaks, hatte aber teilweise die gleiche Anhängerschaft. Im Dezember 2010, als Assanges Organisation mit der Veröffentlichung der ›cables‹ begann und die Kreditkartenunternehmen Visa und Mastercard sowie die Zahlungssysteme von PayPal, Western Union und Bank of America Spenden blockierten, startete Anonymous aus Protest eine Reihe von Online-Angriffen gegen Visa, Mastercard und PayPal. Daraufhin brüstete sich der CEO von HBGary Federal damit, dass er den Aktivisten des Kollektivs die Maske herunterreißen könne. Als Reaktion darauf wiederum hackte Anonymous die Website des Unternehmens, und die erbeuteten

---

13 In-Q-Tel ist ein Risikokapitalfonds, auf den die US-Geheimdienste bauen, um in Spitzentechnologien zu ihrer eigenen Unterstützung zu investieren. Der Name In-Q-Tel setzt sich zusammen aus »intel« für »intelligence« (Geheimdienst) und »Q«, der fiktiven Figur aus der James-Bond-Story, die den Helden mit Hightech-Geräten versorgt. Vgl. iqt.org.

Daten brachten eine Reihe interner Dokumente ans Licht, darunter den Plan, WikiLeaks lahmzulegen.[14]

Die Strategie des schmutzigen Krieges sah Sabotageaktivitäten auf mehreren Ebenen vor: »Die Auseinandersetzungen zwischen zerstrittenen Gruppen anheizen. Desinformation«; »Gefälschte Dokumente unterbreiten und als fehlerhaft bloßzustellen«; »Bedenken in Bezug auf die Sicherheit der Infrastruktur schüren. Enthüllungsgeschichten entwerfen. Wenn der ganze Prozess nicht für sicher gehalten wird, sind sie erledigt«; »Cyberangriffe auf die Infrastruktur, um an die Daten jener zu kommen, die ihnen Dokumente zuspielen. Das wäre der Tod ihres Projekts«; »Medienkampagne, um das Bild vom radikalen und rücksichtslosen Charakter der Wikileaks-Aktivitäten zu forcieren. Anhaltender Druck.« Und schließlich Sabotagetechniken mit dem Ziel, die Verbundenheit von Journalisten wie Glenn Greenwald zu unterminieren. »Es ist die Ebene der Unterstützung, die durchbrochen werden muss«, heißt es in dem Dokument, das mit folgenden Worten endet: »Das sind gestandene Profis, die freiheitlich gesinnt sind, doch wenn sie in Bedrängnis geraten, werden die meisten von ihnen letztlich die Beibehaltung ihres Berufes über die Sache stellen, so ist die Mentalität der meisten Business Professionals. Ohne die Unterstützung von Journalisten wie Greenwald würde Wikileaks in sich zusammenfallen.«

Es gibt keine Beweise dafür, dass diese ›dirty war‹-Strategien jemals von den drei Unternehmen, die den Plan ausgeheckt hatten, umgesetzt wurden, und sobald sie bekannt wurden, bestritt die Bank of America, davon gewusst und HBGary Federal beauftragt zu haben. Palantir, deren Logo auf jeder einzelnen Seite des Strategiepapiers zu sehen war, entschuldigte sich öffentlich. Eines jedoch ist sicher: Von 2010 bis heute gab es eine langanhaltende Medienkampagne gegen WikiLeaks und ständigen Druck – wie in dem Plan vorgesehen.

---

14 Der Plan ›The WikiLeaks Threat‹ ist zugänglich in: Nate Anderson: Spy games. Inside the convoluted plot to bring down WikiLeaks, in: Wired, 14. Februar 2011; zudem unter: https://wikileaks.org/IMG/pdf/WikiLeaks_Response_v6.pdf (abgerufen: 21.3.2022).

8. DIE ›HUFFINGTON POST‹-GANG

Im Laufe dieses Jahres, zwischen April 2010 und 2011, hatten Julian Assange und die WikiLeaks-Journalisten einige der größten Scoops in der Geschichte des Journalismus gelandet, indem sie das ›Collateral Murder‹-Video, die Kriegstagebücher aus Afghanistan und dem Irak, die diplomatischen Depeschen und die Guantanamo-Files veröffentlichen. Und dennoch: Sie wurden beschuldigt, Leben aufs Spiel zu setzen; die großen Kreditgesellschaften schnitten sie von Spenden ab; und dieselben Medien, wie die *New York Times* und der *Guardian*, die von eben jenen Scoops wesentlich profitiert hatten, griffen WikiLeaks nun scharf an. Der schwedische Fall sollte den Rest besorgen.

9.
Von Schweden nach Ecuador

»Ihm gehört sein Kopf in eine volle Kloschüssel in Gitmo getaucht«

Fünf Monate nach der vollständigen Veröffentlichung der ›cables‹, die auch die Namen der diplomatischen Kontakte und Quellen in den USA enthielten, sollte ein Gerichtsentscheid das Schicksal von Julian Assange für immer ändern. Am 30. Mai 2012 entschied der britische Oberste Gerichtshof, der Supreme Court of the United Kingdom, dass er an Schweden ausgeliefert werden sollte, und zwar auf Antrag jener Staatsanwältin Marianne Ny, die seine Auslieferung angeordnet hatte, um ihn zu den Vorwürfen der Vergewaltigung, der sexuellen Belästigung und der Nötigung zu befragen.

Seit Dezember 2010 stand der WikiLeaks-Gründer mit einer elektronischen Fußfessel unter Hausarrest im ländlichen England und wartete auf das Urteil des Gerichts. Assange hatte sich die ganze Zeit gegen eine Auslieferung an Schweden gewehrt, da er davon ausging, dies würde den Weg für seine Auslieferung an die Vereinigten Staaten ebnen. In Großbritannien hatte er bis hin zum Supreme Court Berufung eingelegt. Es gab kein öffentliches Auslieferungsersuchen der US-Behörden, was aber keineswegs bedeutete, dass nicht etwa ein unter Verschluss gehaltenes vorlag. Solange sie nicht öffentlich gemacht werden, stehen Auslieferungsverfahren unter Geheimhaltung, damit mutmaßliche Straftäter nicht gewarnt sind und zu fliehen versuchen.

Die USA hatten eine Untersuchung über die Veröffentlichung von geheimen US-Regierungsdokumenten durch WikiLeaks eingeleitet, wie spätestens seit Ende 2010 bekannt war. Und im April 2011 enthüllte Glenn Greenwald, dass das FBI einen Einwohner von Cambridge (Massachusetts), dessen Identität nicht bekanntgegeben wurde, vorgeladen hatte, um vor der Grand Jury in Alexandria (Virginia) auszusagen.

Die Grand Jury ist eine in der US-Verfassung verankerte Institution, die jedoch im US-amerikanischen Strafrechtssystem eine umstrittene Rolle spielt. Es handelt sich nicht um eine Jury, die in einem Prozess über die Unschuld oder Schuld eines Angeklagten entscheidet, sondern um eine, die darüber entscheiden soll, ob ausreichende Gründe für eine Anklage vorliegen oder nicht. Die Grand Jury arbeitet im Geheimen: unter Ausschluss der Öffentlichkeit, der Presse und der Anwälte von vorgeladenen Zeugen.

Die Enthüllungen von Greenwald bestätigten die schon seit einiger Zeit kursierenden Gerüchte über die Einleitung von Ermittlungen in den USA. Aber niemand kannte die genaueren Abläufe, gerade wegen der Geheimhaltung, unter der die Grand Jury arbeitet.

Zwei Monate vor dem Urteil des britischen Supreme Court hatte WikiLeaks zusammen mit uns Medienpartnern 5,3 Millionen interne E-Mails der Firma Stratfor der Öffentlichkeit zugänglich gemacht.[1] Stratfor ist ein privates nachrichtendienstliches US-Unternehmen, das Informationen kauft und verkauft – zu den vermögenden und einflussreichen Kunden gehören Global Player, staatliche Einrichtungen und Medien – und enge Verbindungen zum FBI und Geheimdiensten unterhält. In einer E-Mail vom 26. Juli 2010, also am Tag nachdem WikiLeaks mit der Veröffentlichung der afghanischen Kriegstagebücher begonnen hatte, erklärte Fred Burton, damaliger Vizepräsident für Terrorismusbekämpfung bei Stratfor: »Der Inhaber [von WikiLeaks] ist ein Peacenik. Ihm gehört sein Kopf in eine volle Kloschüssel in Gitmo getaucht«, also in Guantanamo.[2]

---

1 Die internen Stratfor-Mails sind zugänglich unter: https://search.wikileaks.org/gifiles/ (abgerufen: 24.3.2022). Darauf basiert mein Exklusivbericht: Stefania Maurizi: WikiLeaks, la nuova ondata, in: L'Espresso, 27. Februar 2012.

2 Die E-Mail von Fred Burton vom 26. Juli 2010 ist zugänglich unter: https://search.wikileaks.org/gifiles/emailid/364817 (abgerufen: 24.3.2022).

Und noch einmal Burton, der am 14. Dezember 2010, nur eine Woche nachdem Assange auf Antrag der schwedischen Staatsanwältin Marianne Ny in London verhaftet worden war: »Todesstrafe für Manning. Assange möge lebenslänglich bekommen, SuperMax zusammen mit Ramzi Yousef. Wir werden ihn nicht für die Todesstrafe ausgeliefert bekommen, aber in der Lage sein, ihn mit einer versiegelten Anklage zu bekommen.«[3]

Was Chelsea Manning betrifft, so führte Burton auch die Äußerungen einer seiner höchstrangigen Quellen beim FBI an: »Manning sollte gebraten werden und wird es hoffentlich auch.«[4] Mit »braten«, fügte er hinzu, habe die FBI-Quelle eine extrem harte Strafe, vielleicht gar die Todesstrafe gemeint.

»Not for Pub« – also »nicht für die Öffentlichkeit« –, schrieb Burton schließlich am 26. Januar 2011 an seine Kollegen: »Wir haben eine versiegelte Anklage gegen Assange«, die man bitte gut hüten solle: »Pls protect.«[5]

Die internen Mails von Stratfor legten nicht nur die Feindseligkeit offen, die man im Dunstkreis der US-Geheimdienste gegenüber Assange, WikiLeaks und Manning hegte, sondern auch, dass es eine versiegelte Anklage gab – also eine, die nicht öffentlich ist, bis sie entsiegelt wird. Traf das zu?

Der Chef von Stratfor verfügte zweifellos über Quellen, die Zugang zu dieser Art von vertraulichen Informationen hatten: Er war

---

3   Fred Burtons Mail vom 14. Dezember 2010 ist zugänglich unter: https://search.wikileaks.org/gifiles/emailid/1645706 (abgerufen: 24.3.2022). Ramzi Yousef wurde als Drahtzieher des Bombenanschlags von 1993 auf das World Trade Center verurteilt. Er sitzt eine lebenslange Haftstrafe im US-Hochsicherheitsgefängnis ADX Florence, Colorado, ab. [Anm. d. Übers.: »SuperMax« steht für die Hochsicherheitsverwahrung »super-maximum security« (Der Satz von Burton im Original: »Assange is looking at life imprisonment w/Ramzi Yousef@The SuperMax.«]

4   Die Stratfor-Mail zu Chelsea Manning ist zugänglich unter: https://search.wikileaks.org/gifiles/emailid/1522200 (abgerufen: 24.3.2022).

5   Fred Burtons Mail vom 26. Januar 2011 ist zugänglich unter: https://search.wikileaks.org/gifiles/emailid/1112549 (abgerufen: 24.3.2022).

Sonderbeauftragter des State Department, spezialisiert auf Terrorismusbekämpfung; und er hatte an hochkarätigen Operationen wie der Verhaftung von Ramzi Yousef teilgenommen, der als Drahtzieher der Anschläge auf das World Trade Center in New York im Jahr 1993 gilt.

Bei aller Ungewissheit darüber, wie die Ermittlungen gegen WikiLeaks verlaufen würden, war eines sicher: Assange würde sich mit allen Mitteln gegen die Gefahr einer Auslieferung an die USA wehren. Doch das Urteil des Obersten Gerichtshofs des Vereinigten Königreichs ließ ihm keinen Ausweg mehr. Innerhalb weniger Tage würden ihn die britischen Behörden nach Stockholm überstellen, und von diesem Moment an wusste niemand, was ihn erwartete.

Eingeleitete, eingestellte und wieder aufgenommene Ermittlungen

Schweden gilt als angesehen für seine Kultur der Menschenrechte im Allgemeinen und der Frauenrechte im Besonderen. Doch nach dem 11. September 2001 litt der Ruf Schwedens erheblich infolge der Zusammenarbeit des Landes mit dem ›Extraordinary Rendition‹-Programm, dem CIA-Programm für *außerordentliche Überstellungen*: Der schwedische Geheimdienst überließ terrorverdächtige Asylbewerber den US-amerikanischen Amtskollegen, die sie dann nach Ägypten verbrachten, wo sie brutal gefoltert wurden.[6] Und doch war Schweden aufgrund einer Kultur der Transparenz und der Meinungsfreiheit ein Land, das WikiLeaks mit Interesse beobachtet hatte, in der Hoffnung, dort Schutz genießen zu können.

Im August 2010, zwei Wochen nach Veröffentlichung der afghanischen Kriegstagebücher, reiste Julian Assange nach Schweden, um auf Einladung einer örtlichen sozialdemokratischen Vereinigung

---

6 Human Rights Watch: Sweden violated torture ban in CIA rendition, 9. November 2006, hrw.org.

eine Konferenz abzuhalten. Während seines Aufenthalts hatte er, bei voneinander getrennten Gelegenheiten, mit zwei schwedischen Frauen Geschlechtsverkehr: mit Anna A., die für die Organisation arbeitete, die ihn eingeladen hatte und die ihn bei sich zu Hause beherbergte; und mit Sofia W.[7] Die beiden Frauen kannten einander nicht. Erst als sie miteinander in Kontakt kamen und feststellten, dass sie beide sexuelle Beziehungen zu Assange gehabt hatten, gingen sie gemeinsam zur Polizei. Was waren die Gründe dafür?

Nach Rekonstruktion der Fakten, auf die sich sowohl die Staatsanwaltschaft als auch die Verteidigung von Assange im Berufungsverfahren vor dem britischen Supreme Court einigten,[8] suchten die beiden Frauen Rat bei der schwedischen Polizei, da Sofia W. den WikiLeaks-Gründer auf sexuell übertragbare Krankheiten testen lassen wollte. Nach ihrer Anhörung erstattete die Polizei jedoch *ex officio*, also von Amts wegen, zwei förmliche Anzeigen: eine wegen Vergewaltigung von Sofia W. und die andere wegen sexueller Belästigung von Anna A.[9]

Laut dem Bericht der schwedischen Polizei verlief die Vergewaltigung folgendermaßen: Am 17. August hatten Sofia W. und Julian Assange mehr als einmal kondomgeschützten Geschlechtsverkehr. Nach und nach kam es laut der Akte zu folgender Situation: »Sie dösten ein, sie wachte wieder auf und spürte, wie er in sie eindrang.« Sie habe ihn sofort gefragt: »Hast du was an?« Auf Assanges negative Antwort habe sie entgegnet: »Ich hoffe, du hast kein HIV.« Daraufhin er: »Natürlich nicht.« Im Polizeibericht heißt es weiter: »Sie spürte, dass es zu spät war. Er war bereits in ihr und sie ließ ihn weiterma-

---

[7] Die Verletzung der Privatsphäre der beiden Frauen und von Julian Assange, die wir durch die Beschreibung ihrer sexuellen Beziehungen begehen, dient ausschließlich dazu, den Rechtsfall zu rekonstruieren.

[8] Die Rekonstruktion der Fakten, auf die sich die Staatsanwaltschaft und die Verteidigung von Julian Assange in der Berufung vor dem britischen Supreme Court einigten, findet sich in: ›Agreed Statement of Facts and Issues‹.

[9] Die Berichte werden mit den Aktenzeichen K246314-10 (Vorwurf der Vergewaltigung von Sofia W.) und K246336-10 (Vorwurf der sexueller Belästigung von Anna A.)

chen. Sie hatte nicht mehr die Kraft, es ihm noch einmal zu sagen. Sie hatte die ganze Nacht immer wieder über Kondome geredet. Sie hatte nie zuvor ungeschützten Sex gehabt. Er sagte, er wolle in ihr kommen; wann, sagte er nicht, aber er tat es. Danach rann viel aus ihr heraus.«[10]

Im Fall der Belästigung hatten Anna A. und Julian Assange dem Polizeibericht zufolge einvernehmlichen Geschlechtsverkehr, doch er belästigte sie demnach »während eines Kopulationsaktes – der unter der ausdrücklichen Bedingung der Verwendung eines Kondoms begonnen und vollzogen wurde –, indem er das Präservativ absichtlich beschädigte und mit der Kopulation fortfuhr, bis er in ihrer Vagina ejakulierte.«[11]

Der Polizeibericht über die vermeintliche Vergewaltigung enthielt mindestens zwei Auffälligkeiten: Sofia W. hatte den Bericht nicht unterschrieben und ihre Befragung abgebrochen, als sie erfuhr, dass Assange verhaftet würde. Hinzu kam: Nachdem die Polizeibeamtin am 20. August 2010 ein persönliches Gespräch mit ihr geführt hatte, das nicht aufgezeichnet, sondern nur zusammengefasst wur-

---

10 Die beiden Berichte der schwedischen Polizei mit den Aktenzeichen K246314-10 und K246336-10 sind in schwedischer Sprache abgefasst. Alle meine Versuche, von der schwedischen Polizeibehörde gemäß dem Freedom of Information Act eine Kopie zu erhalten, wurden abgelehnt. Unterdessen konnte ich aus anderen Quellen Kopien der beiden Berichte einsehen. Eine Rekonstruktion der schwedischen Polizeidokumente wurde im Guardian veröffentlicht (Nick Davies: 10 days in Sweden. The full allegations against Julian Assange, in: The Guardian, 17. Dezember 2010). Allerdings enthält der *Guardian*-Artikel keinen Hinweis auf den Satz »she let him continue« (»sie ließ ihn weitermachen«), der in dem Polizeibericht enthalten ist. Laut Davies war der Satz in seiner ursprünglichen Fassung enthalten, doch sei sein Artikel sei von der Guardian-Redaktion überarbeitet worden, um Stellungnahmen des Anwalts von Julian Assange einzubeziehen; daher seien aus Platzgründen viele Details gekürzt worden (Nick Davies, E-Mail an die Autorin, 28. März 2022). Hingegen ist der Satz korrekt wiedergegeben in: Nils Melzer (with Oliver Kobold): The trial of Julian Assange. A story of persecution, London 2022; vgl. auch die dt. Ausgabe: Der Fall Julian Assange. Geschichte einer Verfolgung, München 2023.

11 Ebd.

de, wurde sie von ihrem Vorgesetzten angewiesen, die Befragung im Computersystem der schwedischen Polizei neu anzulegen und zu unterschreiben, was am 26. August »mit den notwendigen Änderungen« geschah.[12]

Nachdem Sofia W. und Anna A. am Nachmittag des 20. August 2010 zur Wache gegangen waren, eröffnete die dortige Polizei von Amts wegen die beiden Ermittlungen und rief sofort die Staatsanwaltschaft an, die noch am selben Tag die Verhaftung von Julian Assange anordnete. Nicht einmal vier Wochen waren seit der Veröffentlichung der afghanischen Kriegstagebücher vergangen, WikiLeaks und Julian Assange waren gerade berühmt und gefeiert worden für das ›Collateral Murder‹-Video und die ›War Logs‹. Assange hatte gerade den ›Sam Adams Award for Integrity‹[13] gewonnen – eine von vielen in einer langen Liste angesehener Auszeichnungen, die er und WikiLeaks in über einem Jahrzehnt erhielten.

Die Nachricht über den Haftbefehl wegen Vergewaltigung wurde sofort an das schwedische Boulevardblatt *Expressen* durchgesteckt – in Verletzung der Privatsphäre der beiden Frauen und der von Assange. *Expressen* machte die Meldung publik, die gleich um die Welt ging.

Am nächsten Tag, dem 21. August, wurde der Fall von der Stockholmer Oberstaatsanwältin Eva Finné aufgegriffen, die nach Prüfung des Sachverhalts beschloss, den Haftbefehl gegen Julian Assange aufzuheben; am 25. August stellte sie die Ermittlungen wegen Vergewaltigung ein, da das Verhalten des Beschuldigten ihrer Ansicht nach

---

12 Der Frage der Veränderung des Interviews widme ich mich in Kapitel 18, dort unter Bezug auf das offizielle Schreiben des UN-Sonderberichterstatters für Folter, Nils Melzer, und der schwedischen Regierung vom 12. September 2019 sowie auf meine Fragen an die schwedische Polizei.

13 Der ›Sam Adams Award for Integrity‹ ist ein Preis für Whistleblower sowie Journalistinnen und Journalisten, die ihre Integrität bei der Aufdeckung von Unwahrheiten und Verbrechen des militärisch-geheimdienstlichen Komplexes unter Beweis gestellt haben. Vgl. samadamsaward.ch; Craig Murray: Julian Assange wins Sam Adams Award for Integrity, 19. August 2010, craigmurray.org.uk.

keinerlei Straftat erkennen ließ.[14] Sie beschloss jedoch, die Ermittlungen wegen der mutmaßlichen Verfehlungen gegenüber Anna A. aufrechtzuerhalten.

In der Sache wurde der WikiLeaks-Gründer am 30. August zum Tatvorwurf befragt. Er gab an, das Kondom weder eingerissen noch bemerkt zu haben, dass es kaputt war. Zudem habe A. während der gesamten Woche, die er als Gast in ihrer Wohnung verbrachte, mit ihm nie über den Vorfall gesprochen; sie habe die Vorwürfe erst am 20. August erwähnt, an jenem Tag, an dem sie zur Polizei ging.

Nur zwei Tage nach der Vernehmung von Assange, am 1. September, beschloss wiederum die Leiterin der Generalstaatsanwaltschaft in Göteborg, Marianne Ny, die Wiederaufnahme des Vergewaltigungsverfahrens und die Ausweitung der Ermittlungen wegen sexueller Belästigung, nachdem der Anwalt der beiden Frauen, Claes Borgström, gegen die Entscheidung der Stockholmer Oberstaatsanwältin, den Vergewaltigungsfall einzustellen, Berufung eingelegt hatte.

Assange blieb mehrere Wochen in Schweden, bis er am 27. September nach Berlin flog, um sich mit uns Journalistinnen und Journalisten zu treffen, die an der Veröffentlichung der Berichte über den Afghanistan- und den Irakkrieg interessiert waren. Bevor er das Land verließ, vergewisserte sich sein damaliger schwedischer Anwalt, Björn Hurtig, bei Marianne Ny, dass er die Erlaubnis dazu hatte. Julian Assange kam am Abend des 27. September 2010 ohne Gepäck, abgesehen von seiner Umhängetasche, in dem Berliner Hotel an, in dem auch ich war. Noch am selben Tag erließ Ny einen Haftbefehl.

In den darauffolgenden zwei Monaten, während WikiLeaks mit seinen Medienpartnern Hunderttausende von geheimen Dokumenten der US-Regierung enthüllte, schlugen Assanges Anwälte der

---

14 Vgl. die Erklärung von Eva Finné: »Ich gehe nicht davon aus, dass es einen Grund gibt, ihn der Vergewaltigung zu verdächtigen.« Zit. nach BBC (red. Bericht): Swedish rape warrant for Wikileaks' Assange cancelled, bbc.com, 21. August 2010.

Staatsanwältin Ny verschiedene Optionen vor, ihn zu den Vorwürfen zu befragen. Sie ersuchten, die Befragung per Telefon oder Videokonferenz, schriftlich oder auch persönlich in der australischen Botschaft durchzuführen. All diese Möglichkeiten sind nach schwedischem Recht durchaus zulässig, doch die Staatsanwältin lehnte sie rundherum ab.[15]

Am 18. November, zehn Tage bevor WikiLeaks mit der Veröffentlichung der US-Depeschen begann, ordnete Marianne Ny die Inhaftierung wegen des Verdachts auf Vergewaltigung, widerrechtliche Nötigung und dreimalige sexuelle Belästigung an. Der Haftbefehl erging *in absentia*, da sich Assange nicht mehr in Schweden aufhielt. Assanges Verteidigung legte Einspruch ein, aber das schwedische Berufungsgericht bestätigte die Anordnung, auch wenn es den Vorwurf der Belästigung auf zwei statt drei Fälle reduzierte und, was noch bedeutender war, die Auffassung vertrat, dass die mutmaßliche Vergewaltigung als *minderschwer* eingestuft werden sollte, als geringeres Vergehen also; denn im Jahr 2010 sah das schwedische Recht im Wesentlichen drei Schweregrade vor: *schwere Vergewaltigung*, *Vergewaltigung* und *minderschwere Vergewaltigung*. Die Höchststrafe für die erste Kategorie betrug zehn, für die zweite sechs und für die dritte vier Jahre. *Minderschwere Vergewaltigung*, auch als *weniger gravierende [Vergewaltigung]* bezeichnet, kann in folgendem Fall vorliegen: Eine Person hat einvernehmlichen Sex mit einer Partnerin; in einer weiteren Situation, hat sie, ohne dass die Zustimmung zurückgezogen wurde, abermals Geschlechtsverkehr, in der dieselbe Partnerin nun verletzbar ist, weil sie schläft oder bewusstlos ist, sich also in einem wehrlosen Zustand befindet.

---

15 In Kapitel 11 erörtere ich anhand von Unterlagen, die ich von den schwedischen und britischen Behörden erhielt, wie Assange wiederholt versuchte, von der schwedischen Staatsanwältin Marianne Ny vernommen zu werden. Dass Assange darum bat, per Telefon, Videoschaltung, schriftlicher Erklärung oder persönlich in der australischen Botschaft befragt zu werden, ist auch in der Rekonstruktion des Sachverhalts dokumentiert, auf die sich die Staatsanwaltschaft und Assanges Verteidigung in der Berufung vor dem britischen Supreme Court einigten: ›Agreed statement of facts and issues‹.

9. VON SCHWEDEN NACH ECUADOR

Am 2. Dezember 2010, fünf Tage nachdem WikiLeaks zusammen mit dem *Guardian* und seinen anderen Medienpartnern damit begonnen hatte, die ›cables‹ zu veröffentlichen, erließ Marianne Ny einen Europäischen Haftbefehl gegen Assange, der sich zu diesem Zeitpunkt in London aufhielt, um an den Dokumenten zu arbeiten. Mit dem Haftbefehl wurde seine Auslieferung nach Schweden zur Vernehmung wegen des Verdachts auf Vergewaltigung (bzw. auf *minderschwere Vergewaltigung*), Belästigung und Nötigung beantragt.

In der Zwischenzeit hatte Schweden bereits Interpol eingeschaltet, das eine *Red Notice* erließ und den WikiLeaks-Gründer damit weltweit zur Fahndung ausrief.[16] Fünf Tage später stellte er sich Scotland Yard. Man nahm eine DNA-Probe, inhaftierte ihn und hielt ihn in Wandsworth zehn Tage lang in Einzelhaft, bis er am 16. Dezember gegen Kaution freigelassen wurde. Die nächsten 18 Monate verbrachte er vor britischen Gerichten damit, gegen seine Auslieferung vorzugehen. Zur Begründung führte er insbesondere an: Ein Europäischer Haftbefehl zur Auslieferung eines Verdächtigen für ein bloßes Verhör – und nicht etwa für einen Prozess, es lag ja keine Anklage vor –, sei eine unverhältnismäßige Maßnahme; zudem sei der Haftbefehl nicht durch einen Richter erlassen worden, sondern von derselben Staatsanwältin, Marianne Ny, die das Ermittlungsverfahren führte.

Assange verlor jeden Berufungsantrag. Am 30. Mai 2012 entschied der britische Supreme Court, dass eine Staatsanwältin eine richterliche Instanz ist, die einen Europäischen Haftbefehl rechtmäßig erlassen kann.

Zwei Monate vor dieser Entscheidung hatte WikiLeaks zusammen mit uns Medienpartnern die Stratfor-Mails zugänglich gemacht. Die Analysen aus den Reihen des privaten nachrichtendienstlichen US-Unternehmens kamen mit Blick auf Assanges Verhaftung im De-

---

16 Interpol: Sweden authorizes INTERPOL to make public Red Notice for WikiLeaks founder, interpol.int.

zember 2010 – inmitten der Veröffentlichung der US-Depeschen – zu folgendem Schluss: »Anklagen wegen sexueller Gewalt führen bei Interpol selten zu einer Red Notice, wie in diesem Fall; hier geht es zweifellos um den Versuch, WikiLeaks an der Veröffentlichung von Regierungsdokumenten zu hindern.«[17]

Stratfor sprach von »Anklagen«, doch in Wirklichkeit erhob die schwedische Staatsanwältin Ny keinerlei Anklage gegen Assange. Es wurde lediglich gegen ihn ermittelt, was die Ausstellung einer Red Notice durch Interpol noch ungewöhnlicher machte. Aber aus dem Fokus auf den Vergewaltigungsvorwurf kam er nicht mehr heraus: Für einen Großteil der Medien war Assange nicht mehr bloß ein paranoider, geheimnisumwobener Mann im Zentrum einer internationalen Intrige; nicht nur einer, der womöglich das Leben von Menschen aufs Spiel gesetzt hatte. Nun wurde er auch noch der Vergewaltigung verdächtigt, zumal als jemand, der versuchte, der Justiz eines hochzivilisierten Landes wie Schweden zu entkommen. Kurz, er war doppelt verdächtig, schuldig zu sein.

Nach dem Urteil des Obersten Gerichtshofs[18] vom 30. Mai 2012 beantragte die Verteidigung von Assange die Wiederaufnahme des Verfahrens, doch am 14. Juni wurde ihr Antrag abgelehnt. Das Urteil war rechtskräftig.

Der britische Supreme Court führt den letzten Buchstaben des griechischen Alphabets, das »Omega«, in seinem Emblem, weil es für jene, die sich an das Gericht wenden, die letzte Chance ist, auf britischem Boden Recht zu bekommen. Julian Assange hatte keine Chance mehr. Es war nur noch eine Frage von Tagen, bis er nach Schweden überstellt würde. Doch in dem skandinavischen Land sollte er nie eintreffen.

---

17 Die Stratfor-Mail vom 7. Dezember 2010 ist zugänglich unter: https://search.wikileaks.org/gifiles/emailid/1092001 (abgerufen: 28.3.2022).

18 Zum Urteil vgl. supremecourt.uk. Die Pressemitteilung des britischen Supreme Court zur Entscheidung, den Antrag der Verteidigung von Julian Assange auf Wiederaufnahme des Verfahrens abzulehnen, ist ebenfalls zugänglich unter: supremecourt.uk.

Als Ecuador kundtat: »Die Kolonialzeit ist vorbei.«

19. Juni 2012, fünf Tage nach dem endgültigen Urteil des britischen Supreme Court: Getarnt als Motorradfahrer, um sich der unweigerlichen Überwachung zu entziehen – in Erwartung seiner baldigen Auslieferung stand er mit einer elektronischen Fußfessel unter Hausarrest –, verstieß Assange gegen seine Kautionsauflagen, suchte Zuflucht in der ecuadorianischen Botschaft in London und beantragte Asyl.

Die Nachricht verblüffte rundweg, und viele fanden sie, gelinde gesagt, grotesk, um nicht zu sagen, ausgesprochen verdächtig: Behauptete er nicht, unschuldig zu sein? Warum war er dann geflohen? Nur wenige glaubten seinen erklärten Motiven: Er habe nicht Asyl beantragt hatte, um sich Schweden zu entziehen; vielmehr suche er Schutz vor den Vereinigten Staaten. Offiziell gab es weder ein Auslieferungsersuchen noch eine Anklage der US-Behörden, sodass ihn die meisten auf der Flucht vor der schwedischen Justiz sahen. Doch was vielfach blieb, war die erstaunte Frage: Warum Ecuador?

Im Jahr 2012 befand sich Lateinamerika inmitten einer »marea rosa«, einer »pink tide«, wie im Spanischen oder Englischen jene Welle an linken Regierungen bezeichnet wird, die zu der Zeit an die Macht kamen: Eine »rosarote Flut« von Lula und Dilma Rousseff in Brasilien bis zu Hugo Chávez in Venezuela und Evo Morales in Bolivien, im Widerspruch zu einem verheerenden neoliberalen Wirtschaftsmodell und der Einmischung der USA in die gesamte Region. Für Ecuador, damals von dem progressiven Präsidenten Rafael Correa geführt, waren die Vereinigten Staaten der wichtigste Handelspartner, und so lag es nicht im Interesse der Regierung, die Beziehungen des Landes zu der Supermacht einzustellen. Correa hielt die engen wirtschaftlichen Beziehungen zu den Vereinigten Staaten aufrecht, traf aber auch eine Reihe unabhängiger Entscheidungen, wie die Ablehnung von Freihandelsabkommen, die seiner Meinung nach nicht im Interesse seines Landes lagen, oder die Aufforderung an die US-Truppen, die Luftwaffenbasis Manta an der Pazifikküste zu verlassen. Durch derlei Maßnahmen geriet Correa in einen heftigen Konflikt mit den alten Oligarchien, die über Politik und Wirtschaft des Landes dominierten und einen großen Teil der nationalen Medien kontrollierten.

2011 erzählten mir die WikiLeaks-Journalisten, wie überrascht sie waren, als die ecuadorianischen Behörden sich an die Organisation wandten und darum baten, alle Depeschen über ihr Land offenzulegen. Ihre Bitte stand im Gegensatz zum Verhalten der meisten anderen Regierungen, die mitnichten wollten, dass ihre politischen Angelegenheiten der Öffentlichkeit bekannt würden – samt der peinlichen Beurteilung ihrer Politiker durch US-Diplomaten.

Als Julian Assange in der ecuadorianischen Botschaft in London Zuflucht suchte, um Asyl zu beantragen, sagte die Regierung Correa nicht Nein. In den schlimmsten Zeiten der Militärdiktaturen und der politischen Gewalt in den Ländern Lateinamerikas waren ausländische Botschaften – darunter die italienische in Chile nach dem Putsch von Augusto Pinochet – für Tausende von Menschen ein Ort der Rettung. Eine ganze Reihe von Ländern der Region, darunter auch Ecuador, hatten die Konvention von Caracas über die Gewährung von diplomatischem Asyl unterzeichnet und ratifiziert; das Abkommen ermöglicht Flüchtlingen, in einem der Staaten Asyl zu beantragen, auch wenn sie sich nicht an dessen Grenzen befinden, sondern stattdessen eine der entsprechenden Botschaften erreichen konnten. Genau das hatte Assange getan.

Ausschlaggebend dafür waren der damalige Konsul Ecuadors in London, Fidel Narváez, der Assange auch in den schwierigen Phasen seines Aufenthalts in der Botschaft stets unterstützte, sowie der ehemalige spanische Untersuchungsrichter und spätere Rechtsanwalt Baltasar Garzón, der ab dieser Zeit Assanges Anwaltsteam leitete.

Garzón gilt als Ikone des Kampfes für Gerechtigkeit, so in einigen der erschütterndsten Fällen von Verbrechen gegen die Menschlichkeit, wie sie von der chilenischen und argentinischen Junta begangen wurden. 1998 ordnete er die Verhaftung von Pinochet an, der für einen chirurgischen Eingriff nach London geflogen war. Dazu diente eine von Interpol ausgestellte Red Notice – das gleiche Instrument also, mit dem Schweden Julian Assange international zur Fahndung ausschrieb. Garzón kämpfte hartnäckig dafür, den früheren Diktator an Spanien auszuliefern und ihn wegen der Folterung und Ermordung spanischer Bürger in Chile während seines fürchterlichen Regimes vor Gericht zu stellen. Doch nach 503 Tagen Hausarrest in einem luxuriösen Anwesen in der Grafschaft Surrey, besänftigt durch den edlen Scotch, den Margaret Thatcher ihm schickte, konnte Pinochet unbehelligt nach Chile zurückkehren, nachdem der damalige britische Innenminister Jack Straw von der Labour Party die Auslieferung aus medizinischen Gründen abgelehnt hatte. Am 3. März 2000 verließ er London in einem Rollstuhl, wie ein alter Mann, der zu krank und gebrechlich ist, um in den Zeugenstand zu treten. Auf dem Rollfeld von Santiago de Chile erhob er sich plötzlich, stand wieder auf beiden Beinen und wurde von Militärs und seinen Anhängern wie ein Held willkommen geheißen.[19]

Großbritannien war Assange gegenüber nicht derart wohlwollend. Es gab keinen Scotch. Am 15. August 2012, einen Tag bevor Ecuador ihm offiziell Asyl gewährte, drohten die britischen Behörden mit einer Razzia in der Botschaft, um ihn zu verhaften. Ein unvorstellbares Szenario: Botschaften sind selbst in Kriegszeiten unantastbar. Das vermeintlich kleine lateinamerikanische Land, geführt von Rafael Correa, antwortete standhaft: »Wir wollen ganz klar zu verstehen geben: Wir sind keine britische Kolonie. Die Kolonialzeit ist vorbei«, so der Außenminister Ecuadors, Ricardo Patiño, öffentlich.[20]

---

19 David Connett / John Hooper / Peter Beaumont: Pinochet arrested in London, in: The Guardian, 18. Oktober 1998; Clare Dyer: Extradition refused as »unjust and oppressive«, in: The Guardian, 13. Januar 2000; Mat Youkee: Thatcher sent Pinochet finest Scotch during former dictator's UK house arrest, in: The Guardian, 4. Oktober 2019; BBC: Pinochet retreats to luxury estate, 2. Dezember 1998: news.bbc.co.uk; Alex Bellos / Jonathan Franklin: Pinochet receives a hero's welcome on his return, in: The Guardian, 4. März 2000; Warren Hoge: After 16 months of house arrest, Pinochet quits England, in: New York Times, 3. März 2000.

20 Eduardo Garcia / Alessandra Prentice: Britain threatens to storm Ecuador embassy to get Assange, Reuters, 16. August 2012.

Die britischen Behörden ruderten etwas zurück, warteten aber mit einem großen Polizeiaufgebot rund um die Botschaft auf und sperrten die Zufahrtsstraßen für die Öffentlichkeit. »In jener Nacht, als die Briten die Botschaft bedrohten, war die Lage wahrscheinlich am angespanntesten«, erzählte mir später der damalige Konsul Fidel Narváez.[21] Überall sei Polizei gewesen: »Sie standen vor jedem Fenster und sie waren sogar im Gebäude, das heißt in dessen Innenhof.«

Ecuador ließ sich nicht einschüchtern: Am 16. August 2012 gewährte das Land dem WikiLeaks-Gründer diplomatisches Asyl, da man dessen Befürchtungen, in den USA politisch verfolgt zu werden, für begründet hielt. Patiño drückte seine Hoffnung auf eine diplomatische Lösung des Falles aus: auf sicheres Geleit, was es Assange erlauben würde, die Botschaft zu verlassen. Doch das würden die britischen Behörden nicht gewähren, wie sie sofort verlauten ließen; sie seien rechtlich verpflichtet, ihn an Schweden auszuliefern.

Noch bevor Ecuador ihm Asyl gewährte, bot es dem skandinavischen Land die Zusammenarbeit an. In einer diplomatischen Korrespondenz vom 25. Juli 2012 schrieben die ecuadorianischen Behörden an das schwedische Außenministerium: »Mr. Julian Assange ließ der schwedischen Staatsanwaltschaft über seine Anwälte mitteilen, dass er bereit ist, in den Räumlichkeiten der Botschaft von Ecuador in London vernommen zu werden. In diesem Zusammenhang bringt die Botschaft von Ecuador die Bereitschaft der Regierung des Landes zum Ausdruck, die notwendige Kooperation mit den zuständigen schwedischen Behörden zu leisten.«[22]

Das schwedische Ministerium antwortete noch nicht einmal.

---

21 Stefania Maurizi: »I was fired for helping Julian Assange, and I have no regrets«: An interview with Fidel Narvaez, in: Jacobin, 25. Oktober 2019, jacobin.com.

22 Die diplomatische Note erging von der ›Embajada del Ecuador, Estocolmo, Suecia‹ an das ›Ministry for Foreign Affairs of Sweden, Americas Department, Stockholm‹. (Nr. 4-2 154/2012, 25. Juli 2012.) Eine Kopie des Schriftstücks wurde mir im Rahmen der FOIA-Klage vom schwedischen Außenministerium zur Verfügung gestellt, das mir zudem bestätigte: Die Archive des Ministeriums enthalten keine Antwort auf dieses Schreiben der schwedischen Behörden. Utrikesdepartementet, Rättssekretariatet, E-Mail an die Autorin, 12. März 2021.

Auf 20 Quadratmetern

Wenig später brach ich auf, um ihn zu besuchen.[23] Am 15. November 2012 machte ich mich auf den Weg zur ecuadorianischen Botschaft in London, die sich im exklusiven Stadtteil Knightsbridge befindet, direkt hinter dem Nobelkaufhaus Harrods. Das Gebäude wurde Tag und Nacht von Scotland Yard bewacht. Zeitweise befanden sich in unmittelbarer Nähe ein oder mehrere Polizeifahrzeuge, ausgestattet mit Kameras und anderer, für mich nicht genauer zu erkennender Technologie. Einmal sah ich gar, von innerhalb des Gebäudes, den Kopf eines Polizisten, der auf Augenhöhe durch das Badezimmerfenster spähte, sodass ich den Vorhang geschlossen halten musste, um allzu enge Bekanntschaft zu vermeiden, nicht zu reden von dem Missfallen, beobachtet zu werden. Abgesehen davon war die Atmosphäre in der Botschaft entspannt und das diplomatische Personal freundlich. Die Einrichtung entsprach nicht derjenigen von großen Bauten, in denen normalerweise diplomatische Hauptquartiere untergebracht sind; es war eine normale Wohnung, nicht einmal mit einem kleinen Garten oder einem eigenen Innenhof, wohin Assange gefahrlos gehen konnte, um frische Luft zu schnappen und sich ein wenig am Sonnenlicht zu erfreuen.

Das erste Mal, als ich ihn dort besuchte, war er auf ein Zimmer von etwa 20 Quadratmetern, mit nur einem Fenster, beschränkt. Der Raum war durch ein Regal geteilt, das sein Bett von seinem Arbeitsbereich trennte. Dieser kleine Raum, über die Möbel hinaus vollgepackt mit Büchern, Ordnern und Computern, vermittelte ein beklemmendes Gefühl, noch verstärkt durch den Mangel an frischer Luft und natürlichem Licht. Ein Laufband war die einzige Möglichkeit, sich körperlich zu betätigen. Assange war erst seit knapp fünf Monaten dort, aber wer ihn aufmerksam beobachtete, konnte bereits die Folgen der Umstände erkennen, in denen er ausharrte. Ich hatte

---

23 Über meinen Besuch habe ich berichtet in: Stefania Maurizi: Julian Assange. WikiLeaks will go ahead, in: L'Espresso, 30. November 2012.

ihn zuletzt im Februar getroffen, als wir gemeinsam an den Stratfor-Dokumenten arbeiteten; es waren also nur neun Monate vergangen. Seitdem hatte er viel Gewicht verloren, fast zehn Kilogramm. Sein Gesicht war zu fahl und er hatte einen trockenen Husten. An der Wand bemerkte ich eine kleine Tafel mit einer Liste von Anweisungen für den Fall, dass er einen medizinischen Notfall hätte.

Assange sagte mir, dass WikiLeaks weitermachen würde. Tatsächlich hatte die Organisation im Juli, während er in der Botschaft auf die Entscheidung Ecuadors über sein Asyl wartete, die ›Syria Files‹ veröffentlicht,[24] wiederum in Zusammenarbeit mit uns Medienpartnern: über zwei Millionen E-Mails über das Syrien Bashar al-Assads. Es war ein Beweis der Entschlossenheit und der Fähigkeit von WikiLeaks, die Veröffentlichungen fortzusetzen – trotz der Lage von Assange, trotz der Drohungen der US-Behörden, trotz der Ermittlungen der Grand Jury, trotz der Bankensperre für Spenden. Sie standen unter Belagerung, doch besiegt wurden sie nicht. Ganz im Gegenteil, erklärte mir Assange: »Das Pentagon und das Weiße Haus forderten uns mehrfach öffentlich auf, alles zu vernichten. Wir haben alles erfolgreich veröffentlicht. Wir haben uns den Drohungen des Pentagons gestellt, wir haben dem Druck standgehalten und wir haben gewonnen.« Einmal mehr beeindruckte mich der Schneid.

Als ich an jenem Novembertag die Botschaft verließ und die angenehm frische Luft auf meinem Gesicht spürte, sobald ich wieder auf der Straße war, fragte ich mich, wie es sich für ihn anfühlte, nie auch nur eine Minute auf die Straße gehen zu können oder zu wissen, dass er verhaftet würde, wenn er jemals versuchte, ein Krankenhaus aufzusuchen. Scotland Yard war rund um das Gebäude stationiert, um ihn sofort zu verhaften, sobald er einen Schritt nach draußen machte.

Sechs Monate später, im Mai 2013, besuchte ich ihn erneut, und diesmal brachte ich ihm eine leuchtend gelb-orangefarbene Maske in

---

24 Die »Syria files« sind zugänglich unter: https://search.wikileaks.org/syria-files/ (abgerufen: 28.3.2022).

Form einer Sonne mit. Sie war in der gleichen venezianischen Manufaktur hergestellt worden, die der Regisseur Stanley Kubrick für die berühmte Orgienszene auf dem Maskenball in seinem Film *Eyes Wide Shut* eingesetzt hatte.

Ich konnte nicht wissen, dass es für die nächsten sechs Jahre die einzige Sonne sein würde, die Julian Assange überhaupt sehen würde.

10.
Kein Schutz, nirgends

»No Such Agency«: Die NSA

Es war einer der größten Scoops in der Geschichte des Journalismus, weltweit aufgegriffen von Zeitungen, Fernsehsendern und Nachrichtenagenturen: Am 6. Juni 2013 veröffentlichte der *Guardian* eine Recherche von Glenn Greenwald, aus der hervorging, dass die National Security Agency (NSA), die Nationale Sicherheitsbehörde der USA, die telefonischen Metadaten von Millionen US-Bürgern sammelte, nämlich jene der Kunden von Verizon, einem der bedeutendsten Telekommunikationsunternehmen der Vereinigten Staaten. Als Beweis dienten streng geheime Unterlagen, die Greenwald erhalten hatte. Er schrieb: »Das Dokument zeigt zum ersten Mal, dass unter der Obama-Regierung die Kommunikationsdaten von Millionen US-Bürgern wahllos und massenhaft gesammelt werden – unabhängig davon, ob sie eines Vergehens verdächtigt werden oder nicht.«[1]

Die NSA ist jene US-Regierungsbehörde, die zuständig ist für: die Gewinnung nachrichtendienstlicher Erkenntnisse aus der Telefon-, Satelliten- und Internetkommunikation; den Schutz der Kommunikation von US-Behörden durch Verschlüsselung; die Entschlüsselung der Kommunikation von ausländischen Staatsoberhäuptern sowie Bürgerinnen und Bürger anderer Länder, um Informationen zu erhalten. Im Gegensatz zur CIA, die ihre Spione in die ganze Welt

---

1   Glenn Greenwald: NSA collecting phone records of millions of Verizon customers daily, in: The Guardian, 6. Juni 2013.

schickt, um mittels menschlicher Quellen an geheime Informationen zu gelangen, ob gekauft oder erpresst, hat die NSA keine Außendienstmitarbeiter; stattdessen spioniert sie Telefone und Computer aus. Wie Chelsea Manning in ihrem Chat mit Adrian Lamo erklärte, stammte die halbe Million Nachrichten über Nine Eleven, die 2009 von WikiLeaks veröffentlicht wurden – wodurch Manning auf Assanges Organisation aufmerksam geworden sei –, aus einer NSA-Datenbank.

Die NSA gilt als »die größte, teuerste und technologisch ausgereifteste Spionageorganisation, die die Welt je gesehen hat«.[2] Sie ist dreimal so groß wie die CIA und bindet allein ein Drittel des US-Geheimdienstbudgets, das sich im Jahr 2023 auf 99,6 Milliarden Dollar belief.[3] Sie behauptet, der größte Arbeitgeber für Mathematiker im Land zu sein,[4] die zum Ver- und Entschlüsseln von Kommunikation eingestellt werden. Sie ist der am geheimsten agierende aller US-Geheimdienste, in einem Ausmaß, dass das Akronym NSA scherzhaft als »No Such Agency« entziffert wird – als könnte es die Behörde gar nicht geben. Doch nun hatte sie die Kontrolle über ihre geheimen Informationen verloren.

---

2   Dieses Zitat stammt aus dem Buch des US-amerikanischen Investigativjournalisten James Bamford mit dem Titel »The shadow factory«, auf das Jane Mayer in ihrem Artikel »The secret sharer« (in: The New Yorker, 23. Mai 2011) Bezug nimmt. Während des Vietnamkriegs verbrachte James Bamford einige Jahre in der US-Marine und wurde einer NSA-Einheit zugeteilt. Danach wurde er Journalist und schrieb das erste Buch über die NSA: The Puzzle Palace (dt. Fassung: NSA, Amerikas geheimster Nachrichtendienst, Zürich 1986). Er verbrachte sein Leben damit, über die NSA zu berichten, und interviewte Edward Snowden (James Bamford: Edward Snowden: The untold story, in: Wired, 22. August 2014.)

3   Diese Zahl stammt von der renommierten ›Federation of American Scientists‹ und ist zugänglich unter: irp.fas.org/budget.

4   Auf der Konferenz ›Joint Mathematics Meetings‹ von 2021 hielt die NSA eine Veranstaltung unter dem Titel »The National Security Agency needs you«. Die NSA behauptete: »Wir sind der größte Arbeitgeber des Landes für Mathematiker und bewegen uns in einer dynamischen Kultur, die Vielfalt begrüßt, intellektuelle Neugier fördert, eine unverbrüchliche Ethik einfordert und das Streben nach Gemeinwohl im Sinn hat.« (Vgl. meetings.ams.org/math.)

Für die NSA war es ein beispielloser Schock: Als sie ihre streng geheimen Dokumente weltweit in den Medien sah, schien sie kalte Füße zu bekommen. Zugleich gab es Stimmen, die die Nachricht herunterspielten und betonten, dass es sich bei den Enthüllungen von Glenn Greenwald im Grunde nur um Metadaten und nicht um den eigentlichen Inhalt der Gespräche von Millionen von Menschen handelte.

Telefonische Metadaten sind die Daten, aus denen hervorgeht, wer wen, von wo, zu welcher Zeit und wie lange angerufen hat. Der Wert dieser Art von Informationen wird oft unterschätzt, da sie keinen Aufschluss darüber geben, worüber im Laufe eines Telefonats miteinander gesprochen wird. Aber wenn ein Geheimdienst über enorme Mengen an Metadaten verfügt, muss er den Inhalt der Gespräche gar nicht kennen, um herauszufinden, wer wir sind. Metadaten verraten derart viel über unser Leben und unsere sozialen Kontakte, dass der ehemalige NSA-Generaldirektor Michael Hayden so weit ging zu sagen: »Wir töten Menschen auf der Grundlage von Metadaten.«[5] In der Tat werden die Daten von den US-Geheimdiensten genutzt, um mutmaßliche Terroristen in Ländern wie Pakistan zu identifizieren, um sie dann mit Drohnen zu töten.[6]

Kurz nach diesem Scoop veröffentlichten Glenn Greenwald und Ewen MacAskill im *Guardian* sowie Laura Poitras und Barton Gellman in der *Washington Post* ein neues, streng geheimes NSA-Dokument.[7] Demnach hatte die Behörde direkten Zugang zu den Servern der Silicon-Valley-Giganten – Google, Apple, Facebook,

---

5   Cora Currier / Glenn Greenwald / Andrew Fishman: U.S. government designated prominent Al Jazeera journalist as »Member of al Qaeda«, in: The Intercept, 8. Mai 2015.

6   Außergerichtliche Tötungen durch Drohnen erfolgen auf Grundlage streng geheimer Informationen, die von Geheimdiensten zusammengetragen werden, doch erweisen sich diese Informationen oft als fehlerhaft und die Zielpersonen als völlig unschuldig.

7   Glenn Greenwald / Ewen MacAskill: NSA Prism program taps into user data of Apple, Google and others, in: The Guardian, 7. Juni 2013; Barton Gellman / Laura Poitras: U.S., British intelligence mining data from nine U.S. internet companies in broad secret program, in: The Washington Post, 6. Juni 2013.

Microsoft, Yahoo, YouTube, Skype, AOL und Paltalk –, und zwar über ein Programm namens »Prism«, mit dem die NSA alle Inhalte von E-Mails, Dateiübertragungen, Live-Chats und Internetsuchen unzähliger Menschen sammeln konnte. Dem Dossier zufolge wurde das Prism-Programm in Zusammenarbeit mit den neun genannten Unternehmen ausgeführt, auch wenn diese das öffentlich bestritten. Wie im Fall von Verizon, so sorgte auch die Enthüllung über Prism weltweit für Schlagzeilen.

Wie viele ›top secret‹-Dokumente der NSA waren noch im Umlauf und wer hatte sie an die Medien weitergeleitet?

Der außergewöhnliche Mut von Edward Snowden

Am 9. Juni 2013 wurde die Quelle der streng geheimen Dokumente in einem vom *Guardian* veröffentlichten und von der Dokumentarfilmerin und Journalistin Laura Poitras aufgenommenen Interview enthüllt. Es handelte sich um Edward Snowden. Er war 29 Jahre alt und arbeitete für die NSA in jenem Naturparadies, das als US-Bundesstaat Hawaii bekannt ist, und zwar für das private Rüstungsunternehmen Booz Allen Hamilton, nachdem er zuvor als technischer Experte für die CIA tätig gewesen war.

Mit Hilfe von PGP, dem berühmten Programm von Philip Zimmermann, und anderen verschlüsselten Chats hatte Snowden Greenwald und Poitras kontaktiert und ihnen vorgeschlagen, sich in Hongkong zu verabreden. Zu dem Treffen flog er von Hawaii aus, denn ihm war klar: Bei einem Versuch, ihnen NSA-Geheimnisse auf US-amerikanischem Boden mitzuteilen, hätte er riskiert, verhaftet zu werden, noch bevor die Arbeit getan gewesen wäre.

Doch warum gerade Hongkong? In jenen Jahren, erklärte er Greenwald und Poitras, habe die ehemalige britische Kolonie, die seit 1997 wieder unter Kontrolle Chinas steht, ein Maß an Freiheit und an Schutz von politischem Dissens genossen, das es auf chinesischem Boden zuvor so nicht gab. »Es wären auch andere Orte in Frage gekommen, die er hätte ansteuern können, die einen größeren Schutz vor möglichen US-Maßnahmen boten, einschließlich Festlandchinas. Und es gab sicherlich Länder mit mehr politischen Freiheiten«, so Greenwald, aber »Hongkong bot, so nahm er an, die beste Mischung aus physischer Sicherheit und politischem Gewicht.«[8]

Snowden hatte Greenwald und Poitras ausgewählt, weil sie beide journalistisch unabhängig waren. Er war skeptisch gegenüber Medien wie der *New York Times*, die im Jahr 2004 unter Chefredakteur Bill Keller die Veröffentlichung eines großen Exklusivberichts – die NSA hatte US-Bürger unbefugt abgehört – mehr als ein Jahr lang hinausgezögert hatte,[9] eines Skandals, der die Wiederwahl von George W. Bush hätte gefährden können. Mit Blick darauf entschied sich Snowden, die streng geheimen NSA-Dokumente nicht an die einflussreiche US-Zeitung weiterzugeben, auch wenn er sich bereiterklärte, einige der Dateien an Barton Gellman weiterzugeben, der damals als freier Mitarbeiter für die *Washington Post* arbeitete.

Poitras flog zusammen mit Greenwald, der damals als Kolumnist für den *Guardian* arbeitete, nach Hongkong, begleitet von Ewen MacAskill, einem erfahrenen Reporter der gleichen Zeitung. Sie überprüften Snowdens Angaben zu dessen persönlicher Biografie und seiner Arbeit für die NSA und erhielten Zugang zu einer großen Datenbank mit streng geheimen Dokumenten.

Nach 9/11 hatte die NSA keine zielgerichtete Überwachung von Terrornetzwerken durchgeführt, sondern den Weg der Massenüberwachung eingeschlagen.

Ein Jahr vor Snowdens Enthüllungen war ich in die Vereinigten Staaten geflogen, um mich mit Thomas Drake und Bill Binney zu tref-

---

8   Glenn Greenwald: No place to hide. Edward Snowden, the NSA and the U.S. surveillance state, New York 2014 (hier übers. aus dem engl. Original; die Passage in der dt. Ausgabe des Buches ist vergleichsweise frei übersetzt, vgl. Greenwald: Die globale Überwachung. Der Fall Snowden, die amerikanischen Geheimdienste und die Folgen, München 2014, S. 78)

9   James Risen: The biggest secret: my life as a New York Times reporter in the shadow of the War on Terror, in: The Intercept, 3. Januar 2018.

10. KEIN SCHUTZ, NIRGENDS

fen, die viele Jahre lang für die NSA gearbeitet hatten. Binney hatte 36 Jahre bei der Behörde verbracht und galt als einer der besten Codebreaker, den sie je hatte. Deren Aufgabe: Die verschlüsselte Kommunikation eines fremden Landes, eines Terrorverdächtigen oder eines anderen Ziels zu »knacken«, um an Informationen zu gelangen.

Unmittelbar nach dem 11. September hatte Binney die NSA verlassen und zusammen mit Drake und anderen Kollegen als Whistleblower den Weg der Massenüberwachung angeprangert, den die Behörde eingeschlagen hatte. Dabei riskierte Drake 35 Jahre Gefängnis. Nachdem sich Binney, so erzählte er mir, entschlossen hatte, mit der US-amerikanischen Anwältin Jesselyn Radack über seinen eigenen Fall zu sprechen, verfasste er eine handsignierte Erklärung mit den Worten: »Wenn mir irgendetwas zustößt, habe ich keinen Selbstmord begangen.«

Es war zutiefst beunruhigend zu hören, wie Binney, ein politisch konservativer Mathematiker, der sein Leben lang für die NSA gearbeitet hatte, seine Befürchtung zum Ausdruck brachte, dass Andersdenkende keine Chance hätten, wenn das Überwachungssystem der NSA in die Hände eines autoritären Regenten, eines »neuen Hitlers«, gelänge. Binney erklärte mir auch,[10] warum die willkürliche Erfassung der Kommunikation und der Daten von Milliarden von Menschen anstelle einer zielgerichteten Überwachung von Terrornetzwerken keine Anschläge verhindern könnte: Die NSA, so seine Analyse, ertrank in einem derart großen Datenmeer, dass es unmöglich sei, Bedrohungen zu erkennen, bevor sie sich materialisierten; daher sei die NSA nicht in der Lage, die Behörden zu alarmieren, bevor Terroristen zuschlagen.

Thomas Drake, Bill Binney und eine Reihe ihrer Kollegen hatten bereits vor Edward Snowden als Whistleblower Zustände bei der

---

10 Fünf Jahre nach unserem Treffen in den USA gab mir Bill Binney ein ausführliches Interview, in dem er über die Massenüberwachungsprogramme der NSA sprach, die durch die Snowden-Dokumente enthüllt wurden (vgl. Stefania Maurizi: NSA, Bill Binney – »Things won't change until we put these people in jail«, in: la Repubblica, 11. Februar 2017.

NSA aufgedeckt; aber erst dank Snowden erfuhr die Öffentlichkeit das ganze Ausmaß und die Allgegenwärtigkeit der Massenüberwachung und konnte eine offene Debatte über das Versagen bei der Verhinderung von Terroranschlägen führen. Snowden stellte Glenn Greenwald und Laura Poitras eine Reihe streng geheimer Dokumente zur Verfügung, in denen NSA-Programme wie Prism beschrieben wurden – unter Angabe von Ländern, gegen die sie gerichtet waren.

Unter der Regierung Bush glich das System einem Leviathan. Anstatt nach Terroristen wie nach Nadeln im Heuhaufen zu suchen, zielte es darauf ab, den gesamten Heuhaufen, das heißt jede Form der menschlichen Kommunikation, im Rahmen einer ›collect it all‹-Strategie zu erfassen.[11] Als Snowden für die Agency arbeitete, fand er dies äußerst besorgniserregend: »Ich konnte in Echtzeit beobachten, wie Drohnen potenzielle Zielpersonen überwachten, um sie gegebenenfalls zu töten. Man konnte ganze Dörfer sehen und was jeder Einzelne dort tat«, sagte er zu Greenwald und fügte hinzu: »Ich sah, wie die NSA die Internetaktivitäten von Menschen ausspähte, noch während sie auf der Tastatur tippten. Mir wurde bewusst, wie massiv die Überwachungsmethoden der USA die Privatsphäre verletzten. Ich erkannte das wahre Ausmaß dieses Systems. Und fast niemand wusste, was da alles geschah.«[12]

Snowden hatte gehofft, dass mit der Wahl von Barack Obama, der einen Wandel versprach, die Exzesse der Regierung Bush korrigiert würden. Aber nein. Und wie Chelsea Manning, so hätte auch er so tun können, als hätte er nichts gewusst, hätte einfach zur Tagesordnung übergehen können. Er hätte Gründe genug gehabt, um wegzusehen: Er war keine 30 Jahre alt, ein hochbegabter junger Mann mit einem anspruchsvollen Job und gutem Gehalt, der mit seiner jungen

---

11 Glenn Greenwald: The crux of the NSA story in one phrase: »collect it all«, in: The Guardian, 15. Juli 2013.

12 Greenwald: No place to hide. (Hier wörtlich nach der dt. Ausgabe »Die globale Überwachung«, a. a. O., S. 69; übersetzt von Gabriele Gockel, Robert Weiß, Thomas Wollermann und Maria Zybak.)

Freundin im Paradies von Hawaii lebte. Warum sollte er Kopf und Kragen riskieren und sein Leben zugrunde reiten? »Ich konnte das nicht alles für mich behalten. Ich hatte das Gefühl, es wäre falsch, die Allgemeinheit darüber in Unkenntnis zu lassen«, erklärte er Glenn Greenwald.[13]

Snowden war, wie Chelsea Manning, ein Whistleblower, der sein Leben riskierte, um ein klaffendes Loch in die Gemäuer der Secret Power zu reißen, eine Macht, von deren Verstößen und Verbrechen die Öffentlichkeit nur erfahren kann, wenn ein Insider aus dem Schatten staatlicher Geheimhaltung hervortritt und uns Einblick gewährt.

Doch nach dem Interview, das ihn weltweit berühmt machte, war Edward Snowden verschwunden. Wo war er?

Ein drakonisches Spionagegesetz aus dem Ersten Weltkrieg: Der ›Espionage Act‹

Es war eine regelrechte Treibjagd: Sein Konterfei war auf allen Fernsehkanälen, auf jeder Website und in jeder Zeitung der Welt zu sehen. Hunderte von Reportern machten sich auf die Suche nach ihm. Aber vor allem waren die NSA und die US-Regierung hinter ihm her. Wo konnte sich jemand wie er verstecken, nachdem er das Mira, ein Fünf-Sterne-Hotel, verlassen hatte?

In den Elendsquartieren von Hongkong, unter Menschen, die noch schutzloser sind als er. Zwei einheimische Anwälte, Robert Tibbo und Jonathan Man, gewährten ihm rechtlichen Beistand. Tibbo sorgte dafür, dass er ein paar Tage lang bei einigen Flüchtlingsfamilien unterkam, die ihn in ihren bescheidenen Behausungen aufnahmen: Bei Vanessa Rodel und ihrer Tochter Keana Kellapatha; bei der Familie von Supun Kellapatha samt Lebensgefährtin Nadeeka Nonis und deren zwei Töchtern; und schließlich bei der Familie von

---

13 Ebd.

Ajith Pushpa Kumara. Sie hätten ihn anzeigen und sich eine Belohnung sichern können: Sie waren arm und schutzlos, und die US-Regierung hätte sich ganz gewiss kenntlich gezeigt. Doch sie verrieten ihn nicht.[14]

Die Vereinigten Staaten verschwendeten keine Zeit. Am 21. Juni 2013, just am Tag seines 30. Geburtstags, meldete die *Washington Post*, dass das FBI Strafanzeige gegen Edward Snowden erstattet hatte.[15] Die schwerwiegendste Anklage lautete auf einen vermeintlichen[16] Verstoß gegen den ›Espionage Act‹, ein drakonisches Spionagegesetz aus dem Jahr 1917. Während des Ersten Weltkriegs wurde es von den US-Behörden massiv gegen Personen eingesetzt, die gegen eine Kriegsbeteiligung der USA waren, sowie gegen politische Führungspersönlichkeiten, die von Regierungs- und Wirtschaftskreisen verachtet wurden, wie etwa die Sozialisten William Haywood oder Eugene Debs. Es war das gleiche Gesetz, nach dem die USA Daniel Ellsberg anklagten, weil er die Pentagon-Papiere an die Presse weitergegeben hatte; das gleiche Gesetz, das gegen Chelsea Manning wegen Übermittlung geheimer Dokumente an WikiLeaks angewandt wurde; und schließlich das gleiche Gesetz, mit dem die Grand Jury in Alexandria (Virginia) gegen Julian Assange und seine Organisation ermittelte.

Der ›Espionage Act‹ dient dazu, hart zu bestrafen, wer geheime Informationen preisgibt. Es ist ein äußerst umstrittenes Gesetz, da

---

14 Die Enthüllungen darüber, wie Edward Snowden in Hongkong von Flüchtlingen geschützt wurde, die als »Snowdens Schutzengel« bezeichnet werden, kamen dank der Recherchen von Oliver Stone für seinen Film über Edward Snowden ans Licht. Die kanadische *National Post* berichtete darüber ebenso wie der Journalist Ewen MacAskill (vgl. »Hong Kong refugees helped hide Edward Snowden after NSA leak«, in: The Guardian, 7. September 2016). Schließlich findet sich die Information in: Edward Snowden: Permanent record, New York 2019).

15 Peter Finn/Sari Horwitz: US charges Snowden with espionage, in: The Washington Post, 21. Juni 2013.

16 Ich verwende den Begriff »vermeintlich«, um zu betonen, dass eine Anklage nicht gleich für bare Münze genommen werden sollte: Eine Person, die einer Straftat angeklagt ist, bleibt unschuldig, bis ihre Schuld bewiesen ist.

es nicht zwischen Whistleblowern und Spionen unterscheidet.[17] Das Gesetz macht keinen Unterschied zwischen jenen, die aus Gewissensgründen Geheimnisse an die Presse durchreichen, um die Wahrheit über Kriegsverbrechen und Folter aufzudecken, und jenen, die nationale Geheimnisse an Agenten eines anderen Landes weitergeben; zwischen der Person, die versucht, Staatsverbrechen aufzudecken, und jener, die den Vereinigten Staaten gezielt schaden will. Das Spionagegesetz lässt nicht einmal die Verteidigung im Sinne eines öffentlichen Interesses zu. Wer derart angeklagt ist, kann sich vor Gericht nicht damit verteidigen zu sagen: »Ja, es stimmt, ich habe geheime Verschlusssachen preisgegeben, aber ich tat dies aus Gewissensgründen und im Interesse der Allgemeinheit und der Gerechtigkeit, um die Presse über besonders schwerwiegende Tatsachen zu informieren, von denen die Öffentlichkeit Kenntnis haben sollte.«

Nachdem die US-Behörden Anklage gegen Snowden erhoben hatten, war klar: Ihm drohten fortan mindestens 30 Jahre in jenem speziellen Knast der Vereinigten Staaten, der als ›maximum-security prison‹, als Hochsicherheitsgefängnis, bekannt ist – vorausgesetzt, es kämen keine weiteren Anklagepunkte hinzu, die ihn lebenslang hinter Gitter bringen würden.

Zumal die Behandlung von Chelsea Manning das Schlimmste befürchten ließ.

Die gnadenlose und unmenschliche Behandlung von Chelsea Manning

Nach ihrer Verhaftung im Jahr 2010 war Chelsea Manning zunächst in Kuwait und dann auf dem Marinestützpunkt Quantico im US-Bundesstaat Virginia inhaftiert, wo sie extrem hart behandelt wurde. Sie wurde 23 Stunden am Tag in Einzelhaft gehalten; wurde nackt

---

17 Jameel Jaffer: The Espionage Act and a growing threat to press freedom, in: The New Yorker, 25. Juni 2019.

ausgezogen; litt unter Schlafentzug, weil sie die ganze Nacht hindurch bereit sein musste, auf die ständigen Kontrollen des Wachpersonals zu reagieren; durfte sich nicht körperlich betätigen, selbst in ihrer eigenen Zelle nicht; bekam ihre eigene Brille entzogen, sodass sie nicht lesen konnte. Selbst der damalige Sprecher des State Department, Philip J. Crowley, bezeichnete ihre Haftbedingungen als »kontraproduktiv und unsinnig« – eine Bemerkung, die schließlich Anlass zu seinem Rücktritt werden sollte.[18]

Erst nach einer internationalen Kampagne wurde Chelsea Manning in ein weniger restriktives Gefängnis verlegt, nämlich nach Fort Leavenworth in Kansas. Der damalige UN-Sonderberichterstatter für Folter, Juan Mendez, stellte fest: Die Behandlung Mannings durch die US-Regierung während der elfmonatigen Isolationshaft war gnadenlos, erniedrigend und unmenschlich.[19]

Am 3. Juni 2013, drei Tage bevor Glenn Greenwald seinen brisanten, auf den Snowden-Dokumenten basierenden NSA-Scoop veröffentlichte, begann der Prozess gegen Chelsea Manning vor einem Militärgericht. Er fand in Fort Meade in Maryland statt, wo die NSA ihren Hauptsitz hat. Manning wurde unter anderem beschuldigt, gegen das Spionagegesetz verstoßen zu haben, genau wie Snowden einige Wochen später. Zudem wurde sie der »Kollaboration mit dem Feind« bezichtigt, worauf die Todesstrafe stehen kann, auch wenn die US-Behörden diese nicht verhängen wollten, wie der *Guardian* berichtete.[20] Im Fall eines Schuldspruchs drohte ihr eine lebenslange Haftstrafe ohne Möglichkeit auf Bewährung.

Die USA haben Chelsea Manning nie beschuldigt, geheime Daten an den Feind weitergegeben zu haben; doch versuchten sie mit

---

18 ACLU: ACLU calls military treatment of accused WikiLeaks supporter Pfc. Manning cruel and unusual, aclu.org, 16. März 2011.

19 Der Bericht des UN-Sonderberichterstatters für Folter, Juan Mendez, ist zugänglich unter: ohchr.org, 29. Februar 2012.

20 Ed Pilkington: US government claims it has proof of Bradley Manning aiding the enemy, in: The Guardian, 16. Juli 2012; ACLU: The Chelsea Manning case. A timeline, aclu.org, 9. Mai 2017.

Nachdruck zu argumentieren, dass die an WikiLeaks übersandten und daraufhin veröffentlichten Daten von feindlichen Kräften wie Al-Qaida gelesen werden konnten.

Die äußerst harte Behandlung der WikiLeaks-Quelle deutete darauf hin, dass auch Edward Snowden bestenfalls das gleiche, wahrscheinlich aber ein noch schlimmeres Schicksal drohte.

Zunächst einmal waren die Dokumente, die Chelsea Manning enthüllt hatte, im Höchstfall als *geheim* (›secret‹) eingestuft, die von Snowden aufgedeckten dagegen als *streng geheim* (›top secret‹), sprich: als deutlich sensibler. Außerdem fiel es nicht schwer, sich den Furor einer blamierten US-Regierung vorzustellen: Nur drei Jahre nach Mannings Offenlegung von 700.000 Dokumenten des Pentagons und des Außenministeriums hatte nun ein weiterer Whistleblower Aufzeichnungen ihrer am geheimsten agierenden Behörde geleakt.

Am 23. Juni verließ Snowden Hongkong. Und er war nicht allein.

Exil

Sarah Harrison, eine Frau mit scharfem Verstand, ausgeprägtem Organisationstalent und sonnigem Gemüt, war nicht nur ein ernsthafter und motivierter Profi ihres Fachs; sie war zudem mutig und ließ sich von niemandem herumschubsen. Als britische Journalistin, die damals für WikiLeaks arbeitete, begleitete sie Snowden an jenem Tag, an dem er Hongkong verließ.

Ich kannte sie sehr gut, sowohl direkt als auch indirekt über Gavin MacFadyen, den Mitbegründer des Centre for Investigative Journalism in London, der sie sowohl beruflich als auch persönlich sehr schätzte.

Da sie den Fall von Julian Assange in juristischer wie auch diplomatischer Hinsicht sehr genau verfolgt hatte, wusste sie, wie man internationalen Schutz im Rahmen des Asylrechts beantragt; zudem war sie mit der Stadt Hongkong vertraut, wo sie Freunde und Familie hatte. Und sie wusste, wie ihre Kommunikation durch Verschlüsselung zu schützen war.

Assange saß in einem Zimmer der ecuadorianischen Botschaft in London und Sarah Harrison war in Hongkong. Es schien wie eine »Mission impossible«, aber WikiLeaks schaffte es, Snowden vor Verhaftung und Gefängnis zu bewahren.

Nach dem Interview, durch das die ganze Welt auf ihn aufmerksam wurde, war Snowden auf sich allein gestellt. Weder der *Guardian* noch die *Washington Post* – die seine streng geheimen Dokumente veröffentlichten und damit zu Exklusivberichten kamen, die ihnen später den Pulitzer-Preis einbrachten – nahmen es auf sich, ihn zu schützen. Das lag nicht etwa daran, dass Glenn Greenwald, Laura Poitras and Ewen MacAskill, die ihn vor Ort interviewt hatten, sein Schicksal gleichgültig geworden wäre; vielmehr scheuten sich die beiden Medienriesen vor den rechtlichen Risiken. Die *Washington Post* wollte nicht einmal Barton Gellman nach Hongkong schicken, um Snowden zu treffen und so einen der größten Scoops aller Zeiten zu landen.

Da sie auf geheimem NSA-Material saßen, hatten die beiden Zeitungen eine beträchtliche Verhandlungsmacht, taten aber nichts, um ihrer Quelle zu helfen. Nur WikiLeaks stand Edward Snowden zur Seite. Der US-amerikanische Schriftsteller Bruce Sterling brachte es so auf den Punkt: »Es ist für mich unglaublich, dass unter den zigtausenden zivilgesellschaftlichen Gruppen auf diesem Planeten, denen Spione und Polizeispitzel verhasst sind, keine einzige Snowden praktische Unterstützung anbieten konnte – außer WikiLeaks.«[21]

Wäre der Whistleblower in Hongkong geblieben und hätte dort Asyl beantragt, so wäre das Verfahren langwierig und ungewiss gewesen. Die örtlichen Behörden hätten sowohl seinen Asylantrag als auch den Antrag der USA auf seine Verhaftung zum Zweck der Auslieferung geprüft. Er hätte mehrere Jahre damit verbracht, auf eine

---

21 Bruce Sterling: The Ecuadorian library or The blast shack after three years, bruces.medium.com, 3. August 2013.

Entscheidung zu warten, höchstwahrscheinlich im Gefängnis. Dort wiederum wäre er isoliert gewesen, zumal daran gehindert worden, sich an jener öffentlichen Debatte über die Massenüberwachung zu beteiligen, die er gerade losgetreten hatte. Und er wäre wohl auch gefährdet gewesen: Gefängnisse sind unheilvolle Orte, überall auf der Welt.

An jenem Sonntag, dem 23. Juni, hatten Edward Snowden und Sarah Harrison Tickets für einen Flug von Hongkong nach Quito, die Hauptstadt Ecuadors, wo Snowden Asyl beantragt hatte. Der ecuadorianische Konsul in London, Fidel Narváez, hatte Snowden Papiere für freies Geleit ausgestellt, samt Bescheinigung seines Status, sodass er mit einem Mindestmaß an Schutz reisen konnte.

Es gab keine Direktflüge von Hongkong nach Quito, aber es gab eine Reihe möglicher Routen. Doch wie ließ es sich vermeiden, den US-amerikanischen Luftraum zu durchqueren? Die einzige Möglichkeit bestand darin, von Hongkong nach Moskau zu fliegen, dann weiter nach Havanna und von dort über Caracas nach Quito.[22]

Bei seiner Ankunft in Moskau wurde Edward Snowden jedoch mitgeteilt, dass die Vereinigten Staaten seinen Reisepass für ungültig erklärt hatten. Dieser Schritt der US-Regierung manövrierte ihn in eine Falle: Er saß in Russland fest. Auf dem Flughafen Moskau-Scheremetjewo harrten Snowden und Harrison 39 Tage und Nächte in einem fensterlosen Zimmer ohne Dusche aus – und ernährten sich bei Burger King.

Snowden hatte, wie WikiLeaks bekanntgab, in mehr als zwanzig Ländern Asyl beantragt: von Österreich über China, Kuba und Deutschland bis hin zu Italien.[23] Einige, wie Kuba, antworteten nicht; andere, wie China, dementierten, Kenntnis von seinem Antrag zu haben; und wieder andere, wie Indien, verweigerten ihm die Aufnahme ohne weitere Erklärung. Die meisten Länder, darunter

---

22 Edward Snowden, Permanent record, a. a. O.
23 Die Liste wurde von WikiLeaks veröffentlicht: https://wikileaks.org/Edward-Snowden-submits-asylum.html (abgerufen: 5.4.2022)

Italien,[24] lehnten seinen Asylantrag mit der Begründung ab, dieser müsse an der Grenze des jeweiligen Landes oder auf dem Staatsgebiet gestellt werden.

Rafael Correas Ecuador, das zunächst bereit war, Snowden Asyl zu gewähren, sofern er, wie ursprünglich geplant, das Land oder eine seiner Botschaften erreichen würde, wie im Fall von Julian Assange, war nun nicht mehr bereit, die Reise zu koordinieren, um ihn aus Russland herauszuholen, nachdem er einmal auf dem Moskauer Flughafen festsaß.

Am 2. Juli ereignete sich ein Vorfall, der deutlich machte, wie schwierig es würde, Edward Snowden nach Lateinamerika zu bringen, selbst wenn WikiLeaks einen Weg fände, ihn mit dem nunmehr ungültigen Reisepass in ein Flugzeug zu setzen. Boliviens Präsident Evo Morales, der aus seiner Bereitschaft, Snowden Asyl zu gewähren, keinen Hehl gemacht hatte, befand sich nach einem Gipfeltreffen in Moskau auf dem Heimweg mit dem Präsidentenflugzeug. Um sein Ziel zu erreichen, musste Morales den italienischen, französischen, spanischen und portugiesischen Luftraum durchqueren, wozu er auch befugt war. Bevor er jedoch italienisches Hoheitsgebiet erreichte, wurde er gezwungen, nach Wien umzukehren, da der Luftraum aller vier europäischen Länder gesperrt worden war. Wahlweise unter dem Vorwand »technischer Gründe« oder in Schweigen gehüllt, verweigerten die vier Länder Morales' Maschine die Überflugrechte. Doch anders als vermutet, war Snowden nicht mit an Bord.

Präsidentenflugzeuge von sind nach internationalem Recht unantastbar. Nach diesem eklatanten Verstoß war klar: Ein Flug von Moskau nach Lateinamerika würde das Risiko einer Zwangslandung

---

24 Die damalige italienische Außenministerin, Emma Bonino, erklärte: »Daher sind keine rechtlichen Voraussetzungen gegeben, um einem solchen Ersuchen stattzugeben, das nach Ansicht der Regierung auch auf politischer Ebene nicht akzeptabel wäre.« (vgl. Reuters/red. Bericht: Italy rejects Snowden asylum request, 4. Juli 2013.) Zu einer umfassenden Rekonstruktion der Antwort der italienischen Außenministerin auf den Asylantrag vgl. Stefania Maurizi: Bonino, perché non risponde?, in: L'Espresso, 9. Juli 2013.

10. KEIN SCHUTZ, NIRGENDS

und Verhaftung bergen, auch wenn Venezuela, Bolivien und Nicaragua Snowden Schutz angeboten hatten. Gleichwohl erweist sich letztlich nicht jeder Einsatz von Mitteln, über die eine Supermacht verfügt – direkt oder über ihre Verbündeten – als kluger Schachzug. Der »Zwischenfall« mit Morales führte der Welt vor Augen, wie weit die USA bereit waren zu gehen, um Snowden in die Finger zu bekommen – und bekräftigte, aus Sicht der internationalen Öffentlichkeit, dessen Status als Verfolgungsopfer.

Für das Russland Wladimir Putins wurde das Angebot, Snowden Schutz zu gewähren, zu einer Frage von vaterländischem Stolz – und zu einer fantastischen Gelegenheit. Mit einem Mal bot sich für Putin ein Stich ins Auge der Vereinigten Staaten an: die Möglichkeit, durch den Schutz eines bedeutenden Whistleblowers Lorbeeren einzuheimsen; der Weltöffentlichkeit, bei der seine Regierung verrufen ist, zu zeigen, dass es ein Land braucht, das auch mal ein »Nein« an die Vereinigten Staaten richten kann, wenn diese falsch liegen; und schließlich die Heuchelei westlicher Demokratien zu entlarven, die einerseits Pressefreiheit predigen, während sie andererseits eine der reichhaltigsten journalistischen Quellen aller Zeiten auflaufen lassen und verfolgen.

Am 1. August 2013 gewährte Russland Edward Snowden vorläufiges Asyl. Nach 39 Tagen und 39 Nächten konnte er endlich, zusammen mit Sarah Harrison, den Flughafen verlassen. Harrison blieb vier Monate lang mit ihm in Moskau.

Mit großer Verbitterung sah ich mit an, wie Snowden von Ländern der Europäischen Union vollkommen im Stich gelassen und Wladimir Putin überlassen wurde. War es nicht paradox, dass er zunächst sein Leben riskiert hatte, um mit dem Massenüberwachungsprogramm der NSA eine ungeheuerliche Bedrohung für die Demokratie aufzudecken, und daraufhin dem Schicksal von Chelsea Manning nur knapp entgehen konnte, indem er in ein nicht gerade demokratisches Land ins Exil ging? Was Snowden aufgedeckt hatte, war von außerordentlichem öffentlichem Interesse; nach wie vor sind seine Enthüllungen ein Weckruf für westliche Demokratien.

Später merkte Daniel Ellsberg merkte an: »Ein Polizeistaat wie in Ostdeutschland? Wir könnten von einem Tag auf den anderen zu einem Polizeistaat werden, den sich die DDR-Behörden noch nicht einmal erträumen konnten, weil sie damals nicht über derlei Fähigkeiten verfügten. Politisch sind wir noch nicht so weit, weil sie [die NSA bzw. die US-Geheimdienste] die Informationen, die sie sammeln, bisher nicht dazu genutzt haben; doch sie haben die privaten Informationen [...] und das bedeutet, wie Snowden es ausdrückte, dass wir eine ›turnkey tyranny‹ sind, eine ›schlüsselfertige Tyrannei‹. Mit anderen Worten: Man braucht nur den Schalter umzulegen, und wir könnten ein vollkommener Polizeistaat sein.«[25]

Ich habe mehrmals mit den WikiLeaks-Journalisten gesprochen, um herauszufinden, was sie dazu bewog, Edward Snowden zu helfen und sich auf ein so riskantes Unterfangen einzulassen, sowohl in rechtlicher als auch in anderweitiger Hinsicht. Schließlich gehörte er nicht zu ihren Quellen; sie hatten keine direkte berufliche oder moralische Verpflichtung ihm gegenüber. Die Medien konzentrierten sich stark auf die Vorstellung, dass Julian Assange in erster Linie aus Gründen der Selbstdarstellung gehandelt hatte: Nachdem er einige Jahre lang weniger brisante Meldungen als jene von 2010 veröffentlicht hatte, war er nun zurück im Rampenlicht.

Wie alle journalistischen Organisationen, die auf ihr Profil Wert legen, so scheute auch WikiLeaks auf internationaler Ebene gewiss nicht Ansehen und Ruhm. Was wäre daran verwerflich? Doch sie erklärten mir: Sie wollten versuchen, für Snowden zu tun, was sie für Chelsea Manning nicht hatten tun können.

Jahre später ließen sich diese Aussagen mit Snowdens eigenem Buch bestätigen. Als Julian Assange in Belmarsh inhaftiert war und ihm lebenslänglich drohte, stärkte der Whistleblower, der die Massenüberwachungsprogramme der NSA aufgedeckt hatte, Assange den Rücken. Obwohl Snowden ihm in der Vergangenheit manchmal kritisch gegenüberstand, war er – bei aller Kritik am WikiLeaks-

---

25 Daniel Ellsberg, Interview mit der Autorin, 7. Februar 2022.

Gründer –, stets überzeugt, dass dessen Einsatz für die Sache des Whistleblowers und für das Recht der Öffentlichkeit auf Wissen aufrichtig war. »Es stimmt, dass Assange eigennützig und eitel sein kann, launisch und sogar schikanierend«, so Snowden in seinem Buch »Permanent Record«, »aber er betrachtet sich als Kämpfer in einer historischen Schlacht für das Recht der Öffentlichkeit auf Wissen. Und er wird alles tun, um diese Schlacht zu gewinnen. Darum macht man es sich in meinen Augen zu leicht, wenn man seine Unterstützung auf bloße Berechnung und Eigenwerbung zurückführt. Ich denke, für ihn war es möglicherweise wichtiger, ein positives Gegenbeispiel zum Fall der berühmtesten Informantin seiner Organisation, der Soldatin Chelsea Manning, schaffen zu können.«[26]

Aber könnte es für jene, die die Verstöße der Secret Power ans Tageslicht bringen – wie etwa für Manning, Snowden, Assange oder die WikiLeaks-Journalisten, ein Happy End geben?

Im Gefängnis, im Exil oder im Botschaftsasyl

Während Edward Snowden zumindest für den Moment in Russland in Sicherheit war, waren seine ›top secret‹-Daten weiterhin für eine Hauptnachricht nach der anderen gut. Sie boten Enthüllungen über buchstäblich jedes Land und über die Rolle des britischen Pendants zur NSA, des Government Communications Headquarter (GCHQ), das in Zusammenarbeit mit dem US-amerikanischen Geheimdienst Programme zur Massenüberwachung durchführt. In der Tat waren es die britischen Behörden, die zwei der beunruhigendsten Angriffe gegen Journalisten starteten, die gerade an dem geleakten Material arbeiteten.

---

26 Snowden, Permanent record, a. a. O. (Anm. d. Ü.: Hier nach der dt. Ausgabe: Edward Snowden: Permanent Record. Meine Geschichte, Frankfurt a. M., S. 380. Abweichende Übers. nur bei folgendem Satz: »It's true that Assange can be self-interested and vain, moody and even bullying.« Hier Übers. von »bullying« mit »schikanierend« anstatt mit »terrorisierend«.)

Nur zwei Wochen, nachdem Snowden vorübergehend Asyl gewährt worden war, nahmen die britischen Behörden David Miranda, den Ehemann von Glenn Greenwald, der mit einigen Kopien der Snowden-Dokumente unterwegs war, am Flughafen London-Heathrow fest. Dort wurde Miranda neun Stunden lang festgehalten und ohne anwaltlichen Beistand befragt. Zudem wurden all seine elektronischen Geräte beschlagnahmt: Handys, Computer, USB-Sticks.[27]

Bei seiner Festnahme stützten sich die britischen Behörden auf »Schedule 7«, einen umstrittenen Absatz des Terrorismusgesetzes aus dem Jahr 2000, der dazu ermächtigt, alle Personen anzuhalten, die sich im Transit durch internationale Häfen, Flughäfen oder Bahnhöfe befinden, um festzustellen, ob sie terroristische Handlungen vorbereiten oder zu ihnen anstiften. Sie dürfen den Verdächtigen nicht nur in Gewahrsam nehmen, sondern auch befragen und seine persönlichen Gegenstände, einschließlich elektronischer Geräte, beschlagnahmen und deren Inhalt kopieren. Die festgenommene Person ist zur Kooperation verpflichtet – ohne die Möglichkeit, sich auf das Schweigerecht zu berufen – und muss die Passwörter zu ihren Geräten preisgeben oder andernfalls riskieren, ins Gefängnis zu kommen.

Es war offensichtlich, dass David Miranda kein Terrorist war: Seine Verhaftung war ein eklatanter Akt der Einschüchterung.

Zwei Tage später kam ein weiterer ernüchternder Vorfall ans Licht. Der *Guardian* räumte ein, dass er einen Monat zuvor in seinen Londoner Büroräumen unter Anweisung des GCHQ dazu gedrängt worden war, die Festplatten mit den streng geheimen Dateien zu zerstören, nachdem die Zeitung wiederholt unter Druck gestanden hatte, entsprechende Veröffentlichungen einzustellen.[28] Anstatt den ausgeübten Druck öffentlich zu verurteilen, hatte sich die

---

27 Glenn Greenwald: Detaining my partner was a failed attempt at intimidation, in: The Guardian, 19. August 2013. Leider verstarb David Miranda im Mai 2023 im Alter von nur 37 Jahren an einer schweren Krankheit.
28 Julian Borger: NSA files. Why the Guardian in London destroyed hard drives of leaked files, in: The Guardian, 20. August 2013.

Tageszeitung bedauerlicherweise zu dieser Geste der Unterwerfung gegenüber den britischen Geheimdiensten erniedrigen lassen. Zwar veröffentlichte der *Guardian* daraufhin eine Reihe weiterer Recherchen auf Grundlage der Dokumente, aber Ende 2013 beteuerte Chefredakteur Alan Rusbridger, man habe nur 1 Prozent der Dokumente publik gemacht.[29] Bis heute hat niemand den gesamten Datenbestand veröffentlicht, weder die Londoner Tageszeitung noch Glenn Greenwald oder Laura Poitras.

Die britischen Behörden waren nicht die einzigen, die die Berichterstatter schikanierten. Während meiner Arbeit an diesem Fall und an den Snowden-Dokumenten über Italien – die ich schließlich im *L'Espresso* veröffentlichte[30] – geriet auch ich in eine ungewöhnliche Situation, wenn auch nicht vergleichbar mit den Einschüchterungsversuchen gegenüber David Miranda und dem *Guardian*.

In jenen Wochen war ich unterwegs, um Quellen und andere Kontaktpersonen zu treffen, als ich auf dem Flughafen Rom-Fiumicino einer Kontrolle unterzogen wurde. Bevor ich meinen Flug nach London antrat, wurde ich über Lautsprecher ausgerufen und aufgefordert, zusätzlichen Sicherheitsmaßnahmen nachzukommen, bei denen mein Gepäck sorgfältig geprüft und mir Fragen zu meiner Reise gestellt wurden. Auf die Rückfrage, warum ich erneut kontrolliert würde – stand ich zufällig auf einer schwarzen Liste? –, erhielt ich nur vage Antworten.

Als ich Laura Poitras bei meinem Besuch in der Ellingham Hall im August 2011 zum ersten Mal traf, erzählte sie mir, sie habe 40 solcher Flughafenkontrollen durchlaufen, die in den USA als »secondary screenings« bezeichnet werden. In ihrem Fall waren sie jedoch viel

---

29 BBC-News (red. Bericht): Only 1% of Snowden files published – Guardian editor, 3. Dezember 2013. Im Oktober 2023 erklärte mir Ewen MacAskill in einem Interview, warum seiner Meinung nach nur ein Prozent der Dokumente veröffentlicht worden war. Vgl. Stefania Maurizi: Why only 1% of the Snowden Archive will ever be published, in: Computer Weekly, 11. Oktober 2023.

30 Glenn Greenwald / Stefania Maurizi: Revealed. How the NSA targets Italy, in: L'Espresso, 5. Dezember 2013.

aggressiver, das Repertoire reichte von umfassenden Verhören bis zur Beschlagnahmung ihrer elektronischen Geräte. Aber sie war nicht die einzige. Im Laufe der Jahre wurden viele aus dem Umfeld von Julian Assange und WikiLeaks auf US-Flughäfen festgenommen, verhört und unter Druck gesetzt. Dazu gehörten der begabte französische Informatikingenieur und Aktivist für digitale Rechte Jérémie Zimmermann und der US-amerikanische Journalist und Computersicherheitsexperte Jacob »Jake« Appelbaum. Mit beiden war ich bekannt. Appelbaum, der für den *Spiegel* an den Snowden-Dokumenten gearbeitet hatte, promovierte später in Kryptografie – ohne vorherigen Hochschulabschluss. Wie bei Zimmermann verbanden sich seine technischen Fähigkeiten mit einer Leidenschaft für die Frage, wie Technologie funktioniert und wie sie eingesetzt werden kann, um die Welt zum Besseren zu verändern, jenseits von Kritiklosigkeit und Kommerzialisierung.

Im Sommer 2010 sprach Appelbaum auf der Konferenz ›Hackers On Planet Earth‹ (HOPE) anstelle von Julian Assange, woraufhin er auf mehr und mehr Probleme stieß. In einem Interview mit der unabhängigen US-amerikanischen Nachrichtensendung *Democracy Now!* erzählte er, dass er an US-Flughäfen immer wieder von Grenzschutzbeamten vorübergehend festgenommen und zu seinen politischen Ideen befragt wurde, so in Zusammenhang mit den Kriegen in Afghanistan und im Irak, sowie zu seiner Verbindung zu Assange und WikiLeaks. »Sie stellten mir keine Fragen in Bezug auf Terrorismus. Und auch keine zu Schmuggel oder Drogen oder sonst zu irgendwelchen Sachen, die man vom Zoll erwarten würde«, machte Appelbaum gegenüber *Democracy Now!* geltend. Und weiter: »Sie verfolgten rein politische Ziele, um mich einzuschüchtern, und verweigerten mir einen Anwalt. Sie gaben mir Wasser, aber verweigerten mir die Toilette. So viel nur, um Ihnen eine Vorstellung davon zu geben, wie sie sich aufführten.«[31]

---

31 Interview von Amy Goodman und Juan Gonzalez mit Jacob Appelbaum: »We don't live in a free country«: Jacob Appelbaum on being a target of widespread Gov't surveillance, Democracy Now!, democracynow.org, 20. April 2012.

10. KEIN SCHUTZ, NIRGENDS

Unterdessen wurde Jérémie Zimmermann 2012 auf dem Washington Dulles Airport von zwei Personen festgehalten, die sich als FBI vorstellten, ohne ihm Dienstmarken zu zeigen. Sie teilten ihm mit, sein Name sei im Rahmen der US-Ermittlungen gegen WikiLeaks aufgetaucht, weshalb sie Informationen über die internen Abläufe der Organisation verlangten. Sie gaben ihm eine anonyme Yahoo-Mailadresse und baten ihn, sich mit ihnen in Verbindung zu setzen – eine klare Einschüchterungstaktik mit dem Versuch, ihn als Informanten zu gewinnen.

Für investigative Journalisten sind ständige Kontrollen auf Flughäfen mit Risiken für ihre Quellen verbunden. In diesen Monaten der intensiven Arbeit am Fall Snowden und an den diesbezüglichen Dokumenten reiste ich nur mit verschlüsselten USB-Sticks nach London, die keine sensiblen Daten enthielten. Nur die Reden und Briefe von Sandro Pertini hatte ich bei mir. Wäre ich wie David Miranda gemäß »Schedule 7« festgenommen und zur Herausgabe der Passwörter gezwungen worden, hätten sich die britischen Behörden über die entschlüsselten Dateien nur wundern können. Sie hätten ein Schreiben vorgefunden, das sich in etwa so las: »Mutter, wie konntest du das tun? Ich habe keine Ruhe mehr, seit sie mir die Nachricht überbracht haben, dass du mich um Verzeihung gebeten hast.« Es war einer der politisch leidenschaftlichen Briefe, die Pertini schrieb, jener beliebte Präsident der Italienischen Republik, der den Faschismus unter enormem persönlichem Einsatz bekämpfte, in Zeiten von Verhaftungen, innerem Exil und harten Haftbedingungen.[32]

---

32 »Pertinis Charakter ist zutiefst geprägt von seinem Kampf gegen den Faschismus und dem persönlichen Leid, das daraus resultierte – acht Monate Gefängnis, Flucht nach Frankreich und nach seiner Rückkehr nach Italien 15 weitere Jahre Haft«, schrieb ein US-Diplomat in einer von der US-Regierung freigegebenen und von WikiLeaks wiederveröffentlichten Depesche. In dem Telegramm von 1978 heißt es: »Diese Erfahrung entfachte sein bereits vorhandenes Engagement für die individuelle Freiheit und sein Bewusstsein mit Blick auf den Underdog, das Opfer, den Nonkonformisten, den Andersdenkenden.« Zugänglich unter: https://wikileaks.org/plusd/cables/1978ROME13249_d.html (abgerufen: 4.5.2022).

Zugleich warf er seiner Mutter vor, sie habe beim Mussolini-Regime um seine Begnadigung gebeten. Pertini war sich darüber im Klaren, dass die Massenüberwachung die Grundlage eines jeden autoritären Staates ist.

Auch bei meinen eigenen Reisen traten Schwierigkeiten auf, nicht nur in London, sondern auch in Berlin. Einmal wurde ich ungeniert verfolgt, als ich auf dem Weg zu einem Treffen mit einer Quelle war. Es war ein offensichtlicher Versuch, mir Angst zu machen, aber nichts im Vergleich zu den Bedingungen, mit denen Sarah Harrison konfrontiert war, die, nachdem sie Snowden geholfen hatte, lange nicht nach London zurückkehren konnte.

Da sie hätte riskieren müssen, bei der Einreise nach Großbritannien festgenommen zu werden, ließ sie sich, wie David Miranda, in Berlin nieder.[33] Im Jahr 2015 verlieh ihr dort die SPD den Willy-Brandt-Preis für »besonderen politischen Mut«.[34]

Der Fall Edward Snowden hat gezeigt, wie weit westliche Demokratien zu gehen bereit sind, um Journalisten und ihre Quellen ins Visier zu nehmen, wenn diese auf das Herz der Secret Power zielen. *Wie weit*, sollte sich bald ein Weiteres Mal bestätigen.

Das »Blut an ihren Händen«, das es nie gab

Nur zwanzig Tage nachdem Snowden vorübergehend Asyl gewährt worden war, wurde Chelsea Manning am 21. August 2013 zu 35 Jahren Gefängnis verurteilt, weil sie 700.000 geheime Dokumente der US-Regierung geleakt hatte – allesamt an WikiLeaks –, darunter das ›Collateral Murder‹-Video, die Kriegstagebücher zu Afghanistan und dem Irak, die diplomatischen US-Depeschen und die Guantanamo-Files. Manning wurde des Verstoßes gegen das Spionagegesetz für

---

33 Sarah Harrison: Britain is treating journalists as terrorists – believe me, I know, in: The Guardian, 14. März 2014.

34 Spiegel (red. Beitrag): SPD ehrt Snowden-Vertraute für »politischen Mut«, in: Der Spiegel, 17. September 2015.

schuldig befunden, aber vom Vorwurf der Feindbegünstigung freigesprochen. Das Militärgerichtsverfahren unter Vorsitz von Richterin Colonel Denise Lind wurde von den brisanten NSA-Enthüllungen fast völlig in den Hintergrund gedrängt.

Während des Verfahrens vor dem Militärgericht wurde Brigadegeneral Robert Carr als Zeuge geladen. Laut *Guardian* leitete Carr die Information Review Task Force, die damit beauftragt war, die Folgen der Veröffentlichung dieser Geheimdokumente zu untersuchen.[35] Carr sagte aus, die Ermittlungen seiner Task Force hätten nicht einen einzigen Fall einer Person zutage gefördert, die infolge der Enthüllungen getötet worden sei. Im Laufe der Gerichtsverhandlung beschrieb Manning die Maßnahmen, die sie ergriffen hatte, um Dokumente auszuwählen, deren Veröffentlichung den Vereinigten Staaten keinen Schaden zufügen, sondern sie höchstens in Verlegenheit bringen würde, indem Skandale, politischer Druck und Formen von Beeinflussung aufgedeckt wurden.[36] Zu ihrer eigenen Vorsicht kam noch jene von WikiLeaks und die der Medienpartner hinzu: Bei der Veröffentlichung der Dokumente schwärzten wir, das Team, noch einmal nach unserem Ermessen. Mit Carrs Schlussfolgerungen schmolz die »Blut an den Händen«-Kampagne des Pentagons, die jahrelang darauf abzielte, WikiLeaks und die betroffenen Quellen zu dämonisieren, wie Schnee in der Sonne.

Laut *New York Times* war die 35-jährige Haftstrafe von Manning die längste, die jemals gegen eine Quelle verhängt wurde, die geheime Dokumente der US-Regierung an die Presse weitergab.[37] 112 Tage ihrer Strafe wurden ihr wegen der elf Monate erlassen, die sie unter grausamen, unmenschlichen und erniedrigenden Bedingungen inhaftiert war.

---

35 Ed Pilkington: Bradley Manning leak did not result in deaths by enemy forces, court hears, in: The Guardian, 31. Juli 2013.
36 Glenn Greenwald: Finally: Hear Bradley Manning in his own voice, in: The Guardian, 12. März 2013.
37 Charlie Savage / Emmarie Huetteman: Manning sentenced to 35 years for a pivotal leak of US files, in: New York Times, 21. August 2013.

Manning, die aus Gewissensgründen – also nicht aus Motiven persönlicher Bereicherung – gehandelt und die niemanden getötet oder verletzt hatte, erhielt die besagte drakonische Strafe auf der Grundlage eines Gesetzes aus dem Jahr 1917, das nicht zwischen Spionen und Whistleblowern unterscheidet.

Es war Barack Obama, der massiv auf das Spionagegesetz zurückgriff, um Whistleblower, die geheime Informationen an die Medien weitergeben, so zu verfolgen, als wären sie Verräter, die Geheimnisse an den Feind weitergeben.

Julian Assange, die Journalisten von WikiLeaks sowie Chelsea Manning und Edward Snowden hatten Verbrechen aufgedeckt, die auf höchster Machtebene begangen wurden. Assange und Snowden saßen in einer Botschaft bzw. in Russland fest, während Manning zu 35 Jahren Haft verurteilt war. Von den dreien hatten nur zwei Zuflucht gefunden, und das zu einem sehr hohen Preis: Während Snowden gezwungen war, im Exil zu leben, würde Assange bald feststellen, dass sein Asyl keinen Ausweg bot.

11.
Juristisches Patt, diplomatisches Dickicht

Als Google die Daten von WikiLeaks aushändigte

Es ging im Geheimen weiter. Die strafrechtlichen Ermittlungen gegen Julian Assange und die WikiLeaks-Journalisten, von den US-Behörden im Jahr 2010 eingeleitet, waren seither unter Verschluss, da die Vereinigten Staaten die Veröffentlichung klassifizierter Dokumente als Bedrohung der nationalen Sicherheit betrachteten, auf einer Ebene beispielsweise mit Al-Qaida. Mit den Ermittlungen befasste sich eine Grand Jury in Virginia, wo »das Pentagon, die CIA und der größte Marinestützpunkt der Welt zu Hause ist«, schrieb die *Washington Post*[1] und merkte an, das Gericht Eastern District of Virginia nehme sich seit dem 11. September der hochkarätigen Fälle im Bereich der nationalen Sicherheit an, einschließlich WikiLeaks.

Trotz der Geheimhaltung tauchten hin und wieder bruchstückhafte Informationen auf, wie die gerichtliche Anordnung des Eastern District of Virginia vom Dezember 2010, die Daten der Twitter-Konten von WikiLeaks, Julian Assange[2] und Chelsea Manning vorzulegen; sowie jene von Jake Appelbaum – der, wie erwähnt, im

---

1 Sari Horwitz: In Va.'s Eastern District, US attorney's reach transcends geographic bounds, in: The Washington Post, 15. Dezember 2012.
2 Scott Shane / John F. Burns: U.S. subpoenas Twitter over WikiLeaks supporters, in: New York Times, 8. Januar 2011. Zum Zeitpunkt des Gerichtsbeschlusses gab es kein öffentlich bekanntes Twitter-Handle, das zu Julian Assange gehörte.

Namen von Assange auf einer öffentlichen Konferenz in New York gesprochen hatte[3]. Auch andere waren von der Verfügung betroffen wie etwa die isländische Aktivistin und damalige Parlamentsabgeordnete Birgitta Jónsdóttir, die an der Veröffentlichung des ›Collateral Murder‹-Videos mitwirkte und sich später kritisch gegenüber Assange und WikiLeaks äußerte.

Entscheidende Hinweise ergaben sich auch aus der von Glenn Greenwald im April 2011 veröffentlichten Vorladung und insbesondere aus dem Militärgerichtsprozess gegen Chelsea Manning. Ein weiteres Puzzlestück kam im Januar 2015 ans Licht. WikiLeaks war gerade darüber informiert worden, dass die US-Behörden Google aufgefordert hatten, die Daten von drei der wichtigsten Leute der Organisation herauszugeben: von Kristinn Hrafnsson, Sarah Harrison und Joseph Farrell.[4]

Der Internetriese wurde angewiesen, alle Mailadressen, Maildaten, Inhalte der Kommunikation, Zahlungsquellen, Kreditkarten- und Bankkontonummern im Zusammenhang mit den Google-Konten, alle Mailentwürfe, alle gelöschten Mails, alle Metadaten und Kontaktlisten sowie sämtliche Fotos und Dateien zur Verfügung zu stellen.[5] Wie im Fall von Twitter war der Durchsuchungs- und Beschlagnahmebeschluss sehr weit gefasst. Im Gegensatz zu Google hatte Twitter den Gerichtsbeschluss jedoch umgehend angefochten, sodass einige feste und ehrenamtliche WikiLeaks-Mitarbeiter von

---

3   Affidavit of Julian Paul Assange, https://wikileaks.org/IMG/html/Affidavit_of_Julian_Assange.html (abgerufen: 4.8.2022); Eric Schmitt/David E. Sanger: Gates cites peril in leak of Afghan War Logs by WikiLeaks, in: New York Times, 1. August 2010.

4   Stefania Maurizi: Il governo USA ha ottenuto da Google le email e tutti i dati relativi ai giornalisti di WikiLeaks, in: L'Espresso, 23. Januar 2015; Ed Pilkington/Dominic Rushe: WikiLeaks demands answers after Google hands staff emails to US government, in: The Guardian, 26. Januar 2015.

5   Die drei von Richter John F. Anderson ausgestellten Durchsuchungs- und Beschlagnahmebeschlüsse sind zugänglich unter: https://wikileaks.org/google-warrant/227-harrison.html; https://wikileaks.org/google-warrant/228-farrell.html; https://wikileaks.org/google-warrant/229-hrafnsson.html (abgerufen: 10.4.2022).

dessen Existenz erfahren und Einspruch einlegen konnten. Andererseits wurde im Fall von Google die Anordnung, die auf das Jahr 2012 zurückging, fast drei Jahre lang geheimgehalten. Der Silicon-Valley-Gigant sprach von einem amtlich auferlegten »Maulkorberlass«, gegen den die Anwälte des Unternehmens vergeblich geklagt hatten, und der es verhindert habe, Informationen offenzulegen.[6] WikiLeaks wurde erst im Dezember 2014 von der Verfügung in Kenntnis gesetzt, nur drei Monate nachdem Julian Assange ein aufschlussreiches Buch über Google veröffentlicht hatte.[7]

Der Durchsuchungs- und Beschlagnahmebefehl wurde von demselben Staatsanwalt des Eastern District of Virginia unterzeichnet, der ein Jahr später Edward Snowden anklagen sollte. Die Anordnung bewies: Die US-Ermittlungen gegen WikiLeaks gingen weiter und konzentrierten sich auf vermeintliche Verstöße gegen den Espionage Act. Wie können Journalistinnen und Journalisten noch unabhängig und konfrontativ ihrer Arbeit nachgehen, wenn gegen sie ermittelt wird, weil sie gegen ein Gesetz verstoßen haben, das gegenüber dem öffentlichen Interesse vollkommen blind ist, und wenn ihre Kommunikation, die womöglich Aufschluss über den Austausch mit ihren Quellen geben könnte, vom Staat unter völliger Geheimhaltung angeeignet werden kann?

Ich verfolgte aufmerksam, wie sich das Strafverfahren gegen WikiLeaks in den Vereinigten Staaten entwickelte. In Schweden hingegen waren die Ermittlungen gegen Julian Assange schon seit Jahren zum Erliegen gekommen. Viel zu lange.

---

6   Ellen Nakashima / Julie Tate: Google says it fought gag orders in WikiLeaks investigation, in: The Washington Post, 28. Januar 2015.

7   Julian Assange: When Google met WikiLeaks, New York 2014. Das Buch erzählt die Geschichte des Treffens von Julian Assange mit den damaligen Vorsitzenden von Google und »Google Ideas«, Eric Schmidt bzw. Jared Cohen, in der Ellingham Hall im Jahr 2011 – ein Treffen von Köpfen, die Welten voneinander trennen. Auch ihre Vorstellungen vom Internet liegen meilenweit auseinander. Für Assange beruht »die emanzipierende Wirkung des Internets auf dessen Freiheit und Staatenlosigkeit«. Für Schmidt ist »Emanzipation eins mit der US-Außenpolitik«, wie Assange schreibt.

Eine verdächtige Pattsituation in Schweden

Im August 2015 kam ich zu dem Schluss, dass der völlige Mangel an Fortschritten in dem schwedischen Fall eine gründliche journalistische Recherche erforderte. Es waren fast fünf Jahre vergangen, seit Staatsanwältin Marianne Ny den Fall am 1. September 2010 wieder aufgerollt hatte. Gegen Julian Assange wurde immer noch wegen minderschwerer Vergewaltigung – nach damaligem schwedischem Recht die unterste Kategorie von Vergewaltigung – und wegen sexueller Belästigung und Nötigung ermittelt. Die Ermittlungen waren im Vorstadium völlig ins Stocken geraten: Er war wegen dieser Vergehen weder angeklagt worden, noch war das Verfahren eingestellt worden.

Der WikiLeaks-Gründer saß seit dem 19. Juni 2012 in der Botschaft fest, seit dem Tag, an dem er sie betrat. Im August 2015 war das Gebäude immer noch Tag und Nacht von Scotland Yard umstellt. Jedes Mal, wenn ich ihn besuchte, gab es mehr Anzeichen dafür, dass sich sein Gesundheitszustand infolge der Umstände verschlechterte. Er lebte nicht nur auf einer Fläche von etwa 20 Quadratmetern, sondern konnte nicht einmal eine Stunde am Tag nach draußen gehen, im Gegensatz zu Gefangenen, die die ruchlosesten Verbrechen begangen haben, wie etwa jene, die in Italien für schuldig befunden wurden, einen Teenager erdrosselt und seinen Körper in Säure aufgelöst zu haben.

In der Botschaft arbeitete Assange weiter. WikiLeaks fuhr mit seinen Enthüllungen fort, manchmal allein, aber meistens mit uns Medienpartnern. Zeitungen wie die *New York Times* oder der *Guardian* hatten WikiLeaks einige Zeit lang abweisend gegenübergestanden, wenn nicht gar offen feindselig – nicht vergessen war der Cablegate-Konflikt, als die beiden *Guardian*-Journalisten das Passwort zur Entschlüsselung der diplomatischen Depeschen veröffentlichten. Aber WikiLeaks arbeitete weiterhin mit Qualitätsmedien zusammen, darunter die *Süddeutsche Zeitung*, die französische investigative Online-Zeitung *Mediapart* und der italienische *L'Espresso*.

11. JURISTISCHES PATT, DIPLOMATISCHES DICKICHT 233

Weiterhin zu veröffentlichen, gab Assange das Gefühl, lebendig zu sein. Jedes Mal, wenn wir Dokumente offenlegten, die Aufsehen erregten und von anderen aufgegriffen wurden, strahlte er, wie alle Journalisten, wenn sie einen Scoop landen. Aber aus der Nähe betrachtet war es traurig, sein körperliches und seelisches Befinden mitzuerleben. Er wollte nie schwach erscheinen. Wenn wir uns trafen, legte er immer eine stoische Haltung an den Tag. Und doch hatte der faktische Zustand des Arrests unbestreitbare Auswirkungen auf ihn. Es war ein langsamer und schleichender Prozess, aber bei meinen regelmäßigen Besuchen in der Botschaft konnte ich sehen, wie seine Gesundheit litt. Eines Tages erzählte ich ihm von Ravello, der Stadt an der italienischen Amalfiküste, für die der große US-amerikanische Intellektuelle Gore Vidal so sehr schwärmte. Als ich das Saphirblau des Meeres beschrieb, sah ich, dass er die Augen schloss. Er sagte mir, dass er versuchte, sich daran zu erinnern, wie es war, draußen die Weite des Meeres zu spüren. Er war innerhalb von vier Wänden begraben, und es war kein Ende in Sicht.

Es war ein italienischer Staatsanwalt, der mich darauf aufmerksam machte, wie ungewöhnlich es juristisch war, dass der schwedische Fall dermaßen ins Stocken geraten war: »Warum kommen die Ermittlungen nicht voran?«, fragte er mich Anfang 2015 bei einem zwanglosen Gespräch. Die Ermittlungen, erklärte ich ihm, seien seit jenem weit zurückliegenden 1. September 2010 in der vorläufigen Phase festgefahren, weil die Staatsanwältin Marianne Ny nicht nach London reisen wollte, um Assange zu befragen, bevor sie entschied, ob sie ihn anklagen oder die Sache ein für alle Mal auf sich beruhen lassen wollte; stattdessen wollte sie ihn erst vernehmen, wenn er nach Schweden ausgeliefert würde.

Assange hatte sich seit 2010 mit Händen und Füßen gegen seine Auslieferung gewehrt, da er sich sicher war, dass er bei einer Überstellung nach Schweden Gefahr liefe, an die USA weitergereicht zu werden. Über seine Anwälte hatte er versucht, von den schwedischen Behörden diplomatische Garantien dahingehend zu erhalten, dass er nicht an die Vereinigten Staaten ausgeliefert würde, wenn er sich zu einer Vernehmung nach Stockholm begäbe. Derlei Zusagen sind gängige Praxis bei Personen, denen Folter oder unmenschliche Behandlung droht, wenn sie in ein bestimmtes Land gelangen sollten. Und das Risiko für Assange war real angesichts der Rage der US-Behörden infolge der WikiLeaks-Veröffentlichungen.

Rein technisch handelt es sich bei dem Verbot, eine Person in ein Land zu überstellen, in dem ihr ernsthafter Schaden droht, um den »Grundsatz der Nicht-Zurückweisung«, einen Grundpfeiler des internationalen Rechts, so erklärt von der Genfer Flüchtlingskonvention bis zur UN-Konvention gegen Folter. Zwar sind diplomatische Zusicherungen alles andere als belastbar, wie das skandinavische Land selbst bewiesen hat;[8] doch der Umstand, dass die schwedischen Behörden nicht bereit waren, dem WikiLeaks-Gründer solche Garantien zu geben, bestärkte dessen Sorge vor einer möglichen Auslieferung.

Ich war nie in den Rat eingeweiht, den Assange von seinem Rechtsbeistand in dem schwedischen Fall erhielt, da dies unter den Schutz der Vertraulichkeit fällt. Aber nach dem Tod von Michael Ratner, jenem herausragenden Anwalt, der maßgeblich an der Durchsetzung des *Habeas Corpus* in Guantanamo beteiligt war, las ich in seinem posthum veröffentlichten Buch, dass er, Ratner, im Oktober 2010, unmittelbar nach der Veröffentlichung der ›Iraq War Logs‹, zusammen mit einem Kollegen, Leonard Weinglass, nach London flog, um sich mit Assange zu treffen.[9]

Bei diesem Treffen sagten Ratner und Weinglass voraus, was 2019 eintrat: Der WikiLeaks-Gründer würde unter dem Espionage Act angeklagt, weil er geheime US-Regierungsdokumente veröffentlicht hatte, und die US-Behörden würden ihn zu beschuldigen versuchen,

---

8 Nach 9/11 übergab Schweden zwei Asylbewerber an die US-Behörden, die diese nach Ägypten überstellten, nachdem sie diplomatische Zusicherungen erhalten hatten, dass Ägypten sie nicht foltern würde. Ein bloßes Feigenblatt: Sie wurden doch gefoltert. (Vgl. Human Rights Watch: Sweden violated torture ban with U.S. help, hrw.org, 19. Mai 2005.)

9 Michael Ratner: Moving the bar. My life as a radical lawyer, New York / London 2021.

zusammen mit Chelsea Manning eine kriminelle Verschwörung gebildet zu haben. »Es spielt keine Rolle, wer im Weißen Haus sitzt, ob Nixon, Bush oder Obama, ob Republikaner oder Demokraten«, sagten sie ihm, »so oder so wird die US-Regierung versuchen, Sie an der Veröffentlichung ihrer schmutzigen Geheimnisse zu hindern. Selbst wenn dabei Sie und der erste Verfassungszusatz sowie die Rechte von Verlegern über Bord gehen: All das nehmen sie in Kauf.« In Bezug auf die schwedische Causa aus jenem so fernen Jahr 2010 riet Ratner Assange: »Vermutlich haben Sie in einem größeren Land wie dem Vereinigten Königreich die meiste Unterstützung und das beste Anwaltsteam. In einem kleineren Land wie Schweden könnten die USA ihre Macht leichter nutzen, um Druck auf die Regierung auszuüben, sodass es einfacher wäre, Sie von dort auszuliefern.« Assange hörte aufmerksam zu, zeigte aber keine Regung, als Ratner ihm sagte: »Es ist weit weniger riskant, die schwedische Staatsanwältin zu bitten, Sie in London zu vernehmen.«

Das Problem war nur: Marianne Ny war überhaupt nicht bereit dazu. »Versuchen Sie zu verstehen, warum die schwedische Staatsanwältin nicht nach London reisen will, um ihn zu befragen«, riet mir ein italienischer Staatsanwalt Anfang 2015: Marianne Ny müsse doch nur die internationalen Abkommen über die justizielle Zusamenarbeit anwenden, einen zweistündigen Flug von Stockholm nach London nehmen, um ihn zu vernehmen, und dann entscheiden, ob sie ihn anklagen und vor Gericht stellen oder ihre Ermittlungen endgültig einstellen wolle.

Es war nicht das erste Mal, dass mir jemand im direkten Gespräch derartige Andeutungen zu dem Falle machte. Einige Monate zuvor hatte mir Eva Joly, eine französische Staatsanwältin, deren Ermittlungen zur Korruption des französischen Großkapitals das Establishment erschüttert hatten,[10] ohne Umschweife erklärt: »Ich

---

10 Stefania Maurizi: Julian Assange, sfida per la liberta, in: L'Espresso, 15. Juli 2014, espresso.repubblica.it. In einem Telefongespräch vom 27. Mai 2019 erklärte mir Eva Joly auch, dass die schwedische Seite Julian Assange auch hätte vor Gericht stellen können, ohne dass er nach Schweden ausliefert worden wäre.

bin durch ganz Europa gereist, um Verhöre auf der Grundlage der europäischen Rechtshilfeabkommen von 1959 durchzuführen, und seither haben wir noch viel bessere Konventionen entwickelt. Für die schwedische Staatsanwaltschaft wäre es nicht besonders schwierig, Assange in London zu vernehmen, und meines Erachtens ist es falsch [dies nicht getan zu haben]; zudem ist es unrecht, dass sie nicht informiert sind, ja: dass sie seit 20 Jahren keine Fortbildungskurse besucht haben.« Joly sagte mir auch, und bestätigte dies später noch einmal: Ny hätte – falls sie zu dem Entschluss gekommen wäre, Assange nach einer Vernehmung anzuklagen – sogar einen Weg finden können, ihn vor Gericht zu stellen, ohne ihn auszuliefern, etwa indem sie alles an einen ecuadorianischen Staatsanwalt delegiert hätte.

Selbstredend hat ein Richter oder eine Staatsanwältin jedes Recht zu entscheiden, wie ein Verdächtiger zu befragen ist; aber warum haben die Behörden eines Landes wie Schweden, von dem auszugehen ist, dass Menschenrechte dort eine Rolle spielen, die berechtigten Anliegen von Assange so sehr missachtet? Die Wut, die sich in den Erklärungen von US-Politikern entlud, er solle getötet oder wie ein Al-Qaida-Terrorist zur Strecke gebracht werden, gab einen Hinweis darauf, wie er in den Vereinigten Staaten behandelt zu werden drohte, wenn es ihnen gelungen wäre, ihn in die Finger zu bekommen.

Der WikiLeaks-Gründer seinerseits hatte sich der schwedischen Justiz nicht entzogen. Er hatte sich sogar darum bemüht, befragt zu werden. Selbst als er im Juni 2012 in der Botschaft Zuflucht suchte, hatte Ecuador, bevor es ihm Asyl gewährte, den schwedischen Behörden offiziell mitgeteilt,[11] dass Assange und die Regierung in Quito bereit seien, seine Befragung in der Botschaft zu arrangieren. Dass das Verfahren zum Erliegen gekommen war, lag ausschließlich an der Entscheidung von Marianne Ny, nicht die offiziellen Wege der justiziellen Zusammenarbeit zu nutzen, sondern um jeden Preis auf einer Auslieferung zu bestehen, um ihn erst dann zu vernehmen.

---

11 Zum Inhalt dieses offiziellen Schreibens der ecuadorianischen an die schwedischen Behörden vgl. Kapitel 9.

Nur wenige Wochen nach meinem Gespräch mit dem italienischen Staatsanwalt kündigte Ny im März 2015 plötzlich an, dass sie Assange tatsächlich in London befragen würde. Nach fast fünf Jahren hatte sie sich endlich bereiterklärt, zu tun, was sie bereits 2010 hätte tun können, als die Erinnerungen des Verdächtigen, ganz zu schweigen von denen seiner mutmaßlichen Opfer und verschiedener Zeugen, noch frisch waren. Zudem waren sie damals noch nicht von Tausenden von Artikeln über den Fall beeinflusst, und so wäre es viel einfacher – und selbstverständlich weit weniger zeitaufwendig gewesen –, die Fakten zu ermitteln.

Die Regierung Rafael Correa gab sofort eine Pressemitteilung heraus, in der es hieß: »Wir begrüßen die Entscheidung der schwedischen Behörden, Julian Assange endlich in unserer Londoner Botschaft zu befragen. Die ecuadorianische Regierung hat dieses Angebot seit 2012 wiederholt unterbreitet.« Und weiter: »Diese Entscheidung hätte von Anfang an getroffen werden können und nicht erst dann, wenn der Fall kurz vor der Verjährung steht.«[12] In der Tat wäre die Verjährungsfrist für mindestens zwei der Vorwürfe – Belästigung und Nötigung – Mitte August 2015 abgelaufen.

Trotz der Ankündigung von Marianne Ny und obwohl seither mehrere Monate vergangen waren, fand die Vernehmung nicht statt. Verblüfft über den nicht enden wollenden Stillstand, beschloss ich, dass es an der Zeit war, dem Fall genauer nachzugehen und die vollständigen Unterlagen zu beschaffen.

Aus dem Fenster schauen

Es erschien mir nicht hinnehmbar: Ein Journalist, der Kriegsverbrechen und Folter aufgedeckt hatte, saß bei zunehmend schlechter Gesundheit in einer Botschaft fest, während aus den Reihen der Me-

---

12 Ministerio de Relaciones Exteriores y Movilidad Humana del Ecuador, Comunicado Oficial, 13. März 2015, 14:40 Uhr.

dien niemand auch nur versuchte, den höchst ungewöhnlichen Umgang mit dem schwedischen Fall zu recherchieren, die Bruchstücke zusammenzusetzen und dazu beizutragen, ihn aufzulösen. Julian Assange war weder in der Botschaft von Nordkorea, noch hielt er sich in irgendeinem abgelegenen Land auf. Er befand sich mitten in Europa. Hunderte von nationalen und internationalen Zeitungen, Presseagenturen, Fernseh- und Radiostationen auf der ganzen Welt hatten über seinen Fall berichtet, beschränkten sich aber darauf, die Argumente der Verteidigung und der Staatsanwaltschaft abzubilden. Trotz all der Ressourcen, die den großen Zeitungen und Fernsehsendern zur Verfügung standen, versuchte niemand, tiefer zu graben.

Es gibt einen berühmten Satz, der die Aufgabe des Journalismus auf den Punkt bringt: »Wenn irgendjemand sagt, dass es regnet, und jemand anders, dass es trocken ist, so ist es nicht deine Aufgabe, beide zu zitieren. Deine Aufgabe ist es, aus dem Fenster zu schauen und herauszufinden, was wahr ist.«[13]

Am 3. August 2015 stellte ich bei der schwedischen Staatsanwaltschaft, die für die Ermittlungen zuständig ist, einen Antrag im Rahmen des Freedom of Information Act (FOIA), dem Gesetz zur Informationsfreiheit, um Zugang zu sämtlichen Dokumenten im Fall Assange zu erhalten. Unmittelbar danach reichte ich ein entsprechendes Gesuch beim Crown Prosecution Service ein, also bei einer britischen Strafverfolgungsbehörde, die Fällen in England und Wales nachgeht und der schwedischen Behörde Unterstützung leistete. Denn gegen den WikiLeaks-Gründer wurde zwar in Schweden ermittelt; da er sich aber physisch in London befand, war Marianne Ny auf die Zusammenarbeit mit ihren britischen Amtskollegen angewiesen.

Später reichte ich zum Fall Assange auch in den USA und in Australien FOIA-Anträge ein, zudem stellte ich einen an Scotland Yard,

---

13 Das Zitat wird Jonathan Foster zugeschrieben, einem britischen Journalisten und Lehrbeauftragten für Journalismus.

11. JURISTISCHES PATT, DIPLOMATISCHES DICKICHT 239

um Zugang zur vollständigen Korrespondenz der Polizeibehörde mit dem US-Justizministerium in Bezug auf Kristinn Hrafnsson, Sarah Harrison und Joseph Farrell zu erhalten – also jene drei, die für WikiLeaks berichteten und auf die der Durchsuchungs- und Beschlagnahmebefehl im Fall von Google abzielte. Da Harrison und Farrell britische Staatsangehörige sind, lag die Vermutung nahe, dass die US-amerikanischen mit den britischen Behörden kommunizierten, wobei Scotland Yard ein naheliegender Ansprechpartner war.

Nie hätte ich mir das Ausmaß an journalistischen Recherchen vorstellen können, die der Blick »aus dem Fenster« nach sich zog und die noch jetzt, da ich dies schreibe, intensiv andauern; und die mich letztlich dazu brachten, in Schweden, Großbritannien, den USA und Australien – vertreten durch sieben verschiedene Anwältinnen und Anwälte –, juristische Auseinandersetzungen zu führen, da mir alle vier Regierungen die Einsicht in Unterlagen verweigern.[14] Im August 2015 beantragte ich erstmals Zugang zu den Dokumenten, und immer noch trage ich diese Grabenkämpfe aus. Und das auf eigene Faust, ohne Rückendeckung, nicht einmal meine damalige Zeitung war interessiert, als ich mich auf dieses Unterfangen einließ. Zunächst bezahlte ich die Anwaltskosten aus eigener Tasche, solange ich es mir leisten konnte, dann machte ich mich auf die Suche nach Fördermitteln, um die Prozesskosten zu decken.[15] Seit 2015 arbeite ich völlig unentgeltlich an dieser FOIA-gestützten Recherche, aber es ging einfach nicht anders: Irgendwer musste sich die Mühe machen, den Fakten nachzugehen.

Die wenigen Dokumente, die ich bisher bekommen konnte, sind bloß die Spitze des Eisbergs. Aber sie haben ein Licht darauf geworfen, was hinter dem Stillstand des schwedischen Falls steckte.

---

14 Im weiteren Verlauf dieses Buches werde ich auf den wichtigen Beitrag meiner FOIA-Anwälte eingehen.
15 Auf die Finanzierung meiner FOIA-Verfahren gehe ich in der Danksagung dieses Buches ein.

Kein Auslieferungsersuchen wie jedes andere

Zweihundertsechsundzwanzig Seiten. Das war alles, was mir die schwedische Staatsanwaltschaft in jenem Sommer 2015 auf meinen FOIA-Antrag hin zur Verfügung stellte. Aber als ich diese Dokumente las, konnte ich kaum glauben, was mir da ausgehändigt worden war. Schweden ist ein Land mit strengen Transparenzgesetzen in öffentlichen Angelegenheiten. Und ich hatte eine Strategie: Eben jene Bestimmungen als Brechstange zu nutzen, um Dokumente über den Fall Assange aus anderen Ländern wie dem Vereinigten Königreich zu erhalten, wo der Zugang zu ihnen viel schwieriger ist. Und in der Tat war ich sofort gezwungen, den Crown Prosecution Service zu verklagen, nur um 551 Seiten in sieben Jahren zu erhalten, von denen viele umfassend zensiert waren. In Schweden dagegen war es zumindest anfangs einfach. Ob es nun der schwedischen Transparenz oder einigen zerstreuten Amtsmitarbeitern zu verdanken war: Im Endeffekt übergab mir die schwedische Staatsanwaltschaft jene Dokumente, die mir die Gründe für den justiziellen Stillstand offenbarten.

Nachdem Marianne Ny den Vergewaltigungsfall am 1. September 2010 wiederaufgenommen hatte, blieb Julian Assange freiwillig in Schweden, um bei den Ermittlungen zu kooperieren, und sein damaliger schwedischer Anwalt, Björn Hurtig, beantragte umgehend die Befragung seines Mandanten. Die Staatsanwältin verschob jedoch die Vernehmung.[16] Am 27. September flog Assange nach Berlin, um sich mit einigen Journalistinnen und Journalisten zu treffen, unter denen auch ich war. Bevor er Schweden verließ, vergewisserte er sich jedoch,

---

16 Dass Julian Assange von Anfang an ersucht hatte, von Marianne Ny vernommen zu werden, wird durch eine Mitteilung von Björn Hurtig an Ny vom 12. November 2010 bestätigt, die mir von den schwedischen Behörden infolge einer FOIA-Anfrage zugänglich gemacht wurde, wie auch durch das Dokument ›Agreed statement of facts and issues‹, in dem es heißt: »Der Berufungskläger [Julian Assange] beauftragte Mr. Hurtig, ihn anwaltlich zu vertreten. Zwischen dem 8. und 14. September 2010 beantragte der Rechtsbeistand des Klägers, dass dieser vernommen werde. Dieser Antrag wurde von der Staatsanwaltschaft zurückgestellt.

11. JURISTISCHES PATT, DIPLOMATISCHES DICKICHT 241

dass es keine Einwände gegen seine Ausreise gab. Am 14. September setzte sich sein schwedischer Anwalt mit Marianne Ny in Verbindung und bat um Bestätigung. »Telefonisch«, so Ny in ihrer Korrespondenz mit dem Crown Prosecution Service, »wurde Herr Hurtig darüber informiert, dass noch einige Ermittlungsmaßnahmen ausstünden, bevor eine erneute Befragung von Julian Assange in Frage käme, und dass kein Haftbefehl gegen ihn erlassen worden sei.«[17]

Zufrieden, dass es keine Einwände gegen seine Ausreise aus Schweden gab, flog der WikiLeaks-Gründer am 27. September nach Berlin und kam in dem Hotel an, in dem ich ihn traf. Wie erwähnt, nur ohne Gepäck, das auf seinem Direktfluges verschwunden war. Just am nächsten Tag wollte Ny ihn befragen, aber Hurtig sagte ihr, er habe nicht mit seinem Mandanten sprechen können. Noch am selben Tag, dem 27. September, ordnete die Staatsanwältin seine Verhaftung an.

Es war eine sehr intensive Zeit. WikiLeaks arbeitete an der Veröffentlichung der geheimen Kriegstagebücher zum Irak. Nichtsdestotrotz ließ Assange Marianne Ny über seinen Anwalt wissen, dass er bereit sei, am Sonntag, dem 10. Oktober 2010, oder an einem beliebigen Tag in der Woche ab dem 11. Oktober vernommen zu werden. »Weder die von uns vorgeschlagenen Termine noch ein anderer Termin waren für Sie akzeptabel; mal lagen die von uns vorgeschlagenen Termine zu weit in der Zukunft (einige Wochen), ein andermal war einer Ihrer Ermittler krank«, schrieb Hurtig an die Staatsanwältin. »Es muss daher irritieren«, schloss er, »dass keine Anhörung stattfinden konnte, weil ein Ermittler krank war.«[18]

---

17 Brief von Marianne Ny an Paul Close vom Crown Prosecution Service, 19. Januar 2011. Eine Kopie dieses Schreibens erhielt ich infolge meiner FOIA-Klage gegen die britischen Behörden, das heißt gegen den Crown Prosecution Service. Abdruck in diesem Buch gemäß der Open Government Licence v3.0: nationalarchives.gov.uk.
18 Brief von Hurtig an Marianne Ny, 12. November 2012. Infolge einer FOIA-Anfrage habe ich das Schreiben von der schwedischen Strafverfolgungsbehörde erhalten und erstmalig publik gemacht, in: Stefania Maurizi: Five years confined. New FOIA documents shed light on the Julian Assange case, in: L'Espresso, 19. Oktober 2015.

Daraufhin wurden sämtliche von Assanges Anwälten vorgeschlagenen Wege zur Befragung ihres Mandanten, sei es per Telefon oder Videokonferenz, sei es schriftlich oder persönlich in der australischen Botschaft – er war schließlich australischer Staatsbürger – von der Staatsanwaltschaft abgelehnt. All diese Möglichkeiten, einen Verdächtigen zu befragen, waren nach schwedischem Recht völlig legitim, aber Ny wollte ihn nur persönlich in Schweden befragen.

Am 2. Dezember 2010, als WikiLeaks gerade dabei war, die US-Depeschen zu veröffentlichen, erließ Ny einen Europäischen Haftbefehl zur Auslieferung. Assange, der sich in London aufhielt, um an den Dokumenten zu arbeiten, stellte sich am 7. Dezember Scotland Yard. Er wurde zehn Tage lang im Wandsworth-Gefängnis in Einzelhaft gehalten und dann, unter Hausarrest, entlassen.

Die Dokumente der schwedischen Staatsanwaltschaft, die mir zur Verfügung gestellt wurden, enthielten auch einen Brief von Hurtig an die Londoner Anwälte, die den Fall übernahmen, als der WikiLeaks-Gründer im Vereinigten Königreich war. »Der Fall ist einer der schwächsten, die ich in meiner beruflichen Laufbahn je gesehen habe«, schrieb Hurtig.[19] »Ich sollte an dieser Stelle hinzufügen: Mir wurde keine umfassende Einsicht in die Akte bezüglich Herrn Assange gewährt. Nach schwedischem Recht besteht keine Verpflichtung, die vollständige Akte zur Verfügung zu stellen, aber sie kann angefordert werden, und ich habe dies schriftlich und mündlich getan. Die schwedische Staatsanwältin Ny hat mir die Akteneinsicht mündlich verweigert. Ich weiß, dass die vollständige Akte äußerst wichtiges entlastendes Material enthält, das auf der Seite der Anklage beispielsweise grundlegende Widersprüche in den Schilderungen zu den wichtigsten Ereignissen aufzeigt.« Er fuhr fort: »Ich wurde gefragt, wie das Verfahren im Fall einer Auslieferung von

---

19 Brief des damaligen schwedischen Anwalts von Julian Assange, Björn Hurtig, an den damaligen britischen Anwalt von Assange, Mark Stephens von der britischen Kanzlei Finers Stephens Innocent LLP, vom 14. Dezember 2010. Infolge einer FOIA-Anfrage erhielt ich von der schwedischen Strafverfolgungsbehörde eine Kopie dieses Schreibens.

Herrn Assange an Schweden wohl ausgehen würde. Meiner Meinung nach ist es höchst ungewiss, ob Herr Assange, sollte er ausgeliefert werden, überhaupt strafrechtlich verfolgt würde.«

Hurtig fügte hinzu, er halte eine Verurteilung für »höchst unwahrscheinlich«, und fuhr fort: »Für den äußerst unwahrscheinlichen Fall eines sofortigen Schuldspruchs würde ich von einer Strafe im Bereich von acht bis zwölf Monaten ausgehen, was in der Praxis, nach schwedischem Recht, bei einem Straferlass von zwei Dritteln in Wirklichkeit sechs bis acht Monate bedeuten würde (wobei natürlich die in Großbritannien verbrachte Haftzeit angerechnet würde).«

Das schrieb Assanges Anwalt im Dezember 2010, als gegen seinen Mandanten wegen *minderschwerer Vergewaltigung*, für die die Höchststrafe vier Jahre beträgt, sowie zwei Fällen sexueller Belästigung und einem Fall von Nötigung, die jeweils mit höchstens zwei Jahren Gefängnis geahndet werden, ermittelt wurde. Es ließe sich einwenden, dass Hurtigs Bewertung parteiisch war, da sie von Assanges Rechtsbeistand stammte; aber der Vorwurf der Vergewaltigung stand auf derart dünnem Eis, dass die Stockholmer Oberstaatsanwältin Eva Finné ihn sofort mit der Feststellung verwarf, sie »denke nicht«, dass »der Verdacht begründet ist, er hätte eine Vergewaltigung begangen«.[20]

Ende Dezember befand sich Assange mit einer elektronischen Fußfessel unter Hausarrest in Ellingham Hall. Die Staatsanwältin Ny hätte beschließen können, ihn im Vereinigten Königreich im Rahmen rechtlicher Kooperationsabkommen zu vernehmen, sperrte sich aber dagegen; erst nach seiner Auslieferung an Schweden wollte sie ihn befragen.

Am 13. Januar 2011 schrieb Paul Close, ein britischer Jurist des Crown Prosecution Service, an das schwedische Gericht: »Es ist einfach erstaunlich, wie viel Arbeit dieser Fall verursacht. Manchmal

---

20 ›Agreed statement of facts and issues‹; vgl. auch die Erklärung von Eva Finné: »Ich gehe nicht davon aus, dass es einen Grund gibt, ihn der Vergewaltigung zu verdächtigen.« Zit. nach BBC (red. Bericht): Swedish rape warrant for Wikileaks' Assange cancelled, bbc.com, 21. August 2010.

kommt er regelrecht einer Industrie gleich. Es geht auf jeden Fall unaufhörlich weiter. Bitte glauben Sie nicht, dass der Fall wie jedes andere Auslieferungsersuchen behandelt wird.«[21]

Wie seltsam: Ein routinemäßiger Rechtsfall mit dem Vorwurf von Sexualdelikten soll Arbeit zur Folge haben, die sich mit einer ganzen »Industrie« vergleichen lässt? Und was war so besonders an dem Fall, dass er nicht wie »jedes andere Auslieferungsersuchen« zu behandeln war? Das Schreiben des Crown Prosecution Service lieferte keine weiteren Erklärungen. In einer früheren Mail hatte sich Paul Close bereits mit dem geringen Medieninteresse zufrieden gezeigt, das eine der Anhörungen zu dem Fall hervorgerufen hatte: »Ich glaube, die Presse war enttäuscht, dass es eher langweilig und technisch zuging, was natürlich genau das ist, was ich wollte.«[22] Ein paar Tage nach diesen Mails gab Close der schwedischen Staatsanwaltschaft einen entscheidenden Rat.

Wie Keir Starmers Crown Prosecution Service dabei half, den Sumpf trocken zu legen

Am 25. Januar 2011 äußerte sich Paul Close gegenüber seinen schwedischen Amtskollegen zu dem Fall, und das offenbar nicht zum ersten Mal. »Mein früherer Ratschlag hat weiterhin Bestand: Meines Erachtens wäre es für die schwedischen Behörden nicht ratsam zu versuchen, den Angeklagten im Vereinigten Königreich zu befragen«, schrieb Close und fügte hinzu: »Selbst wenn der Angeklagte mit einer solchen Befragung [nach Terminvereinbarung] auf einvernehmlicher Grundlage einverstanden wäre, würde die Verteidigung zweifellos ver-

---

21 E-Mail von Paul Close an Ola Löfgren in Kopie an Marianne Ny, 13. Januar 2011, 19:24 Uhr. Infolge einer FOIA-Anfrage erhielt ich von der schwedischen Strafverfolgungsbehörde eine Kopie dieses Schreibens.

22 E-Mail von Paul Close an Ola Löfgren in Kopie an Marianne Ny, 11. Januar 2011, 15:48 Uhr. Infolge einer FOIA-Anfrage erhielt ich von der schwedischen Strafverfolgungsbehörde eine Kopie dieses Schreibens.

suchen, den Vorgang zu ihrem Vorteil zu nutzen. Sie würde zwangsläufig behaupten, die Vernehmung wäre ein schlüssiger Beweis dafür, dass die schwedischen Behörden nichts gegen ihn in der Hand hätten und dass sie nur in der Hoffnung stattfände, er würde ein umfassendes und freimütiges Geständnis ablegen. Er wäre selbstverständlich [nach englischem Recht] nicht verpflichtet, die gestellten Fragen zu beantworten. Jeder Versuch, ihn nach dem strengen schwedischen Recht zu befragen, wäre unweigerlich mit Problemen verbunden.«

Und, so der Mann des Crown Prosecution Service weiter: »Die allgemeine Erfahrung hat zudem gezeigt: Versuche ausländischer Behörden, Angeklagte im Vereinigten Königreich zu befragen, führen häufig zu der Erwiderung der Verteidigung, die Befragung wäre mit irgendwelchen Anreizen oder Drohungen verbunden gewesen [wie z. B. die Methode der Staatsanwaltschaft, den Angeklagten gegen Kaution an einen anderen Staat auszuliefern]. Ich schlage daher vor, dass Sie ihn nur nach seiner Übergabe an Schweden und gemäß schwedischem Recht befragen. Wie besprochen, stützt sich Ihre strafrechtliche Verfolgung auf die vorhandenen Beweise und ist ausreichend, um ein Verfahren einzuleiten, was die Staatsanwaltschaft beabsichtigt. Die Beschaffung einer DNA-Probe des Angeklagten im Vereinigten Königreich ist eine operative Frage, über die Sie und Ihre Kollegen entscheiden müssen. Ein entsprechendes Ersuchen wäre erforderlich. Ich glaube, Sie könnten nur eine nicht-intime Probe von ihm anfordern. Ich bin mir nicht sicher, ob dieses Beweismittel wirklich entscheidend ist [oder ob es dabei zeitliche Probleme gibt]. Auch hier können Sie unterm Strich zu dem Schluss kommen, dass der Erhalt solcher Beweismittel der Verteidigung mehr schaden als nützen würde. Sie haben die Beweise der Beschwerdeführer.«[23]

---

23 E-Mail von Paul Close an Ola Löfgren in Kopie an Marianne Ny, 25. Januar 2011, 17:36 Uhr. Infolge einer FOIA-Anfrage erhielt ich von der schwedischen Strafverfolgungsbehörde im Jahr 2015 eine Kopie dieses Schreibens. Vollständig erhielt ich die Mail erst 2021 nach mehrfachem Einspruch bei schwedischen Gerichten, um Zugang zum gesamten Schriftverkehr im Fall Assange zu erhalten: Bei der vorangegangenen Freigabe war der Abschnitt über die DNA vollständig geschwärzt worden.

Meine FOIA-Recherchen in Schweden klärten also prompt eines der Rätsel auf, die den Kern des Falles ausmachten. Es waren die britischen Behörden mit dem Crown Prosecution Service, die der schwedischen Seite von der einzigen juristischen Strategie abgeraten hatten, die zu einer schnellen Lösung des Falles hätte führen können, nämlich Julian Assange in London zu befragen, anstatt auf seiner Auslieferung zu bestehen. Marianne Ny hatte zwar von Anfang an darauf bestanden, ihn persönlich in Schweden zu vernehmen, aber angesichts der mangelnden Fortschritte bei den Vorermittlungen hätte sie ihre Strategie überdenken und beschließen können, die juristischen Kooperationsverfahren zu nutzen, um Julian Assange persönlich in London zu befragen. Leider hat sie dies nicht getan: Sie bestand weiterhin auf einer Auslieferung um jeden Preis. Und indem der Crown Prosecution Service der schwedischen Seite riet, ihn nicht im Vereinigten Königreich zu vernehmen, trug er zu jener juristischen Pattsituation bei, infolge derer der WikiLeaks-Gründer seit 2010 in Großbritannien festsaß. Nachdem alle Möglichkeiten, sich seiner Überstellung nach Schweden zu widersetzen, ausgeschöpft waren und Assange in der ecuadorianischen Botschaft Zuflucht suchte, ergab sich zudem noch eine diplomatische Sackgasse, in die fünf Länder verwickelt waren: Australien, Schweden, Großbritannien, Ecuador und die Vereinigten Staaten. Er befand sich in einem regelrechten Sumpf, zurückgelassen in einem juristischen Schwebezustand, in dem jahrelang gegen ihn ermittelt wurde: Stets im Verdacht, ein Vergewaltiger zu sein, ohne jedoch je angeklagt oder ein für alle Mal entlastet zu sein.

Eine der Ungereimtheiten in der Mitteilung von Paul Close war die Verwendung des Begriffs »Angeklagter«[24], obwohl doch gegen Assange nur ermittelt wurde: Er war gar nicht angeklagt worden. Sein Verweis auf die Absicht der schwedischen Behörden, ihn vor Gericht zu stellen, war ebenfalls seltsam, hatte doch die Staatsanwältin Ny am 19. Januar 2011, nur sechs Tage vor dieser Mail, gegenüber

---

24 Der Begriff »defendant« bezeichnet jemanden, der angeklagt ist.

Close erklärt: »Nach schwedischem Recht kann eine Entscheidung zur Strafverfolgung nicht in dem Stadium getroffen werden, in dem sich die Voruntersuchung derzeit befindet.«[25]

Angesichts der Weigerung von Marianne Ny, ihn in London zu befragen, wehrte sich Assange bis hoch zum britischen Supreme Court gegen seine Auslieferung nach Schweden. Zwei Tage vor seinem Einspruch bei Gericht schrieb der Crown Prosecution Service erneut an die schwedische Staatsanwältin: »Ich glaube nicht, dass so etwas schon einmal vorgekommen ist, weder in Bezug auf die Geschwindigkeit noch auf den informellen Charakter der Abläufe. Ich nehme an, dass dieser Fall immer wieder aufs Neue verblüffen wird.«[26]

Wieder einmal spielten die britischen Behörden auf eine besondere Situation an, ohne zu erklären, was sie so besonders machte.

Sobald dem WikiLeaks-Gründer die Genehmigung erteilt worden war, beim Obersten Gerichtshof des Vereinigten Königreichs Berufung einzulegen, setzte sich das schwedische Mitglied bei Eurojust – der Agentur der Europäischen Union für justizielle Zusammenarbeit in Strafsachen – mit seinem britischen Amtskollegen in Verbindung und brachte seinen Optimismus zum Ausdruck, dass das Gericht gegen Julian Assange entscheiden würde, und erkundete Taktiken, um ihn nach Schweden auszuliefern, bevor er sich für mögliche Schutzmaßnahmen an den Europäischen Gerichtshof für Menschenrechte würde wenden können. Die entsprechende Mail hatte den Betreff »Assange pick up«, und der Text lautete wie folgt: »Da Schweden bereit sein muss, Mr Asange [sic] nach einer positiven Entscheidung so schnell wie möglich aufzunehmen, ist es äußerst wichtig, in sehr gutem Dialog mit den britischen Behörden

---

25 Brief von Marianne Ny an Paul Close, 19. Januar 2011. Infolge einer FOIA-Anfrage erhielt ich von der schwedischen Strafverfolgungsbehörde eine Kopie dieses Schreibens.

26 E-Mail des Crown Prosecution Service an Marianne Ny, 13. Dezember 2011, 13:30 Uhr. Im Rahmen der FOIA-Klage gegen den Crown Prosecution Service erhielt ich eine Kopie dieses Schreibens.

zu stehen. Gemäß meiner Erfahrung in ähnlichen Situationen mit Eurojust ist es wichtig, dass die Aufnahme so bald wie möglich auf die Entscheidung folgt, um Konflikte mit einer zu erwartenden Berufung vor dem Europäischen Gerichtshof für Menschenrechte zu vermeiden. Nach Ablauf von zehn Tagen [sic] besteht keine Möglichkeit [sic] mehr, Zwangsmaßnahmen gegen Mr A. zu ergreifen.«[27]

Am 30. Mai 2012 entschied der Oberste Gerichtshof, dass Assange ausgeliefert werden sollte. Als das Urteil rechtskräftig wurde, wartete der WikiLeaks-Gründer nicht mehr ab. Nur fünf Tage später suchte er Zuflucht in der ecuadorianischen Botschaft in London, wo ihm am 16. August Asyl gewährt wurde.

Fünfzehn Tage nach Asylerhalt erschien ein Presseartikel mit dem Titel: »Schweden könnte Verfahren einstellen, sagt Assange«. Den Artikel kommentierte der Crown Prosecution Service in einer Mail an Marianne Ny mit einem »Don't you dare«: »Journalisten!! Wagen Sie es nicht, kalte Füße zu bekommen!!!«[28] Im November 2012 wiederum schrieb Paul Close an die Staatsanwältin: »Ich habe keine Ahnung, warum der britische Vize-Botschafter sich mit Ihnen treffen will. Ich kann nur vermuten, dass es kaum verwunderlich ist, da Sie sich in diesen gesellschaftlichen Kreisen bewegen!«[29]

Welches Interesse hatten die britischen Behörden an den schwedischen Ermittlungen, dass sie Ny gar ermahnten, es »nicht zu wa-

---

27 Korrespondenz zwischen dem schwedischen Mitglied bei Eurojust und den britischen Behörden bei Eurojust sowie dem Crown Prosecution Service, 8. Dezember 2011, 13:10 Uhr. Eine Kopie dieser E-Mail erhielt ich infolge meiner FOIA-Klage gegen den Crown Prosecution Service. Ich habe dieses Dokument in folgendem Artikel öffentlich gemacht: Stefania Maurizi: Will Assange be able to appeal to the European Court of Human Rights to fight his extradition to the US?, in: il Fatto Quotidiano, 6. Januar 2021. (Beiträge aus *il Fatto Quotidiano* jeweils nach der engl. Ausgabe.)

28 E-Mail des Crown Prosecution Service an Marianne Ny, 31. August 2012, 12:07 Uhr. Dank meiner Klage gegen den Crown Prosecution Service erhielt ich eine Kopie dieses Schreibens.

29 E-Mail von Paul Close an Marianne Ny, 29. November 2012, 11:28 Uhr. Infolge einer FOIA-Anfrage erhielt ich von der schwedischen Strafverfolgungsbehörde eine Kopie dieses Schreibens.

gen«, den Fall zu den Akten zu legen? Und warum wollte sich der stellvertretende britische Botschafter mit ihr treffen?

Eines war sicher: Die Menschenrechte und der Gesundheitszustand von Julian Assange schienen das Letzte zu sein, worum sich die Londoner Behörden sorgten. Gegen Ende 2012, als der WikiLeaks-Gründer bereits fünf Monate festsaß, äußerte sich die britische Strafverfolgungsbehörde gegenüber der Staatsanwältin Ny wie folgt: »Unter keinen Umständen kann er die ecuadorianische Botschaft verlassen, sich vernehmen lassen und dann wieder zurückkehren. Er würde verhaftet, sobald es der Sache dient. Seine Sorge mag daher rühren, dass er auf engem Raum lebt (sicherlich eine gute Übung), in London wenig Tageslicht hat und viel frische Luft braucht (wiederum nützlich mit Blick auf eine Reise in das gesündeste Land der Welt). Was den Gewichtsverlust angeht, so gibt es viele Menschen in meinem Bekanntenkreis (natürlich nur Frauen), die das stets begrüßen würden.«[30]

Genau an dem Tag, an dem der Crown Prosecution Service diese Worte schrieb, besuchte ich Julian Assange zum ersten Mal in der Botschaft: Er hatte bereits stark abgenommen, was ich auch gleich in einem Artikel festhielt.[31]

Ein ganzes Jahr verging, und selbst die schwedischen Behörden begannen, den Weg in jene Sackgasse zu hinterfragen, in die sie sich auf Anraten der britischen Behörden begeben hatten, indem sie auf der Auslieferung bestanden. Im Oktober 2013 schrieb Marianne Ny an die Amtskollegen im Vereinigten Königreich: »Es scheint, dass Julian Assange absolut entschlossen ist, unter keinen Umständen nach Schweden zu gehen.« Darüber hinaus bestünde nur eine »geringe Chance«, dass »das Urteil zur Auslieferung von Assange innerhalb einer angemessenen Zeit vollstreckt« werde.

---

30 E-Mail des Crown Prosecution Service an Marianne Ny, 29. November 2012, 11:28 Uhr. Im Rahmen der FOIA-Klage gegen den Crown Prosecution Service erhielt ich eine Kopie dieses Schreibens.
31 Stefania Maurizi: Julian Assange. WikiLeaks will go ahead, in: L'Espresso, 30. November 2012.

»Das schwedische Recht verlangt«, so ihre Schlussfolgerung, »dass Zwangsmaßnahmen verhältnismäßig sein müssen. Die Zeit, die vergeht, die Kosten des Verfahrens und die Schwere der Tat müssen im Verhältnis zu der Behandlung bzw. der Beeinträchtigung des Verdächtigen stehen. Vor diesem Hintergrund sahen wir uns gezwungen, die Aufhebung der Haftanordnung (also die gerichtliche Verfügung) und des Europäischen Haftbefehls zu prüfen. Wenn dem so ist, so sollte dies in ein paar Wochen geschehen. Das würde nicht nur auf uns, sondern auch auf Sie erhebliche Auswirkungen haben.«[32]

Der nächste Satz war geschwärzt; von daher half er nicht weiter, um nachzuvollziehen, warum die Aufhebung des Europäischen Haftbefehls auch Folgen für die britische Seite gehabt hätte. Handelte es sich nicht etwa um schwedische Ermittlungen? Jedenfalls lieferte diese Mail den Beweis dafür, dass Marianne Ny, kaum mehr als ein Jahr nachdem Julian Assange in der Botschaft Zuflucht gesucht hatte, die Einstellung des Auslieferungsverfahrens in Erwägung zog. Es waren ihre Ermittlungen; es stand in ihrer Macht, dies zu tun. Warum also tat sie es nicht? Und was waren die Gründe für die abermalige Replik des Crown Prosecution Service? Die Antwort lautete: »Ich würde gerne alle Blickwinkel übers Wochenende prüfen.«[33] Welche Blickwinkel hatten die britischen Behörden in einem schwedischen Sexualfall? »Ich hoffe, es hat Ihnen nicht das Wochenende verdorben«, entgegnete Ny.[34] Unklar ist, warum eine schwedische Staatsanwältin, die eine Auslieferung ablehnt, den britischen Amtskollegen das Wochenende verderben würde.

---

32 E-Mail von Marianne Ny an den Crown Prosecution Service, 18. Oktober 2013, 12:01 Uhr. Infolge meiner Klage gegen den Crown Prosecution Service erhielt ich eine Kopie dieses Schreibens.

33 E-Mail des Crown Prosecution Service an Marianne Ny, 18. Oktober 2013, 16:45 Uhr. Infolge meiner Klage gegen den Crown Prosecution Service erhielt ich eine Kopie dieses Schreibens.

34 E-Mail von Marianne Ny an den Crown Prosecution Service, 21. Oktober 2013, 8:55 Uhr. Infolge meiner Klage gegen den Crown Prosecution Service erhielt ich eine Kopie dieses Schreibens.

Zwei Monate nach diesem Mailwechsel schrieb Marianne Ny erneut an den Crown Prosecution Service. Den möglichen Verzicht auf eine Auslieferung erwähnte sie dabei nicht mehr, stattdessen erkundigte sie sich nach den Kosten für den pausenlosen Scotland-Yard-Einsatz an der Botschaft. In Schweden ging das Gerücht, diese wären »unangemessen hoch«. Für die britischen Behörden war dies jedoch kein Problem, denn »in dieser Angelegenheit« seien für sie »Kosten nicht als relevanter Faktor zu betrachten«.[35]

In den Jahren zwischen 2010 und 2013 traf der Crown Prosecution Service maßgebliche Entscheidungen, wie jene, Marianne Ny von der einzigen juristischen Strategie abzuraten, die den Fall zu einem schnellen Abschluss hätte bringen können: Assange in London zu vernehmen. Die Ratschläge trugen dazu bei, dass der Fall in eine Sackgasse geriet: Die Gesundheit von Julian Assange wurde ernsthaft gefährdet, ein Grundsatz wie »justice for everyone« unterlaufen und ein Millionenbetrag an öffentlichen Geldern verjubelt. Warum schlug die britische Ermittlungsbehörde diesen Weg ein?

Während dieser Zeit wurde der Crown Prosecution Service von Keir Starmer geleitet,[36] der später zum Vorsitzenden der britischen Labour Party wurde und damit Jeremy Corbyn ablöste, einen Politiker, der dem britischen Establishment, vor allem dem Militärisch-Industriellen Komplex, wegen seiner linken und pazifistischen Positionen zutiefst zuwider war. Welche Rolle, so er denn eine spielte, hatte Keir Starmer im Fall Julian Assange?

---

35 E-Mail des Crown Prosecution Service an Marianne Ny, 10. Dezember 2013, 16:29 Uhr. Infolge meiner Klage gegen den Crown Prosecution Service erhielt ich eine Kopie dieses Schreibens.

36 Keir Starmer trat sein Amt als Leiter des Crown Prosecution Service am 1. November 2008 an, sein letzter Tag war der 31. Oktober 2013. Der Rat von Paul Close an die schwedische Ermittlungsbehörde, Julian Assange nicht in London zu vernehmen, ist in dem Schriftwechsel dokumentiert, den ich im Rahmen des FOIA-Verfahrens erhielt. Dieser geht mindestens bis Januar 2011 zurück, doch den Ratschlag erteilte Close bereits früher. Keir Starmer wurde im April 2020 zum Vorsitzenden der britischen Labour Party und im Juli 2024 zum britischen Premierminister gewählt.

Seit 2015, als ich erstmals das besagte Fenster öffnete, um hinauszuschauen, versuche ich anhand von journalistischer Recherche mithilfe des ›Freedom of Information Act‹ der Wahrheit dieses Falls auf den Grund zu kommen. Um die offenen Fragen beantworten zu können, müsste ich Zugang zu allen Dokumenten haben, aber trotz neunjähriger Bemühungen und sieben Einsprüchen bei Gerichten im Vereinigten Königreich und in Schweden sind bisher all meine Versuche gescheitert.

Doch infolge meiner Grabenkämpfe konnte ich auch herausfinden, dass der Crown Prosecution Service wichtige Mails im Fall Julian Assange vernichtet hatte. Doch bevor ich weiter in diese Sache einsteigen konnte, wurde der Sumpf noch tiefer.

Als Marianne Ny schließlich ihre Meinung änderte

Nach der Mail von Marianne Ny an den Crown Prosecution Service vom Oktober 2013, in der sie mitteilte, das Auslieferungsverfahren möglicherweise einstellen zu wollen, verging ein weiteres Jahr ohne Fortschritte – bis die Staatsanwältin am 13. März 2015 ankündigte, Julian Assange in London zu vernehmen. Was hatte die schwedischen Stellen dazu bewogen, endlich die Blockade des Falls zu lösen? Zunächst einmal würde die Verjährungsfrist für die Vorwürfe der sexuellen Belästigung und Nötigung in nur fünf Monaten ablaufen. Und in der Zwischenzeit hatten sich zwei wichtige Entwicklungen vollzogen.

Der WikiLeaks-Gründer hatte beim schwedischen Berufungsgericht die Aufhebung des Haftbefehls beantragt. Dies wurde zwar im November 2014 abgelehnt, doch erstmals kritisierte das Gericht in aller Deutlichkeit den justiziellen Stand der Dinge: »Das Berufungsgericht stellt indessen fest, dass die Ermittlungen zu den mutmaßlichen Straftaten zum Stillstand gekommen sind, und ist der Ansicht, dass das Versäumnis der Staatsanwaltschaft, alternative Möglichkeiten zu prüfen, nicht im Einklang mit ihrer Verpflichtung steht, das

Ermittlungsverfahren – im Interesse aller Beteiligten – voranzutreiben.«[37]

Und das war noch nicht alles. Am 16. September 2014 teilte die UN-Arbeitsgruppe gegen willkürliche Inhaftierungen (United Nations Working Group on Arbitrary Detention, UNWGAD) den schwedischen und britischen Behörden offiziell mit, dass sie eine Beschwerde über den Zustand von Julian Assange erhalten habe, und bat die beiden Länder um Erklärungen.

Diese drei Faktoren waren ein Weckruf für die schwedischen Behörden. Doch die seit fast fünf Jahren anstehende Befragung fand nicht statt, und im August 2015 lief die Verjährungsfrist für die Vorwürfe der Belästigung und Nötigung ab.

Ny erklärte bei dieser Gelegenheit: »Seit Herbst 2010 habe ich versucht, eine Genehmigung für eine Befragung von Julian Assange zu erhalten, aber er hat sich stets geweigert zu erscheinen. Als die Verjährungsfrist näher rückte, wollten wir ihn in London vernehmen. Anfang Juni wurde ein Antrag auf eine Befragung in der ecuadorianischen Botschaft gestellt, aber eine Bewilligung steht noch aus.«[38]

Was Ny nicht erwähnte: Für die Entscheidung brauchte sie schlicht zu lange, wie aus den FOIA-Dokumenten hervorgeht. Fünf Jahre hatten die schwedischen Behörden Zeit, doch gerade einmal fünf Monate vor Ablauf der Verjährungsfrist beschlossen sie, ihn zu vernehmen, und sandten am 29. Mai 2015 ein Ersuchen um rechtliche Zusammenarbeit an das Vereinigte Königreich. Das Schreiben ging am 2. Juni bei den britischen Behörden ein. Die Vernehmung war für den 17. und 18. Juni angesetzt; die Zeit wurde knapp. Am 12. Juni erfuhr Ny, dass Quito die Anfrage noch nicht erhalten hatte, und schrieb an den ecuadorianischen Botschafter in London, Juan Falconí Puig: »Ich bedauere, dass das Rechtshilfeersuchen in der Angelegenheit Julian Assange noch nicht an die ecuadorianische Bot-

---

37 Maurizi: Five years confined ..., a. a. O.; David Crouch: Julian Assange. Swedish court rejects appeal to lift arrest warrant, in: The Guardian, 20. November 2014.
38 Maurizi: Five years confined ..., a. a. O.

schaft übermittelt wurde. Soweit ich heute früh erfahren konnte, waren die notwendigen Maßnahmen zur Beglaubigung der Dokumente bis gestern Abend noch nicht abgeschlossen. Ich ersuche nun Informationen, wann dies der Fall sein wird und wann die Dokumente übermittelt werden können.«[39]

Am 16. Juni, dem Nachmittag vor der geplanten Befragung, teilte Ecuadors Botschafter der Staatsanwältin mit, dass die Zeit für eine Antwort des Außenministeriums in Quito nicht mehr ausreiche. Ny hatte ihre Ermittler bereits nach London geschickt, doch da die Genehmigung der Regierung fehlte, gab Juan Falconí Puig kein grünes Licht. »Ich habe mich entschieden, mein Untersuchungsteam nach London zu schicken«, so Marianne Ny an den Diplomaten, »um für den Fall vorbereitet zu sein, dass die Republik Ecuador trotz der späten Übergabe des förmlichen Ersuchens beschließen sollte, die Genehmigung zu erteilen.«[40]

Die lang erwartete und für den 17./18. Juni 2015 angesetzte Vernehmung fiel ins Wasser. Und da Juan Falconí Puig auf einen anderen Posten versetzt worden war und der neue Botschafter im Juli eintreffen würde, lief die Verjährungsfrist im August ab. Weder dem mutmaßlichen Opfer der Vergehen, Anna A., noch dem WikiLeaks-Gründer widerfuhr Gerechtigkeit. Nach schwedischem Recht kann ein Verdächtiger nämlich nicht freiwillig auf die Verjährungsfrist verzichten, um seine Unschuld zu beweisen und seine Ehre wiederherzustellen. Die Vorwürfe der sexuellen Belästigung und Nötigung würden Julian Assange für immer anhaften.

Einen Tag vor Ablauf der Verjährungsfrist sagte Claes Borgström, der damalige Anwalt der beiden Frauen, gegenüber der *New York Times*: »Herr Assange ist jetzt seit vielen Jahren in London, wahr-

---

39 E-Mail von Marianne Ny an die ›Embajada del Ecuador Gran Bretana‹, 12. Juni 2015, 12:49 Uhr. Infolge einer FOIA-Anfrage erhielt ich von der schwedischen Strafverfolgungsbehörde eine Kopie dieses Schreibens.

40 E-Mail von Marianne Ny an die ›Embajada del Ecuador Gran Bretana‹, 18. Juni 2015, 12:38 Uhr. Infolge einer FOIA-Anfrage erhielt ich von der schwedischen Strafverfolgungsbehörde eine Kopie dieses Schreibens.

scheinlich länger als er in Schweden gewesen wäre, wenn er hierhergekommen wäre – selbst wenn er angeklagt und für schuldig befunden worden wäre.«[41]

Waren ihm und den schwedischen Behörden mögliche Hintergründe gar nicht erst in den Sinn gekommen? Hatte sich Assange vielleicht deshalb dazu entschieden, länger in der Botschaft zu bleiben als für die Dauer einer möglichen Strafe, die er in Schweden riskiert hätte – wenn er denn jemals angeklagt und für schuldig befunden worden wäre –, weil er eine Auslieferung an die USA fürchtete? Waren seine Sorgen womöglich real und nicht bloß eine Ausrede, um der schwedischen Justiz zu entkommen?

Im Oktober 2015, zwei Monate nach Ablauf der Verjährungsfrist für die genannten Vorwürfe, hob Scotland Yard die Umstellung des Gebäudes auf, wo man seit Juni 2012 Tag und Nacht Präsenz gezeigt hatte. Die Maßnahme, so die Begründung, sei »nicht mehr verhältnismäßig«.[42] Die Zahlen gaben ihnen Recht: Nach eigenen Schätzungen der britischen Regierung hatte die Belagerung eines wehrlosen Mannes den Steuerzahler in drei Jahren 13,2 Millionen Pfund gekostet.[43] Gegen Assange wurde jedoch immer noch wegen Vergewaltigung in Schweden ermittelt, sodass der Europäische Haftbefehl zum Zweck der Auslieferung noch immer Bestand hatte. Trotz des Rückzugs kündigte Scotland Yard an, weiterhin »alle Anstrengungen zu unternehmen, um ihn zu verhaften«, dazu werde man zu »einer Reihe offener und verdeckter Schritte« greifen.[44]

Wie ernst es den britischen Behörden war, wurde nur wenige Tage später deutlich, als der ecuadorianische Außenminister berichtete, er habe das Vereinigte Königreich um sicheres Geleit gebeten, damit Julian Assange die Botschaft für ein paar Stunden verlassen

---

41 Stephen Castle: Time is running out on part of Assange sex assault investigation, in: New York Times, 12. August 2015.
42 Maurizi: Five years confined…, a.a.O.
43 Mayor of London: Questions and Answers Julian Assange, london.gov.uk.
44 Maurizi: Five years confined…, a.a.O.; Jamie Grierson: Julian Assange: police removed from outside Ecuadorian embassy, in: The Guardian, 12. Oktober 2015.

konnte, um sich wegen eines schmerzhaften Schulterproblems einer MRT-Untersuchung zu unterziehen. Er könne gehen, wann immer er wolle, antwortete die britische Regierung, man würde ihn aber verhaften.[45]

Assange blieb in der Botschaft und verzichtete auf medizinische Behandlung. Bald darauf stellte sich indes ein maßgebliches Gremium der Vereinten Nationen auf seine Seite, die Arbeitsgruppe gegen willkürliche Inhaftierungen.

---

45 Ben Quinn: Britain unmoved by Ecuadorian request to give Julian Assange »safe passage« for MRI scan, in: The Guardian, 15. Oktober 2015.

12.
Willkürlich inhaftiert

Ein Völkerrecht für uns und eines für sie: Wie sich Schweden und das Vereinigte Königreich über eine UN-Arbeitsgruppe hinwegsetzten

Sie gehen unaufdringlich ihrer Arbeit nach und stehen nur selten im Rampenlicht. Die Arbeitsgruppe der Vereinten Nationen gegen willkürliche Inhaftierungen hat den Auftrag festzustellen, wann Menschen willkürlich ihrer Freiheit beraubt werden: politische Aktivisten und Journalistinnen, die von Regierungen verfolgt werden, Flüchtlinge und Asylbewerber, die ohne Aussicht auf Entlassung inhaftiert werden. Das UN-Gremium befasst sich mit einigen der am meisten gefährdeten Personen weltweit. Julian Assange hatte eine Beschwerde bei der Arbeitsgruppe eingereicht, vertreten durch eine Reihe von Rechtsbeiständen, darunter die renommierte australische Anwältin Melinda Taylor, Expertin für Völkerrecht und Menschrechte und selbst einmal Opfer einer willkürlichen Inhaftierung in Libyen.

Im Februar 2016 gab die Arbeitsgruppe eine Stellungnahme ab: Der WikiLeaks-Gründer wurde von Schweden und dem Vereinigten Königreich in der Tat willkürlich festgehalten. Die Gruppe forderte die beiden Länder auf, den Freiheitsentzug von Assange zu beenden und ihm das Recht auf Entschädigung zu gewähren. Wie begründete das UN-Gremium den Befund, es handele sich um eine willkürliche Inhaftierung? Dafür nannte es fünf wesentliche Punkte.

»Herrn Assange wurde die Möglichkeit genommen, eine Erklärung abzugeben«, und »der Zugang zu entlastendem Beweismaterial verwehrt und damit die Chance, sich gegen die Anschuldigungen zu verteidigen.« Gemeint waren Indizien wie die SMS-Nachrichten, die von den beiden Frauen im Jahr 2010 zeitlich rund um die vermeintlichen Straftaten abgesendet wurden. Jahrelang hatte der WikiLeaks-Gründer darauf hingewiesen, dass seine schwedischen Anwälte die Kurznachrichten nur lesen durften, aber weder Kopien bekommen noch Abschriften derselben machen konnte.[1] Zudem sei, so die UN-Arbeitsgruppe, »die Dauer einer solchen Inhaftierung *ipso facto* unvereinbar mit der Unschuldsvermutung.«

Der Freiheitsentzug sei auch deshalb willkürlich, weil er zum einen »zeitlich unbestimmt« sei und es »keine wirksame Form der gerichtlichen Überprüfung oder des Rechtsbehelfs« gebe; zum anderen weil »die Botschaft der Republik Ecuador in London keine Strafanstalt« sei, und schon gar nicht »ausgestattet für eine längere Untersuchungshaft«, zumal es dem Ort »an angemessener und notwendiger medizinischer Ausrüstung fehlt.«[2] Die Arbeitsgruppe unterstrich: »Anzunehmenderweise hat sich der Gesundheitszustand von Herrn Assange nach fünf Jahren Freiheitsentzug so weit verschlechtert, dass alles, was über eine oberflächliche Krankheit hinausgeht, seine Gesundheit ernsthaft gefährdet, zumal ihm der Zugang zu einer medizinischen Einrichtung für eine angemessene Diagnose, einschließlich einer MRT-Untersuchung, verweigert wurde.«

Schließlich berücksichtigte das UN-Gremium noch einen letzten, keineswegs unbedeutenden Faktor: »Was die Rechtmäßigkeit

---

1   Dass die vollständige Akte »extrem wichtiges entlastendes Material« enthielt, wurde von Assanges damaligem schwedischen Anwalt Björn Hurtig umgehend in einem Brief vom 14. Dezember 2010 an Assanges damaligen britischen Anwalt Mark Stephens vermerkt (vgl. Kapitel 11). Hurtig stellte nicht klar, auf welche Art von Material er sich bezog, schrieb aber, er habe »die Erlaubnis, SMS- bzw. Textnachrichten der Handys des Klägers einzusehen, aber nicht, Kopien oder Notizen davon zu machen.«

2   UN: The Working Group on Arbitrary Detention deems the deprivation of liberty of Mr. Julian Assange as arbitrary, Office of the United Nations High Commissioner for Human Rights, ohchr.org, 5. Februar 2016 (im Verzeichnis der Onlinequellen: 5.2.2016a). Zu der Stellungnahme der Working Group (Nr. 54/2015) zu Assange vgl. den Hauptteil der Presseerklärung.

12. WILLKÜRLICH INHAFTIERT

des Europäischen Haftbefehls (European Arrest Warrant, EAW) betrifft, so hat sich seit der abschließenden Entscheidung des britischen Supreme Court hinsichtlich des Falls von Herrn Assange das innerstaatliche Recht des Vereinigten Königreichs in den entscheidenden Fragen drastisch geändert, unter anderem aufgrund der von Schweden festgestellten Verstöße im Zusammenhang mit dem EAW; folglich hätte das Vereinigte Königreich die Auslieferung von Herrn Assange im Falle eines Ersuchens nicht gestatten dürfen. Dennoch hat die britische Regierung in Bezug auf Herrn Assange erklärt, dass diese Änderungen ›nicht rückwirkend‹ gelten und sie ihm daher nicht zugutekommen könnten.«

Worauf bezog sich die Arbeitsgruppe?

Ab 2014, mit der Einführung von ›Section 12 A‹, lieferte Großbritannien einen Verdächtigen nicht mehr zum bloßen Zweck der Vernehmung aus, wie es noch bei Assange der Fall war. Die Auslieferung wird nur noch dann bewilligt, wenn die ausländische Justizbehörde, die den Europäischen Haftbefehl ausstellt, den Verdächtigen bereits angeklagt hat und daher um seine Überstellung ersucht, um ihn vor Gericht zu stellen. Das diente Assanges Verteidigung bei der Zurückweisung des schwedischen Haftbefehls wiederholt als rechtliches Argument, um auf die Unverhältnismäßigkeit der Mittel zu verweisen; denn die Staatsanwältin Ny hatte seine Auslieferung nur beantragt, um ihn als Verdächtigen zu vernehmen, nicht aber als Angeklagten, der vor Gericht gestellt werden müsse. Indes hatte der WikiLeaks-Gründer sein Berufungsverfahren in Großbritannien in allen Instanzen verloren, stets wurde jeweils die Rechtmäßigkeit der Maßnahme bestätigt. Zwei Jahre nach dem Urteil des Obersten Gerichtshofs änderte Großbritannien zwar die Gesetze, doch das war zu spät für Assange.

Das Urteil der UN-Arbeitsgruppe war gut begründet, wurde aber sowohl von Schweden als auch von Großbritannien abgelehnt. Nach Ansicht der beiden Regierungen hatte Julian Assange die Botschaft betreten, um sich dort freiwillig aufzuhalten; er könne sie verlassen, wann immer er wolle, weshalb es sich nicht einmal um eine Inhaftierung an sich handle, geschweige denn um eine willkürliche Inhaftierung. Die schwedischen Behörden legten keinen Einspruch gegen die Entscheidung der Arbeitsgruppe ein, sondern ignorierten sie einfach. Es war das erste Mal in der Geschichte, dass das skandinavische Land beschuldigt wurde, eine Person willkürlich inhaftiert zu haben.[3]

Großbritannien hingegen tat den Vorwurf mit Verachtung ab: Der damalige Außenminister Philip Hammond bezeichnete ihn als »offen gesagt lächerlich«[4], woraufhin die britischen Behörden versuchten, Einspruch zu erheben – und verloren. »Das Vereinigte Königreich reagiert so, wie es bestimmte Staaten tun, mit denen man nicht verglichen werden möchte«, sagte mir Mads Andenas bei dieser Gelegenheit.[5] Andenas, ein hoch angesehener norwegischer Diplomat und Rechtsprofessor an der Universität Oslo, hatte vormals die Arbeitsgruppe der Vereinten Nationen geleitet und war für die Anfangsphase des Verfahrens zu Assange verantwortlich. Er fügte hinzu: »Auf die Arbeitsgruppe, das kann ich bestätigen, wurde großer Druck ausgeübt für den Fall, dass sie eine Stellungnahme gegen einen großen Staat wie das Vereinigte Königreich und gegen einen Staat mit einer so guten Menschenrechtsbilanz wie Schweden abgäbe.«

Wenn autoritäre Länder Aktivisten, Journalistinnen oder Oppositionelle willkürlich ihrer Freiheit berauben, fordern die westlichen Demokratien diese Länder normalerweise auf, die Entscheidungen der UNWGAD zu respektieren. Im Januar 2016, wenige Tage bevor das UN-Gremium seine Erklärung zu Julian Assange veröffentlichte, hatte die konservative britische Regierung unter Premierminister

---

3 Dies wurde mir bestätigt von Katarina Fabian, im schwedischen Außenministerium stellvertretende Direktorin der Abteilung für internationales Recht, Menschenrechte und Vertragsrecht. E-Mail an die Autorin, 5. Februar 2016.

4 Matthew Weaver: Julian Assange hails »sweet victory« of UN report – as it happened, in: The Guardian, 5. Februar 2016.

5 Stefania Maurizi: Pressioni politiche sulle Nazioni Unite per la decisione su Julian Assange, in: L'Espresso, 9. Februar 2016.

David Cameron den Malediven wegen der willkürlichen Inhaftierung des ehemaligen Präsidenten Mohamed Nasheed mit Sanktionen gedroht.[6] Und 2009 hielten das Vereinigte Königreich und die Europäische Union die zuvor beschlossenen Sanktionen gegen Myanmar aufrecht, weil die Friedensnobelpreisträgerin Aung San Suu Kyi willkürlich inhaftiert worden war.[7]

Im Fall Assange hingegen reagierten die britischen Behörden nicht nur missbilligend, sondern setzten sich über das Urteil vollständig hinweg, indem sie es nicht bindend zurückwiesen. Rein technisch gesehen hatten sie insofern Recht, als das UN-Gremium keine Justizbehörde ist. Und doch: »Die Arbeitsgruppe ist mehr als eine NGO, sie ist die höchste Instanz im System der Vereinten Nationen, die von den Mitgliedstaaten geschaffen wurde, um Differenzen zwischen den Bürgern und ihren Regierungen zu lösen, wenn es um Fragen der Rechtmäßigkeit und Legitimität von Inhaftierungen geht«, erklärte mir Christophe Peschoux.[8] Peschoux, ein so tapferer wie bescheidener Mann innerhalb des UN-Sekretariats, wies darauf hin, dass die Entscheidungen der Arbeitsgruppe insofern bindend sind, als sie auf internationalen Gesetzen und Konventionen beruhen, die Länder wie das Vereinigte Königreich ratifiziert haben und diese daher verpflichtet sind, sie einzuhalten.

Angesichts der Reaktionen der britischen Behörden und einiger Medien, die die Entscheidung nur wie eine weitere Meinungsäußerung behandelten, gab das Gremium eine Presseerklärung mit einem »Hinweis an die Redaktionen« heraus, um zu betonen: »Die Stellungnahmen der Arbeitsgruppe gegen willkürliche Inhaftierungen sind rechtlich bindend, insoweit sie auf verbindlichen internationalen Menschenrechtsnormen beruhen.« Sie »werden auch von bedeutenden internationalen und regionalen Rechtsinstitutionen,

---

6 Reuters (red. Bericht): Britain could use sanctions to pressure Maldives government, 27. Januar 2016.
7 Jared Genser: The Working Group on Arbitrary Detention: Commentary and guide to practice, Cambridge 2020.
8 Christophe Peschoux, Mitteilung an die Autorin, 9. Mai 2021.

einschließlich des Europäischen Gerichtshofs für Menschenrechte, als maßgebend angesehen.«[9]

Im *Guardian* wurde von Menschenrechtsorganisationen wie Human Rights Watch dargelegt, die Haltung Schwedens und Großbritanniens habe nicht nur Assange geschadet, sondern auch die Glaubwürdigkeit der Vereinten Nationen untergraben, die weltweit antreten, die Schutzlosesten zu schützen, wie Gefangene in den Händen gewaltsamer Herrschaftssysteme.[10] Wenn Demokratien wie das Vereinigte Königreich UN-Beschlüsse öffentlich zurückweisen und diese der Lächerlichkeit preisgeben, wie können sie dann von anderen Ländern erwarten, dass diese entsprechende Erklärungen ernst nehmen und politische Gefangene, Menschenrechtsaktivisten, Journalistinnen oder Flüchtlinge freilassen?

Das UN-Gremium habe großen Mut bewiesen, sagte mir auch Professor Mads Andenas: »Dieser Fall ist ziemlich speziell: Es gibt derart starke Interessen, dass es eine sehr mutige Entscheidung der Leute aus der Arbeitsgruppe und dem Sekretariat war, so zu entscheiden. Diese Leute haben beeindruckende Arbeit geleistet. Und wer dankt ihnen dafür? Die Kampagne gegen Assange ist eine hochkomplexe Angelegenheit.«[11]

In Anbetracht der Stellungnahme des UN-Gremiums legte der WikiLeaks-Gründer erneut Berufung bei der schwedischen Justiz ein und beantragte die Aufhebung der von Staatsanwältin Ny erlassenen Haftanordnung. Erneut verlor er sowohl in erster Instanz als auch in der weiteren Berufung. Ihm drohte weiterhin die Auslieferung, trotz des UNWGAD-Beschlusses, den Schweden umstandslos ignorierte – gleich einem autoritären Land.

---

9   Die Presseerklärung mit dem »Hinweis an die Redaktionen« ist bei der UN zugänglich unter: ohchr.org, 5. Februar 2016 (im Verzeichnis der Onlinequellen: 5.2.2016b).

10 Owen Bowcott: Britain »sets dangerous precedent« by defying UN report on Assange, in: The Guardian, 24. Februar 2016.

11 Stefania Maurizi: Pressioni politiche sulle Nazioni Unite per la decisione su Julian Assange, in: L'Espresso, 9. Februar 2016.

Niemandem wurde Gerechtigkeit zuteil

Erst am 14. November 2016, mehr als sechs Jahre nach der Wiederaufnahme der Ermittlungen im Vergewaltigungsfall, befragte die schwedische Staatsanwaltschaft Julian Assange in der ecuadorianischen Botschaft. Marianne Ny reiste nicht persönlich nach London, sondern schickte einen anderen Staatsanwalt in Begleitung eines Polizeibeamten. Der Fragenkatalog war im Voraus erstellt und an einen ecuadorianischen Staatsanwalt geschickt worden, der Assange an jenem Tag in Anwesenheit des schwedischen Staatsanwalts und des Polizeibeamten vernahm. Die Antworten des Beschuldigten wurden daraufhin von den ecuadorianischen an die schwedischen Behörden weitergeleitet.

Diese Art der Befragung eines Verdächtigen stieß ihrerseits auf allerhand Verdächtigungen und Unterstellungen; doch als ich die schwedischen Behörden später darauf ansprach, antworteten sie, dieses Vorgehen sei in dem Abkommen über justizielle Zusammenarbeit zwischen Stockholm und Quito so vorgesehen.[12] Es war einige Monate zuvor unterzeichnet worden, um einen klaren Rechtsrahmen zu schaffen, und galt für alle zu vernehmenden Personen. »Das Abkommen ist allgemein und nicht auf Herrn Assange zugeschnitten«, stellte das schwedische Justizministerium mir gegenüber klar.[13] Entgegen den Unterstellungen einiger Medien wurde der WikiLeaks-Gründer also nicht bevorzugt behandelt. Ganz im Gegenteil: Die ecuadorianische Staatsanwaltschaft schloss Per Samuelsson, der zusammen mit seinem Kollegen Thomas Olsson Julian Assange in Schweden vertrat, von der Vernehmung aus. Samuelsson durfte die Botschaft nicht betreten.[14]

---

12 Das bilaterale Abkommen über justizielle Zusammenarbeit zwischen Schweden und Ecuador ist öffentlich zugänglich unter: regeringen.se.

13 Dass das bilaterale Abkommen nicht auf Assange »zugeschnitten« war, wurde mir von der Pressestelle des schwedischen Justizministeriums bestätigt. E-Mail an die Autorin, 10. Mai 2019.

14 Laut einer E-Mail von Per Samuelsson an die Autorin, 14. November 2016.

Nach all seiner Arbeit an diesem Fall konnte Samuelsson seinem Mandanten in der entscheidenden Phase nicht zur Seite stehen: bei dessen Vernehmung, auf die er sechs Jahre lang gewartet hatte. »Nach schwedischem Recht ist das ein schwerer Verstoß von Julians Rechten als Verdächtiger«, sagte mir Samuelsson. Es ist eine Entscheidung, die der ecuadorianische Staatsanwalt traf – warum, weiß ich nicht. Assange sah sich trotzdem gezwungen auszusagen, andernfalls hätten sie ihm die Schuld gegeben.«

Assange betonte, er habe sich sechs Jahre lang für Befragungen zur Verfügung gehalten, und berief sich wiederholt auf die Stellungnahme der UN-Arbeitsgruppe. Er beantwortete die 57 Fragen des ecuadorianischen Staatsanwalts und verlas eine Erklärung,[15] in der er die sexuellen Beziehungen zu Sofia W. nachzeichnete, die im Mittelpunkt der vorläufigen Vergewaltigungsermittlung standen und die sich in der Nacht vom 16. auf den 17. August 2010 begaben, also nicht einmal vier Wochen nach der Veröffentlichung der afghanischen Kriegstagebücher.

Er erläuterte: »In dieser Nacht und am Morgen hatten wir vier- oder fünfmal einvernehmlichen Geschlechtsverkehr: Es war für mich durch ihre Worte, ihre Ausdrucksformen und ihre körperlichen Reaktionen offensichtlich, dass sie zu unseren Interaktionen ermunterte und sie genoss.«[16] Er fuhr fort: »Am Morgen ging sie los, um für uns Frühstück zu besorgen. Nachdem wir gemeinsam schön gefrühstückt hatten, verließ ich ihr Haus, wir gingen im Guten auseinander. Als ich bei ihr war, äußerte sie zu keinem Zeitpunkt, dass ich sie in irgendeiner Weise nicht respektiert oder ihren Wünschen zuwidergehandelt hätte, außer dass ich mich nicht genug für sie interessiert hätte. Sie brachte mich sogar auf ihrem Fahrrad zum Bahnhof und wir gaben uns einen Abschiedskuss.«

---

15 Eine Kopie der 57 Fragen, der Antworten und der Erklärung von Julian Assange erhielt ich infolge meiner FOIA-Klage gegen die schwedische Ermittlungsbehörde.

16 Diese Zitate stammen aus der Vernehmung von Julian Assange und aus seiner Erklärung vom 14. November 2016.

Assange erzählte, wie sie, nachdem er sie an diesem Morgen verlassen hatte, am nächsten oder übernächsten Tag miteinander telefonierten: »Sie hielt freundlichen Smalltalk.« Am 20. August sprachen sie erneut miteinander: Sofia W. habe ihm mitgeteilt, dass sie im Krankenhaus sei, und ihn gebeten, sich auf sexuell übertragbare Krankheiten testen zu lassen. Assange erinnerte sich an seine Antwort wie folgt: »Ich war sehr damit beschäftigt, mich mit den deutlich gestiegenen politischen und rechtlichen Drohungen des Pentagon gegen mich zu befassen, und sagte, dass ich bis zum nächsten Tag nichts tun könne. Sie meinte, die Polizei könnte ihr helfen, mich zu zwingen, einen STD-Test [STD: sexually transmitted disease] zu bekommen, wenn ich nicht ins Krankenhaus käme. Ich sagte ihr, dass ich das merkwürdig und bedrohlich fände. In Schweden, erwiderte sie, sei es normal, mit allen möglichen Problemen zur Polizei zu gehen, das habe nichts zu bedeuten.

Assange zeigte sich einverstanden: »Ich sagte, ich sei gerne bereit, mich testen zu lassen, um sie zu beruhigen, aber es ginge nicht vor dem nächsten Tag, dem Samstag. Sie stimmte meinem Vorschlag zu, sich am nächsten Tag gegen Mittag in einem nahegelegenen Park zu treffen, und sagte, dass es ihr nun gut ginge und sie sich erleichtert fühlte. Sie können sich vorstellen, wie fassungslos ich war, als ich am nächsten Morgen mit der Nachricht aufwachte, dass gegen mich ein Haftbefehl wegen ›Vergewaltigung‹ ausgestellt sei und die Polizei in ganz Stockholm nach mir ›fahndete‹.«

Am 20. August 2010 ging Sofia W. mit Anna A. zur Polizei. Laut der Sachlage, auf die sich Staatsanwaltschaft und Verteidigung anlässlich der Berufung vor dem britischen Supreme Court 2012 einigten, »wollte SW, dass der Berufungskläger [Julian Assange] sich auf Krankheiten testen lässt. Am 20. August 2010 ging SW zur Polizei, um nach Rat zu fragen. AA [Anna A.] begleitete sie zu ihrer Unterstützung. Bei ihrem Besuch nahm die Polizei offizielle Anzeigen wegen Vergewaltigung von SW und Belästigung von AA auf.«[17] Die polizeiliche

---

17 Vgl. ›Agreed statement of facts and issues‹.

Vernehmung von Sofia W. am 20. August wurde nie aufgezeichnet, sondern von der Beamtin Irmeli Krans, die ihn vernommen hatte, bloß zusammengefasst; als Sofia über den Haftbefehl gegen Assange informiert worden sei, habe diese »Schwierigkeiten« gehabt, »sich zu konzentrieren, woraufhin ich die Entscheidung traf, dass es am besten sei, die Vernehmung zu beenden«, so Krans. Sofia W. verließ die Polizeistation, ohne den Bericht zu bestätigen oder ihn zu unterschreiben.

Im Laufe seiner Vernehmung im November 2016 zitierte Assange einige der Textnachrichten, die die beiden Frauen an diesen Tagen verschickt hatten. Es handelte sich um SMS-Mitteilungen, von denen seine Verteidigung nie eine Kopie oder Transkription erhalten konnte: nur zur Ansicht und zum Auswendiglernen. Wie etwa jene, die an dem Tag verschickt wurde, als Sofia W. und Anna A. zur Polizeiwache gingen: »Am 20. August schrieb [SW][18], dass sie ›Julian Assange nicht anklagen wollte, dass die Polizei aber großes Interesse daran hatte, ihn in die Finger zu bekommen (14:26); und dass sie schockiert war, als sie ihn verhafteten, weil sie doch nur einen Test von ihm wollte (17:06)‹«. Andertags ging Sofia wieder zur Polizei: »Am 21. August schrieb [SW], dass sie ›Julian Assange für nichts die Schuld geben wollte‹ (7:27); und dass es die ›Polizei war, die die Verdächtigungen fingierte‹ (22:25).«

Der gesamte Fall der *minderschweren Vergewaltigung* stützte sich auf einen einzigen Vorwurf: »Assange hatte absichtlich Geschlechtsverkehr mit ihr, indem er ausnutzte, dass sie schlief und sich somit in einem wehrlosen Zustand befand.« Während seiner Vernehmung erklärte Assange, dies stimme nicht: »[SW] schlief nicht, und ich war mir sicher, dass sie dem ungeschützten Geschlechtsverkehr vor dessen Beginn ausdrücklich zustimmte. Dies wird auch durch [SW]s eigene Textnachrichten belegt«, so etwa durch die am nächsten Tag

---

18 In der von Julian Assange abgegebenen Erklärung, die ich infolge meiner FOIA-Klage erhielt, wurde Sofias Name geschwärzt. Der Eindeutigkeit halber verwende ich »SW«, wenn ich mich auf den Inhalt ihrer SMS-Nachrichten beziehe.

gesendete Nachricht, in der sie schrieb, sie habe sich »im Halbschlaf« befunden.[19]

Sechs Monate nach der Vernehmung in der Botschaft, am 19. Mai 2017, stellte Marianne Ny die Ermittlungen wegen Vergewaltigung ein und gab folgende Erklärung ab: »Nach schwedischem Recht muss ein Ermittlungsverfahren so schnell wie möglich durchgeführt werden. Wenn die Staatsanwaltschaft die Möglichkeiten zur Fortsetzung der Ermittlungen ausgeschöpft hat, ist sie verpflichtet, diese einzustellen. Zum jetzigen Zeitpunkt sind alle Möglichkeiten zur Durchführung der Ermittlungen ausgeschöpft. Um das Verfahren fortzusetzen, müsste Julian Assange formell über den gegen ihn bestehenden strafrechtlichen Verdacht benachrichtigt werden. Wir können nicht erwarten, von Ecuador diesbezüglich Unterstützung zu erhalten. Daher werden die Ermittlungen eingestellt.«[20]

Nach fast sieben Jahren war der schwedische Fall abgeschlossen, und niemandem wurde Gerechtigkeit zuteil: weder den beiden Frauen noch Assange noch der Öffentlichkeit, hier insbesondere den britischen und schwedischen Bürgerinnen und Bürgern nicht, deren Regierungen erhebliche öffentliche Mittel für die Verfolgung des Falles aufgewendet hatten. Und die Schuld für all das wurde auf Assange und auf Ecuador abgewälzt. Assanges Gesundheit war angegriffen und sein Ruf zutiefst geschädigt, während eine Entscheidung der UN-Arbeitsgruppe gegen willkürliche Inhaftierungen von den Demokratien Großbritannien und Schweden vollkommen ignoriert wurde.

Die Verjährungsfrist für den Vorwurf der *minderschweren Vergewaltigung* sollte im August 2020 ablaufen, sodass die Ermittlungen bis zu diesem Zeitpunkt wieder aufgenommen werden konnten. Und genau das sollten die schwedischen Behörden zwei Jahre später tun.

---

19 Dieses Zitat stammt, wie auch die vorherigen Assange-Zitate, aus der Vernehmung von Julian Assange und aus seiner Erklärung vom 14. November 2016.
20 Die Erklärung von Marianne Ny ist auf der Website der schwedischen Strafverfolgungsbehörde zugänglich: aklagare.se.

13.
Eine russische Verbindung?

Nützliche Idioten

Er verließ die ecuadorianische Botschaft nicht. Auch wenn die schwedischen Ermittlungen eingestellt waren und der von Marianne Ny ausgestellte Europäische Haftbefehl nicht mehr auf ihm lastete, so setzte Julian Assange keinen Fuß außerhalb des roten Backsteingebäudes im eleganten Londoner Stadtteil Knightsbridge.

Er hatte stets geltend gemacht: Er sei dorthin geflüchtet, weil er befürchtete, verhaftet, an die USA ausgeliefert und für schuldig befunden zu werden, die geheimen Dokumente über den Afghanistan- und den Irakkrieg, die diplomatischen Depeschen und die Guantanamo-Files veröffentlicht zu haben, die 700.000 Dokumente also, für die sich Chelsea Manning eine 35-jährige Haftstrafe eingehandelt hatte. Das Ecuador Rafael Correas hielt Assanges Sorge um sein Leben und seine Freiheit für begründet und gewährte ihm sogar diplomatisches Asyl, doch nur wenige andere glaubten ihm. Man behandelte ihn wie einen Entflohenen, der der schwedischen Justiz entkommen wollte. Der WikiLeaks-Gründer blieb also in der Botschaft, weil die Gefahr einer Verhaftung trotz der Aufhebung des schwedischen Haftbefehls weiterhin bestand. Um das Gebäude zu betreten und Asyl zu beantragen, hatte er gegen seine Kautionsauflagen verstoßen, die ihn dazu verpflichteten, mit elektronischer Fußfessel im Hausarrest zu verbleiben; zudem hatte er sich nach seiner Niederlage im Berufungsverfahren vor dem Obersten Gerichtshof nicht Scotland Yard gestellt, um ausgeliefert zu werden. Er hatte diese Bedingungen missachtet, um ein legitimes Recht auszuüben, das völkerrechtlich anerkannt ist, nämlich das Recht, Asyl zu beantragen; doch weder das Vereinigte Königreich noch Schweden respektierten je die Entscheidung Ecuadors, eines anderen souveränen Staates, ihm Asyl zu gewähren. Aus deren Sicht war Julian Assange schon immer auf der Flucht. Und das hieß: Sollte er es wagen, die Schwelle der Botschaft auf dem Weg nach draußen zu überschreiten, würde Scotland Yard ihn wegen Verstoßes gegen die Kautionsauflagen verhaften.

Die Strafe wäre relativ mild ausgefallen, höchstens 52 Wochen Gefängnis. Doch einmal in der Gewalt der britischen Behörden, würde er erneut Gefahr laufen, an die USA ausgeliefert zu werden, sei es direkt durch das Vereinigte Königreich oder wiederum indirekt durch Schweden. Zwar waren die Ermittlungen wegen Vergewaltigung eingestellt, doch konnte Staatsanwältin Ny sie jederzeit ein drittes Mal wieder aufnehmen, da die Verjährungsfrist erst im August 2020 ablief. Die britischen Behörden hatten die Aufforderung der UNWGAD, Julian Assange freizulassen und zu entschädigen, mit Verachtung quittiert, und deren Umsetzung nicht im Geringsten in Betracht gezogen. Und für die internationalen und britischen Medien war diese Haltung offenbar kein Problem. Von der BBC bis zur *New York Times*, vom *Guardian* bis zur *Washington Post*: Die Frage der Behandlung des WikiLeaks-Gründers seitens der britischen Behörden war kein Thema. Ob wegen des Vergewaltigungsvorwurfs oder der Behauptung, er habe Leben aufs Spiel gesetzt: Es fanden sich immer gute Gründe, Assanges konkrete Bedingungen zu übergehen. Und im Mai 2017, als die schwedischen Ermittlungen eingestellt wurden, gab es einen weiteren Grund, einen von gigantischem Ausmaß.

Zwischen Juli und Oktober 2016, mitten im Wahlkampf um die US-Präsidentschaft, in dem Hillary Clinton als Kandidatin der Demokraten und Donald Trump für die Republikaner antrat, veröffentlichte WikiLeaks die internen Mails des Democratic National Committee (DNC) – des landesweiten Organisationsgremiums der Demokratischen Partei – und die von John Podesta, Clintons Wahlkampfleiter.

Assange und seine Organisation wurden letztlich beschuldigt, dem republikanischen Kandidaten zum Sieg verholfen zu haben – in geheimer Absprache mit Männern, die für Trumps Präsidentschaftskampagne und für die russische Regierung arbeiteten. Die Hölle brach los. Doch wie stand es um den Wahrheitsgehalt?

Ich hatte beobachtet, wie die Dämonisierungskampagne im Jahr 2012 losgetreten wurde, als der *Guardian* Julian Assange als »nützlichen Idioten« des Kremls bezeichnete.[1] Sein Vergehen? Er moderierte die Sendung »The World Tomorrow« – eine Reihe von Interviews mit allerlei Personen, von führenden Persönlichkeiten der internationalen Politik bis hin zu Guantanamo-Häftlingen, von Aktivisten bis hin zu Kryptografie-Experten –, die auch vom Fernsehsender *Russia Today* ausgestrahlt wurde, später bekannt als *RT*. Die Kritik der britischen Zeitung war scharf: »›The World Tomorrow‹ bestätigt, dass er kein furchtloser Revolutionär ist. Vielmehr ist er ein nützlicher Idiot.«

Diese Reaktion ging ziemlich über das Ziel hinaus. »The World Tomorrow« war keine Partnerschaft zwischen WikiLeaks und *RT*; es war eine unabhängige Produktion. *RT* hatte – wie auch die Mediengruppe, für die ich damals arbeitete[2] – die Lizenz zur Ausstrahlung der Sendung erworben, die Fernsehrechte gekauft und alle Folgen der Serie gezeigt. Auch andere europäische Fernsehsender hatten in Erwägung gezogen, die Rechte zu erwerben.

Die Kritik des *Guardian* war auch mit Blick auf die nur anderthalb Jahre zuvor geleakten Depeschen überzogen, in denen die US-Diplomatie Russland als »Mafia-Staat« darstellte. Die Londoner Tageszeitung hatte die Dokumente mit großem Tamtam veröffentlicht,

---

1 Luke Harding: The World Tomorrow. Julian Assange proves a useful idiot, in: The Guardian, 17. April 2012.

2 Die Mediengruppe L'Espresso, für die ich damals arbeitete, erwarb die Lizenz von Journeyman Pictures, einem britischen Filmverleih. Die in Italien ansässige L'Espresso-Gruppe verfügte damals über 1.950 Mitarbeiter und war in den Bereichen überregionale Zeitungen, Lokalzeitungen, Zeitschriften, Radio, Internet und Online-TV tätig. Zu ihr gehörten zwei der wichtigsten Medien in Italien, *L'Espresso* und *la Repubblica*.

und das nur dank WikiLeaks und seiner Quelle Chelsea Manning. Als der *Guardian* jenen Artikel über die Sendung »The World Tomorrow« brachte, in dem Assange als »nützlicher Idiot« ausgegeben wurde, konnte nichts, was WikiLeaks bis dahin je veröffentlicht hatte, auch nur im Entferntesten mit Russland in Verbindung gebracht, geschweige denn nach Moskau zurückverfolgt werden.

Was hatte WikiLeaks bis zu diesem Zeitpunkt veröffentlicht? Die 700.000 Dokumente von Manning; zudem die Spy Files, eine Reihe von Unternehmensbroschüren über die Überwachungsindustrie, bei denen es sich nicht um klassifizierte Dokumente der US-Regierung handelte, sondern eher um solche, die für viele Einzelpersonen und Organisationen, die sich für den Schutz der Privatsphäre einsetzen, von Interesse sind; und schließlich die Mailkorrespondenz von Stratfor.

Ich habe keine Insiderinformationen darüber, wie WikiLeaks an die Stratfor-Mails kam. Nach Angaben des US-Justizministeriums wurden sie von einem Ableger der Anonymous-Aktivisten gehackt, der von einem Agent Provocateur des FBI – Deckname: »Sabu« – infiltriert wurde. Im Jahr nach dem *Guardian*-Artikel wurde Jeremy Hammond, ein US-amerikanischer politischer Aktivist und Pazifist, als Hacker angeklagt und zu zehn Jahren Gefängnis verurteilt,[3] obwohl er nie in irgendeiner Weise von den Dokumenten profitiert hatte, weder finanziell noch anderweitig, und obwohl die Stratfor-Files Informationen von unbestreitbarem öffentlichem Interesse enthielten. Hammond hatte sich von Chelsea Manning inspirieren lassen.

Mit dem scharfen Angriff des *Guardian* wurde eine umfassende Kampagne der Dämonisierung losgetreten. Als WikiLeaks 2013 Snowden bei seiner Asylsuche unterstützte, verschärften sich die

---

3 Ed Pilkington: Lawyers in Stratfor leak case present letters of support ahead of sentencing, in: The Guardian, 4. November 2013. Wie in diesem *Guardian*-Artikel berichtet, gehörte ich zu den Journalistinnen, Anwälten und Aktivistinnen, die beim Gericht ein Gnadengesuch für Jeremy Hammond einreichten, da die Enthüllungen aus den Stratfor-Files eindeutig im öffentlichen Interesse lagen und Hammond keinen persönlichen Vorteil daraus zog.

Vorwürfe. Doch machte diese Hilfe WikiLeaks zu einem Werkzeug des Kremls? War es nicht die US-Regierung selbst, die Snowden in Russland in eine Falle gelockt hatte, indem sie seinen Pass einbehielt? Alle führenden Zeitungen, die die Snowden-Dokumente in der Hand hatten, allen voran der *Guardian*, hätten nach einem Weg suchen können, um eine der besten journalistischen Quellen aller Zeiten zu bewahren, dank derer die Londoner Zeitung ihren ersten Pulitzer-Preis gewinnen sollte. Doch kaum hatten sie ihren Scoop gelandet, überließen sie ihn seinem Schicksal. Und die *Washington Post*? Für Enthüllungen auf Grundlage der Dokumente Snowdens ebenfalls mit dem Pulitzer-Preis ausgezeichnet, ging sie so weit, einen Leitartikel[4] zu veröffentlichen, mit dem sie sich gegen eine Begnadigung durch den Präsidenten aussprach und die Bestrafung ihrer eigenen Quelle forderte.[5]

Bei ihrem Versuch, Snowden zu helfen, hatte sich WikiLeaks in zahlreichen europäischen Ländern um Asyl für ihn bemüht – vergeblich. Die Wahrheit ist beschämend: Eben dort, wo man sich der Pressefreiheit so sehr rühmte, ließ man eine der historisch bedeutendsten Informationsquellen ganz und gar im Stich. Und um zu verstehen, was Snowden riskierte, müssen wir uns der Worte des ehemaligen CIA-Direktors James Woolsey aus dem Jahr 2015 entsinnen. Er schrieb Snowden unbegründet einen Teil der Verantwortung für die Terroranschläge in Frankreich im November 2015 zu und erklärte: »Ich würde ihn zum Tode verurteilen, und ich würde es vorziehen, ihn am Strick aufhängen zu lassen, anstatt ihn nur auf dem elektrischen Stuhl hinzurichten.«[6]

Ja, es ist richtig: Julian Assange und WikiLeaks ließen sich öfter vom Fernsehsender *RT* interviewen; doch sehr viel öfter noch

---

4   The Washington Post (red. Bericht): No pardon for Snowden, in: The Washington Post, 17. September 2016.

5   Glenn Greenwald: WashPost makes history. First paper to call for prosecution of its own source (after accepting Pulitzer), in: The Intercept, 18. September 2016.

6   Bradford Richardson: Ex-CIA director: Snowden should be »hanged« for Paris, in: The Hill, 19. November 2015.

arbeiteten sie mit westlichen Medien zusammen. Und in all den Jahren, in denen ich für meine Zeitung der Medienpartnerschaft nachging, habe ich nie eine Situation erlebt, in der sie Dokumente über Russland erhielten, aber diese nicht veröffentlicht hätten. Mehr noch: Medien des Kremls, so hatte ich festgestellt, durften nicht mit WikiLeaks als Medienpartner zusammenarbeiten. Meines Wissens nach kooperierten sie nur bei einer Veröffentlichung mit WikiLeaks, und zwar bei den 2013 enthüllten ›Spy Files‹[7] – den Unternehmensbroschüren aus der Überwachungsindustrie –, nicht aber bei klassifizierten Dokumenten, insbesondere nicht bei jenen der US-Regierung.

Doch die wiederholten Anschuldigungen, nützliche Idioten des Kremls zu sein, erreichten ihren Höhepunkt mit den US- Präsidentschaftswahlen 2016.

The information *trumps* it all: Die Information übertrumpft alles

Julian Assange kündigte öffentlich an,[8] dass WikiLeaks am 12. Juni 2016 Dokumente über Hillary Clinton veröffentlichen würde. Zwei Tage später teilte die *Washington Post*[9] erstmals mit: Von den Demokraten herangezogene IT-Sicherheitsexperten hätten festgestellt, dass die Netzwerke der Partei von Cyberkriminellen der russischen Regierung[10] infiltriert worden seien.

---

7   Die ›Spy Files‹ sind zugänglich unter: https://wikileaks.org/spyfiles/ (abgerufen: 29.4.2022).

8   Mark Tran: WikiLeaks to publish more Hillary Clinton emails – Julian Assange, in: The Guardian, 12. Juni 2016.

9   Ellen Nakashima: Russian government hackers penetrated DNC, stole opposition research on Trump, in: The Washington Post, 14. Juni 2016.

10 Während in Medienberichten meist der Begriff »russische Hacker« verwendet wird, erscheint mir der Begriff »Cyberkriminelle der russischen Regierung« passender, um eine Trennlinie zu ziehen einerseits zwischen »Hackern« wie dem jugendlichen Julian Assange, der das Netzwerk des Unternehmens Nortel

Über diese vage, medial verbreitete Information hinaus gab es zu diesem Zeitpunkt keine Beweise für den Vorgang. Vier Tage nachdem WikiLeaks die Mails des DNC veröffentlicht hatte, berichtete die *New York Times*: »Amerikanische Geheimdienste haben dem Weißen Haus mitgeteilt, sie gingen nun ›mit hoher Wahrscheinlichkeit‹ davon aus, dass die russische Regierung hinter dem Diebstahl von E-Mails und Dokumenten des Democratic National Committee steckt.« Und weiter: »Aber Geheimdienstbeamte wiesen darauf hin, dass sie unsicher seien, ob der elektronische Einbruch in die Computersysteme des Committee eher als routinemäßige Cyberspionage gedacht war – also von der Art, wie sie die USA weltweit durchführen – oder ob er im Bemühen stattfand, die Präsidentschaftswahl 2016 zu manipulieren.«[11]

Dies war die unsichere Lage im Juli 2016, als WikiLeaks den ersten Stoß an Dokumenten der Demokratischen Partei veröffentlichte. Erst am 6. Oktober, einen Tag vor Enthüllung der Mails von John Podesta, dem Vorsitzenden von Clintons Wahlkampfkampagne, gab James Clapper, Direktor der nationalen Geheimdienste und führender Kopf der Intelligence Community, eine offizielle Erklärung ab, mit der er Moskau der Einmischung in den US-Wahlkampf bezichtigte.[12]

Doch gesetzt den Fall, Clapper hätte das warnende Statement über den vermeintlichen Versuch Russlands, in den US-Wahlkampf einzugreifen, bereits früher verlautbaren lassen: Wäre das dann wirklich eine Rechtfertigung für WikiLeaks gewesen, die Veröffent-

---

aus »intellektueller Neugier« hackte, so das Urteil des Victoria County Court, oder dem Chaos Computer Club, d. h. Personen, die sich leidenschaftlich für Technologie sowie deren Funktionsweise und gesellschaftliche Auswirkungen interessieren, und andererseits »Cyberkriminellen der russischen Regierung«, die in Netzwerke eindringen, um Spionagetätigkeiten zum finanziellen oder politischen Vorteil durchzuführen.

11 David E. Sanger/Eric Schmitt: Spy agency consensus grows that Russia hacked DNC, in: New York Times, 26. Juni 2016.
12 David E. Sanger/Charlie Savage: US says Russia directed hacks to influence elections, in: New York Times, 7. Oktober 2016.

lichung dieser Mails zu stoppen? Hätten die Medien dann nicht darüber berichten sollen?

Bekanntlich brachte die *Washington Post* – eine Zeitung, die den US-Geheimdiensten gewiss nicht feindlich gesonnen ist – 2014 einen Artikel, in dem sie Präsident Obama aufforderte, den damaligen CIA-Direktor John Brennan zu entlassen, weil er gelogen habe.[13] Brennan hatte bestritten, dass seine »Agency« in die Computer des Senatsausschusses, der mit der Untersuchung von CIA-Folter beauftragt war, eingedrungen war. Doch genau das hatten sie getan. Später entschuldigte er sich, aber es war nicht das erste Mal, dass er nicht bei der Wahrheit geblieben war. In der Vergangenheit hatte er etwa behauptet, die Drohnenangriffe hätten kein einziges ziviles Opfer gefordert. Eine weitere Unwahrheit. Und die *Washington Post* stellte fest, dass Brennan nicht der einzige Geheimdienstdirektor war, der der Lüge überführt wurde: James Clapper »hatte unter Eid vor dem Kongress gelogen«,[14] als er erklärte, die National Security Agency (NSA) würde keine Telefon-Metadaten von US-Bürgern sammeln; dank Edward Snowden sollten wir erfahren, dass sie es ganz gewiss tat.

Aber unabhängig davon, ob die US-Geheimdienste in der Frage der vermeintlich von Russland gehackten Mails nun die Wahrheit sagten oder nicht: Es ist journalistische Pflicht, alles zu publizieren, was wahr ist und im öffentlichen Interesse liegt, egal aus welcher Quelle. Und genau das hat WikiLeaks getan. In der Tat berichteten nach Veröffentlichung der Dokumente Dutzende bekannter US-amerikanischer und internationaler Medien über die Vorgänge, allen voran die *New York Times*.

---

13 James Downie: Obama should fire John Brennan, in: The Washington Post, 31. Juli 2014.

14 Der sog. General Counsel vom Büro des Director of National Intelligence bestritt später, dass James Clapper gelogen habe; dessen Aussage sei zwar »ungenau« gewesen, doch »sie konnte nicht öffentlich korrigiert werden, weil das betreffende Programm geheim war.« (Martin Pengelly: Clapper did not lie to Congress on NSA, says national intelligence counsel, in: The Guardian, 4. Januar 2014.)

Am 22. Juli 2016 legte WikiLeaks Tausende von internen Mails des Democratic National Committee offen – nur drei Tage vor jenem Parteitag, der Hillary Clinton zur Präsidentschaftskandidatin küren und die Niederlage von Bernie Sanders besiegeln sollte. Die Korrespondenz zeigte: Anstatt sich bei den Vorwahlen neutral zu verhalten, wie eigentlich vorgesehen, beschnitt das Committee den linken Kandidaten Sanders und begünstigte Clinton, eine Demokratin weit rechts von Sanders.[15] Dessen Anhängerschaft sah sich bestätigt: Das Parteiestablishment setzte auf eine Kandidatin mit beträchtlichen Verbindungen zur Wall Street und mit Unterstützung aus dem Silicon Valley und dem Militärisch-Industriellen Komplex – und nicht etwa auf einen Kandidaten, der die schwächeren Teile der Bevölkerung ansprach. Die Enthüllungen lösten ein politisches Erdbeben aus. Sie führten, aufgegriffen von US-amerikanischen und internationalen Medien, schließlich zum Rücktritt der Vorsitzenden des Democratic National Committee, Debbie Wasserman Schultz.[16]

In dem Fall war das Material ohne Medienpartner veröffentlicht worden, und die WikiLeaks-Journalisten wurden dafür kritisiert, Tausende von Dokumenten auf einen Schlag ins Netz gestellt zu haben. Anders wollten sie es bei den Mails von John Podesta handhaben. Diese wollten sie, wie sie mir sagten, in mehreren Tranchen freigeben, um Raum für eine gründlichere Analyse zu geben; dazu würden sie mit interessierten Medienpartnern zusammenarbeiten. Ich beschloss, ebenfalls daran zu arbeiten: US-Wahlen hatten schon immer Auswirkungen auf alle Länder der Welt, auch auf Italien. Allerdings war ich allein, die anderen Medien hielten sich zurück. Ich stand fast täglich mit der Organisation in Kontakt und kann ihre Versuche bezeugen, auch an Dokumente über Donald Trump zu gelangen. Ich erinnere mich, wie WikiLeaks darum bat, bei der

---

15 Die E-Mails des Democratic National Committee sind zugänglich unter: https://wikileaks.org//dnc-emails/ (abgerufen: 1.5.2022).

16 Jonathan Martin / Alan Rappeport: Debbie Wasserman Schultz to resign D.N.C. post, in: New York Times, 24. Juli 2016.

Analyse von vier Dokumenten über geschäftliche Angelegenheiten des republikanischen Kandidaten zu helfen. Leider mussten wir feststellen, dass das Material bereits öffentlich war.

Am 6. Oktober informierten mich die WikiLeaks-Journalisten, dass sie am nächsten Tag den ersten Schwung der Podesta-Mails öffentlich machen würden. Die Wahl des Zeitpunkts überraschte mich nicht: Die zweite Präsidentschaftsdebatte zwischen Trump und Clinton sollte am 9. Oktober stattfinden. In den vielen Jahren der Zusammenarbeit mit ihnen hatte ich verfolgt, wie strategisch WikiLeaks die Veröffentlichungstermine wählte, um so eine maximale Wirkung zu erreichen. Wir vereinbarten ein weiteres Gespräch für den nächsten Tag. Ich wusste, dass die Dokumente entweder am späten Vormittag oder am frühen Nachmittag publik gemacht werden sollten: Die Podesta-Mails zielten vor allem auf die US-amerikanische Öffentlichkeit, sodass es wenig Sinn ergab, sie herauszubringen, wenn das Land schlief.

Sie erschienen kurz nachdem die *Washington Post* einen Auszug aus der Fernsehsendung »Access Hollywood« aus dem Jahr 2005 dokumentiert hatte, in dem sich Donald Trump äußerst vulgär über Frauen äußerte.[17]

WikiLeaks wurde scharf kritisiert. Sie wurden beschuldigt, die Veröffentlichung der Mails sorgfältig mit Trumps Kampagne zu koordiniert zu haben, um die negativen Auswirkungen des Videos zu kompensieren und so den republikanischen Kandidaten zu unterstützen. Auch die Entscheidung, die Mails in mehreren Teilen publik zu machen, wurde angegriffen. Doch wie sie es auch machten, war es verkehrt: Im Fall des Democratic National Committee ein Fehler, die Mails alle auf einmal zu veröffentlichen; und in jenem von Podesta, sie in mehreren Wellen zu bringen. Ihre Strategie wurde als boshaft interpretiert: Hillary Clinton sollte durch ein stetiges Rinnsal an Enthüllungen in den vier Wochen vor der Wahl zermürbt wer-

---

17 Die Podesta-Mails sind zugänglich unter: https://wikileaks.org/podesta-emails/ (abgerufen: 1.5.2022).

den. Inzwischen war die Wut auf Julian Assange und seine Organisation dermaßen erbittert, dass sie sich verdächtig machten, was auch immer sie taten. Die Atmosphäre war so aufgeladen, dass Rafael Correas Ecuador zum ersten Mal überhaupt so weit ging, Assange den Zugang zum Internet zu kappen: seine einzige Möglichkeit, aus den vier Wänden der Botschaft heraus mit der Welt in Kontakt zu bleiben.

Ich gebe nicht vor, alle Fakten des gesamten Vorgangs zu kennen; ich kann nur wiedergeben, was ich erfahren habe. Die Entscheidung, die ersten Podesta-Mails zu veröffentlichen, wurde nicht in letzter Sekunde getroffen, sondern mindestens einen Tag vorher, als ich über den Schritt informiert wurde. Soweit ich weiß, kann leider kein anderer Medienpartner von WikiLeaks meine Aussage bestätigen – in dem Fall war schlicht kein anderer dabei. Nichtsdestotrotz waren die Mails von öffentlichem Interesse, und diejenigen, an denen ich gearbeitet habe und die ich überprüfen konnte, waren zweifellos authentisch.[18] Sie zeichneten das Bild eines elitären Establishments der Demokratischen Partei, das sich mühelos unter Wall-Street-Bankern und den Herren des Silicon Valleys bewegte, Lichtjahre entfernt von einer Mittelschicht, die durch die Wirtschaftskrise in die Knie gezwungen worden war.[19] Die Korrespondenzen zeugten zudem von internationalen Beziehungen und Kontakten zu Parteien der Mitte, so auch im Fall Italiens.

Zu den maßgeblichen Dokumenten gehörten Reden, die Hillary Clinton hinter verschlossenen Türen großer Finanzhäuser hielt. Während der Vorwahlen hatte Sanders sie wegen dieser Zusammenkünfte scharf kritisiert und sie aufgefordert, deren Inhalt offenzulegen. Auch die *New York Times* hatte sie aufgefordert, diese »gut bezahlten Reden bei Großbanken, die viele Amerikaner der Mittelschicht weiterhin für ihr wirtschaftliches Leid verantwortlich ma-

---

18 Stefania Maurizi: WikiLeaks, per Hillary conta piu papa Francesco che Renzi, in: la Repubblica, 8. November 2016.

19 Thomas Frank: Forget the FBI cache; the Podesta emails show how America is run, in: The Guardian, 31. Oktober 2016.

chen«, zu veröffentlichen.[20] Doch derlei Transparenz hatte Hillary Clinton während ihres Wahlkampfes tunlichst vermieden; und als WikiLeaks ihre Reden veröffentlichte[21] und führende US-Medien darüber berichteten, wurde offensichtlich, warum. Sie enthielten Aussagen wie: »Ich bin irgendwie weit entfernt« von den Kämpfen der Mittelklasse, »wegen des Lebens, das ich führe, und des wirtschaftlichen, Sie wissen schon: Vermögens, das mein Mann und ich jetzt genießen.«[22] Laut der *New York Times* »bekamen die Clintons mehr als 120 Millionen US-Dollar für Reden an der Wall Street und bei bestimmten Interessenvertretungen, seitdem Bill Clinton 2001 das Weiße Haus verließ.«[23]

Hatte die Öffentlichkeit in den USA nicht ebenso das Recht zu erfahren, was Clinton hinter verschlossenen Türen gegenüber Finanzgrößen äußerte, wie im Fall von Trump zu wissen, wie es um dessen Steuererklärung stand?

Hillary Clinton unterlag bei den US-Wahlen im November 2016. Julian Assange und seine Organisation wurden an den Pranger gestellt und beschuldigt, zum Wahlsieg Trumps beigetragen zu haben. Sie wurden insbesondere angegriffen, nachdem Trump im Laufe seiner Präsidentschaftskampagne den Ausspruch »Ich liebe WikiLeaks« getan hatte und nachdem ein Twitter-Kontakt bekannt geworden war, und zwar jeweils zwischen WikiLeaks und Donald Trump Jr., einem der Söhne von Donald Trump, sowie Roger Stone, einem umstrittenen Lobbyisten und Strategen, der Trump seit langem nahestand. Obwohl der Austausch über Twitter aus der Zeit datierte, als

---

20 New York Times (red. Beitrag): Mrs. Clinton, show voters those transcripts, in: New York Times, 25. Februar 2016.

21 Die Podesta-Mail mit den Reden Hillary Clintons bei großen Finanzhäusern ist zugänglich unter: https://wikileaks.org/podesta-emails/emailid/927 (abgerufen: 1.5.2022).

22 Ebd.

23 Amy Chozick / Nicholas Confessore / Michael Barbaro: Leaked speech excerpts show a Hillary Clinton at ease with Wall Street, in: New York Times, 7. Oktober 2016.

WikiLeaks bereits alle Mails der Demokraten von Juli 2016 veröffentlicht hatte, legten die führenden Medien geheime Absprachen zwischen Assanges Organisation und Trumps Kampagne zum gezielten Schaden von Clinton nahe.

Im Mai 2017 ernannte das US-Justizministerium Robert S. Mueller zum Sonderermittler zur Untersuchung von ›Russiagate‹, der angeblichen russischen Operation zur Beeinflussung der US-Präsidentschaftswahlen 2016. Nach fast zweijährigen Ermittlungen wurde im April 2019 der »Mueller-Report« veröffentlicht, der die Ergebnisse der Untersuchung zusammenfasst. Der Bericht kam zu dem Schluss: Russland hat sich in die Wahlen eingemischt, indem es Mails der Demokratischen Partei gehackt hat; doch der Sonderermittler fand keine Beweise für eine Verschwörung oder Zusammenarbeit zwischen Trumps Wahlkampfkampagne hier und Russland dort, also für den Kern der ›Russiagate‹-Theorie.

Dem Bericht zufolge verbarg sich der russische Nachrichtendienst GRU hinter zwei falschen Online-Identitäten, namentlich ›DCLeaks‹ und ›Guccifer 2.0‹, und kontaktierte damit WikiLeaks über Twitter per Direktnachricht, um die Dateien anzubieten, die daraufhin als PGP-verschlüsselte Mails verschickt wurden. Der Bericht beschuldigte Assanges Organisation indes nicht, gewusst zu haben, dass Russland hinter den beiden Identitäten steckte. Und auch eine offenkundige Ungereimtheit vermochte er nicht zu erklären: Wie konnte der WikiLeaks-Gründer der ganzen Welt am 12. Juni 2016 die Veröffentlichung der Mails ankündigen, wenn laut Muellers Ermittlungen der erste Kontakt mit ›DCLeaks‹ erst auf den 14. Juni und mit ›Guccifer 2.0‹ auf den 22. Juni fiel? Dem Report gelang es auch nicht klarzustellen, warum der Sonderermittler in den fast zweijährigen Ermittlungen – mit einem Team von 19 Anwälten, die von gut 40 FBI-Agenten, Geheimdienstanalysten und IT-Experten unterstützt wurden, kein einziges Mal Assange und WikiLeaks befragte. Die Veröffentlichung der Mails der Demokratischen Partei galt als das Herzstück von ›Russiagate‹. Mueller befragte 500 Personen. Doch warum wandte er sich nie an jene

Journalistinnen und Journalisten, die die Dateien überhaupt erst publik gemacht hatten?

Was auch immer man von den Ermittlungen und dem Abschlussbericht von Sonderermittler Mueller halten mag: Bis heute gibt es viele offene Punkte und nicht aufklärbare Widersprüche. Auch scheint der Report keine Gewissheit darüber zu bieten, wer die Mails verschickte und wie genau dies geschah.

Trotz alledem machte der Bericht deutlich, dass Mueller in Erwägung gezogen hatte, WikiLeaks, Julian Assange und sogar Roger Stone wegen krimineller Verschwörung zum Ziel des Mailhackings anzuklagen, sich aber dagegen entschied, weil »die Behörde das zulässige Beweismaterial als unzureichend erachtete«, um damit zu beweisen, dass diese eine aktive Rolle beim Datendiebstahl spielten oder sich der Sache auch nur bewusst waren.[24] Außerdem hätte die Veröffentlichung der Dokumente möglicherweise konstitutionellen Schutz im Sinne des ersten Zusatzartikels (First Amendment) der US-Verfassung genießen können: »Gemäß der Entscheidung des Supreme Court im Fall Bartnicki./. Vopper, 532 U.S. 514 (2001)«, so Mueller, »schützt der erste Verfassungszusatz die Veröffentlichung rechtswidrig abgefangener Nachrichten im Falle einer Angelegenheit von öffentlichem Interesse, selbst wenn die veröffentlichende Seite von der rechtswidrigen Herkunft der abgefangenen Nachrichten wusste oder Grund zur Annahme einer solchen Herkunft hatte.«[25] Schließlich kam der Bericht zu dem Schluss: »Außerdem gibt es zum jetzigen Zeitpunkt keine hinreichenden Beweise, um zweifelsfrei festzustellen, dass Roger Stone oder andere Personen, die mit der Wahlkampfkampagne in Verbindung stehen, sich mit WikiLeaks bei der Veröffentlichung der Mails abgestimmt haben.«[26]

---

24 Zitat aus: Mueller Report, Bd. I, S. 177 f. Der US-amerikanische Journalist Jason Leopold und der Electronic Privacy Information Center (EPIC) erhielten den Bericht infolge der FOIA-Bestimmungen, vgl. documentcloud.org.
25 Ebd.
26 Zitat aus: Mueller Report, Bd. I, S. 189. (Freigabe wie angegeben.)

Während ich dies schreibe, sind diese Schlussfolgerungen aus den Ermittlungen von Robert S. Mueller noch immer gültig: WikiLeaks und Julian Assange wurden wegen Veröffentlichung der Mails der Demokratischen Partei nicht angeklagt; zudem konnte der Report keine Absprachen zwischen Donald Trumps Wahlkampfkampagne und Assanges Organisation feststellen.

Ich behaupte nicht, die Wahrheit über den Fall zu kennen, und die Quelle der Mails ist mir bis heute unbekannt. Wenn sie wirklich von ›Guccifer 2.0‹ stammen, war WikiLeaks nicht das einzige Medium, das Dokumente veröffentlichte, die von dort kamen. Die einflussreiche US-amerikanische Online-Zeitung *The Hill* erhielt ebenfalls welche von ›Guccifer 2.0‹, wie sie ihrer Leserschaft mitteilte.[27] Ich persönlich wusste die Kommunikation zwischen Donald Trump Jr. bzw. Roger Stone und der Organisation zwar nicht gerade zu schätzen, aber ich verteidige die Veröffentlichung der Dokumente des Democratic National Committee und der Podesta-Files, die ich wegen der interessanten Nuggets, die sie enthalten, auch heute noch heranziehe.

Der Versuch des Democratic National Committee, WikiLeaks zu verklagen, endete mit einer Niederlage für die Demokraten.[28] Im Juli 2019 entschied Richter John G. Koeltl vom ›U.S. District Court for the Southern District of New York‹, dass die Veröffentlichung der Dokumente durch den ersten Zusatzartikel der US-Verfassung geschützt ist, und zwar selbst dann, wenn die Mails gestohlen worden sein sollten – es sei denn, die Person oder Nachrichtenagentur, die sie veröffentlichte, wäre unmittelbar an dem Diebstahl beteiligt gewesen.[29] Das Urteil von Richter Koeltl – kaum ein Sympathisant von Donald

---

27 Joe Uchill: Guccifer 2.0 leaks docs from ›Pelosi's PC‹, in: The Hill, 31. August 2016.

28 Sharon LaFraniere: Democrats' Lawsuit Alleging Trump-Russia Conspiracy Is Dismissed, in: New York Times, 30. Juli 2019. Stefania Maurizi: Stati Uniti, i democratici perdono la causa contro Trump e Wikileaks per le email rubate, in: la Repubblica, 31. Juli 2019.

29 Vgl. das Urteil von Richter John G. Koeltl: Democratic National Committee against The Russian Federation et al., United States District Court Southern District of New York, 18cv3501 (JGK), 30. Juli 2019. Das Urteil ist zugänglich unter: storage.courtlistener.com.

Trump, wenn man bedenkt, dass er 1994 von der Regierung Bill Clinton ernannt wurde – war ein Sieg für die Pressefreiheit, und in der Tat hatte sich eine Gruppe sehr profilierter Organisationen, darunter die American Civil Liberties Union (ACLU) und das Knight First Amendment Institute der Columbia University, zur Verteidigung von WikiLeaks eingesetzt.

Einen Monat nach Trumps Wahlsieg interviewte die BBC Dean Baquet, den Chefredakteur der *New York Times*. Die Zeitung brachte eine Reihe von Artikeln, die auf den von WikiLeaks veröffentlichten Mails von Podesta und dem Democratic National Committee beruhten. »Der Gedanke«, erklärte Baquet, »möglicherweise auf eine Vorlage von Wladimir Putin« eingestiegen zu sein, lasse ihn »manchmal nachts nicht schlafen«. Doch er fügte hinzu: »Mehr noch würde mich nachts quälen, wenn ich gehackte Informationen hätte, von denen ich wüsste, dass sie zutreffen und die Wähler und Bürger von ihnen Kenntnis haben müssen. Das würde mich wirklich beunruhigen ... Würde ich um ein wenig Schlaf kommen, weil ich manipuliert werde? Ok. Aber ich verliere noch weit mehr an Schlaf, wenn ich das Zeug in einem Safe aufbewahre.«[30]

Die BBC fasste die Meinung des Chefredakteurs der *New York Times* bündig zusammen: »In Baquet's view, the information *trumps* all, no matter how it has been obtained.« – Die Information übertrumpfe alles, ganz gleich, wie man sie erhalten habe. Doch Baquets Erklärung vermochte die gegen WikiLeaks gerichtete Dämonisierungskampagne, die mit den veröffentlichten Mails der Demokratischen Partei entfesselt wurde, nicht im Zaum zu halten. Ganz im Gegenteil: Die Kampagne war nur ein Vorgeschmack auf das, was die nächsten zwei Jahre bereithielten.

---

30 Ian Katz: Hacking – truth or treason?, BBC News, bbc.com, 15. Dezember 2016.

14.
Die CIA in Rage

Ein Raubüberfall in Rom

Um keine schriftlichen Spuren zu hinterlassen, trug ich nichts in mein Notizbuch ein, das ich immer mit mir führte. Ich googelte nicht nach den Begriffen aus den Dokumenten. Ich traf alle möglichen Vorsichtsmaßnahmen. Ich arbeitete an geheimem CIA-Material, das WikiLeaks noch nicht veröffentlicht hatte. Und ein Jahr zuvor hatte sich ein Vorfall ereignet, der mir überaus bewusst machte, wie anfällig schriftliche Notizen sind.

Zwischen Sommer 2015 und Februar 2016 hatte die Organisation von Julian Assange mit uns in gemeinsamer Medienpartnerschaft streng geheime Dokumente veröffentlicht, die enthüllten, wie die NSA in den Jahren zuvor führende Staatsoberhäupter ausspioniert hatte.[1] Dazu gehörten unter anderem drei Präsidenten der Französischen Republik: François Hollande, Nicolas Sarkozy und Jacques Chirac; die deutsche Bundeskanzlerin Angela Merkel und andere leitende Personen deutscher Institutionen; die politische und wirtschaftliche Führung Brasiliens, einschließlich der damaligen Präsidentin Dilma Rousseff; und schließlich der italienische Ministerpräsident Silvio Berlusconi und dessen wichtigste Mitarbeiter. Berlusconi wurde von der NSA im Herbst 2011 heimlich abgehört, als Italien mit

---

1   Die enthüllten ›top secret‹-Dokumente über führende Regierungschefs und Staatsoberhäupter sind einsehbar unter: https://wikileaks.org/nsafrance/ (abgerufen: 3.5.2022). Auf Grundlage dieser Dokumente erschien folgender Exklusivbericht: Stefania Maurizi, WikiLeaks reveals the NSA spied on Berlusconi and his closest advisers, in: L'Espresso (engl. Version), 23. Februar 2016.

einer schweren Wirtschaftskrise zu kämpfen hatte und die Skandale um Berlusconis »Bunga Bunga«-Sexpartys weltweit für Schlagzeilen sorgten, woraufhin der Zusammenbruch der Koalition zur Bildung von Mario Montis technokratischer Regierung führte.

Drei Monate vor der Veröffentlichung der als ›top secret‹ eingestuften Dokumente über Italien saß ich in einem Zug auf dem Weg vom Flughafen Rom-Fiumicino in die Stadt, als mir am helllichten Tag mein Rucksack gewaltsam entrissen wurde. Darin hatte ich Notizbücher, Telefone, ein digitales Aufnahmegerät und eine Reihe von USB-Sticks mit wichtigen Dateien. Es handelte sich um journalistisches Material, das nichts mit WikiLeaks zu tun hatte und weder von Snowden noch von einer anderen US-Datenbank stammte, trotzdem waren es sehr sensible Daten. Geschockt vom Raub des Rucksacks, schrie ich auf; doch sobald wir am Bahnhof Magliana hielten, sprang der Täter aus dem Zug. Ich rannte ihm ein kurzes Stück zwischen den Gleisen hinterher, aber vergeblich. Nur in der Gewissheit, dass ich die Dateien sorgfältig verschlüsselt und bestimmte Daten gelöscht hatte – einschließlich der Metadaten, mit denen sich die Quellen der Informationen identifizieren ließen – konnte ich meine Sorgen zerstreuen.

Auf dem Polizeirevier, das ich aufsuchte, um zu melden, was ich für einen gewöhnlichen Diebstahl hielt – einen von vielen, die jede Woche in Rom passieren –, erklärte mir der Beamte, der meine Strafanzeige aufnahm, dass die Vorgehensweise, mit der ich physisch angegriffen und mir meine Tasche entrissen wurde, nicht der eines gewöhnlichen, sondern eher der eines »atypischen Raubüberfalls« entsprach. Obwohl die zentrale Polizeistation in Rom sofort tätig wurde, blieb die Anzeige erfolglos. Mein Rucksack und das darin enthaltene wichtige journalistische Material tauchten nie wieder auf, und auch von der italienischen Polizei oder einem Staatsanwalt hörte ich nichts mehr bezüglich meiner Anzeige. Wurde in dem »atypischen Raubüberfall« jemals ermittelt, wie es das italienische Recht vorschreibt? Diese Episode führte mir vor Augen, wie unsicher Notizbücher und Aufnahmegeräte sind: Da sie sich nicht verschlüsseln lassen, kann ihr Inhalt mühelos von jedermann eingesehen werden.

Was das Googeln betrifft, so hatte ich aus Snowdens Dokumenten erfahren, dass die NSA mit Programmen wie Prism die Suchanfragen einer Zielperson in Echtzeit überwachen kann.[2] Dies ist eine entscheidende Information für uns Journalistinnen und Journalisten, die jene Quellen schützen müssen, mit denen wir sensible Informationen besprechen. Als ich später von einer sinnbildlichen Erfahrung hörte, von der James Risen, ein mit dem Pulitzer-Preis ausgezeichneter US-Reporter, berichtet hatte, war ich keineswegs überrascht.[3] Als er einmal Recherchen über eine Quelle anstellte, die er über einen Mittelsmann kennengelernt hatte, rief ihn dieser sogleich an: »Hören Sie auf, seinen Namen zu googeln.«

Die Arbeit an den komplexen Themen aus den streng geheimen CIA-Dokumenten war ein Albtraum: ohne Internetrecherchen, ohne die Möglichkeit, mit jemandem frei zu sprechen, ohne sich Notizen zu machen oder Diagramme und Grafiken zu zeichnen. Mit jeder Stunde, die verging, fragte ich mich, ob WikiLeaks und wir Medienpartner wirklich in der Lage sein sollten, unsere journalistische Arbeit zu diesen Dokumenten zu veröffentlichen, ohne dass die CIA uns vorher auf die Spur kommt. Ich verstand, wie sich Glenn Greenwald, Laura Poitras und Ewen MacAskill gefühlt haben mussten, als sie kurz davor standen, die Snowden-Dokumente zu veröffentlichen. Wusste die CIA bereits, was vor sich ging?

Das unsichtbare Arsenal: ›Vault 7‹

Sollten sie davon gewusst haben, so hielten sie uns zumindest nicht auf. Am 7. März 2017, zwei Monate bevor die Staatsanwältin Marianne Ny die Ermittlungen wegen Vergewaltigungsverdachts einstellen sollte, legte WikiLeaks die ersten 8.761 CIA-Dokumente

---

2   Glenn Greenwald / Ewen MacAskill: NSA Prism program taps in to user data of Apple, Google and others, in: The Intercept, 7. Juni 2013.

3   J. Risen: The biggest secret. My life as a New York Times reporter in the shadow of the war on terror, in: The Intercept, 3. Januar 2018.

offen,⁴ und in Medienpartnerschaft veröffentlichte ich zeitgleich das wichtigste Material davon in meiner damaligen Tageszeitung *La Repubblica*.⁵

Assanges Organisation hatte die Reihe von Dokumenten als ›Vault 7‹ bezeichnet. Wie der Geheimdienst selbst einräumte, handelte es sich um den »größten Datenverlust in der Geschichte der CIA«.⁶ Zum ersten Mal überhaupt förderte WikiLeaks deren Cyberwaffen zutage: die Softwareprogramme, die die CIA verwendete, um die Computer, Telefone, elektronischen Geräte und Computernetzwerke ihrer Zielpersonen zu hacken und Informationen zu stehlen. Schadsoftware – auch bekannt als Malware –, Viren, Trojaner: ›Vault 7‹ enthüllte ein riesiges Hacker-Arsenal.

Drei Jahre zuvor hatte ein Skandal für Schlagzeilen gesorgt, nachdem die Agency in ein Computernetzwerk des Geheimdienstausschusses des US-Senats eingedrungen war, der damals die brutalen Foltermethoden untersuchte, die von der CIA nach dem 11. September eingesetzt wurden.⁷ Die ›Vault 7‹-Dokumente offenbarten keine illegalen Operationen dieser Art, sondern beschrieben die spezifischen Waffen im Cyber-Arsenal der CIA. Eine dieser Waffen

---

4   Die erste Serie von CIA-Dokumenten ist zugänglich unter: https://wikileaks.org/ciav7p1/ (abgerufen: 3.5.2022). Die gesamten ›Vault 7‹-Dokumente sind auf der WikiLeaks-Website einzusehen.

5   Stefania Maurizi: WikiLeaks' files reveal major security breach at the CIA, in: la Repubblica, 7. März 2017. Auch der *Spiegel* veröffentlichte einen Beitrag zu ›Vault 7‹ (Michael Sontheimer: CIA spies may also operate in Frankfurt, in: Der Spiegel, 7. März 2017, internationale Ausgabe: spiegel.de/international).

6   Zu der Angabe der CIA, dass es der größte Datenverluste in ihrer der Geschichte, vgl. »WikiLeaks Task Force Final Report«, 17. Oktober 2017, erwirkt von US-Senator Ron Wyden als Mitglied des »U.S. Senate Select Committee on Intelligence«, einem Kontrollorgan der US-Nachrichtendienste. Das Dokument ist auf Wydens Website zugänglich: wyden.senate.gov. Ursprünglich berichtet von: Ellen Nakashima / Shane Harris: Elite CIA unit that developed hacking tools failed to secure its own systems, allowing massive leak, an internal report found, in: The Washington Post, 16. Juni 2020.

7   Spencer Ackerman: CIA admits to spying on Senate staffers, in: The Guardian, 31. Juli 2014.

war das Programm ›Weeping Angel‹, mit dem die CIA eine Schadsoftware in ein bestimmtes Fernsehmodell von Samsung (Smart TV) einschleusen konnte, was sich dann dazu verwenden ließ, Gespräche in der Umgebung des Geräts abzuhören. Bedenken hinsichtlich der internetfähigen Fernseher hatte es schon seit einiger Zeit gegeben, doch nun enthielten die Dateien Beweise dafür, wie ›Weeping Angel‹ TV-Geräte einer großen Marke in Spionagewerkzeuge verwandelte.

Die klassifizierten Dokumente in der ›Vault 7‹-Datenbank waren technischer Art und weckten insbesondere das Interesse von Einzelpersonen und Organisationen, die sich gegen Überwachung wehrten – von einer der Communitys also, die zur Lebensader von WikiLeaks gehörte, ja: aus der sie überhaupt erst hervorgegangen war. Die Welt war im Jahr 2010 auf die Macht von Cyberwaffen aufmerksam geworden, als die Öffentlichkeit von Stuxnet erfuhr, jenem Virus, das von der NSA und ihrem israelischen Pendant, der Unit 8200, entwickelt worden war, um das iranische Nuklearprogramm zu sabotieren, indem die Computersysteme infiziert wurden, die die Zentrifugen zur Urananreicherung steuern. Im Jahr darauf begann die Organisation von Julian Assange, Dokumente über die private Überwachungsindustrie zu veröffentlichen.

WikiLeaks hatte seit 2011, oftmals in Medienpartnerschaft mit uns, die sogenannten ›Spy Files‹ publik gemacht: umfangreiche Datenbanken mit Dateien zu Überwachungstechnologien und Cyberwaffen, die sowohl von westlichen als auch von russischen Unternehmen entwickelt und vermarktet werden.[8] Zum Vorschein kamen unter anderem mehr als eine Million interner Mails des Unternehmens Hacking Team,[9] einer italienischen Firma, die derlei Waffen an einige der berüchtigtsten Regime der Welt verkauft

---

8 ›Die ›Spy Files‹ und die ›Spy Files Russia‹ sind zugänglich unter: https://wikileaks.org/spyfiles/; https://wikileaks.org//spyfiles/russia/ (jeweils abgerufen: 3.5.2022).

9 Die ›Hacking Team‹-Mails sind zugänglich unter: https://wikileaks.org//hackingteam/emails/ (abgerufen: 3.5.2022).

hatte und so dabei half, Oppositionelle, Aktivistinnen und Journalisten auszuspionieren.[10]

Ein solcher Fall, gleichsam einem Horrorfilm, war der des saudiarabischen Journalisten Jamal Khashoggi, der in den USA lebte und als Kolumnist für die *Washington Post* tätig war, für die er Leitartikel mit deutlicher Kritik an Saudi-Arabiens Prinz Mohammed bin Salman verfasste. Nachdem er im Oktober 2018 das saudi-arabische Konsulat in Istanbul betreten hatte, kam Khashoggi nicht mehr lebend heraus. Er wurde getötet und zerstückelt.[11] Aus den bisher aufgetauchten Informationen wissen wir, dass vor seiner Ermordung einige seiner engsten Kontaktpersonen ins Visier einer jener Cyberwaffen gerieten, die von der NSO Group, einem israelischen Unternehmen, vertrieben werden.[12] Dank der von WikiLeaks drei Jahre vor der Ermordung Khashoggis enthüllten Mails der Firma Hacking Team konnte ich dokumentieren, dass zwei der führenden Saudis, die in die grauenvolle Hinrichtung verwickelt waren – nämlich Saud al-Qahtani, ein hochrangiger Regierungsbeamter, und Maher Mutreb, der mutmaßlich die gesamte Operation koordinierte und durchführte –, in den Jahren 2015 und 2011 jeweils in Kontakt

---

10 Stefania Maurizi: Silence and mysteries. Did Hacking Team play any role in the Khashoggi murder?, in: la Repubblica, 8. April 2019; Stefania Maurizi: Gli affari di Hacking Team in Sudan. Vendeva tecnologia ai servizi segreti, in: L'Espresso, 29. Juli 2015.

11 Eine Untersuchung der UN-Sonderberichterstatterin für Hinrichtungen ohne Gerichtsverfahren, Massenhinrichtungen oder willkürliche Exekutionen, Agnes Callamard, kam zu dem Schluss, dass »die Tötung von Herrn Khashoggi eine außergerichtliche Tötung darstellt, für die der Staat des Königreichs Saudi-Arabien verantwortlich ist«, und dass »es glaubwürdige Beweise gibt, die eine weitere Untersuchung der individuellen Verantwortung hochrangiger saudischer Beamter, einschließlich des Kronprinzen, rechtfertigen«. (»Khashoggi killing: UN human rights expert says Saudi Arabia is responsible for ›premeditated execution‹«, ohchr.org, 19. Juni 2019.)

12 Dana Priest: A UAE agency put Pegasus spyware on phone of Jamal Khashoggi's wife months before his murder, new forensics show, in: The Washington Post, 21. Dezember 2021; Oliver Holmes / Stephanie Kirchgaessner: Israeli spyware firm fails to get hacking case dismissed, in: The Guardian, 16. Januar 2020.

mit dem italienischen Unternehmen standen.[13] Hacking Team hatte Saudi-Arabien mindestens seit 2010 mit Cyberwaffen und Schulungen versorgt.[14]

Die Dokumente der Überwachungsindustrie brachten mich zu der Erkenntnis: Früher konnten etwa Antifaschistinnen und Antifaschisten in andere Länder fliehen – wie der italienische Partisanenkämpfer und spätere Staatspräsident Sandro Pertini, der in Frankreich Zuflucht fand –, doch im Zeitalter von Cyberwaffen gibt es kein Entrinnen. Selbst wenn es verfolgten Oppositionellen oder Journalisten gelingt, irgendwo Unterschlupf zu finden, lassen sie sich meist mit geringem Aufwand und begrenzten Mitteln ausspionieren, abhören und aus der Ferne bedrängen, selbst vom anderen Ende der Welt aus. Und wenn ihre Bewegungen und Kontakte erst getrackt sind, ist es nicht schwer, sie zu eliminieren, wie der Fall Khashoggi zeigt.

Die von WikiLeaks aufgedeckten ›Spy Files‹ und Hacking-Team-Mails trugen dazu bei, eine weltweite Debatte über die Überwachungsindustrie auszulösen und das Bewusstsein von Menschenrechtsaktivisten, Journalistinnen und politischen Oppositionellen zu schärfen. Und noch wem verliehen die Dokumente maßgeblichen Auftrieb: Spätestens 2011 begannen Software-Experten mit wissen-

---

13 Vgl. Maurizi, Silence and mysteries, a. a. O. Die Verbindungen zwischen al-Qahtani und Hacking Team wurden erstmals von David Ignatius offengelegt. (David Ignatius: How chilling Saudi cyberwar ensnared Jamal Kashoggi, in: The Washington Post, 7. Dezember 2018.)

14 Die Beziehungen zu Saudi-Arabien sind in den internen Hacking-Team-Mails dokumentiert und allgemein zugänglich unter: https://wikileaks.org/hackingteam/emails/. Einschließlich der Mail vom 21. Dezember 2010 (20:44 Uhr) von Marco Bettini an Ahmed u. a. (email ID: 983455); der Mail vom 27. März 2012 (10:46 Uhr) von Saud Al-Qahtani an Mostapha Maanna, (email ID: 569313); der Mail vom 27. Januar 2011 (6:17 Uhr) von Albwardy an Marco Bettini und Mostapha Maanna (email ID: 576348); der Mail vom 26. Januar 2011 (18:26 Uhr) von Albwardy an Marco Bettini und Mostapha Maanna (email ID: 580316). Diese Zusammenhänge wurden auch recherchiert in: Maurizi: Silence and mysteries, a. a. O.; Ignatius: How chilling Saudi cyberwar ensnared Jamal Kashoggi, a. a. O.

schaftlichen und systematischen Untersuchungen zur Industrie, deckten deren Verstöße mithilfe von forensischen Analysen auf und forderten strenge Kontrollen und Gesetze für den Export derartiger Waffen.

So wichtig sie auch waren, die ›Spy Files‹ wie auch die Hacking-Team-Mails befassten sich mit Cyberwaffen, die von privaten Unternehmen hergestellt und vermarktet wurden. ›Vault 7‹ hingegen enthüllten einen Teil des Arsenals eines Landes, oder besser gesagt: einer Supermacht, der Vereinigten Staaten. Im Gegensatz zu Kampfflugzeugen und Kriegsschiffen, Bomben und Drohnen, also sichtbaren Waffen, handelt es sich bei Cyberwaffen um Software: Unsichtbar und nicht greifbar, können sie erstellt, gelagert und exportiert werden, ohne dass die Öffentlichkeit von ihrer Existenz oder ihrem Einsatz erfährt. Oder mit den Worten von Julian Assange: »Die Entwicklung von Cyber-›Waffen‹ birgt ein extremes Verbreitungsrisiko. Die unkontrollierte Vermehrung solcher ›Waffen‹ – ein Ergebnis des Unvermögens, sie zu begrenzen, in Verbindung mit ihrem hohen Marktwert – kann mit dem weltweiten Waffenhandel verglichen werden.[15]

Anhand der offengelegten Dokumente war nun eine fundierte Debatte über solcherlei Waffen möglich. Vor der Veröffentlichung hatte WikiLeaks die Dateien teilweise geschwärzt, um keine Informationen zu den eigentlichen Cyberwaffen zu liefern – die international von Staaten oder von kriminellen Organisationen hätten verwendet werden können –, also bloß die entsprechende Dokumentation zugänglich gemacht.

Einige Monate danach berichteten die Medien, dass ein junger US-amerikanischer Software-Ingenieur, Joshua Schulte, der in der Vergangenheit für die CIA gearbeitet hatte, unter dem Vorwurf verhaftet worden war, die Quelle der ›Vault 7‹-Dateien zu sein. Er wurde unter dem Espionage Act angeklagt, jenem unerbittlichen Gesetz aus

---

15 Pressemitteilung von WikiLeaks zu ›Vault 7‹, vgl. https://wikileaks.org/ciav7p1/ (abgerufen: 4.5.2022).

dem Jahr 1917, das gegen Chelsea Manning und Edward Snowden angewandt worden war und das die Grundlage für die Ermittlungen gegen Julian Assange und die WikiLeaks-Journalisten durch die Grand Jury in Alexandria, Virginia, bildete.

Über Schulte ist wenig bekannt: Bis heute ist keineswegs sicher, dass er wirklich die Quelle von ›Vault 7‹ ist, wie die US-Behörden weiterhin behaupten. Der erste Versuch, ihn wegen der Weitergabe der Dokumente an WikiLeaks anzuklagen, scheiterte; die Beweismittel gegen ihn überzeugten die Geschworenen nicht. Aber eines ist sicher: Er sitzt seit seiner Verhaftung im August 2017 im Gefängnis. Während ich diese Zeilen schreibe, ist das neue erstinstanzliche Verfahren gegen Schulte beendet: Richter Jesse M. Furman verurteilte ihn zu 40 Jahren Gefängnis. Schulte, der bestreitet, die WikiLeaks-Quelle zu sein, wurde auch für schuldig befunden, auf seinen Computern kinderpornografisches Material gespeichert zu haben, das die US-Behörden im Zuge der Ermittlungen offenbar fanden.

Er saß über drei Jahre lang im Metropolitan Correctional Center (MCC) in New York ein,[16] und zwar in strikter Isolationshaft, die als Special Administrative Measures (SAMs) bekannt ist; Berichten zufolge wurde er wie ein Tier behandelt.[17] »Die Häftlinge sind in Betonkäfigen von der Größe eines Parkplatzes eingesperrt, mit absichtlich versperrter Sicht nach draußen«, beanstandeten seine Anwälte. »Die Zellen sind schmutzig und von Nagetieren und deren Kot, von Kakerlaken und Schimmel befallen; es gibt keine Heizung oder Klimaanlage in den Käfigen, keine funktionierenden Sanitäran-

---

16 Das MCC ist jenes Gefängnis, in dem Jeffrey Epstein nach angeblichem Selbstmord verstarb. Zur Verurteilung von Schulte vgl. Stefania Maurizi: Joshua Schulte »passò a WikiLeaks file top secret Usa«: 40 anni di carcere, in: il Fatto Quotidiano, 4. Februar 2024.

17 Die von Joshua Schultes Rechtsbeistand eingereichte Beschwerde, in der seine Haftbedingungen beschrieben werden, ist zugänglich unter: storage.courtlistener.com. Vgl. auch die folgenden Medienberichte: Larry Neumeister: Ex-CIA engineer tells judge he's incarcerated like an animal, Associated Press, 24. Januar 2021; Kevin Gosztola: US Justice Department tries to stifle alleged WikiLeaks source's challenge to cruel confinement, Shadow-Proof, 29. Januar 2021.

lagen, das Licht brennt 24 Stunden am Tag; den Gefangenen werden der Ausgang im Freien, gewöhnliche Besorgungen, normaler Besuch, der Zugang zu Büchern und juristischem Material sowie die medizinische und zahnmedizinische Versorgung verwehrt. Auch das Anwaltsgeheimnis ist bei SAMs-Insassen hinfällig, da das Gefängnis die gesamte juristische Post beschlagnahmt, öffnet und liest; den Insassen ist es verboten, juristisches Material an ihre Anwälte zu übermitteln oder von ihnen zu erhalten. Die Insassen »erhalten weder Tassen noch Metallbesteck zum Trinken bzw. Essen« und sind folglich »gezwungen, mit den Händen zu essen und zu trinken, wie Käfigtiere, als die man sie hält.«

Schließlich heißt es in der Beschwerdeschrift: »Im Winter sind die Käfige eiskalt, während im Sommer die Hitze unerträglich ist. Derzeit trägt Herr Schulte vier Schichten an Kleidung, fünf Paar Socken, ein Sweatshirt, eine Jogginghose und drei Paar Socken an den Händen. Eingehüllt in zwei Decken, friert er immer noch, wenn die Temperatur in seiner Zelle unter den Gefrierpunkt sinkt und das Wasser buchstäblich zu Eis wird. Der Gefängnisdirektor und das Personal des MCC [Metropolitan Correctional Center] sind sich dieser unnachgiebigen Folter bewusst und stehen ihr gleichgültig gegenüber.«

Obwohl er in ein anderes Gefängnis verlegt wurde,[18] bezeichnete er seine Haftbedingungen, darunter Schlafentzug und extreme Kälte, weiterhin als »qualvoll«.[19]

Ich habe keine Ahnung, ob Joshua Schulte wirklich die Quelle von WikiLeaks für ›Vault 7‹ war. Doch ob er es nun war oder nicht, niemand sollte unter solchen Bedingungen inhaftiert werden. Und wer auch immer die Quelle war, es ist unbestreitbar, dass die Enthüllung im öffentlichen Interesse war.

---

18 Matthew Russell Lee: In CIA leak case Schulte is moved to MDC after Oct 25 trial canceled and reassigned, in: Inner City Press, innercitypress.com, 19. Oktober 2021.

19 Luc Cohen: Ghislaine Maxwell sex crimes trial highlights conditions at Brooklyn jail, Reuters, 18. November 2021.

All meine Befürchtungen, dass wir möglicherweise auffliegen würden, bevor wir an die Öffentlichkeit gehen konnten, erwiesen sich als unbegründet. Die CIA merkte nicht, dass sie die Kontrolle über ihr Cyber-Arsenal verloren hatte, zumindest nicht bis zum 7. März 2017, dem Tag, an dem WikiLeaks und wir Medienpartner begannen, die erste Tranche an ›Vault 7‹-Dokumenten zu enthüllen. Erst später erfuhren wir, was sich hinter den Kulissen getan hatte.

Eine erschütternde Rede

Unmittelbar nach der Veröffentlichung von ›Vault 7‹ richtete die CIA eine Task Force ein, um die undichte Stelle zu finden. Diese internen Ermittlungen deckten dramatische Sicherheitsmängel in der Agency auf, die im Bericht der Task Force schwarz auf weiß festgehalten wurden. Nur zehn Seiten des Berichts wurden freigegeben, von denen die meisten Passagen geschwärzt sind, aber die wenigen lesbaren Absätze sind beunruhigend.[20]

Die CIA hatte offenbar ein Jahr zuvor die Kontrolle über die Dateien verloren: »Wir gehen davon aus, dass ein CIA-Mitarbeiter im Frühjahr 2016 zwischen 180 Gigabyte und 34 Terabyte an Informationen entwendete«, heißt es in dem Bericht der Task Force: »Das entspricht etwa 11,6 Millionen bis 2,2 Milliarden Seiten in Microsoft Word.« Letztlich konnte sich die Behörde jedoch nicht einmal sicher sein, um wie viele Dateien es sich handelte, da das Softwareentwicklungsnetz, in dem diese Daten gespeichert waren, »keine Überwachung der Benutzeraktivitäten oder andere Sicherheitsvorkehrungen verlangte, die in unserem Betriebssystem vorhanden sind.«

Die interne Untersuchung kam zu dem Schluss: »Da sich die gestohlenen Daten auf einem System befanden, dem es an einer Überwachung der Benutzeraktivitäten und einer robusten Server-Audit-Funktion fehlte, haben wir den Verlust erst ein Jahr später be-

---

20 WikiLeaks Task Force Final Report, zugänglich unter: wyden.senate.gov.

merkt, als WikiLeaks die Daten im März 2017 publik machte. Hätte ein staatlicher Gegner die Daten abgegriffen und diese nicht veröffentlicht, wüssten wir wohl immer noch nichts von dem Verlust – was auch bei den allermeisten Daten auf den Einsatzsystemen der Agency der Fall wäre.«

Die Schlussfolgerung wirkte beunruhigend: Wie konnte die CIA die Sicherheit der US-Bürger schützen, wenn sie nicht einmal in der Lage war, ihre eigenen Netzwerke zu schützen? Und wir sprechen hier nicht von einer Behörde mit begrenzten Mitteln: Allein im Haushaltsjahr 2017 gaben die USA 73 Milliarden Dollar für Geheimdienste aus, eine gewaltige Summe.[21]

›Vault 7‹ ermöglichte nicht nur eine sachkundige Debatte über Cyberwaffen – insbesondere unter den Personen und Organisationen, die sich gegen Überwachung einsetzen –, sondern deckte auch eklatante Sicherheitslücken in der Behörde auf, die, wären sie nicht öffentlich gemacht worden, höchstwahrscheinlich vertuscht worden wären.

Hatte der US-amerikanische Steuerzahler nicht einen Anspruch darauf zu erfahren, dass die Sicherung der Geheimdienste trotz der massiven staatlichen Ausgaben derart mangelhaft war? Hatte die Weltöffentlichkeit nicht das Recht zu erfahren, dass eine Supermacht derart fahrlässig mit ihrem Arsenal an Cyberwaffen umging, dass ein feindlich gesonnener Staat oder eine kriminelle Organisation es hätte erbeuten können, und zwar unbemerkt von der CIA? Zweifellos: Die Bekanntmachung des ›Vault 7‹-Materials lag im öffentlichen Interesse.

Doch die CIA war in Rage. Am 13. April 2017 hielt der neue CIA-Direktor Michael »Mike« Pompeo seine erste öffentliche Rede. Dies geschah kaum fünf Wochen, nachdem WikiLeaks begonnen hatte, die Dokumente herauszubringen; und nur zwei Tage, nachdem in der

---

21 Diese Zahlen zum Geheimdienstbudget stammen vom ›Project on Government Secrecy der Federation of American Scientists‹, das zwei Jahrzehnte lang von Steven Aftergood, einem langjährigen kritischen Beobachter der Geheimhaltungspolitik der US-Regierung, geleitet wurde. Vgl. irp.fas.org/budget.

Washington Post ein prominenter Gastbeitrag von Julian Assange erschienen war, in dem dieser argumentierte, das Motiv von WikiLeaks bei der Enthüllung von ›Vault 7‹ sei »identisch mit jenem« gewesen, »das auch die *New York Times* und die *Post* für sich in Anspruch nehmen: die Veröffentlichung von Inhalten mit Nachrichtenwert«.[22]

Pompeo war von Donald Trump ernannt worden, der nur drei Monate zuvor, nach der gewonnenen Präsidentschaftswahl von Ende 2016, sein Amt im Weißen Haus angetreten hatte. Sein »I love WikiLeaks« hallte noch nach; doch diese Liebe war schnell wieder verblasst, wie so oft, wenn es um Assanges Organisation ging. Kam es mal zu Sympathiebekundungen politischer Führungskräfte, so waren diese meist flüchtig: Sie hatten nur so lange Bestand, wie es zu ihrem Vorteil war, bald darauf stand man wieder auf Kriegsfuß mit WikiLeaks.

Von der ersten Rede des neuen CIA-Chefs hätte man erwarten können, dass Pompeo die ernsthafteren Bedrohungen anspricht, mit denen die Welt konfrontiert ist: Nuklearterrorismus etwa, in Zeiten des ›Islamischen Staates‹ eine Bedrohung für die gesamte Menschheit. Stattdessen wetterte er gegen eine kleine Journalistenorganisation, deren Kopf in einem 20 Quadratmeter großen Raum verschüttet war und nicht einmal für eine MRT-Untersuchung in ein Krankenhaus gehen durfte. »Es ist an der Zeit, WikiLeaks als das zu benennen, was es wirklich ist«, so Pompeo, »ein nichtstaatlicher feindlicher Geheimdienst, vielfach unterstützt von staatlichen Akteuren wie Russland.«[23] Dann wurde er persönlich: »Assange ist ein Narzisst, der nichts von bleibendem Wert geschaffen hat. Er verlässt sich auf die schmutzige Arbeit anderer, um selber berühmt zu werden. Er ist ein Betrüger, ein Feigling, der sich hinter einem Bildschirm versteckt.«

---

22 Julian Assange: WikiLeaks has the same mission as The Post and the Times, in: The Washington Post, 15. April 2017.
23 Center for Strategic & International Studies: A discussion on national security with CIA Director Mike Pompeo, csis.org, 13. April 2017; Stefania Maurizi: Usa, nuovo direttore Cia attacca Wikileaks. E un servizio segreto ostile, in: la Repubblica, 14. April 2017.

Es war ein rachsüchtiger, ein böswilliger Angriff; es waren nicht die Worte eines Politikers, der Dampf abließ. Es war der Angriff einer Struktur, die Julian Assange und die WikiLeaks-Journalisten buchstäblich des Nachts hätte verschwinden lassen können. Und er kam zu einer Zeit, in der sie weitgehend isoliert waren: Nach den politischen Umbrüchen infolge der US-Wahlen und nachdem Rafael Correa, jener Präsident Ecuadors, der Assange seit 2012 Schutz gewährt hatte, seine Amtszeit beendet hatte. Alles änderte sich gerade. Und noch ein weiterer erschütternder Vorfall ereignete sich im Herbst 2016.

Chelsea Manning versuchte zum zweiten Mal, sich umzubringen. Seit ihrer Verurteilung zu 35 Jahren Gefängnis wegen der Weitergabe von 700.000 geheimen US-Regierungsdateien saß sie im Militärgefängnis von Fort Leavenworth in Kansas, einem reinen Männergefängnis. Unmittelbar nach ihrer Inhaftierung kündigte sie an, sie wolle den Namen Chelsea annehmen und dafür kämpfen, eine Hormontherapie zu erhalten. Das Pentagon verweigerte ihr diese jedoch mit der Begründung, man unterstütze »keine Hormontherapie oder geschlechtsangleichende Operationen bei Störungen der Geschlechtsidentität«.[24] Manning gab nicht auf und verklagte das US-Verteidigungsministerium vor Gericht, vertreten durch die American Civil Liberties Union. Infolge der juristischen Auseinandersetzung wurde sie zur »ersten Person, die in einem Militärgefängnis medizinische Versorgung im Zusammenhang mit einer Geschlechtsumwandlung erhielt«.[25] Das Pentagon erklärte sich zwar bereit, ihr eine Hormontherapie zu gewähren, verbot ihr aber, weibliche Kleidung oder ihr Haar lang zu tragen, was eigentlich auch Teil der Therapie war.

Nach ihrem ersten Selbstmordversuch im Juli 2016 hatte das Militär sie zur Bestrafung in Einzelhaft gesteckt. Im Oktober versuchte sie erneut, sich das Leben zu nehmen.[26]

---

24 Vgl. ACLU: The Chelsea Manning case. A timeline, aclu.org, 9. Mai 2017.
25 Ebd.
26 Charlie Savage: Chelsea Manning tried committing suicide a second time in October, in: New York Times, 4. November 2016.

Erst nach diesen Selbstmordversuchen, am 17. Januar 2017, nur drei Tage bevor Donald Trump als 45. US-Präsident ins Weiße Haus einzog, verkündete Barack Obama, dass er einen Großteil von Chelsea Mannings Strafe erlassen würde: Die 35 Jahre Haft wurden auf jene sieben reduziert, die sie bereits abgesessen hatte, am 17. Mai 2017 würde sie das Gefängnis verlassen.[27]

Doch Obama beendete seine Präsidentschaft mit einer düsteren Bilanz: Er hatte das Spionagegesetz genutzt, um mehr Whistleblower bzw. Quellen für die Weitergabe von Geheimdokumenten an die Presse zu verfolgen als alle US-Präsidenten vor ihm zusammen. Unter ihm wurden neun solcher Whistleblower belastet, darunter Chelsea Manning, Edward Snowden, Thomas Drake und John Kiriakou, jener CIA-Mitarbeiter, der sich zu foltern geweigert und die entsprechende Praxis aufgedeckt hatte. Durch die Umwandlung von Mannings Strafe ermöglichte Präsident Obama es ihr zumindest, das Gefängnis zu verlassen, das sie förmlich umbrachte. Das Martyrium von Julian Assange hingegen war nicht nur nicht zu Ende, sondern die Lage verschärfte sich noch weiter.

---

27 Ed Pilkington / David Smith / Lauren Gambino: Chelsea Manning's prison sentence commuted by Barack Obama, in: The Guardian, 18. Januar 2017.

15.
Im Belagerungszustand

Vom Schutz unter Correa
zur Unterdrückung unter Moreno

In der winzigen Botschaft hatten wir uns immer willkommen gefühlt. Nun jedoch wirkte sie wie ein Gefängnis. Mit dem Ende der Präsidentschaft von Rafael Correa änderte sich alles. Sein Nachfolger, Lenín Moreno, trat sein Amt im Mai 2017 mit dem Versprechen an, Correas linke politische Linie zumindest teilweise fortzusetzen, entfernte sich aber schnell von ihr. Jedes Mal, wenn ich das rote Backsteingebäude in Knightsbridge betrat, bemerkte ich eine Veränderung, die mir sagte, dass Julian Assange nicht mehr lange dort bleiben würde. Sein Leben in der Botschaft war nie einfach gewesen. Die Belagerung durch Scotland Yard, die ohne Unterbrechung bis Oktober 2015 andauerte, gemahnte täglich daran, dass er verhaftet würde, sollte er jemals das Gebäude verlassen. Selbst nachdem das Gebäude nicht mehr umstellt war, blieb das Risiko bestehen; die Überwachungskameras rund um den Eingang waren eine ständige visuelle Erinnerung daran.

Doch solange Rafael Correa an der Macht war, wurde Assange in der Botschaft geschützt. Es gab Zeiten, in denen die Lage angespannt war, etwa als seine Internetverbindung gekappt war, während mitten im US-Wahlkampf die Mails der Demokratischen Partei veröffentlicht wurden. Es gab Botschafter, die weniger »freundlich« waren als andere, aber Correas Ecuador hatte zum Beispiel nie in Frage gestellt, ob er Besuch empfangen durfte. Laufend kamen und gingen gute Freunde wie auch Prominente aus Wissenschaft, Medien, Diplomatie und Politik. Vom namhaften US-amerikanischen Intellektuellen Noam Chomsky bis zur Bürgerrechtsikone Reverend Jesse Jackson, von der britischen Rapperin M.I.A. und der US-amerikanischen Sängerin Lady Gaga bis zum puertoricanischen Rapper Residente, von der Schauspielerin und Aktivistin Pamela Anderson bis zu Vivienne Westwood, der kultigen Modedesignerin mit dem ausgeprägten sozialen Gewissen. Und Journalistinnen und Journalisten von Dutzenden Medien, italienische Abgeordnete der Fünf-Sterne-Bewegung, die argentinische Botschafterin in Großbritannien, Alicia Castro; Yanis Varoufakis, ehemaliger Finanzminister Griechenlands, und der kroatische Philosoph Srećko Horvat, jeweils Mitbegründer der progressiven politischen Bewegung DiEM25, die Julian Assange immer unterstützt haben, auch wenn es politisch nicht opportun war.

Freundinnen und Freunde, Besucherinnen und Besucher taten, was sie konnten, um die sensorische Deprivation – verursacht dadurch, dass er das Gebäude nie verlassen konnte –, etwas zu lindern. An einem Tag brachten sie Assange eine neue Kaffeesorte, die er noch nie probiert hatte, am nächsten einen Käse, der ihm unbekannt war. Bücher, Musik, Schokolade, Empanadas oder argentinischen Wein. Der legendäre britische Regisseur Ken Loach schenkte ihm ein Laufband, eine der wenigen Möglichkeiten, sich in der Botschaft körperlich zu betätigen. Dem WikiLeaks-Gründer fehlte es nicht nur an Sonnenlicht und frischer Luft, sondern auch an der Möglichkeit, in der Natur spazieren zu gehen, was er immer gerne getan hatte.

Neue Präsidenten traten an, alte ab, politische Zyklen kamen und gingen, doch Assange war immer noch da, verschanzt in diesen vier Wänden. Und auch die Supermacht war noch da draußen und hatte Assange noch immer auf ihrem Radar.

Kurz vor Ende der Amtszeit von Correa kam ein weiterer Gast in die Botschaft. Diesmal war es ein kleiner Stubentiger, die Botschaftskatze. Julian Assange und seine Katze wurden unzertrennlich. Sie sorgte für etwas Abwechslung und Unbeschwertheit, wenn sie sich auf die Weihnachtsbaumkugeln stürzte oder mit ernster Miene vor dem Fenster hin- und herspazierte. Wie ein kleiner Star zog sie Fotografen an, und Journalisten scherzten über sie. Im November 2016, als die schwedische Staatsanwaltschaft endlich in die Botschaft kam, um Assange zu den Vergewaltigungsvorwürfen zu vernehmen, spähte die Katze mit Hemdkragen und rot-weiß gestreifter Krawatte aus dem Fenster. Auf Twitter wimmelte es von Kommentaren wie: »Heute wurde es ernst in der Botschaft: Sogar die Katze trug einen Schlips« oder »Julian Assanges Katze war an diesem großen Tag beeindruckend gekleidet«.[1]

Doch mit dem Ende der Präsidentschaft von Correa war jeglicher Spaß vorbei. Mit Lenín Moreno wurde die Atmosphäre im Gebäude zunächst unsicher und bald offen feindselig.

Zwischen November und Dezember 2017, nur sechs Monate nach dem Amtsantritt des neuen ecuadorianischen Präsidenten, besuchte ich Assange zweimal. Ich wollte unter anderem eine verblüffende Entdeckung besprechen, die ich im Rahmen meines FOIA-Verfahrens gemacht hatte, meiner Klage unter Berufung auf den Freedom of Information Act.

Warum vernichtete der britische Crown Prosecution Service wichtige Dokumente?

Die Seiten waren derart stark geschwärzt, dass sie kaum Informationen preisgaben. Und die Anzahl der Seiten war verschwindend gering, gerade mal 439.[2] Um sie zu erhalten, war ich gezwungen, die britischen Behörden beim Crown Prosecution Service (CPS) zu verklagen, da sie sich trotz meines FOIA-Antrags geweigert hatten, die Dokumente zum Fall Assange herauszugeben. Aber mein Rechts-

---

1 Auch die Katze hatte einen Twitter-Account: @embassycat.
2 Später erhielt ich einige weitere Seiten, jedoch eine sehr begrenzte Anzahl: insgesamt 551 Seiten in den – bei Entstehen dieser Zeilen – gut neun Jahren meines FOIA-Kampfes.

streit hatte sich gelohnt. So erfuhr ich: Es war der Crown Prosecution Service, geleitet von Keir Starmer, der dazu beigetragen hatte, dass der Fall rechtlich ins Stocken geraten war und ein diplomatischer Sumpf entstanden war, was die willkürliche Inhaftierung von Julian Assange erst ermöglichte.

Warum waren die schwedischen und britischen Behörden mit den Vergewaltigungsermittlungen, die im Mai 2017 eingestellt wurden, so widersinnig umgegangen? Die einzige Hoffnung, eine Antwort zu erhalten, bestand darin, Zugang zu den vollständigen Unterlagen über den Fall zu erhalten, insbesondere zu der Kommunikation zwischen den britischen und schwedischen Behörden. Der CPS teilte mir mit, er habe mir das gesamte Material zur Verfügung gestellt.

Doch das stimmte nicht, wie mir bald klar wurde; es handelte sich mit Sicherheit nicht um die vollständige Korrespondenz. Sie enthielt keinen Mailwechsel aus entscheidenden Phasen des Falles, etwa als die schwedische Staatsanwaltschaft den Europäischen Haftbefehl ausstellte, als Julian Assange in der Botschaft Zuflucht suchte oder als ihm Asyl gewährt wurde. Es war einfach nicht plausibel, dass London und Stockholm bei diesen Gelegenheiten nicht miteinander kommuniziert haben sollen. Es muss wichtige Unterlagen gegeben haben, die mir die britischen Behörden nicht zur Verfügung stellten. Zusammen mit meinen beiden Londoner Anwältinnen – Stelle Dehon, einer erstklassigen Spezialistin im Bereich des ›Freedom of Information Act‹, und Jennifer Robinson, einer exzellenten Menschenrechtsanwältin, die Julian Assange seit 2010 vertritt und die nie aufhörte, an seinem Fall zu arbeiten, selbst wenn das bequemer gewesen wäre – beschlossen wir, vor die Londoner Gerichte zu ziehen, um die vollständige Korrespondenz zu erhalten.

Als ich um eine Erklärung für die Lücken in den entscheidenden Phasen des Falles bat, antwortete der Crown Prosecution Service: »Alle Daten im Zusammenhang mit dem Mail-Account von Paul Close wurden gelöscht, als er in den Ruhestand ging, und können nicht wiederhergestellt werden.«[3] Close, ein Jurist aus der Special Crime Division des CPS – einer Abteilung, die für die Verfolgung hochkarätiger Fälle zuständig ist –, war derselbe Beamte, der der schwedischen Staatsanwältin Marianne Ny von Anfang an geraten hatte, Julian Assange nicht in London zu vernehmen. Es war Paul Close, der Ny erklärte: »Bitte glauben Sie nicht, dass der Fall wie jedes andere Auslieferungsersuchen behandelt wird.« Seine Mitteilungen waren bedeutsam, um die vielen Fragezeichen rund um die schwedischen Ermittlungen zu klären.

Mit der Löschung seines Accounts hatte die Staatsanwaltschaft wichtiges Material zu einem aufsehenerregenden, umstrittenen und laufenden Fall vernichtet. Aber warum? Und was genau löschte der CPS auf wessen Anweisung hin? Die Dokumente waren nicht zufällig verschwunden: Sie waren von derselben Behörde unzugänglich gemacht worden, die dazu beigetragen hatte, dass sich Assange seit 2010 in einer Sackgasse befand. Der CPS gab mir keine Auskunft darüber, wann genau sie vernichtet wurden, aber Close ging 2014 in den Ruhestand, also muss es ungefähr zu diesem Zeitpunkt geschehen sein, und als Keir Starmer nicht mehr Leiter des Crown Prosecution Service war.

Einige Tage nachdem ich dies aufgedeckt hatte, teilte ich die Informationen zwei Journalisten des *Guardian* mit: dem erfahrenen Rechtskorrespondenten Owen Bowcott und dem großartigen, wenn auch unscheinbaren Ewen MacAskill, der für seine Arbeit an den Snowden-Dokumenten mit dem Pulitzer-Preis ausgezeichnet worden war. In Kooperation enthüllten wir, dass der CPS Dokumente vernichtet hatte.[4] Auf Anfrage des *Guardian* erklärte der Crown

---

3 Die Erklärung des Crown Prosecution Service ist zitiert nach: »In the matter of an appeal to the Information Tribunal between Stefania Maurizi and (1) The Information Commissioner (2) Crown Prosecution Service«, EA/2017/2014, 2. November 2017.

4 Stefania Maurizi: Seven years confined. How a FOIA litigation is shedding light on the case of Julian Assange, in: la Repubblica, 10. November 2017; Ewen MacAskill/Owen Bowcott: UK prosecutors admit destroying key emails in Julian Assange case, in: The Guardian, 10. November 2017.

Prosecution Service: »Wir haben keine Möglichkeit, auf den Inhalt von Mail-Konten zuzugreifen, nachdem sie gelöscht wurden.« Eine gelinde gesagt irritierende Aussage: Eine öffentliche Behörde hatte Unterlagen vernichtet, aber keine Ahnung, was sie vernichtet hatte. Sie fügten hinzu, der Mail-Account sei »in Übereinstimmung mit dem Standardverfahren« gelöscht worden. Später sollte ich feststellen, dass dieses Verfahren keineswegs Standard war. Die Vernichtung bedeutender Mails war äußerst verdächtig.

Das war definitiv ein Vorgang, den ich mit Julian Assange besprechen wollte. Im November wie auch im Dezember 2017 flog ich nach London. In meinen kühnsten Träumen hätte ich mir nicht vorstellen können, was in der Botschaft hinter den Kulissen vor sich ging.

Das Leben anderer

Mehrfach war ich schon in der Botschaft gewesen, einer kleinen Wohnung mit einer Eingangshalle samt dem Wachpersonal einer privaten Securityfirma auf seinem Posten. Es handelte sich um ein spanisches Unternehmen namens UC Global, das seit 2012 für die Sicherheit der Botschaft sorgte – zunächst als Subunternehmen.[5] Zwei Monate nachdem der WikiLeaks-Gründer dort Zuflucht gesucht hatte, bezog die Security Stellung.[6] Selbstverständlich war sich Ecuador bewusst, wen man unter Schutz nahm: einen der am besten überwachten Journalisten der Welt, verehrt und verachtet wie kaum ein zweiter. Die Botschaft war verwundbar, es fehlte ihr an der elementarsten Sicherheitsausstattung; zumindest musste sie davor geschützt werden, dass sich jemand unversehens Zutritt verschaffte. Die Regierung Correa hatte sich für UC Global entschieden – das auch die Töchter des Präsidenten absicherte, wenn sich diese in

---

5   2012 übernahm ein Unternehmen namens Blue Cell die Security, UC Global agierte als Subunternehmen. 2015 ging der Auftrag direkt an UC Global.

6   Stefania Maurizi: »I was fired for helping Julian Assange, and I have no regrets«: An interview with Fidel Narvaez, in: Jacobin, 25. Oktober 2019.

15. IM BELAGERUNGSZUSTAND

Europa aufhielten –, weil ein spanisches im Gegensatz zu einem ecuadorianischen Unternehmen in London operieren konnte, ohne dass es für seine Mitarbeiter Visa beantragen musste.[7] Der Hauptsitz von UC Global befand sich in den Städten Puerto Real und Jerez de la Frontera in der Provinz Cádiz in Südspanien, und der Eigentümer war spanischer Staatsbürger. David Morales war ein ehemaliger spanischer Marinesoldat, und sein Vertrag mit der Regierung in Quito wurde vom damaligen ecuadorianischen Geheimdienst SENAIN, dem Servicio Nacional de Inteligencia de Ecuador, abgewickelt.

Wenn ich die Botschaft betrat, kam es immer zu der üblichen Routine: Die Security forderte die Besucher auf, zwecks Registrierung ihre Pässe vorzuzeigen und ihre Handys abzugeben. Aus naheliegenden Sicherheitsgründen durften Besucher die Räume der Botschaft nicht mit elektronischen Geräten betreten, mit denen sich Fotos oder Videos aufnehmen lassen. Nachdem ich diese Kontrollen sowie einen Metalldetektor durchlaufen hatte, durfte ich meine Rucksäcke, Handtaschen, Notizbücher, Stifte und digitalen Aufnahmegeräte immer mitnehmen. Doch an jenem Dezembertag im Jahr 2017 kam es zu einem beispiellosen Vorgang.

Als ich hineinging, war außer Assange nur noch eine weitere Person anwesend: jemand von der Security. Er konfiszierte meinen Rucksack mit all meinen journalistischen Materialien, was mir zuvor nie widerfahren war. Zufälligerweise hatte ich an diesem Tag sehr wichtige Informationen bei mir: keine klassifizierten Dokumente der US-Regierung, sondern Unterlagen anderer Art, die jedoch streng vertraulich waren. Ich konnte sie nicht bei einer vertrauenswürdigen dritten Person lassen, weil es der 29. Dezember war, mitten in der Weihnachtszeit. Ich protestierte, aber vergebens. Alles, was ich bei mir hatte, wurde beschlagnahmt, selbst meine nichtdigitale Armbanduhr. Nicht einmal einen Stift durfte ich mit hineinnehmen. Beim

---

7 Als Julian Assange in der ecuadorianischen Botschaft festsaß, war Großbritannien noch EU-Mitglied. Nach dem Brexit-Referendum trat es am 31. Januar 2020 aus der Europäischen Union aus.

Verlassen der Botschaft würde ich der Redaktion von *la Repubblica*, meiner damaligen Zeitung, mitteilen, dass ich mein Interview mit Assange nicht wie geplant führen konnte. Während wir uns im Konferenzraum unterhielten, geriet ich etwas in Panik: Einige der sensibelsten Materialien, mit denen ich in meinem Berufsleben je zu tun gehabt hatte, befanden sich in diesem Moment in fremden Händen. Was mich allein etwas beruhigte: Ich hatte sie verschlüsselt, sie waren geschützt.

Zwei Jahre gingen ins Land, bevor ich erfuhr, was an diesem Tag während meiner Unterhaltung mit Assange geschah. Jemand, vermutlich der Wachposten von UC Global, fotografierte heimlich die Zeitschriften aus meinem Rucksack. Ich hatte ein iPod Touch bei mir und zwei Handys, ein verschlüsseltes und ein Dumbphone, also ein altes ohne Internetverbindung. Wer auch immer diese Operation durchführte: Sie beschränkten sich nicht darauf, Fotos zu machen. Sie machten zudem Video- und Audioaufnahmen von meinem Treffen mit Assange, nahmen die SIM-Karte aus meinem Dumbphone und fotografierten den IMEI-Code, also die spezifische Nummer eines Handys, mit der es identifiziert werden kann und die sich auch zum Abhören verwenden lässt. Ich war schockiert, als ich zwei Jahre nach unserem Treffen im Dezember 2017 von dieser Spionageaktion erfuhr und einige Fotos und Videos erhielt – gefunden in den Unterlagen von UC Global –, die den Vorgang dokumentieren.

Julian Assange hatte immer befürchtet, in dem Gebäude ausspioniert zu werden. Nur ein Jahr nach seiner Ankunft meldete die Regierung Correa, dass im Büro des Botschafters ein verborgenes Mikrofon gefunden worden war. Ricardo Patiño, der damalige Außenminister Ecuadors, bekräftigte öffentlich, dass er die Surveillance Group, ein auf Überwachung spezialisiertes britisches Unternehmen, für die Platzierung des Mikrofons verantwortlich machte, doch dieses bestritt diese Anschuldigung.[8] Der Vorfall blieb für immer ein Geheimnis, wie mir Fidel Narváez erzählte, jener ecuadorianische

---

8 BBC News (red. Beitrag): Ecuador asks UK for help on embassy bug, 4. Juli 2013.

Konsul, der bis Juli 2018 sechs Jahre mit Assange in der Botschaft in London verbrachte.[9] Doch mit dem Ende von Correas Präsidentschaft verstärkten sich die Sorgen von WikiLeaks mit Blick auf Überwachungsmaßnahmen, wie ich bei meinen Besuchen in London beobachten konnte.

Assange seinerseits griff zu allen erdenklichen Mitteln – soweit es seine Gefangenschaft zuließ –, um sich und seinen Besuch zu schützen. Vor einem Gespräch schaltete er stets ein ›White Noise‹-Gerät ein: Das sogenannte weiße Rauschen erschwerte es, Gespräche mitzubekommen. Außerdem tauschten wir uns oft über Notizen aus, anstatt zu reden. Immer wenn ich die Botschaft verließ, gingen mir die absurden Bedingungen durch den Kopf, unter denen wir nun arbeiten mussten; und als ich Jahre später die Fotos meines zerlegten Handys und die Video- und Tonaufnahmen einiger unserer Gespräche sah, überkam mich die Wut. Es handelte sich um die Art von Überwachung, mit der die striktesten Staaten der Welt gegen Journalisten vorgehen. Wir reden hier nicht von Nordkorea oder China, wir befinden uns in London, im Herzen eines demokratischen Europas, das behauptet, die Pressefreiheit zu verteidigen. Doch wer hatte diese Operationen angeordnet? Wer auch immer sich an meinem Handy zu schaffen gemacht hatte, hatte höchstwahrscheinlich auch versucht, auf meine verschlüsselten Dateien zuzugreifen. Mit Erfolg?

Während ich dies schreibe, wird der Fall von der Audiencia Nacional untersucht, dem Nationalen Gerichtshof von Spanien, der für schwerste Straftaten zuständig ist, vom organisierten Verbrechen bis hin zu Terrorismus und Drogenhandel. Die Ermittlungen wurden zunächst von Richter José de la Mata koordiniert, wie *El País*[10] – die spanische Tageszeitung brachte die Sache an die Öffentlichkeit und

---

9   Dies sagte mir Fidel Narvaez in einem Interview am 16. September 2019. Für eine bearbeitete Fassung unseres Gesprächs vgl. Maurizi: »I was fired for helping Julian Assange«, in: Jacobin, 25. Oktober 2019.

10 José María Irujo: Spanish security company spied on Julian Assange's meetings with lawyers, in: El País, 9. Juli 2019; José María Irujo: Director of Spanish security company that spied on Julian Assange arrested, in: El País, 9. Oktober 2019.

hatte Zugang zu einigen der aufgezeichneten Videos und Audiodateien[11] – und später zudem Santiago Pedraz enthüllten; im Fokus steht der Eigentümer von UC Global, David Morales, die Ermittlungen betreffen mutmaßliche Vergehen gegen die Privatsphäre, die Verletzung des Anwaltsgeheimnisses, Unterschlagung, Bestechung und Geldwäsche. Morales wurde verhaftet und anschließend gegen Kaution freigelassen. Ich bin nur eine der Geschädigten, die sich dazu entschlossen, Beschwerde gegen UC Global einzulegen; John Goetz zählt ebenso dazu, wie auch einige seiner Kollegen. Goetz ist ein hervorragender investigativer Journalist, brillant, aber bescheiden. Er ist für das deutsche öffentlich-rechtliche Fernsehen tätig und arbeitet seit 2010 mit WikiLeaks als Medienpartner zusammen.

Die Ermittlungen der Audiencia Nacional stützen sich auf Durchsuchungen und Beschlagnahmungen seitens der spanischen Polizei zur Beschaffung von Dokumenten, Video- und Tonaufnahmen sowie auf Aussagen ehemaliger Mitarbeiter von UC Global unter Zeugenschutz. Im Folgenden beziehe ich mich auf deren Rekonstruktion des Sachverhalts, vorbehaltlich der Prüfung durch die spanische Justiz.

Alles begann nach der Wahl von Donald Trump: Anfang Dezember 2017 tauschte das Unternehmen die Sicherheitskameras in der Botschaft. Während die alten Kameras mit Blick auf mögliche Einbrüche nur Bilder festhielten, konnten die neuen, viel ausgefeilteren Geräte Video- wie auch Tonmaterial erstellen.[12] Assange fragte wiederholt, ob sie auch Ton aufnähmen, was UC Global stets verneinte – eine Falschbehauptung. »Von diesem Moment an«, erinnerte sich einer der geschützten Zeugen, »begannen die Kameras, regelmäßig Ton aufzuzeichnen, um jedes Treffen, das der Mann im Asyl abhielt,

---

11 José Manuel Abad Liñán: The life of Julian Assange, according to the Spaniards who watched over him, in: El País, 14. April 2019.

12 Anonymer Zeuge 2. Die Aussagen der geschützten Zeugen »Anonymer Zeuge 1« und »Anonymer Zeuge 2« wurden dem Westminster Magistrates' Court während der Anhörung im Auslieferungsverfahren vorgelegt. Als Zusammenfassung zugänglich unter: judiciary.uk (USA ./. Assange).

zu erfassen.«[13] Auch im Sockel des Feuerlöschers im Konferenzraum war ein Mikrofon angebracht worden. Also dort, wo Assange normalerweise mit Besuch zusammenkam, und er saß oft am Kopfende des Tisches, in der Nähe der Tür – an genau der Stelle, die dem Feuerlöscher am nächsten war.

Der WikiLeaks-Gründer galt schon immer als paranoid. Und, ja: Sein eigenes Anwaltsteam fand seine Bitte, sich auf der Damentoilette zu besprechen, etwas übertrieben. Einer der Clips der Sicherheitskameras, die ich erhielt, zeigt zwei seiner Anwälte, Gareth Peirce und den erstklassigen Aitor Martinez, wie sie auf die Toilette gehen, um ein privates Gespräch mit ihrem Mandanten zu führen. Allein: Auch die Toilette war nach Angaben der Zeugen verwanzt.[14]

Vom Sicherheitspersonal wurde erwartet, dass es detaillierte Profile der Zielpersonen dieser Spionageaktivitäten erstellt, wobei »den Anwälten von Herrn Assange besondere Aufmerksamkeit zu widmen war«.[15] Die Security wurde angewiesen, »die Unterlagen und elektronischen Geräte, die am Eingang der Botschaft zurückgelassen werden mussten, zu fotografieren und, soweit möglich, die Gespräche des Besuches mit dem ›asylee‹ [Assange] mitzuhören. In einigen Fällen bedeutete dies, ihnen nachzustellen, sie auf Schritt und Tritt zu verfolgen.«[16] Morales trug seinen Leuten auf, sich vorrangig um den Anwalt Baltasar Garzón zu kümmern, den Koordinator von Assanges Anwaltsteam. »Ich besitze zahlreiche Fotos, aufgenommen mit einem Handy von Herrn Garzon, als er den ehemaligen Präsidenten von Ecuador, Rafael Correa, vom Flughafen Madrid-Barajas abholte«, erinnerte sich einer der geschützten Zeugen.[17]

Erst als die spanische Staatsanwaltschaft in Madrid ihre Ermittlungen gegen das Unternehmen einleitete und ich die Gelegenheit

---

13 Anonymer Zeuge 2.
14 Ebd.
15 Ebd.
16 Ebd.
17 Ebd.

hatte, einige Auszüge aus den Videos und der internen Korrespondenz von UC Global einzusehen, wurde mir klar, wie umfangreich die Überwachungsaktion wirklich war. In einer der Mails bittet Morales seine Mitarbeiter um die »WiFi-Daten der Botschaft (wenn wir das Passwort haben oder so). Ich muss die Beschaffenheit der Wände sehen, die das Zimmer des Gastes umgeben (Backstein, Mauerwerk, Zement)«.[18] Offenbar erwog das Unternehmen, Mikrofone anzubringen, die Gespräche durch Wände hindurch aufnehmen konnten.

Zu jenen, die bei der Überwachung oberste Priorität hatten, gehörten Assanges Anwältinnen und Anwälte, nämlich Baltasar Garzón, Jennifer Robinson, Renata Avila, Melinda Taylor und Carlos Poveda; der Journalist und Dokumentarfilmer Juan Passarelli und sein Bruder José; Sarah Harrison und der kroatische Philosoph Srećko Horvat. Und sogar die britische Köchin Sarah Saunders, die, zusammen mit ihrer Mutter Susan Benn, Assange bei einigen praktischen Dingen seines täglichen Lebens half, wie etwa dem richtigen Essen.

Besondere Aufmerksamkeit wurde auch Besuchern wie den Deutschen Bernd Fix und Andy Müller-Maguhn zuteil. Beide kannte ich. Fix, nach außen hin schroff, aber freundlich, war eines der Gründungsmitglieder der besagten Wau-Holland-Stiftung,[19] die in Erinnerung an Herwart Holland-Moritz ins Leben gerufen worden war, einem vorausdenkenden Computerexperten, auch bekannt als »Wau« Holland. Er, Holland, zeigte ein tiefgründiges Verständnis über die Rolle von Daten in der gegenwärtigen Gesellschaft und hatte den Chaos Computer Club mitgegründet, um die Hacker-Ethik und die öffentliche Debatte über Technologie zu fördern. Die Wau-Holland-Stiftung war eine der Organisationen, die WikiLeaks im

---

18 E-Mail von David Morales an Cybersecuridad UC Global, 21. September 2017, 22:41 Uhr. Zunächst angeführt in: Stefania Maurizi: A massive scandal. How Assange, his doctors, lawyers and visitors were all spied on for the U.S., in: la Repubblica, 18. November 2019.

19 Wau Holland Foundation: wauland.de.

Kampf gegen die Spendenblockade der Banken unterstützt hatten. Müller-Maguhn wiederum saß im Vorstand der Stiftung und vermittelte zwischen Julian Assange und Daniel Domscheit-Berg, als letzterer 2010 von WikiLeaks suspendiert wurde; er war ein freiberuflicher Journalist mit fundierten Kenntnissen in den Bereichen Computersicherheit und Datenschutz. Warmherzig und stets hilfsbereit, hatte er für den *Spiegel* an wichtigen Recherchen wie den Snowden-Files gearbeitet – zusammen mit Laura Poitras und der Redaktion des deutschen Wochenmagazins.[20] Auch andere IT-Fachleute wurden offenkundig ins Visier genommen, so der schwedische Netzaktivist Ola Bini und die Australierin Felicity Ruby, die als Beraterin des australischen Grünen-Senators Scott Ludlam und des Entwicklungsfonds der Vereinten Nationen für Frauen (UNIFEM) tätig war.

Doch es gab eine Person, auf die sich das spanische Unternehmen ganz besonders konzentrierte.

Eine Liebe, geboren in der Hölle

»Special attention to STELLA MORRIS … wir nehmen an, dass dies ein falscher Name ist«, schrieb David Morales am 21. September 2017 an Mitarbeiter von ihm.[21] Und weiter: »Sie ist diejenige, die mutmaßlich in einem kürzlich verbreiteten Gerücht sagte, sie habe von dem Gast ein Baby. Sie soll Uruguayerin sein, aber wir konnten eine mit ihr verwandte Person (ihre Mutter) in Katalonien identifizieren. Wenn nötig, möchte ich eine Person, die sich voll und ganz dieser Sache widmet; wenn Sie also jemanden dafür einstellen müssen, lassen Sie es mich wissen. All dies ist als streng geheim zu betrachten.«

---

20 Andy Müller-Maguhn / Laura Poitras / Marcel Rosenbach / Michael Sontheimer / Christian Grothoff: The NSA breach of Telekom and other German firms, in: Der Spiegel, spiegel.de/international, 14. September 2014.

21 Die richtige Schreibweise ist Stella Moris, in seiner Mail schrieb Morales jedoch MORRIS. (E-Mail von David Morales an Cybersecuridad UC Global, 21. September 2017, 22:41 Uhr). Ich erhielt die Mail von einer journalistischen Quelle.

Ich kannte Stella Moris als eine sehr kluge, aufmerksame und umgängliche Frau. Zunächst hatte sie als Rechtsbeistand an dem schwedischen Fall gearbeitet. Ende 2016, Anfang 2017 hatte ich das Gefühl, dass sie und Assange liiert waren, aber zumindest in meiner Gegenwart zeigten sie einander weder Zuneigung, noch sprachen sie jemals mit mir über ihre Beziehung oder machten auch nur Andeutungen. Ich bemerkte, dass Assange, ein höchst unabhängiger Mann, immer abhängiger von ihr geworden war, aber sein Privatleben war eine Sphäre, in die ich mich nicht einmischen wollte. Die Öffentlichkeit hatte das Recht, vieles über WikiLeaks zu erfahren, nicht aber, im Privatleben der Journalisten herumzuschnüffeln. Daher behielt ich meinen Eindruck, dass sie eine romantische Beziehung eingegangen waren, für mich, ohne irgendwelche Fragen zu stellen.

Als ich später erfuhr, dass sie zwei gemeinsame Kinder hatten, Gabriel und Max, die in der Botschaft gezeugt und 2017 bzw. 2019 zur Welt kamen, war ich sehr überrascht. Wie alle Journalistinnen und Journalisten erfuhr ich davon, als Moris die Nachricht in einem Interview mit der *Daily Mail* preisgab.[22] Ich hatte Julian Assange noch nie zusammen mit Kindern gesehen, aber mehr als einmal hatte ich gehört, er könne gut mit ihnen umgehen. Das überraschte mich nicht: Er würde wissen, wie ihre Neugierde zu wecken war. Und schließlich wurde sein erster Sohn geboren, als Assange erst 18 Jahre alt war, er hatte also Erfahrung mit Kindern. Mir war aufgefallen, dass Stella Moris für längere Zeit von der Bildfläche verschwunden war und dann mit ein paar Kilo mehr und einer leicht müden Ausstrahlung wieder auftauchte – kleine Details, die mir auffielen, aber nur, weil sie über die Jahre hinweg äußerlich unverändert geblieben war. Ich fragte mich, ob sie vielleicht ein Kind bekommen hatte. Nicht besonders merkwürdig fand ich, dass sie ihren Namen von Sara Gonzalez Devant in Stella Moris geändert hatte. Daniel Domscheit-Berg verwendete auch einen Tarnnamen: Daniel Schmitt.

---

22 Sarah Oliver: WikiLeaks boss Julian Assange fathered two children inside the Ecuadorian embassy with lawyer, 37, who fell in love with him while helping his fight against extradition to the US, in: Daily Mail, 11. April 2020.

Moris wies einen exzellenten akademischen Hintergrund auf: Sie hatte einen Master of Science, erworben zum Thema Forced Migration (Erzwungene Migration) am Refugee Studies Centre der University of Oxford, dessen Direktor Matthew J. Gibney mir berichtete: »Sie war eine ernsthafte, entschlossene, engagierte, reife und intelligente Studentin. Sie kam mit einigen wichtigen praktischen Erfahrungen nach Oxford, da sie in den frühen 2000er Jahren im Büro des Präsidenten von Osttimor gearbeitet hatte.«[23]

Aus den Kameraaufnahmen, die ich später einsehen konnte, ging hervor: Julian Assange und Stella Moris trafen eine Reihe von Vorkehrungen, damit die Geburt ihres ersten Kindes Gabriel vertraulich blieb. Die Clips zeigten, wie ein Freund der beiden, der Schauspieler Stephen Hoo, den Säugling in einer Babytrage in die Botschaft brachte, sodass ein außenstehender Beobachter Gabriel nicht sofort mit seinen Eltern in Verbindung bringen würde.[24] Und interner Mails von UC Global zufolge stellte Hoo das Baby als seinen Sohn vor. Da aber Stella Moris immer kurz vor oder nach dem Baby in die Botschaft kam, vermutete das Unternehmen, dass es das Kind von Moris und Assange war. Um herauszufinden, ob dem wirklich so war, verlangte David Morales tatsächlich von einem seiner Mitarbeiter, der später als Zeuge aussagte,[25] eine von Gabriels Windeln zu entwenden, um für einen Vaterschaftstest an dessen DNA zu gelangen. Der Plan scheiterte jedoch, weil der Wachposten Moris warnte, das Neugeborene nicht mehr in die Botschaft zu bringen.

---

23 Matthew J. Gibney, E-Mail an die Autorin, 16. April 2020. Ursprünglich angeführt in: Stefania Maurizi: Assange e il padre dei miei figli: rischia di nuovo la morte, in: il Fatto Quotidiano, 16. April 2020. Zur Abschlussarbeit von Sara Gonzalez Devant vgl. rsc.ox.ac.uk.

24 Die Videoaufnahmen von Stephen Hoo, der Gabriel Assange zur Botschaft trägt, wurden von den Sicherheitskameras innerhalb und außerhalb des Gebäudes aufgezeichnet (vgl. José María Irujo: Spanish firm that spied on Julian Assange tried to find out if he fathered a child at Ecuadorian embassy, in: El País, 15. April 2020).

25 Anonymer Zeuge 2.

Ich weiß nicht, warum Julian Assange und Stella Moris beschlossen, in einer so komplizierten Situation zwei Kinder zu bekommen. In ihrem Interview mit der *Daily Mail* erklärte Moris ihre Entscheidung so: »Verliebt zu sein, sich zu verloben und Kinder zu bekommen, während er in der Botschaft war, das war ein Akt der Rebellion.« Wenn diese Schwangerschaft ein Versuch war, das Leben zurückzugewinnen, sich irgendwie vorwärtszubewegen und jenen zu trotzen, die Assange seit Jahren zur Strecke bringen wollten – wenn sie der Versuch war, ein Mindestmaß an Normalität für ein Paar zu erreichen, dessen Leben kaum Normalität aufwies –, dann war der Vorfall mit der Windel ein unheilvoller Weckruf: Ein normales Leben lag in sehr weiter Ferne. Und kaum war das erste Kind geboren, geriet es auch schon ins Visier von Spionen.

Die »amerikanischen Freunde«

Angefangen hatte alles mit einer Fachmesse. Im Jahr 2016, als Donald Trump die Präsidentschaftswahlen erst noch gewinnen musste, reiste Morales nach Las Vegas, um an der SHOT Show teilzunehmen, einer Fachmesse für die Sicherheits-, Jagd- und Schusswaffenindustrie – security, hunting, firearms. Zu diesem Zeitpunkt konnte UC Global nur einen einzigen nennenswerten Auftrag vorweisen: den Vertrag mit der ecuadorianischen Regierung zum Schutz der Botschaft in London. Ein kleiner Auftrag, der aber große Türen öffnen könnte. Schließlich war das spanische Unternehmen für die Sicherheit jener Botschaft zuständig, die einen der am meisten verachteten Feinde des Militärisch-Industriellen Komplexes (MIK) der USA beherbergte. Im Roulette der Businesswelt kommt es einer Garantie gleich, auf diese Karte zu setzen: Der Koloss des MIK besitzt enorme Ressourcen, kann umfangreiche Aufträge vergeben und verfügt über ein Beziehungsnetz sondergleichen.

Laut den geschützten Zeugen erhielt Morales nach seiner Teilnahme an der Messe einen Großauftrag des Unternehmens Las Vegas

Sands, das dem Milliardär Sheldon Adelson gehört. Als dieser im Alter von 87 Jahren starb, hatte er das größte Kasinoimperium der Welt aufgebaut, mit Niederlassungen in Macao, Singapur und Las Vegas, wo er in seinem ›Venetian Resort‹[26] eine extrem unechte Nachbildung von Venedig errichtet hatte, samt Glockenturm des Markusdoms und Rialtobrücke. »Eine Hommage an die italienische Opulenz«, verkündete die Website des Hotels. Und sicherlich eine Hommage an die Opulenz von Sheldon Adelson, der nach Schätzungen des Wirtschaftsmagazins Forbes im Jahr 2014 der acht- oder neuntreichste Mann der Welt war;[27] kaum indes eine respektvolle Hommage an die viel bewunderte Kunst und Schönheit Italiens, auch wenn die Anlage von einer atemberaubenden Sophia Loren eingeweiht wurde.[28] Politisch gesehen war Adelson der größte Unterstützer der Präsidentschaftskampagne Donald Trumps, samt einer entschieden prozionistischen Haltung, mit der er einen palästinensischen Staat ablehnte und die rechtsgerichtete Regierung Benjamin Netanjahu ebenso befürwortete wie israelische Siedlungen in den besetzten Gebieten.

Wie die geschützten Zeugen berichteten, rief Morales nach seiner Reise in die USA seine Mitarbeiter zusammen und teilte ihnen mit, dass man von nun an »in der ersten Liga spielen«[29] werde und er »auf die dunkle Seite« gewechselt sei. Als Ergebnis der Zusammenarbeit mit den US-Behörden würden ihnen »die Amerikaner Aufträge in der ganzen Welt verschaffen.«[30]

Auf der Security-Messe in Las Vegas war Morales mit dem Sicherheitschef von Adelsons Unternehmen, Zohar Lahav, in Kontakt gekommen, der einen Vertrag mit Morales aushandelte.[31] Las Vegas

---

26 Nach dem Tod von Sheldon Adelson verkaufte die La Vegas Sands Corporation »The Venetian Resort«.
27 Robert D. McFadden: Sheldon Adelson, billionaire donor to G.O.P. and Israel, is dead at 87, in: New York Times, 12. Januar 2021.
28 CNN: In pictures. Casino magnate Sheldon Adelson, 12. Januar 2021.
29 Anonymer Zeuge 1.
30 Ebd.
31 Ebd.

Sands war bereits ausgestattet mit einem beachtlichen Sicherheitsapparat, geleitet von einem ehemaligen US-Geheimdienstmitarbeiter namens Brian Nagel, und so erscheint es kaum denkbar, dass man David Morales wirklich brauchte, um Adelsons Yacht ›Queen Miri‹ bei einem Segeltörn im Mittelmeer zu bewachen.

»Meines Wissens bot diese Person eine Zusammenarbeit mit den US-Geheimdiensten an, und zwar zwecks Lieferung von Informationen über Herrn Assange«, erinnerte sich einer der Zeugen.[32] Und er fügte hinzu: Morales habe ihm gesagt, er sei unterwegs, um mit »unseren amerikanischen Freunden« zu sprechen. Als er ihn fragte, wer genau diese »Freunde« seien, antwortete er einfach: »Die US-Geheimdienste.«

Es waren »die Amerikaner«, die im Fall von Gabriel Assange die Vaterschaft feststellen wollten. Sie waren es auch, die die Liste der zu überwachenden Ziele vorschlugen. Andy Müller-Maguhn »war eine der Zielpersonen, die David Morales im Auftrag des US-Geheimdienste als vorrangig eingestuft hatte«,[33] und der Chef von UC Global »zeigte sich zeitweise geradezu besessen davon, die Anwälte, die sich mit dem ›Gast‹ [Julian Assange] trafen, auszuspähen, weil ›unsere amerikanischen Freunde‹ dies verlangten.«[34] Auf Veranlassung der USA bat Morales seine Mitarbeiter um Kameras mit Streaming-Funktion, damit »unsere Freunde in den Vereinigten Staaten« in der Lage wären, das Geschehen in der Botschaft in Echtzeit zu verfolgen, Minute für Minute, wie in einer Reality-Show. Doch als Morales einen seiner Männer – später einer der geschützten Zeugen – bat, den Fernzugriff einzurichten, sträubte sich dieser zunächst mit der Begründung, das sei technisch nicht machbar, und weigerte sich dann, »an einer illegalen Handlung dieser Tragweite« mitzuwirken.[35]

---

32 Ebd.
33 Anonymer Zeuge 2.
34 Anonymer Zeuge 1.
35 Anonymer Zeuge 2.

Und einmal mehr waren es »die Amerikaner«, die Morales aufforderten, kleine Folien (›stiff little stickers‹) an den Fenstern anzubringen, damit ihre Lasermikrofone von außerhalb der Botschaft die Konversation im Inneren des Gebäudes auffangen konnten – durch Vibrationen, die die Worte auf dem Glas erzeugten. Da Julian Assange zwecks Rauschstörung ein ›White Noise‹-Gerät verwendete, das ebenfalls Vibrationen erzeugte, war es schwierig, Gespräche abzufangen; doch durch die Aufkleber an den Fenstern wurde das Problem gelöst. Kurioserweise trugen die Folien das Symbol einer laufenden Überwachungskamera. Für außenstehende Beobachter sah die Kennzeichnung harmlos genug aus; weit davon entfernt, Verdacht zu erregen, schien es doch selbstverständlich auf die Anwesenheit der Kameras hinzuweisen.

Mit zunehmender Besorgnis stellten die geschützten Zeugen zudem fest, dass Morales von Mitte 2017 bis Mitte 2018 »einen bemerkenswerten Vermögenszuwachs verzeichnete«;[36] er sei gar in der Lage gewesen, ein Luxusauto und ein Haus zu erstehen, das ihren Schätzung zufolge etwa eine Million Euro wert war. In der Firma machte die Runde, die Vereinigten Staaten hätten ihm 200.000 Euro im Monat gezahlt, und als einer der Zeugen ihn damit konfrontierte, dass er Informationen an die USA weitergegeben habe, entblößte er seine Brust mit den Worten: »Ich bin ein Söldner durch und durch.«[37] Was er bei mehreren Gelegenheiten unter Beweis stellte. »David Morales sagte mir, er tue dies, um über den Geheimdienst Aufträge zu erhalten, auch wenn es keinen finanziellen Gewinn bringe«, so einer der geschützten Zeugen, der schon »zu diesem Zeitpunkt den Verdacht« gehabt habe, dass Morales »dies hauptsächlich sagte, um den persönlichen Gewinn zu verbergen, den er aus der illegalen Operation zog. Tatsächlich versuchte David Morales, meine Vorwürfe zu entkräften, indem er sagte, es sei ihm gelungen, einen US-finanzierten Ausbildungsvertrag an der Grenze zwischen

---

36 Ebd.
37 Anonymer Zeuge 1.

Ecuador und Kolumbien zu bekommen, was in Wirklichkeit nicht geschah. Das bestärkte mich in meiner Vermutung nur noch, dass er für die Übermittlung von Informationen bezahlt wurde«, so der Zeuge weiter.[38]

Als dieses Buch entstand, ging die Audiencia Nacional diesen Berichten und den Aussagen der geschützten Zeugen nach und prüfte zusätzliche Zeugen und weiteres Material. Es handelte sich nicht um eine formale Anklage, sondern um Ermittlungen gegen David Morales, gestützt unter anderem auf eine große Anzahl von Videos und Fotos der Überwachungskameras, darunter auch auf die Aufnahmen meines in zwei Teile zerlegten Handys. War es reiner Zufall, dass ich genau dann ins Visier geriet, als ich erfuhr, dass wichtige Dokumente zum Fall Julian Assange vom Crown Prosecution Service vernichtet worden waren?

Zusätzlich zu den strafrechtlichen Ermittlungen in Spanien läuft in den Vereinigten Staaten auch eine Zivilklage gegen die CIA und Mike Pompeo[39] sowie gegen UC Global und David Morales.[40] Die Klage wurde von vier US-Bürgerinnen und Bürgern eingereicht, die Julian Assange 2017/18 in der ecuadorianischen Botschaft in London besuchten: die beiden Anwältinnen Margaret Ratner Kunstler und Deborah Hrbek sowie die Journalisten Charles Glass – ein äußerst erfahrener Reporter, der seit über vierzig Jahren über Kriege von Westasien bis Afrika berichtet – und John Goetz.

Der Zivilklage liegt zugrunde, dass Staatsangehörige der USA durch den vierten Zusatzartikel der Verfassung geschützt sind: Rein rechtlich können sie ausschließlich auf richterliche Anordnung zum Ziel von Durchsuchungen und Beschlagnahmungen werden. Laut Ratner Kunstler, Hrbek, Goetz und Glass widersprach das Kopieren der auf ihren Handys und anderen elektronischen Geräten ge-

---

38 Ebd.
39 Von Donald Trump als CIA-Direktor nominiert, führte Mike Pompeo den Geheimdienst von Januar 2017 bis April 2018.
40 Kanishka Singh: CIA sued over alleged spying on lawyers, journalists who met Assange, Reuters, 15. August 2022.

speicherten Dateien und Dokumente sowie die Überwachung und Aufzeichnung ihrer Besuche einem verfassungsrechtlich verbrieften Recht: Damit sei sowohl der vertrauliche Austausch zwischen den beiden Anwältinnen und ihrem Mandanten als auch, im Fall von Goetz und Glass, die Vertraulichkeit zwischen den beiden Journalisten und deren Quellen verletzt worden. Daher reichten alle vier im August 2022 eine Zivilklage ein, vertreten durch den US-Anwalt Richard Roth, und beantragten unter anderem eine gerichtliche Verfügung zur Vernichtung der Unterlagen und eine Anordnung, »um die Beklagten [CIA, Mike Pompeo, David Morales und UC Global] und deren möglichen Amts- bzw. Rechtsnachfolgern zu untersagen, den Inhalt der beschlagnahmten privaten Mitteilungen zu nutzen oder gegenüber Dritten offenzulegen«.

Im Dezember 2023 wies Richter John G. Koeltl vom ›U.S. District Court for the Southern District of New York‹ drei von ihrer vier Anträge ab. Er entschied insbesondere, dass die beiden Anwältinnen und die beiden Journalisten bei ihren Treffen mit dem WikiLeaks-Gründer keine begründete Erwartung auf Privatsphäre hätten haben können, »da sie wussten, dass Assange bereits vor der mutmaßlichen Involvierung der CIA überwacht wurde«.[41]

Dennoch ließ Richter Koeltl eines ihrer Hauptargumente gelten: Er gewährte ihnen das Recht, ihre Zivilklage gegen die CIA aufrechtzuerhalten, um festzustellen, ob der Geheimdienst gegen den vierten Zusatzartikel der US-Verfassung verstoßen hatte, indem er ohne richterliche Anordnung auf die elektronisch gespeicherten Dokumente zugriff. »Wir sind hocherfreut, dass das Gericht die Bemühungen der CIA zurückgewiesen hat, die Klägerinnen und Kläger zum Schweigen zu bringen; denn mit ihrer Klage geht es ihnen bloß

---

41 Vgl. das Urteil von Richter John G. Koeltl: Margaret Ratner Kunstler u.a. ./. Central Intelligence Agency u.a., United States District Court Southern District of New York, 22-cv-6913 (JGK), 19. Dezember 2023. Es handelt sich hierbei um denselben Richter Koeltl, der 2019 das Urteil erließ, wonach die Veröffentlichung der E-Mails der Demokratischen Partei durch den ersten Zusatzartikel der US-Verfassung geschützt ist (vgl. Kapitel 13).

darum, den Versuch der CIA offenzulegen, Pompeos Fehde gegen WikiLeaks auszuführen«, so Anwalt Richard Roth unmittelbar nach Koeltls Entscheidung.[42]

Während der Zivilklage in den USA Ende 2024 erst noch nachgegangen wird, schreiten die strafrechtlichen Ermittlungen in Spanien seit 2019 voran. Laut *El País* kamen im Juni 2023, vier Jahre nach Beginn der Ermittlungen, über 200 Gigabyte an Dokumenten ans Licht, die zu den bereits beschafften und begutachteten Dokumenten hinzukommen.[43] Derzeit ist unklar, warum sie nicht in der Kopie der Akten enthalten waren, die die spanische Polizei zum Zeitpunkt der Verhaftung von Morales im September 2019 angefertigt hatte: Handelt es sich um einen technischen Fehler der Polizei oder um eine Unterlassung? Offenkundig enthalten diese Akten Ordner mit der Aufschrift »CIA« – Material, das sich laut der spanischen Zeitung auf jener Festplatte befand, auf der David Morales die Projekte und Operationen hinterlegte, die sein Unternehmen durchführen sollte.

Der zuständige Richter des Nationalen Gerichtshof von Spanien hat die Justizbehörden verschiedener Länder, darunter Italiens, um Zusammenarbeit gebeten. Insbesondere fragte er US-Behörden nach Informationen über IP-Adressen, aus denen hervorgeht, von wo aus Morales Mails mit Anweisungen an seine Männer versandte: nämlich mutmaßlich von Sheldon Adelsons »Venetian Resort« und aus Alexandria (Virginia, USA), wo die Ermittlungen der Grand Jury zu WikiLeaks im Gange waren.[44]

Während Italien auf die Bitte des Richters der Audiencia Nacional, meine Vernehmung als Zeugin und Opfer der Spionage in der ecuadorianischen Botschaft in London zuzulassen, mit den spanischen Behörden kooperierte, leisteten die Vereinigten Staaten, zu-

---

42 Kevin Gosztola: Judge Rules Assange Visitors May Sue CIA for Allegedly Violating Privacy, in: The Dissenter, 19. Dezember 2023.

43 Jose Maria Irujo: Police omitted folder called ›CIA‹ from the computer of Spaniard who allegedly spied on Julian Assange, in: El País, 4. Juni 2023.

44 José María Irujo: Three protected witnesses accuse Spanish ex-marine of spying on Julian Assange, in: El País, 21. Januar 2020.

mindest laut dem spanischen Richter gegenüber der US-Presse, derlei Amtshilfe nicht.[45]

Die Aussagen der geschützten Zeugen offenbarten außerdem: Im Dezember 2017 seien »die Amerikaner« so verzweifelt gewesen, dass Julian Assange immer noch in der Botschaft weilte – wo sie ihn nicht in die Finger bekommen konnten –, dass sie auch extreme Maßnahmen durchspielten: »Insbesondere wurde vorgeschlagen, die Tür der Botschaft offen zu lassen, was sich als ein Versehen erklären lassen konnte. Das hätte es Personen ermöglicht, von außerhalb in die Botschaft einzudringen und den ›asylee‹ [Julian Assange] zu entführen; sogar die Option, Mr. Assange zu vergiften, wurde diskutiert. All diese Vorschläge wurden laut Morales während dessen Unterredungen mit seinen Kontakten in den USA in Betracht gezogen. Natürlich waren wir, das Personal, geschockt davon und merkten untereinander an, dass der von Morales eingeschlagene Kurs gefährlich zu werden begann.«[46]

Doch diese Vorhaben wurden nicht in die Tat umgesetzt; letztlich sollte eine andere Art von Gift die Voraussetzung dafür schaffen, dass die Vereinigten Staaten Assange zu fassen bekämen. Doch später zeigte sich: die Pläne, Assange umzubringen, waren keine hohle Phrase. Sie waren todernst gemeint.

---

45 Michael Isikoff: U.S. stonewalls probe into security firm that allegedly spied on Assange for CIA, says Spanish judge, Yahoo! News, 26. November 2021.
46 Anonymer Zeuge 2.

16.
Die letzten Versuche

Der diplomatische Weg

Schon als Vizepräsident hatte Lenín Moreno den WikiLeaks-Gründer nicht gemocht: »Er versteht nicht, was WikiLeaks ist oder was sie tun«, sagte mir später der ehemalige Konsul von Ecuador, Fidel Narváez.[1] Dennoch konnte Assange zu Beginn von Morenos Amtszeit zumindest auf die Unterstützung von dessen Außenministerin María Fernanda Espinosa zählen, die versuchte, ihn durch eine Reihe von Maßnahmen zu schützen, etwa indem sie ihm die ecuadorianische Staatsbürgerschaft verlieh oder versuchte, ihm den Diplomatenstatus zu gewähren. Wäre letzteres gelungen, hätte Assange die Botschaft verlassen können, ohne eine Verhaftung zu riskieren. Doch es sollte anders kommen.

Der Versuch wurde von den britischen Behörden umgehend zurückgewiesen. Im Dezember 2017 versuchte Quito, Assange auf einen Diplomatenposten im Vereinigten Königreich zu berufen, aber das britische Außenministerium lehnte die Ernennung ab. »Ecuador weiß, dass der Weg zur Lösung dieses Problems darin besteht, dass Julian Assange die Botschaft verlässt, um sich der Justiz zu stellen«, so ein Sprecher gegenüber dem *Guardian*.[2]

Von Anbeginn spielten die britischen Behörden eine Schlüsselrolle bei der Schaffung jener ausweglosen Situation, die von der

---

1   Stefania Maurizi: »I was fired for helping Julian Assange, and I have no regrets«: An interview with Fidel Narvaez, in: Jacobin, 25. Oktober 2019.

2   Owen Bowcott: Julian Assange's bid for diplomatic status rejected by Britain, in: The Guardian, 10. Januar 2018.

16. DIE LETZTEN VERSUCHE

UNWGAD, der genannten Arbeitsgruppe der Vereinten Nationen, als willkürliche Inhaftierung bezeichnet werden sollte. Sie ignorierten den UN-Beschluss, sie ignorierten das Recht des WikiLeaks-Gründers auf Asyl, sie ignorierten die verheerenden Auswirkungen des Eingesperrtseins auf seine Gesundheit. Sie nahmen weder Rücksicht auf die souveräne Entscheidung Ecuadors, ihm Asyl zu gewähren, noch auf die Gewährung von Diplomatenschutz. Das Verfahren, ihn auf einen Diplomatenposten zu berufen, war völlig legitim; zwei Jahre später, im März 2019, ging das Vereinigte Königreich ähnlich, wenn auch nicht ganz identisch, vor, indem man Nazanin Zaghari-Ratcliffe, eine Frau mit britisch-iranischer Staatsbürgerschaft, die laut der UN-Arbeitsgruppe ab 2016 im Iran willkürlich inhaftiert war und schließlich im März 2022 freigelassen wurde, diplomatischen Schutz gewährte.[3]

Doch nicht nur scheiterte der Versuch mit dem Diplomatenposten in Großbritannien: Es misslang auch, ihm einen solchen Posten in einem anderen Land zuzuweisen, das ihn – anders als Großbritannien – akzeptiert hätte. Wäre er erfolgreich zu einem diplomatischen Vertreter in einem Drittstaat ernannt worden, hätte – gemäß Wiener Übereinkommen über diplomatische Beziehungen (WÜD) – seine Immunität und Unverletzlichkeit beim Verlassen der Botschaft auf dem Weg in eben dieses Land respektiert werden müssen.[4]

Bis jetzt konnte ich trotz meines Kampfes im Rahmen des Freedom of Information Act (FOIA) keine Unterlagen darüber erhalten, was sich bei diesem gescheiterten Versuch hinter den Kulissen abspielte – und anwesend war ich bei diesen Ereignissen nicht. Ich kann nur berichten, was mir Baltasar Garzón, der Koordinator des Anwaltsteams von Julian Assange, erzählt hat, da nur eine äußerst begrenzte Anzahl von Personen über die Einzelheiten Bescheid wusste, und er war einer von ihnen.

---

3 Patrick Wintour: Foreign Office grants Zaghari-Ratcliffe diplomatic protection, in: The Guardian, 8. März 2019.
4 Vgl. Art. 40 des Wiener Übereinkommens über diplomatische Beziehungen, UNO 1961: legal.un.org.

Die Aktion mit dem Diplomatenpass wurde von Assanges Anwältinnen und Anwälten sowie einigen ecuadorianischen Behörden ins Leben gerufen. Verschiedene Länder wurden in Betracht gezogen. Fidel Narváez, zu der Zeit ecuadorianischer Konsul in London, sagte mir, Ecuador habe Russland als eine Option in Betracht gezogen. Aber der Rechtsbeistand des WikiLeaks-Gründers sah das anders. Garzón drückte es mir gegenüber so aus: »Wir zogen Länder wie Griechenland, Serbien, Bolivien, Venezuela und China in Betracht, wobei wir Russland immer ausschlossen und den ecuadorianischen Behörden klarmachten, dass das Land nicht in Frage kam, weil dadurch Verschwörungstheorien geschürt würden.«[5]

Aus völkerrechtlicher Sicht war dieser Plan völlig in Ordnung: Als souveräner Staat hatte Ecuador das Recht, Julian Assange den Diplomatenstatus zu verleihen und ihn auf einen Posten in einem Drittland zu berufen, falls dieses Land der Ernennung zustimmen sollte. Doch als die US-Behörden von diesem Plan erfuhren, wurde das Risiko für Assange, die Botschaft zu verlassen, zu groß. Nur sehr wenige Menschen wussten von der Operation – wie also hatten die Vereinigten Staaten davon erfahren? »Der Plan wurde von UC Global infolge der Überwachung [des] Treffens zwischen Julian Assange und [seinen] Anwälten in Erfahrung gebracht«, erklärte mir Garzón und bezog sich dabei auf einen Besuch, den er selbst, zusammen mit Aitor Martinez, Assange am 18. Dezember 2017 abgestattet hatte und bei dem sie die Sache besprachen.

Nachdem die beiden spanischen Anwälte nach Madrid zurückgekehrt waren, brachen vier maskierte Männer noch in derselben Nacht in Garzóns Büro ein: »Sie nahmen nichts mit (nicht einmal das Geld aus dem Büro). Sie suchten nach dem Server und nach Dokumenten«, erzählte mir Baltasar Garzón. Den geschützten Zeugen zufolge hatte der Chef von UC Global zuvor erwogen, sich Zugang zu den Räumlichkeiten des spanischen Anwalts zu verschaffen: »Morales sprach über die Möglichkeit, in das Büro von ILOCAD, der

---

5 Baltasar Garzón, Mitteilung an die Autorin über Aitor Martinez, 14. April 2022.

von Baltasar Garzón geleiteten Kanzlei in Madrid, einzudringen«, so einer von ihnen.[6] Und weiter: »Das würde uns ermöglichen, den Amerikanern Informationen über Mr. Assange zu verschaffen. Zwei Wochen nach dieser Unterredung berichteten die Medien des Landes, Männer mit Sturmmasken hätten die Anwaltskanzlei von Garzón heimgesucht.«

Sobald die US-Behörden von dem Plan erfuhren, Assange auf einen Diplomatenposten zu berufen, traten sie unmittelbar in Aktion. Am 21. Dezember 2017 erstatteten sie eine unter Verschluss gehaltene Anzeige wegen mutmaßlichen Verstoßes gegen den United States Computer Fraud and Abuse Act (Gesetz gegen Computerbetrug und -missbrauch CFAA). Der Vorwurf: Verschwörung mit dem Ziel, in Computer einzudringen. Doch was genau wurde dem WikiLeaks-Gründer zur Last gelegt? 2010 soll er zugestimmt haben, Chelsea Manning dabei zu helfen, ein sogenanntes Passwort-Hash[7] zu knacken, das auf Pentagon-Computern gespeichert war, die wiederum mit dem SIPRnet verbunden waren, in dem geheime Dateien gespeichert werden und zu dem sie als Geheimdienstanalystin rechtmäßigen Zugang hatte. Die US-Behörden behaupteten, wenn es Chelsea Manning gelungen wäre, das Passwort-Hash zu entschlüsseln, hätte sie sich bei diesen Computern mit einem Benutzernamen anmelden können, der ihr nicht gehörte, wodurch es schwieriger geworden wäre, sie als Quelle der Dokumente zu identifizieren.

Am Tag nach Erstattung der Anzeige, am 22. Dezember 2017, übermittelten die US-Behörden über diplomatische Kanäle ein Verhaftungsersuchen an Großbritannien. Da dieses und die Strafanzeige selbst jedoch geheim waren, hatten weder Assange noch die Öffentlichkeit davon Kenntnis. Dies geschah genau um die Zeit, als ich ihn am 29. Dezember 2017 besuchte und der Wachposten von UC

---

6 Anonymer Zeuge 2.
7 Aus Sicherheitsgründen speichern Computer die Kennwörter der User nicht im Klartext. Kennwörter werden durch einen mathematischen Algorithmus »verschlüsselt«, der einen Hash-Wert für ein Kennwort erzeugt. Der Hash-Wert wird auf dem Computer gespeichert, nicht aber das Kennwort selbst.

Global meinen Rucksack konfiszierte. Der Versuch, den WikiLeaks-Gründer durch den Schutz diplomatischer Immunität sicher aus der Botschaft zu bringen, war gescheitert. Aber es blieb noch ein anderer Weg, der einen Versuch wert war.

Der Rechtsweg

In Unkenntnis der Entscheidungen der US-Behörden legten Julian Assange und seine Anwälte beim Westminster Magistrates' Court in London Berufung ein und beantragten die Aufhebung des Haftbefehls, den die britischen Behörden wegen Verstoßes gegen die Kautionsauflagen ausgestellt hatten, als er sich 2012 nicht Scotland Yard stellte und sich damit nicht der Auslieferung fügte, sondern in der Botschaft Zuflucht suchte und um Asyl bat. Da die Staatsanwältin Ny die Vergewaltigungsermittlungen im Mai 2017 eingestellt und den Europäischen Haftbefehl aufgehoben hatte, vertrat der hoch angesehene Rechtsbeistand Mark Summers aus Assanges Anwaltsteam die Auffassung, dass die von den Briten angeordnete Festnahme jenseits des Auslieferungsverfahrens keine eigenständige Existenzberechtigung habe und keine verhältnismäßige Maßnahme mehr darstelle, da Assange seine Freiheit bereits vor sieben Jahren verloren habe.

Doch Emma Arbuthnot, Richterin am Westminster Magistrates' Court, lehnte den Antrag ab und hielt den Haftbefehl aufrecht. In ihrem Urteil vom Februar 2018 argumentierte Arbuthnot, die Maßnahme sei verhältnismäßig, und hielt den WikiLeaks-Gründer dazu an, vor Gericht zu erscheinen und die Konsequenzen seiner Entscheidungen zu tragen.[8]

Die Verteidigung legte, wenn auch vergebens, dar: Zum einen hatte Assange bei den schwedischen Ermittlungen mitgewirkt, zum anderen hatten die britischen Behörden den schwedischen geraten,

---

8   Richterin Emma Arbuthnot fällte in dieser Sache zwei Urteile: am 6. Februar 2018 und am 13. Februar 2018. Jeweils zugänglich unter: judiciary.uk.

ihn nicht in London zu vernehmen, und so erst dazu beigetragen, jenen juristischen und diplomatischen Morast zu schaffen, in dem der Fall seit 2010 steckte. Als Beweis dafür legte das Anwaltsteam dem Gericht einige der Dokumente vor, an die ich im Rahmen meiner FOIA-Bemühungen kam – jene Dokumente, die nicht vernichtet worden waren und die ich in meiner Zeitung veröffentlichen konnte. Aber es war zwecklos. Mehr noch: Die Richterin machte deutlich, dass auch sie die Entscheidung der UN-Arbeitsgruppe gegen willkürliche Inhaftierungen nicht zu würdigen wusste: »Ich finde nicht, dass der Aufenthalt von Mr. Assange in der Botschaft unangemessen, ungerecht, unwägbar, unzumutbar, unnötig oder unverhältnismäßig ist«, verfügte Arbuthnot.[9] Und sie fügte hinzu: »Ich habe die medizinischen Berichte gelesen. Mr. Assange ist glücklicherweise in relativ guter körperlicher Verfassung. Er hat ein ernsthaftes Zahnproblem und muss entsprechend behandelt werden, zudem benötigt er eine MRT-Untersuchung seiner Schulter, vorgeblich einer Frozen Shoulder. Ich erkenne an, dass er Depressionen hat und an Atemwegsinfektionen leidet. Er sei schon genug bestraft worden, so die Behauptung von Mr Sommers [sic]. Ich erkenne nicht an, es gäbe kein Sonnenlicht; es gibt eine Reihe von Fotos von ihm auf einem Balkon, der mit dem Gebäude verbunden ist, das er bewohnt. Die gesundheitlichen Probleme von Mr. Assange könnten deutlich schlimmer sein.«[10]

In seinen sieben Jahren in der Botschaft konnte der WikiLeaks-Gründer sechsmal auf den Balkon gehen. Nichtsdestotrotz stellten sich seine Bedingungen für Richterin Arbuthnot nicht als Problem dar. Die Behandlung eines Menschen, der von Juni 2012 bis Februar 2018 – als sie ihr Urteil fällte – nicht in der Lage war, frische Luft zu atmen, Sonnenlicht zu genießen oder medizinische Behandlung zu erhalten, war für Arbuthnot weder ein Rechtsverstoß noch unverhältnismäßig. Es spielte auch keine Rolle, dass nur wenige Tage zu-

---

9   Zitiert nach dem Urteil vom 13. Februar 2018 (judiciary.uk).
10 Ebd.

vor die Ärztin Sondra Crosby sowie Brock Chisholm und Sean Love, ebenfalls hochangesehene Mediziner, dies im *Guardian* bestätigt hatten: »Unser fachliches Urteil: Herrn Assanges physische und psychologische Umstände in der Botschaft verstoßen gegen den Geist des UN-Mindeststandards für die Behandlung von Gefangenen.«[11]

In ihrer Entscheidung schrieb Arbuthnot schwarz auf weiß: »Ich messe den Ansichten der Arbeitsgruppe wenig Gewicht bei.«[12] Und niemand erhob Einwände.

Die Richterin war die Ehefrau von Lord James Arbuthnot, der tätig war als: Staatssekretär im Verteidigungsministerium, zuständig für das Beschaffungswesen; Aufsichtsratsvorsitzender der britischen Niederlassung des multinationalen Rüstungskonzerns Thales; bis Dezember 2017 als Vorstandsmitglied des privaten Nachrichtendienstes SC Strategy Limited.[13] Laut Matt Kennard und Mark Curtis, zwei der wenigen britischen Journalisten, die dem Fall gründlich nachgingen, sowohl vor als auch nach dem Urteil der Richterin Arbuthnot gegen Assange, arbeitete deren Mann eng mit der neokonservativen Henry Jackson Society zusammen.[14] Als einflussreiche britische Lobbyorganisation ist die Henry Jackson Society sehr kritisch gegenüber WikiLeaks; zu ihren internationalen Unterstützern gehört unter anderem der ehemalige CIA-Chef James Woolsey,[15] der Snowden »aufhängen lassen« wollte, »bis er tot ist«. Die Beziehungsgeflechte von Emma Arbuthnots Ehemann warfen die Frage nach Interessen-

---

11 Sondra S. Crosby / Brock Chisholm / Sean Love: We examined Julian Assange, and he badly needs care – but he can't get it, in: The Guardian, 24. Januar 2018.

12 Das Zitat stammt aus dem Urteil von Arbuthnot vom 13. Februar 2018.

13 Thales Group: Appointment of Lord Arbuthnot to the Chair of the Thales UK Advisory Board, thalesgroup.com, 12. Mai 2016; Jamie Doward: Judge in Uber's London legal battle steps aside over husband's links to firm, in: The Guardian, 18. August 2018.

14 Matt Kennard / Mark Curtis: As British judge made rulings against Julian Assange, her husband was involved with right-wing lobby group briefing against WikiLeaks founder, in: Declassified UK, dailymaverick.co.za, 4. September 2020.

15 Dass James Woolsey einer der internationalen Förderer der Henry Jackson Society war, lässt sich auf deren Website leicht überprüfen: henryjacksonsociety.org.

konflikten in einem Fall wie dem von Assange auf. In einer Mitteilung an die Journalisten Kennard und Curtis bestritt die britische Justiz indes die Befangenheit von Richterin Arbuthnot.

Nach dem Urteil vom Februar 2018, das den Haftbefehl der britischen Behörden wegen Verstoßes gegen seine Kautionsauflagen bestätigte, blieb Assange in der Botschaft. Hätte er sie verlassen, wäre er von Scotland Yard festgenommen worden. Die Strafe für einen solchen Verstoß wäre gering gewesen – höchstens ein Jahr Gefängnis – aber in den Händen der britischen Behörden hätte er die Auslieferung an die Vereinigten Staaten riskiert; seit dem 22. Dezember 2017 schwebte ein US-Haftbefehl über ihm. Konkret konnte Assange das nicht wissen, da dieser geheim war; und doch war es genau das, was er immer befürchtet hatte und was ihn dazu gebracht hatte, den Schutz Ecuadors zu suchen und in der Botschaft zu bleiben, selbst nachdem Marianne Ny die Vergewaltigungsermittlungen eingestellt hatte. Bald jedoch würde es keine bloße Befürchtung mehr sein, sondern zur Gewissheit werden.

Das Gift

Fünf Wochen nach dem Urteil von Richterin Arbuthnot besuchte ich Assange im März 2018 erneut. Ich wollte ihn interviewen, und anders als drei Monate zuvor gab es diesmal keine Probleme bei der Sicherheitskontrolle. Das Gespräch verlief störungsfrei. Wir befanden uns inmitten der Russiagate-Ermittlungen, und viele Medien stellten WikiLeaks als Hauptakteur jedes politischen Dramas dar. Assange hatte zum Beispiel über das Referendum zur Unabhängigkeit Kataloniens im Oktober 2017 getwittert, und prompt wurden seine Tweets in einigen Pressebeiträgen als Teil einer russischen Einflussnahme zur Unterstützung der Unabhängigkeit dargestellt. Nigel Farage, ein starker Befürworter des Brexit, hatte Assange in der Botschaft besucht: ein Beweis für seine Rolle in der großen Verschwörung – von Trump bis zum Brexit. Diese Artikel lieferten keinerlei faktische Beweise für die Rolle von Assange oder WikiLeaks in diesen Angelegenheiten, die vermeintlichen Beweise gründeten allein darauf, wer ihn kontaktiert oder sich mit ihm getroffen hatte. Für mich als Journalistin ergab das alles sehr wenig Sinn; wir treffen bei unserer Arbeit alle möglichen Leute, aber wenn man bestimmten Medien Glauben schenkte, schien es, als würden Assange und andere WikiLeaks-Akteure jederzeit wegen Russiagate verhaftet und vor Gericht gestellt. Und doch wurde ihnen bis heute nichts zur Last gelegt.

Dieses Klima ständiger Skandale, angefacht durch immer neue Artikel über derlei Verdächtigungen und Anschuldigungen, schädigte das Renommee von WikiLeaks schwer. Während einer unserer Unterhaltungen in jenen Monaten scherzte Assange über eine Art von »Kreuzigung«: »We are in the business of crucifixion.«[16] Doch zum Lachen war die Sache nicht. Das Ecuador Lenín Morenos schnitt Assange am 27. März 2018 von der Welt ab: Außer seinen Anwälten durfte er keinen Besuch mehr empfangen und hatte keinen Zugang mehr zum Internet. Für einen Menschen, der zu diesem Zeitpunkt bereits seit sechs Jahren ausweglos in einem Raum festsaß, war das Besuchsverbot eine sehr harte Form der Isolation. Auch das Online-Verbot war hart. Für Assange ist das Internet nicht nur ein Arbeits- und Freizeitinstrument, wie für die meisten Menschen, sondern ein Teil seiner Identität. Seiner Welt. Ihn vom Internet abzuschneiden, kam in sozialer und intellektueller Hinsicht einer Erstickung gleich.

Damit war der Kontakt zwischen ihm und anderen gekappt. Der fehlende Internetzugang erschwerte auch die Kommunikation mit den Menschen in Assanges unmittelbarer Umgebung, da die ecuadorianischen Behörden innerhalb der Botschaft Störsender – also elektronische Geräte, die den Gebrauch von Telefonen und Computern blockieren – installiert hatten.

---

16 Stefania Maurizi: Julian Assange: »I want to testify on Cambridge Analytica, but there has been political pressure«, in: la Repubblica, 27. März 2018.

16. DIE LETZTEN VERSUCHE

Drei Wochen nach Beginn seiner Isolation schrieb das US-amerikanische Investigativportal *The Intercept*: »Es sind nunmehr Beweise dafür aufgetaucht, dass die Isolierung Assanges von der Außenwelt auf erheblichen diplomatischen Druck zurückzuführen ist, der auf den neuen ecuadorianischen Präsidenten ausgeübt wird – was durchaus dazu führen kann, dass Assange schon bald aus der Botschaft gedrängt wird. Der Druck kommt von der spanischen Regierung in Madrid und den NATO-Verbündeten, die außer sich sind, weil Assange sich gegen einige der repressiven Maßnahmen ausgesprochen hat, mit denen versucht wird, prokatalanische Aktivisten zu unterdrücken.«[17] Der Artikel wurde von Glenn Greenwald und M. C. McGrath, einem brillanten Kopf im Bereich ›open data‹, verfasst und basiert auf einer gründlichen Analyse der Twitter-Daten.

Bis 1830 war Ecuador eine spanische Kolonie; der Druck der spanischen Regierung war für das lateinamerikanische Land eine äußerst ernste Angelegenheit. Die Wut in Madrid erklärt sich aus einem Unabhängigkeitsreferendum, das im Oktober 2017 in Katalonien abgehalten wurde. Der WikiLeaks-Gründer hatte internationale Angelegenheiten schon immer eifrig kommentiert und auf Twitter die Repression der spanischen Regierung gegen jene Katalanen verurteilt, die das von Madrid als illegal betrachtete Referendum unterstützten. Sofort brach eine Medienkampagne aus, wobei sich Behauptungen entkräften ließen, wonach Assanges Tweets über Katalonien im Zusammenhang mit einer russischen Einflussnahme – mutmaßliche Verbreitung von Desinformationen zur Unterstützung der Unabhängigkeit – gestanden hätten: *The Intercept* wies diese Anschuldigungen zurück und veröffentlichte eine technische Analyse zu Daten des sozialen Netzwerks, um zu zeigen: Assanges Tweets über Katalonien waren keinesfalls ungewöhnlich, wie von einigen Medien behauptet.

---

17 M. C. McGrath / Glenn Greenwald: How shoddy reporting and anti-Russian propaganda coerced Ecuador to silence Julian Assange, in: The Intercept, 20. April 2018.

The Intercept wies außerdem darauf hin, dass die Medienkampagne weitgehend auf Informationen einer Gruppe namens ›Hamilton 68‹ basierte, die behauptete, die operative Einflussnahme mittels der Auswertung von 600 Accounts zu analysieren, von denen die Gruppe annahm, sie würden mit der Propaganda des Kremls in Verbindung stehen. »Aber von Anfang an war die Zweifelhaftigkeit von Hamilton 68 offenkundig«, so Greenwald und McGrath. Und sie merkten an, dass Hamilton 68 ursprünglich »von Leuten mit Washingtoner Rekordmarken in Sachen Lügen und Militarismus gegründet wurde: von Bill Kristol, einem ehemaligen CIA-Beamten, sowie von [republikanischen] Falken der Grand Old Party und Neocons der Demokratischen Partei«. Abgesehen von diesem Hintergrund »ist Hamilton 68 nach wie vor außerordentlich undurchsichtig, was seine Methodik angeht, samt der erstaunlichen Weigerung, die Accounts zu benennen, die sie der ›Förderung russischer Einflussnahme im Internet‹ bezichtigen«, schrieb *The Intercept*.

Greenwald und McGrath standen für eine kritische Stimme, wie sie selten zu hören war: »Wenn, wie es den Anschein hat, diese unbewiesenen Behauptungen – über die Verbreitung von Desinformationen während des Referendums in Katalonien – im Fall von Julian Assange als Mittel der politischen Manipulation eingesetzt werden, so durchaus mit Erfolg.« Und weiter: »Die Eskalation der Spannungen mit Spanien, das enge diplomatische Beziehungen zu Ecuador pflegt, bedroht Assanges Asyl auf eine Art und Weise, wie es der langjährige Druck der USA und Großbritanniens nicht vermochte.« So war es. Obwohl meine Informationen über die Vorgänge in der Botschaft wegen Assanges erzwungener Isolation bestenfalls vage waren, wusste ich, dass seine Situation immer prekärer wurde. Nachdem alle Anläufe gescheitert waren, ihn herauszuholen, ohne dass er verhaftet würde, geriet nun auch der Versuch ins Wanken, ihn innerhalb dieser vier Wände zu schützen.

Die Katalonien-Affäre war nur eine der Kampagnen zur Dämonisierung von Assange. Eine weitere Rufschädigung ging auf einen Artikel des *Guardian* zurück, der um die Welt ging und in dem

16. DIE LETZTEN VERSUCHE 333

behauptet wurde, der WikiLeaks-Gründer hätte Besuch von Paul Manafort erhalten, dem ehemaligen Wahlkampfmanager Donald Trumps.[18] Das Treffen fand angeblich im März 2016 statt, und es soll auch zwei frühere Treffen in den Jahren 2013 und 2015 gegeben haben. Sollte dem so gewesen sein, wäre es ein Beweis für einen direkten Kontakt zu einem Mann von Trump, noch bevor WikiLeaks die Dokumente der Demokratischen Partei veröffentlicht hatte. Aber traf das überhaupt zu?

Diesmal kamen die Zweifel an den Offenbarungen des *Guardian* von der *Washington Post*,[19] einer Zeitung, die keineswegs im Verdacht stand, mit Julian Assange zu sympathisieren.

Der Online-Artikel des *Guardian* über Manafort war von zwei Reportern gezeichnet: Luke Harding und Dan Collyns. Harding war in seinen Porträts von Julian Assange stets bissig gewesen. Die *Washington Post* betonte, dass der Artikel über Manafort ausschließlich auf anonymen Quellen beruhte und die Journalisten keine Nachweise anführten. Der Name eines Reporters, auf den in der Printausgabe des *Guardian*-Beitrags Bezug genommen wurde – der des ecuadorianischen Journalisten und politischen Aktivisten Fernando Villavicencio[20] – wurde aus der Online-Version entfernt. Nach Angaben der *Washington Post* »beschuldigte jemand aus einem Ministerium der Vorgängerregierung Ecuadors Villavicencio, Dokumente gefälscht zu haben«. Die US-Zeitung hob hervor, der *Guardian* habe die Formulierungen in seinem ursprünglichen Bericht nachträglich geändert, um seine Schlussfolgerungen weniger eindeutig klingen zu lassen. Der ursprüngliche Artikel sprach von einem »Treffen«, was jedoch zu einem »scheinbaren Treffen« abgeändert wurde. Die *Washington Post* merkte außerdem an, dass »keine andere Nachrichten-

---

18 Luke Harding/Dan Collyns: Manafort held secret talks with Assange in Ecuadorian embassy, sources say, in: The Guardian, 27. November 2018.
19 Paul Farhi: The Guardian offered a bombshell story about Paul Manafort. It still hasn't detonated, in: The Washington Post, 4. Dezember 2018.
20 Später kandidierte Fernando Villavicencio für das Amt des ecuadorianischen Präsidenten und wurde im August 2023 mitten im Wahlkampf getötet.

agentur oder Zeitung in der Lage war, die Meldung des *Guardian* zu bestätigen, insbesondere die zentrale Behauptung eines Treffens zu belegen.« Und sie fügte hinzu: »Nachrichtenagenturen greifen normalerweise zu unabhängiger Berichterstattung, um wichtige Storys zu bestätigen.« Schließlich zitierte die *Washington Post* Glenn Greenwald mit dessen Hinweis, dass die Botschaft Ecuadors von Kameras umgeben war, die jeden registrierten, der das Gebäude betrat und verließ. »Wenn Paul Manafort auch nur in die Nähe des Gebäudes gekommen wäre, geschweige denn dreimal, gäbe es Berge von Beweisen.« Doch das Gegenteil ist der Fall: Bis heute ist kein einziges Foto oder Video von seiner Anwesenheit aufgetaucht, und man kann sich leicht vorstellen, dass Dutzende von Reportern versucht haben, derlei Bilder aufzuspüren.

Sowohl Manafort als auch WikiLeaks dementierten, dass solch ein Treffen stattgefunden habe. Manaforts Name findet sich nicht auf der Liste jener Personen, die Julian Assange im Laufe der Jahre in der Botschaft besuchten. Bis heute ist kein einziger Beweis für sein dortiges Erscheinen aufgetaucht, weder in Form von Fotos noch anderweitig. Und doch ist der *Guardian*-Artikel noch immer online. Das Klima des Misstrauens, das im Laufe der Jahre durch Artikel wie diesen geschaffen wurde, trug zu einer Verleumdungskampagne bei, die Assange und WikiLeaks letztlich die öffentliche Empathie kostete. Das von den Medien verbreitete Gift zeigte seine Wirkung.

Das letzte Treffen

Ich hatte zehn E-Mails an die ecuadorianischen Behörden geschrieben. Zehn. Ich rief sie wiederholt an, sogar das Außenministerium in Quito. Seit Julian Assange im März 2018 von der Außenwelt abgeschnitten worden war, hatte ich immer wieder einen Botschaftsbesuch beantragt. Nach achtmonatigem Versuchen hatte ich Erfolg. Ich traf mich am 19. November 2018 mit ihm. Es war der erste zugelassene Journalistenbesuch seit seiner vollständigen Isolation. Um die Ge-

16. DIE LETZTEN VERSUCHE

nehmigung zu erhalten, hatten die ecuadorianischen Behörden von mir verlangt, das »Registro de Visitas« auszufüllen, ein Formular, in dem ich neben anderen persönlichen Informationen nach »Marke, Modell, Seriennummern, IMEI-Nummern und Telefonnummern (falls vorhanden) aller Telefone, nach Computern, Kameras und anderen elektronischen Geräten gefragt wurde, die die antragstellende Person mit in die Botschaft nehmen und während des Gesprächs behalten möchte.« Durch Angabe dieser technischen Informationen zu meinen elektronischen Geräten setzte ich mich dem Risiko aus, dass meine Kommunikation ausspioniert würde; doch um die Erlaubnis zu erhalten, teilte ich diese Daten mit, in der Hoffnung, sie gestatteten mir, wie in ihrem Formular angegeben, mein Dumbphone und mein verschlüsseltes Handy mitzunehmen.

Schon beim Betreten der Botschaft schlug mir eine kalte, feindselige Atmosphäre entgegen. Das Unternehmen UC Global war durch eine andere Sicherheitsfirma namens Promsecurity ersetzt worden. Ich ging mit meinem Rucksack und meinen Handys in den Konferenzraum, da mich niemand am Eingang gebeten hatte, sie auszuhändigen, wie es bei den Wachposten von UC Global üblich gewesen war. Ich holte die Geräte heraus, um zu sehen, ob sie funktionierten – oder ob die Störsender noch aktiviert waren, um zu verhindern, dass telefoniert oder eine Internetverbindung hergestellt würde. Meine Handys schienen vollständig blockiert zu sein. Während ich sie überprüfte, öffnete plötzlich jemand von der Security die Tür. Er forderte mich auf, meine Handys abzugeben, obwohl ich alle gewünschten technischen Angaben gemacht hatte. Es war offensichtlich, dass sie mich über die Sicherheitskameras im Raum in Echtzeit beobachtet hatten. Wie sonst hätten sie mich bei geschlossener Tür sehen können?

Kurz zuvor hatte das Ecuador Lenín Morenos ein strenges Regelwerk aufgestellt, um Assange das Leben so unangenehm wie möglich zu machen. Eindeutig war: Er genoss keinen Schutz mehr. María Fernanda Espinosa, die Außenministerin, die sich mühevoll dafür eingesetzt hatte, ihm die Staatsbürgerschaft und den Diplomatenstatus zu verleihen, hatte die Regierung verlassen und den Vorsitz der Generalversammlung der Vereinten Nationen übernommen. Der Konsul in London, der ihm sechs Jahre lang in der Botschaft zur Seite gestanden hatte, Fidel Narváez, war abgesetzt worden. Sogar die Katze, die für ein wenig Aufheiterung und Ablenkung gesorgt hatte, war verschwunden.

Ich war schockiert, als ich Julian Assange sah. Nur drei Tage vor meinem Besuch hatten US-Medien enthüllt, dass die US-Regierung Anklage gegen ihn erhoben hatte.[21] Auch wenn diese unter Verschluss gehalten wurde, war die Nachricht offenbar infolge eines verwaltungstechnischen Fehlers versehentlich an die Öffentlichkeit gelangt. Es war nur bekannt, dass eine Anklageschrift vorlag; was ihm als Straftat vorgeworfen wurde, blieb geheim.

Mit leiser Stimme, um nicht gehört zu werden, ging er die verschiedenen Möglichkeiten durch, die in den kommenden Monaten auf ihn zukommen konnten. Er wirkte klar und rational, aber er war sichtlich von der Angst eines Menschen getrieben, der keine Kontrolle mehr über sein Leben ausüben konnte. Aus formalen Gründen konnte er kein Statement abgeben; denn er befürchtete, Morenos Ecuador würde ihn – im Falle einer Presseerklärung mit entsprechender Berichterstattung – beschuldigen, gegen seine Auflagen zu verstoßen, und dies als Rechtfertigung für einen Rauswurf aus der Botschaft nutzen. Seine Isolation und die neuen Regeln sollten ihm das Leben unerträglich machen, und ihre Wirkung auf ihn war spürbar. Entweder blieb er bis zu seinem physischen und psychischen Zusammenbruch dort, oder er entschied sich, die Botschaft zu verlassen, was zum Anfang seines Endes hätte führen können.

So hatte ich ihn noch nie gesehen: die große Anspannung in seinem Gesicht, der extreme Gewichtsverlust, den nicht einmal sein dicker Winterpulli verbergen konnte. Und als ich ihn zur Auflockerung fragte, wohin die Katze verschwunden sei, erzählte er mir, er

---

21 Charlie Savage / Adam Goldman / Michael S. Schmidt: Assange is secretly charged in US, prosecutors mistakenly reveal, in: New York Times, 16. November 2018.

16. DIE LETZTEN VERSUCHE

habe sie Freunden anvertraut, die sich um sie kümmern würden: Wann immer die Katze nach draußen gegangen sei, habe sie Angst vor allem gehabt. Er sagte dies in trauriger Stimmung. Er wollte immer stark wirken, aber sein physisches und psychisches Leiden war offensichtlich.

Ich verließ die Botschaft und sandte folgende Nachricht an *la Repubblica*, meine damalige Zeitung: »Für Julian Assange ist es ein Tod auf Raten, und das ist keine Übertreibung: Er muss in den acht Monaten, seit ich ihn das letzte Mal gesehen habe (am 23. März), zwölf Kilo abgenommen haben. Er hat so viel Gewicht verloren, dass seine Schultern schmal wirken, wie bei einem Magermodel. Er hat den Bart und die Haare eines Einsiedlers. Ich frage mich, wie sein Gehirn noch funktionieren kann, denn es ist klar, dass es das noch tut.«

Als ich aus London zurückkam, beschrieb ich unser Treffen in einem Artikel.[22] Aus der Redaktion von *la Repubblica* erfuhr ich, sie hätten zwei Tage lang versucht, mich zu erreichen. »Warum hast du nicht geantwortet?«, fragten sie mich. Weder auf meinen Telefonen noch auf meinem Computer fanden sich Spuren von Anrufen, SMS oder E-Mails. Nicht zum ersten Mal hatte ich Probleme mit meiner Kommunikation. Doch es war nun das letzte Mal, dass ich mich mit Julian Assange in der Botschaft getroffen hatte.

Fünf Monate später sah ich ihn vor dem roten Backsteingebäude in Knightsbridge, wo er sechs Jahre und zehn Monate lang verschanzt war. Besser gesagt: Die ganze Welt sah ihn dort, mit demselben Antlitz – weißer Bart, weißes Haar – wie beim letzten Mal, als ich ihn sah. Und er schrie heraus: »UK must resist.«

---

22 Stefania Maurizi: The detention and isolation from the world of Julian Assange, in: la Repubblica, 26. November 2018.

17.
Im »britischen Guantanamo«

Eine brutale Verhaftung

Sieben Beamte zerrten ihn heraus, hoben ihn an seinen Armen und Beinen hoch, während er sich wehrte, gestikulierte und schrie. Die Metropolitan Police, der Welt als Scotland Yard bekannt, war in Zivil gekleidet. In Uniform hätten sie wohl ein noch düsteres Bild abgegeben, mit der Szenerie wären Assoziationen an ein autoritäres Land aufgekommen. Und für Lenín Morenos Ecuador wäre es ein peinliches Zeichen der Unterwerfung gewesen. Die Bilder an sich waren schon brutal genug. Und die ganze Welt schaute zu. Ein wehrloser Journalist, gesundheitlich erschöpft von den Jahren des Eingesperrtseins, der willkürlichen Inhaftierung, wurde von der Polizei gewaltsam in Handschellen abgeführt – sein Gesicht gespensterhaft weiß, das Haar weiß, der Bart weiß, ganz der Einsiedler. Unterdessen konnte ein uniformierter Beamter im Vordergrund sein Lachen kaum zurückhalten.

11. April 2019, 10:50 Uhr Londoner Zeit: Scotland Yard erhielt die Erlaubnis zum Betreten der Botschaft, befugt von Moreno, der Assange das Asyl entzog. Verwiesen wurde unter anderem auf angebliche Verstöße gegen die strengen Auflagen, die ihm das Leben so schwer wie möglich hatten machen sollen, wie ich bei meinem letzten Besuch im November 2018 festgestellt hatte.

Zwei Monate zuvor hatte das lateinamerikanische Land laut der *Financial Times*[1] vom Internationalen Währungsfonds ein Darle-

---

1 John Paul Rathbone / Colby Smith: IMF agrees to $4.2bn fund for Ecuador, in: Financial Times, 21. Februar 2019.

hen in Höhe von 4,2 Milliarden Dollar erhalten. Viele hatten dies mit Morenos Entscheidung, Assange auszustoßen, in Verbindung gebracht, obwohl Ecuadors Präsident das Land bereits seit einiger Zeit auf die Vereinigten Staaten ausgerichtet hatte, indem er sich von Correa distanzierte und militärische sowie sicherheitspolitische Abkommen unterzeichnete. Nach einem Besuch von US-Vizepräsident Mike Pence in Ecuador im Juni 2018 verdichteten sich die Gerüchte über die bevorstehende Ausweisung Assanges immer mehr.[2]

Angesichts des drohenden Banns hatte Assanges Anwaltsteam unter der Leitung von Baltasar Garzón alles getan, um ihn zu schützen, und sich an den Interamerikanischen Gerichtshof für Menschenrechte (IAGMR) gewandt.[3] Dieser hatte Ecuador darauf hingewiesen, dass das lateinamerikanische Land verpflichtet ist, sich an das Non-Refoulement-Prinzip zu halten, also an den völkerrechtlich verankerten Grundsatz der Nichtzurückweisung; damit dürften sie ihn weder direkt noch indirekt an die USA überstellen, wo ihm Folter oder unmenschliche und erniedrigende Behandlung drohte. Dennoch ließ Ecuador ihn von den britischen Behörden festnehmen.

Zur genau gleichen Zeit, als Scotland Yard Assange in die Finger bekam, verhaftete die ecuadorianische Polizei den schwedischen Netzaktivisten Ola Bini, einen bekannten Softwareentwickler mit Schwerpunkt Datenschutz und Kryptografie. Bini lebte schon seit einiger Zeit in Quito. Ich habe ihn nie kennengelernt, aber seinen Anwälten zufolge war er ein persönlicher Freund von Julian Assange, auch wenn er nicht WikiLeaks angehörte.[4] Sein Name stand auf der Liste der Personen, über die UC Global Informationen haben wollte. Morenos Regierung beschuldigte ihn öffentlich, sich an »Versuchen

---

2 US-Vertretung in Ecuador: Fact sheet on cooperation between the United States and Ecuador, ec.usembassy.gov, 28. Juni 2018.

3 Jennifer Robinson: Sidney Conference for International Law (SCIL), 26. Februar 2021. Vgl. das Gutachten OC-25/18 des Interamerikanischen Gerichtshofs für Menschenrechte vom 30. Mai 2018, refworld.org.

4 Reuters (red. Bericht): Ecuadorean judge orders Swedish citizen close to Assange jailed pending trial, reuters.com, 13. April 2019.

zu beteiligen, die Regierung zu destabilisieren«. Amnesty International erklärte öffentlich, dass »die Arbeit von Menschen wie Ola Bini, die das Recht auf Privatsphäre in digitalen Medien verteidigen, für den Schutz der Menschenrechte auf der ganzen Welt von großer Bedeutung ist«.[5]

Am Tag seiner Verhaftung, als sie ihn hochnahmen und nach draußen verschleppten, hielt Assange trotz seiner Handschellen ein Buch in den Händen. Und es war nicht irgendein Buch.

Der Staat im Staat

Es trug den Titel »History of the National Security State« und basierte auf einer Reihe von Interviews, die der unabhängige US-amerikanische Journalist Paul Jay mit Gore Vidal geführt hatte.[6] Es war eines der Bücher, die ich Assange im Laufe der Jahre gegeben hatte,[7] um seinen Geist während seiner Isolation in der Botschaft wachzuhalten.

Das Buch »History of the National Security State« ist ein kleines Juwel. Darin schildert Vidal kurz und bündig, wie die Vereinigten Staaten nach dem Ende des Zweiten Weltkriegs ihre Kriegsmaschinerie nicht abbauten, sondern ihren Militärisch-Industriellen Komplex dramatisch ausweiteten. Sie taten dies, indem sie die Angst vor einem Feind ausnutzten, der als allmächtige, existenzielle Bedrohung dargestellt wurde – der Sowjetunion –, und jenen Nationalen Sicherheitsstaat errichteten, der nach dem 11. September 2001 zu einem Leviathan wurde. Ein Staat im Staate mit eigenen Behörden, von der CIA über die NSA bis zum Pentagon, Einrichtungen, die praktisch niemandem Rechenschaft schuldig und durch Geheimhaltung abge-

---

5 Amnesty International: Ecuador. Authorities must monitor trial against digital defender Ola Bini, amnesty.org, 3. März 2020.
6 Paul Jay / Gore Vidal: History of the National Security State, Toronto 2014.
7 Stefania Maurizi: I've known Julian Assange for 10 years. His confinement and arrest are a scandal, in: Newsweek, 30. April 2019.

schirmt sind, mit einem grotesken Budget für Waffen und endlose Kriege ausgestattet.

Um zu verstehen, warum Assange am Tag seiner Verhaftung ausgerechnet dieses Buch ausgewählt hatte, befragte die *Washington Post* dessen Autor Paul Jay.[8] Jay kannte den WikiLeaks-Gründer nicht, sodass er nicht genau wissen konnte, warum Assange eben jenes Buch hochhielt; den Kern seiner Gespräche mit Gore Vidal beschrieb er indes wie folgt: »Die Quintessenz des Bandes ist, dass diese Art von Sicherheitsstaat nicht im Interesse des amerikanischen Volkes liegt – und auch nicht im Interesse anderer Menschen andernorts.« Und: »Ich denke, der wesentliche Punkt von Vidal ist, dass das US-Imperium nicht im Sinne des amerikanischen Volkes ist. Der Bevölkerung in den USA wird es so verkauft, als wäre dies ›good for all Americans‹, da ja alle im selben Boot säßen; doch das Gegenteil ist der Fall. Es ist gut für eine Elite, vor allem für Rüstungsunternehmen und die Industrie für fossile Brennstoffe und andere, die aus dieser Außenpolitik Kapital schlagen. Aber es sind junge arbeitende Menschen, Männer und Frauen, die dafür sterben, und sie ziehen in Kriege und sterben in einem dieser Auslandseinsätze.«

Ich habe keine Ahnung, ob Julian Assange Vidals Buch bei sich trug, um diese Botschaft an die Welt zu senden; aber unter den vielen Feinden von WikiLeaks war der Nationale Sicherheitsstaat der USA gewiss jener Hüne, der entschlossen war, Assange und die WikiLeaks-Journalisten schon in der Frühphase ihres Wirkens zu zerschlagen. Ich hatte ihm dieses Buch gegeben, weil ich dachte, er fände es interessant, die entsprechenden Hintergründe mithilfe der Gelehrsamkeit und die analytischen Fähigkeiten eines Intellektuellen wie Gore Vidal zu betrachten.

Neben dem Buch hatte ich ihm auch einige Zitronen von der italienischen Amalfiküste mitgebracht, wo der US-amerikanische Autor so gerne lebte, am blauen Meer von Ravello und inmitten der Zi-

---

8 Stephanie Merry: Julian Assange carried a book during his arrest. He may have been sending a message, in: The Washington Post, 11. April 2019.

trusgärten. Auf meinem Flug von Rom nach London hatte ich diese Zitronen mit großer Sorgfalt behütet. »Nicht, weil ich Angst hatte, jemand würde sie vergiften«, sagte ich zu Assange, »aber man muss aufpassen mit Lebensmitteln, die man in die Botschaft mitnimmt.« Selbst nur eine leichte Lebensmittelvergiftung hätte für ihn katastrophale Folgen haben können, da er nicht ins Krankenhaus gehen konnte, ohne verhaftet zu werden. Als ich später erfuhr, dass der US-Geheimdienst, laut den Aussagen geschützter Zeugen, mit dem Kopf von UC Global die Möglichkeit einer Vergiftung durchgespielt hatte, erinnerte ich mich daran, wie wir über vergiftete Zitronen gescherzt hatten.

Wir wissen nicht, wie die CIA, die NSA und das Pentagon, das Herzstück des nationalen Sicherheitsstaates der USA, die Verhaftung von Julian Assange feierten. Was wir hingegen wissen: Die damalige britische Premierministerin Theresa May begrüßte die Verhaftung mit den Worten, sie zeige, dass »niemand über dem Gesetz steht.«[9] Gewiss, niemand außer den Verantwortlichen für die Staatskriminalität, die für jene Schrecken einzustehen haben, die durch die WikiLeaks-Veröffentlichungen aufgedeckt wurden.

Einige Bruchstücke an Information, die die Freude des britischen Establishments über die Sache offenbaren, finden sich auch in den Tagebüchern von Sir Alan Duncan, Boris Johnsons ehemaligem Stellvertreter im Außenministerium, der offenbar eine Schlüsselrolle bei der »Operation Pelican«, der Vertreibung von Julian Assange aus der ecuadorianischen Botschaft, spielte.[10]

Duncan, der 2018 den WikiLeaks-Gründer als »miserable little worm«, als »kümmerlichen kleinen Wurm«,[11] bezeichnete, schrieb, dass dessen Verhaftung »viele Monate geduldiger diplomatischer Verhandlungen in Anspruch genommen hat, und am Ende verlief

---

9 Reuters (red. Bericht): UK PM May says Assange arrest shows no one above the law, reuters.com, 11. April 2019.
10 Alan Duncan: In the thick of it. The private diaries of a minister, London 2021.
11 Samuel Osborne: Julian Assange branded »miserable little worm« by UK minister, in: The Independent, 27. März 2018.

es problemlos«.¹² Bereits 2016 hatte er sich mit Guillaume Long getroffen,¹³ dem einstigen Außenminister der Regierung von Rafael Correa, der »die angeblichen Menschenrechte von Julian Assange hochhält«, schrieb Duncan in seinem Tagebuch, ohne seine Abneigung gegen Long zu verbergen. Doch mit dem Ende der Regierung Correa und der Regierungsübernahme von Moreno habe es viele Gelegenheiten für Verhandlungen gegeben. Moreno »strahlt Wohlwollen und Herzlichkeit aus. Er liebt das Vereinigte Königreich, und ich habe ihm einen schönen Porzellanteller aus dem Souvenirladen des Buckingham Palace geschenkt. Aufgabe erledigt«, schrieb Sir Duncan und hielt fest, er habe Moreno drei Monate nach der erfolgreichen Operation in Ecuador getroffen.¹⁴ In seinen Tagebüchern macht Duncan keinen Hehl aus seiner tiefen Befriedigung mit Assanges Verhaftung: »Ich gebe Millionen von Interviews und versuche stets, mir das Schmunzeln zu verkneifen.«¹⁵

So groß war der Respekt des britischen Establishments vor lästigen Journalisten wie jenen von WikiLeaks. Julian Assange wurde gewaltsam aus den vier Wänden der Botschaft entfernt, die ihn sechs Jahre und zehn Monate lang beschützt hatte, und war bald von vier anderen Wänden eingeschlossen: jenen, die im Ruf eines »britisches Guantanamo« stehen.

Fünfzig Wochen

Er wurde in das Hochsicherheitsgefängnis Belmarsh eingewiesen, wo die Regierung Tony Blair nach dem 11. September 2001 erfolglos versucht hatte, mutmaßliche Terroristen auf unbestimmte Zeit zu

---

12 Alan Duncan: Theresa's like a flaking old pit prop everyone knows will collapse … we are in meltdown … ****-A-DOODLE-DOO!, in: Daily Mail, 5. April 2021.
13 Matt Kennard: Revealed. The UK government campaign to force Julian Assange from the Ecuadorian embassy, Declassified UK, 28. April 2021.
14 Ebd.
15 Ebd.

verwahren, so wie es die Vereinigten Staaten in Guantanamo getan hatten. Noch am Tag seiner Verhaftung wurde er dem Richter Michael Snow vom Westminster Magistrates' Court in London vorgeführt, der ihn für schuldig befand, 2012 gegen seine Kautionsauflagen verstoßen zu haben, als er in der ecuadorianischen Botschaft Zuflucht fand und Asyl ersuchte, anstatt sich Scotland Yard zu stellen und sich zur Vernehmung wegen der Vergewaltigungsvorwürfe nach Schweden ausliefern zu lassen.[16]

Im Februar 2018 hatte die Verteidigung von Julian Assange die Aufhebung des 2012 von den britischen Behörden erlassenen Haftbefehls beantragt. Wäre der Antrag erfolgreich gewesen, hätte Assange die Botschaft ohne das Risiko einer Verhaftung verlassen und in Ecuador Asylrecht genießen können. Der Versuch war jedoch gescheitert, als die Richterin Emma Arbuthnot – die Gattin von Lord Arbuthnot – die Berufung abgelehnt hatte.

Als Assanges Rechtsbeistand am Tag der Verhaftung Zweifel an der Unbefangenheit von Arbuthnot äußerte, wies Snow dies höhnisch zurück. Zudem bezeichnete er Assange als »einen Narzissten, der über seine eigenen egoistischen Interessen nicht hinausgehen« könne.

Unklar war: Warum kam einem Journalisten, der fast ein Jahrzehnt lang willkürlich festgehalten wurde, in aller Öffentlichkeit eine derart verächtliche Behandlung zuteil? Doch was an jenem Tag klar wurde: Assange hatte von Anfang an Recht gehabt.

Die USA beantragten umgehend seine Auslieferung, nachdem er wegen Verstoßes gegen seine Kautionsauflagen festgenommen worden war, und beschuldigten ihn der Verschwörung wegen unerlaubten Zugriffs auf Computer, wofür sie im Dezember 2017 einen versiegelten Haftbefehl erlassen hatten – ein mutmaßlicher Verstoß gegen den Computer Fraud and Abuse Act (CFAA) der Vereinig-

---

16 Simon Murphy: Assange branded a »narcissist« by judge who found him guilty, in: The Guardian, 11. April 2019.

ten Staaten. Bei Auslieferung und Schuldspruch drohte ihm allein in dieser Sache eine Höchststrafe von fünf Jahren Gefängnis. Nach seiner Verhaftung durch Scotland Yard wurde er über die Anklageschrift informiert,[17] die vom Eastern District of Virginia erhoben worden war, dem Gericht in genau jenem Bundesstaat, in dem die CIA und das Pentagon ihren Hauptsitz haben und das für einige der schillerndsten Fälle von Terrorismus und nationaler Sicherheit zuständig ist.

Unterdessen handelte die britische Justiz schnell. Am 1. Mai 2019 verurteilte die Richterin Deborah Taylor den WikiLeaks-Gründer zu 50 Wochen Haft wegen Verstoßes gegen seine Kautionsauflagen im Jahr 2012.[18] Taylor berücksichtigte weder die Entscheidung der UNWGAD, der UN-Arbeitsgruppe gegen willkürliche Inhaftierungen, noch die Tatsache, dass sich Assanges Bedenken hinsichtlich einer Auslieferung an die USA als begründet erwiesen hatten. Sie wies ihn auch darauf hin, dass sein weiterer Aufenthalt in der Botschaft »den Steuerzahler 16 Millionen Pfund gekostet hätten«. Zweierlei war indes nicht weiter von Bedeutung: Die britischen Behörden hatten mit dem Crown Prosecution Service – wie durch meine FOIA-Klagen erhaltene Dokumente zeigen – dazu beigetragen, dass der Fall überhaupt erst ins Stocken geraten war; und sie hatten den schwedischen Amtskollegen gegenüber erklärt, dass sie »die Kosten in dieser Angelegenheit nicht als relevanten Faktor betrachten«.[19]

Die Strafe von 50 Wochen lag nahe am Höchstmaß für dieses Vergehen, das 52 Wochen betrug. Die UN-Arbeitsgruppe erklärte öffentlich, dass es sich um eine »unverhältnismäßige Strafe« handelte, und forderte Großbritannien erneut auf, ihn freizulassen: »Die Arbeitsgruppe bedauert, dass die Regierung nicht im Einklang mit

---

17 Die Anklageschrift ist auf der Website des US-Justizministeriums zugänglich: justice.gov, 6. März 2018.
18 Vgl. Urteilsbegründung von HHJ Deborah Taylor, 1. Mai 2019, judiciary.uk.
19 E-Mail des Crown Prosecution Service an Marianne Ny, 10. Dezember 2013, 16:29 Uhr. Im Rahmen meiner Klage gegen den Crown Prosecution Service erhielt ich eine Kopie dieses Schreibens (vgl. Zitat daraus in Kapitel 11).

deren eigener Stellungnahme handelte und nun die willkürliche Freiheitsberaubung von Herrn Assange fortsetzt.«[20] London überging die Arbeitsgruppe, wie schon seit Dezember 2015.

Nach der US-amerikanischen und der britischen wurde nun auch die schwedische Justiz aktiv. Etwas mehr als einen Monat nach Assanges Verhaftung nahm die schwedische Staatsanwaltschaft am 13. Mai 2019 auf Antrag von Elisabeth Massi Fritz, der Anwältin des mutmaßlichen Opfers Sofia W., das Vergewaltigungsverfahren zum dritten Mal wieder auf.

Doch die Wiederaufnahme der schwedischen Ermittlungen verblasst im Vergleich zu dem, was Julian Assange und Chelsea Manning unmittelbar danach widerfuhr.

Das Gesetz als Schwert

Am 16. Mai 2019, etwa zwei Wochen nach der Verurteilung von Assange zu 50 Wochen Gefängnis, wurde Chelsea Manning erneut weggeschlossen, weil sie sich geweigert hatte, als Zeugin vor der Grand Jury in Alexandria auszusagen, dem Gericht des Eastern District of Virginia, wo die US-Ermittlungen gegen Assange und WikiLeaks fast zehn Jahre zuvor eingeleitet worden waren. Sie war bereits im März aus demselben Grund für zwei Monate hinter Gitter gebracht worden. Diesmal drohte ihr eine lange Haftstrafe. Manning, die im Mai 2017 nach sieben Jahren in einem Militärgefängnis und zwei Selbstmordversuchen entlassen worden war, saß nun erneut für einen Akt des zivilen Ungehorsams ein.

Grand Jurys sind als Institution so umstritten, dass ihre Abschaffung schon lange breit befürwortet wird.[21] Sie haben eine lange

---

20 UN: United Kingdom. Working Group on Arbitrary Detention expresses concern about Assange proceedings, ohchr.org, 3. Mai 2019.

21 Mary Turck: It is time to abolish the grand jury system, Al Jazeera, 11. Januar 2016; LaDoris Hazzard Cordell: Grand juries should be abolished, in: Slate, 9. Dezember 2014.

Geschichte der Verfolgung politischer Aktivistinnen und Aktivisten sowie der systematischen Begnadigung von Polizisten, die für gewaltsame Todesfälle verantwortlich sind, einschließlich dem des schwarzen US-Bürgers Eric Garner, dessen Ermordung große Proteste im Zusammenhang mit der ›Black Lives Matter‹-Bewegung auslöste.[22]

Sie arbeiten abseits der Öffentlichkeit: Gebildet werden sie von einem Staatsanwalt, der den Geschworenen Beweismittel vorlegt, Dokumente beantragt, Zeugenvorladungen ausstellt, die Zeugen befragt und diesen Schutz vor strafrechtlichen Folgen ihrer Aussage bietet. Am Ende dieses Prozesses müssen die Geschworenen entscheiden, ob es genügend Beweise gibt, um die Person anzuklagen, gegen die ermittelt wird. Die Aufgabe der Grand Jury besteht also nicht darin, Schuld oder Unschuld festzustellen, sondern zu entscheiden, ob der Verdächtige angeklagt werden soll oder nicht, das heißt ob hinreichend Beweise zur Verfügung stehen, um ihn vor Gericht zu stellen. All dies geschieht ohne Austausch zwischen Anklage und Verteidigung, da die Grand Jury weder in Anwesenheit eines Richters noch der Anwälte oder Zeugen des Verdächtigen tagt.

Was hinter den verschlossenen Türen einer Grand Jury geschieht, bleibt rätselhaft. Es ist der Staatsanwalt, der entscheidet, welche Beweise er den Geschworenen vorlegt, die als »ordinary people«, als einfache Leute, nicht unbedingt über juristisches Fachwissen verfügen: Sie müssen ihre Entscheidung auf das stützen, was der Staatsanwalt sie wissen lässt. Bei der Auswahl, welche Beweise vorgelegt und welche weggelassen werden, welche Zeugen zu befragen sind und welche nicht, verfügt der Staatsanwalt über einen großen Ermessensspielraum – also dabei, was einen Verdächtigen belasten oder entlasten kann. Kurz: Der Staatsanwalt ist derjenige, der »das

---

22 Harry Bruinius: Eric Garner case 101. Why grand juries rarely indict police officers, in: Christian Science Monitor, 9. Dezember 2014; Katie Benner: Eric Garner's death will not lead to federal charges for N. Y. P. D. officer, in: New York Times, 16. Juli 2019.

Orchester führt«. Oder mit einem geflügelten Wort aus Rechtskreisen: »Ein Staatsanwalt könnte eine Grand Jury dazu bringen, ein Sandwich anzuklagen, wenn er wollte«.

Gerade weil die Grand Jury im Geheimen arbeitet, wissen wir nicht, welches Ziel mit der Vorladung von Chelsea Manning verfolgt wurde. So oder so: Manning zeigte sich einmal mehr nicht willens, ihre Prinzipien aufzugeben. Sie weigerte sich auszusagen, obwohl ihr im Gegenzug Immunität angeboten wurde. Wegen Missachtung des Gerichts schickte Richter Anthony Trenga sie daraufhin nicht nur ins Gefängnis, sondern ordnete auch eine Geldstrafe an: nach den ersten 30 Tagen Haft 500 Dollar für jeden Tag, an dem sie weiterhin die Aussage verweigerte, und eine Verdoppelung auf 1.000 Dollar pro Tag nach zwei Monaten.

In einem Schreiben an Richter Trenga gab Manning zweierlei Gründe für ihre Aussageverweigerung an: zum einen den geheimen Charakter des Procederes; zum anderen sei dieses Vorgehen in der Vergangenheit zu politischen Zwecken ausgenutzt worden: etwa um Aktivistinnen und Aktivisten sowie sozial schwächere Gruppen zu verfolgen, während zugleich Polizisten straffrei geblieben seien: »Die Geheimhaltung von Verfahren der Grand Jury schürt Paranoia und Angst und steht im Widerspruch zu unseren Idealen der öffentlichen Gerichtsbarkeit.« Und sie schloss ihr Schreiben mit folgenden Worten: »Alle von uns müssen die Welt, in der wir leben wollen, dort gestalten, wo wir stehen. Ich glaube an ein ordnungsgemäßes Verfahren, an die Pressefreiheit und an ein transparentes Gerichtssystem. Ich erhebe Widerspruch dagegen, dass Geschworenengerichte als Instrumente benutzt werden, um schutzbedürftige Bevölkerungsgruppen gegeneinander auszuspielen. Ich protestiere insbesondere gegen diese Grand Jury als Versuch, Journalisten und Verlage, die einem wichtigen öffentlichen Gut dienen, einzuschüchtern. Ich vertrete diese Werte seit meiner Kindheit, und ich hatte Jahre der Haft, um über sie nachzudenken. Einen Großteil dieser Zeit war ich auf meine Werte, meine Entschlüsse und auf meine Überzeugungen angewiesen, um zu überleben. Jetzt ist nicht der Moment gekommen, sie aufzugeben.«[23] Trotz ihrer Inhaftierung und der hohen Geldstrafen gab Chelsea Manning nicht klein bei, und einmal mehr bezahlte sie den Preis dafür.

Nachdem die Quelle zurück ins Gefängnis geschickt wurde, sollte die US-Justiz hart gegen den WikiLeaks-Gründer vorgehen.

23 Brief von Chelsea Manning an Richter Anthony Trenga, s3.documentcloud. org, 28. Mai 2019.

18.
175 Jahre für das Verbrechen des Journalismus?

Erstmals in der Geschichte der USA

Sie hatten ihm vorgeworfen, paranoid zu sein, ein Narzisst zu sein, der sich internationaler Intrigen ausgesetzt wähnte und die Angst vor einer Auslieferung an die USA als Vorwand nutzte, um der schwedischen Justiz zu entkommen. Und nun war alles eingetreten, was er gleichermaßen befürchtet und kommen gesehen hatte.

Am 23. Mai 2019 erhob eben jene Grand Jury, vor der Manning die Aussage verweigert hatte, Anklage gegen Julian Assange wegen krimineller Verschwörung mit dem Ziel, geheime US-Regierungsdokumente zu erhalten: die ›Rules of Engagement‹ für US-Soldaten im Irak, die in Verbindung mit dem ›Collateral Murder‹-Video veröffentlicht wurden, sowie die diplomatischen Depeschen und die Unterlagen zu den Guantanamo-Gefangenen.[1]

Neben der Beschuldigung wegen seiner Rolle bei der Datenbeschaffung, klagten ihn die US-Behörden wegen der Veröffentlichung der diplomatischen ›cables‹ und der Dokumente über die Kriege in Afghanistan und im Irak an; sie warfen ihm vor, die darin angeführten Quellen gefährdet zu haben.

Er wurde in 17 Fällen wegen angeblicher Verstöße gegen das Spionagegesetz angeklagt, was zu dem Vorwurf hinzukam, Chelsea Manning, beim Knacken eines Passwort-Hashes geholfen zu haben.

---

1 Die ergänzende Anklageschrift vom 23. Mai 2019 ist auf der Website des US-Justizministeriums zugänglich: www.justice.gov (im Verzeichnis der Onlinequellen: 23.5.2019a).

Bei einer Auslieferung an die USA drohten Assange bei einer Verurteilung 175 Jahre Gefängnis. Die Nachricht kam, als er sich wegen dramatischen Gewichtsverlusts und schwerer Depressionen im Krankentrakt des Belmarsh-Gefängnisses befand.

Die Regierung wollte ihn lebenslang wegsperren – wegen Beschaffung und Veröffentlichung von Dokumenten, die Kriegsverbrechen, Folter und furchtbare Misshandlungen ans Tageslicht gebracht hatten. Es war das erste Mal in den 102 Jahren seit Inkrafttreten dieses drakonischen Gesetzes, dass ein Journalist auf der Grundlage des Espionage Act vor Gericht gestellt wurde.

Während die Regierung Obama von 2010 bis 2016 gegen Assange und WikiLeaks ermittelte, aber letztlich keine Anklage erhoben hatte, überschritt die Trump-Administration nun den Rubikon.

Die US-Behörden warfen Assange vor, die Dokumente nicht bloß passiv erhalten, sondern sie aktiv angefragt zu haben. Laut Anklage handelte Chelsea Manning nicht gänzlich aus eigener Initiative, sondern in Reaktion auf eine Wunschliste, die Ende 2009 auf der Website von WikiLeaks unter dem Titel »The Most Wanted Leaks of 2009« erschienen war. Die gewünschten Dokumente beinhalteten geheimgehaltene Informationen, auf die Journalistinnen und Journalisten, ja: Redaktionen weltweit, erpicht waren: die Einsatzregeln im Irak und in Afghanistan, die Lageranweisungen von Guantanamo, die CIA-Videos von Verhören, die später von der Behörde vernichtet wurden. Doch die Staatsanwaltschaft interpretierte die Liste als Aufforderung zum Diebstahl geheimer Dokumente und damit als kriminelle Verschwörung.

Sogar die Kommentare in den Chats zwischen Manning und der Person, die die US-Behörden für Julian Assange hielten, wurden als Beweis für die Ermutigung zum Diebstahl von Dokumenten dargestellt. Kommentare wie »neugierige Augen werden nie trocken« wurden als Aufforderung gewertet, weiterhin klassifizierte Dokumente an Land zu ziehen. Selbst äußerst gewöhnliche journalistische Quellenschutztechniken wie die Verwendung eines verschlüsselten Jabber-Chats oder »Maßnahmen zur Verschleierung von Manning als Quelle von an WikiLeaks weitergegebenen geheimen Verschlusssachen, einschließlich der Entfernung von Benutzernamen aus den weitergegebenen Informationen« wurden als Teil der kriminellen Verschwörung dargestellt.

Die US-Anwälte Michael Ratner und Leonard Weinglass hatten all das schon im Oktober 2010 kommen sehen, als sie nach London flogen, um Assange mitzuteilen, dass die US-Behörden ihn wegen der Veröffentlichung dieser geheimen Dokumente unter dem Espionage Act anklagen und versuchen würden, den Kontakt zwischen WikiLeaks und Chelsea Manning als kriminelle Verschwörung auszugeben und letztere nicht etwa als eine Quelle, die Material an einen Journalisten weitergab. Neun Jahre später trat genau das ein.

Noch am selben Tag, an dem die US-Behörden diese Anschuldigungen gegen Julian Assange kundtaten, gab Chelsea Manning eine Erklärung ab.[2] Sie wiederholte zunächst, sie habe bereits alles, was zu den Dokumenten zu sagen sei, im Rahmen ihres Kriegsgerichtsverfahrens 2013 geäußert, weshalb sie vor der Grand Jury keine Aussagen mache. Zudem betonte sie, »weiterhin die volle und alleinige Verantwortung für die Enthüllungen aus dem Jahr 2010 zu übernehmen«, und bestritt damit, dies auf Anweisung von Assange oder WikiLeaks getan zu haben. »Diese Regierung«, schloss sie, »bezeichnet die Medien als oppositionelle Partei und als Feind des Volkes. Heute benutzt sie das Gesetz als Schwert und zeigt ihre Bereitschaft, die gesamte Macht des Staates gegen eben jene Einrichtungen einzusetzen, die uns vor derlei Exzessen schützen sollen.«

Seit 2010 wurde das Schwert des Gesetzes mit aller Härte gegen Manning, Assange und WikiLeaks gerichtet. Dieser Einsatz des Gesetzes als Waffe wird auch »Lawfare« genannt – ein Kunstwort aus »law« (Gesetz) und »warfare« (Kriegsführung). Und der »›Lawfare‹-War« war noch lange nicht vorbei.

---

2   Die Erklärung von Chelsea Manning ist auf der Website von ›The Sparrow Project‹ zugänglich: sparrowmedia.net.

Die ganze Macht des Staates

175 Jahre Gefängnis für Erhalt und Veröffentlichung von Dokumenten der US-Regierung, die Kriegsverbrechen und Folter aufdecken – zur Verfügung gestellt von Manning? Genau dieselben Dokumente hatte ich in meiner Zeitung veröffentlicht, und seit 2010 habe ich sie immer wieder zurate gezogen und Informationen daraus öffentlich gemacht, wenn sie für meine Recherchen relevant waren. Dennoch wurde ich nie verhört, verhaftet oder ins Gefängnis verbracht. Auch unter den anderen Journalistinnen und Journalisten, die in Medienpartnerschaft an diesen geheimen Dokumenten arbeiteten – von New York bis Neuseeland, von London bis Argentinien –, hatte niemand mit Konsequenzen zu rechnen. Doch die ganze Macht des Staates war auf die Quelle dieser Enthüllungen, Chelsea Manning, sowie auf Julian Assange und die WikiLeaks-Journalisten, die die Informationen der Öffentlichkeit zur Verfügung stellten, niedergegangen.

Manning hatte die längste Strafe erhalten, die jemals von der US-Justiz gegen einen US-Bürger verhängt wurde,[3] weil sie klassifizierte Dokumente an die Presse weitergegeben hatte: 35 Jahre. Sieben davon hatte sie in einem Militärgefängnis verbracht, die ersten elf Monate unter gnadenlosen, menschenunwürdigen und erniedrigenden Bedingungen, sie hatte zweimal versucht, sich das Leben zu nehmen, und war nun wieder im Gefängnis. Assange hatte am 7. Dezember 2010 seine Freiheit verloren: Seitdem ging es vom Wandsworth-Gefängnis in den Hausarrest und von der ecuadorianischen Botschaft ins Hochsicherheitsgefängnis Belmarsh. Seine körperliche und mentale Gesundheit war schwer angegriffen. Unterdessen befanden sich die Journalistinnen und Journalisten der Organisation unter ständiger Beobachtung. Die US-Behörden hatten die Google-Mails von mindestens drei von ihnen sichergestellt: von Kristinn Hrafnsson,

---

3 Charlie Savage: Chelsea Manning ordered back to jail for refusal to testify in WikiLeaks inquiry, in: New York Times, 16. Mai 2019; Charlie Savage: Chelsea Manning to be released early as Obama commutes sentence, in: New York Times, 17. Januar 2017.

Sarah Harrison und Joseph Farrell. Und doch hatten WikiLeaks und ihr Gründer einige der renommiertesten Journalismuspreise gewonnen: vom ›Economist New Media Award‹ bis zum ›Amnesty International New Media Award‹,[4] vom ›Walkley Award for Outstanding Contribution to Journalism‹ bis zum ›Martha Gellhorn Prize‹[5] und dem nationalen ›Piero Passetti‹-Journalismuspreis[6]; weitere Auszeichnungen sollten folgen, bis hin zum 2022 verliehenen Günter-Wallraff-Preis für Journalismuskritik.[7]

Am selben Tag, an dem die Anklage gegen Assange wegen Verstoßes gegen das Spionagegesetz bekanntgegeben wurde, erklärte das US-Justizministerium: »Das Ministerium nimmt die Rolle der Journalisten in unserer Demokratie ernst und wir danken Ihnen für Ihre Arbeit. Es gehörte nie zur politischen Linie des Ministeriums, sie wegen ihrer Berichterstattung ins Visier zu nehmen. Julian Assange ist kein Journalist.«[8]

Aus offenkundigen Gründen ist es nicht Sache derer, die an der Macht sind, zu entscheiden, wer Journalist ist und wer nicht. Die Aufgabe des Journalismus ist es, eben jene zu kontrollieren, die an der Macht sind. Wenn die Herrschenden darüber entscheiden, wer zu Recht als »Journalist« zu bezeichnen ist, so schwindet die Hoffnung auf unabhängige Kontrolle. Die Erklärung des Justizministeriums war ein Weckruf selbst für jene Medien, die WikiLeaks seit fast einem Jahrzehnt verleumdet hatten. Diesmal erkannten sie den Präzedenzfall, den die Regierung Trump mit der Bedrohung geschaffen hatte.

---

4   Amnesty International Media Awards 2009: Full list of winners, in: The Guardian, 3. Januar 2009.

5   Jason Deans: Julian Assange wins Martha Gellhorn journalism prize, in: The Guardian, 2. Juni 2011.

6   Roberto Borghi: Giornalisti: Premio Cronista, anche New Media e WikiLeaks, PrimaOnline, primaonline.it, 21. März 2011.

7   Zeit Online (red. Beitrag): Wikileaks-Gründer Assange erhält Günter-Wallraff-Preis, www.zeit.de, 18. Mai 2022.

8   U.S. Department of Justice: Remark from the briefing announcing the superseding indictment of Julian Assange, 23. Mai 2019, justice.gov (im Verzeichnis der Onlinequellen: 23.5.2019b).

Die weltweit einflussreichste Zeitung, die New York Times, brachte einen Artikel, um auf die Risiken für die Pressefreiheit hinzuweisen: »Obwohl er kein herkömmlicher Journalist ist, lässt sich vieles von dem, was Herr Assange bei WikiLeaks tut, rechtlich nur schwer von dem unterscheiden, was traditionelle Medien wie die Times tun: Auch solche Informationen einholen und veröffentlichen, die von offizieller Seite geheimgehalten werden sollen, einschließlich Verschlusssachen im Rahmen der nationalen Sicherheit, und Maßnahmen ergreifen, um die Vertraulichkeit von Quellen zu schützen.«[9]

Auch die einflussreiche American Civil Liberties Union (ACLU) schlug Alarm. »Zum ersten Mal in der Geschichte unseres Landes hat die Regierung Strafanzeige gegen einen Herausgeber bzw. Verleger wegen der Veröffentlichung wahrheitsgemäßer Informationen gestellt. Das ist eine außergewöhnliche Eskalation der Angriffe der Trump-Administration auf den Journalismus und ein direkter Angriff auf den ersten Verfassungszusatz«, so Ben Wizner, bei ACLU Leiter des ›Speech, Privacy and Technology Project‹.[10]

Wizner fuhr fort: »Damit wird ein bedrohliches Exempel statuiert, mit dem sich all jene Medien ins Visier nehmen lassen, die die Regierung zur Rechenschaft ziehen, indem sie deren geheimes Material veröffentlichen.« Und er schloss: »Für US-Journalisten ist dies nicht weniger gefährlich, als Vertraulichkeiten anderer Länder aufzudecken. Wenn die USA einen ausländischen Verleger wegen Geheimnisverrats strafrechtlich verfolgen können, hindert China oder Russland nichts daran, das Gleiche zu tun.«

Wenn sich die US-Behörden anmaßen, hob Wizner hervor, ihre Zuständigkeit für einen australischen Journalisten, Julian Assange, geltend zu machen und ihn wegen Verletzung eines US-Gesetzes anklagen, so würden sie die Büchse der Pandora öffnen: Russland, Chi-

---

9 Charlie Savage: Assange indicted under Espionage Act, raising First Amendments issues, in: New York Times, 23. Mai 2019.
10 ACLU: ACLU comment on Julian Assange indictment, aclu.org, 23. Mai 2019.

na und Saudi-Arabien könnten versuchen, genauso zu handeln und ausländische Journalisten wegen möglichen Geheimnisverrats strafrechtlich verfolgen, was einen Dominoeffekt zulasten der Pressefreiheit hätte.

Obwohl die US-Behörden in der Vergangenheit in einigen Fällen die strafrechtliche Verfolgung von Verlegern und Journalisten wegen Veröffentlichung von Geheimnissen erwogen hatten, wurde darauf letztlich immer verzichtet. So oder so: Alle bekannten Fälle, in denen dies zumindest versucht wurde, betrafen US-amerikanische Verleger und Journalisten, die den US-Gesetzen unterlagen.[11] Einen Journalisten ohne US-amerikanische Staatsangehörigkeit auf der Grundlage des Spionagegesetzes anzuklagen, war in der gesamten US-Geschichte ohne Beispiel. Und der Unterschied zwischen der Art und Weise, wie dieses Gesetz auf Whistleblower und Verleger einerseits und auf Regierungsbeamte und die Welt aus Regierungspolitik und Spionage andererseits angewandt wurde, war ziemlich bemerkenswert. Oder wie mir Julian Assange in einem Interview sagte, bevor er angeklagt wurde: »Es wird nicht einmal mehr so getan, als gäbe es Gleichheit vor dem Gesetz.«[12]

Das Spionagegesetz für Whistleblower: Knast, Brutalität, Pleite

Der im Jahr 1917, wenige Wochen nach dem Eintritt der USA in den Ersten Weltkrieg, eingeführte Espionage Act wurde sofort zu einem Instrument, um politischen Widerspruch, soweit er als Be-

---

11 »Report of Carey Shenkman regarding US Espionage Act of 1917 and Computer and Fraud Act«, dem Westminster Magistrates' Court in der Auslieferungsanhörung vorgelegt, September 2020. Der Bericht ist als Zusammenfassung zugänglich unter: judiciary.uk (USA ./. Assange); Jameel Jaffer: The Espionage Act and the growing threat to press freedom, in: The New Yorker, 25. Juni 2019.

12 Stefania Maurizi: Julian Assange: »I still enjoy crushing bastards«, in: L'Espresso, 2. April 2015.

drohung der Kriegsanstrengungen angesehen wurde, niederzuhalten. Das Spionagegesetz wurde gegen rund 2.000 US-Bürgerinnen und -Bürger angewandt – wegen politischer Reden wider die Teilnahme der USA am Ersten Weltkrieg.[13]

Es ist insofern ein knallhartes Gesetz, als es keinen Unterschied macht zwischen Spionen, die in einem Akt der Kollaboration geheime Dokumente weitergeben, um ihrem Land zu schaden, und Whistleblowern und Journalisten, die Dokumente enthüllen, um Gräueltaten, Kriegsverbrechen, Folter und außergerichtliche Tötungen aufzudecken. Es stellt sie alle auf die gleiche Stufe. Es sieht auch keine Verteidigung des öffentlichen Interesses vor. Einer Journalistin oder einem Whistleblower gibt das Gesetz keine Möglichkeit zu sagen: »Ja, ich habe gegen das Gesetz verstoßen, aber ich habe es getan, um äußerst beunruhigende Tatsachen ans Licht zu bringen, die die Öffentlichkeit in einer Demokratie wissen sollte.« Ohne die Möglichkeit, sich auf das öffentliche Interesse zu berufen, haben sie keinen weiteren Schutz, um sich zu verteidigen.

Einer der berüchtigtsten Versuche, gegen Quellen und Whistleblower nach dem Espionage Act vorzugehen, war die Anklage gegen Daniel Ellsberg wegen der Enthüllung der ›Pentagon Papers‹. Das brach jedoch in sich zusammen, als grobes staatliches Fehlverhalten zum Vorschein kam: die illegale Telefonüberwachung; die »Plumbers« von Präsident Richard Nixon, die erwähnten »Klempner« also, die – um Ellsbergs Schweigen zu erpressen – in das Büro von dessen Psychiater schlichen, um an Informationen zu gelangen; CIA-Posten, die den Befehl erhielten, Ellsberg »völlig außer Gefecht zu setzen« – »incapacitate Ellsberg, totally« –, was in der Sprache der verdeckten Operationen bedeutete, ihn zu töten.[14] All diese Fälle von Machtmissbrauch veranlassten den Richter, das Verfahren einzustellen.

---

13 Report of Carey Shenkman regarding US Espionage Act of 1917 and Computer and Fraud Act.

14 Stefania Maurizi: Daniel Ellsberg: »It is outrageous that Biden has continued to pursue Julian Assange's prosecution«, in: il Fatto Quotidiano, 22. März 2022.

Trotz der wiederholten Versuche, das Gesetz anzuwenden, wurde im gesamten 20. Jahrhundert nur eine einzige journalistische Quelle tatsächlich angeklagt und auf der Grundlage des Spionagegesetzes für schuldig befunden: Samuel Loring Morison, ein US-amerikanischer Geheimdienstanalyst, der der Militärzeitschrift *Jane's Defence Weekly* klassifizierte Dokumente zuspielte.[15] Loring Morison wurde 1985 zu einer zweijährigen Haftstrafe verurteilt und im Jahr 2001 von US-Präsident Bill Clinton rehabilitiert.

Es war Barack Obama, der den unglücklichen Weg einschlug, den Einsatz des Spionagegesetzes gegen Whistleblower und gegen journalistische Quellen zu normalisieren, als wären sie Spione oder Vaterlandsverräter. Nachdem er versprochen hatte, die transparenteste Regierung in der Geschichte zu begründen, wurden unter ihm mehr Whistleblower und Quellen angeklagt als unter allen US-Präsidenten vor ihm zusammen: insgesamt neun. Thomas Drake, Shamai Leibowitz, Stephen Kim, Chelsea Manning, Donald Sachtleben, Jeffrey Sterling, James Hitselberger, John Kiriakou und schließlich Edward Snowden.

Drake, ein Kryptolinguist, der als leitender Angestellter für die NSA arbeitete und noch vor Snowden versuchte, den Missbrauch der Behörde zu vermelden, drohte eine 35-jährige Haftstrafe. Das Gerichtsverfahren wurde letztlich eingestellt, doch sein Leben lag in Trümmern, er war fast pleite und verdingte sich in einem Apple Store.[16]

John Kiriakou, ein ehemaliger CIA-Agent, der nach dem 11. September 2001 an vorderster Front der Terrorismusbekämpfung tätig war, weigerte sich, die unmittelbar nach dem Angriff auf die Twin Towers eingeführten Foltermethoden anzuwenden. Als er 2007 öffentlich über den Einsatz von Waterboarding durch die CIA sprach,

---

15 Jaffer: The Espionage Act and the growing threat to press freedom; Clinton Digital Library: Pardon – Samuel Loring Morison, clinton.presidentiallibraries.us.

16 Stefania Maurizi: Così spiavamo le vite degli altri, in: L'Espresso, 17. Juni 2013; Timothy Bella: NSA whistleblower Thomas Drake: »I've had to create a whole new life«, Al Jazeera, 12. November 2015.

wurde er nach dem Espionage Act angeklagt, 2013 zu 30 Monaten Haft verurteilt, war finanziell ruiniert und konnte fortan keine Arbeit finden, um seine fünf Kinder zu ernähren.

Ich habe ihn 2014 schriftlich interviewt, als er im Loretto-Gefängnis in Pennsylvania inhaftiert war, wo er seine Strafe absaß.[17] In einem handgeschriebenen Brief erzählte er mir, er habe es aus moralischen Gründen abgelehnt, in den Foltertechniken geschult zu werden; er sei »einer von zweien gewesen, die sich weigerten«. Im Gespräch mit mir konnte er die ethischen Beweggründe erläutern, die ihn dazu gebracht hatten, mit der Sache an die Öffentlichkeit zu gehen; doch für die US-Justiz waren seine Motive völlig irrelevant. Das Spionagegesetz stellt einen faktischen Kriegsdienstverweigerer, der aus moralischen Gründen geheime Verschlusssachen an die Medien weitergibt, auf die gleiche Stufe wie einen Spion, der die Informationen an den Feind verkauft.

Und dann war da noch Chelsea Manning, die wie niemand sonst bestraft wurde – auch damit, dass sie zu zwei Selbstmordversuchen getrieben wurde.

Und schließlich Edward Snowden, der gezwungen war, in Russland im Exil zu leben, mit der Aussicht, für den Rest seines Lebens auf der Hut sein zu müssen. Warum kehrte er nicht in die Vereinigten Staaten zurück, wie er es gerne getan hätte, und stellte sich der US-Justiz? Daniel Ellsberg erklärt anschaulich, warum: Snowden wäre es nicht erlaubt, sich selbst zu verteidigen, also aufzuzeigen, dass er im öffentlichen Interesse handelte, als er das von der NSA verantwortete Orwell'sche Überwachungssystem ans Licht brachte; damit hatte er schlicht keine Chance auf einen fairen Prozess.[18] Mit einer Rückkehr in die Vereinigten Staaten würde er sich selbst zu lebenslanger Haft verurteilen, höchstwahrscheinlich in Einzelhaft.

---

17 Stefania Maurizi: La spia in prigione lancia le sue accuse: Obama ha mancato le promesse, in: L'Espresso, 1. August 2014.
18 Daniel Ellsberg: Snowden would not get a fair trial – and Kerry is wrong, in: The Guardian, 30. Mai 2014.

Dabei hatte die von ihm ausgelöste Debatte offengelegt: Die NSA sammelte heimlich Milliarden an telefonischen Metadaten von US-Bürgerinnen und -Bürgern, auch wenn die US-Geheimdienste dies öffentlich bestritten; aber mehr noch: eben jene Metadatensammlung hatte nicht dazu beigetragen, auch nur einen einzigen Terroranschlag zu verhindern.[19] Nur dank Snowdens Whistleblowing beendete der US-Kongress 2015 mit dem ›USA Freedom Act‹ diese willkürliche Datensammlung. Vom ›U.S. Federal Court of Appeals for the 9th Circuit‹ – also dem Berufungsgericht des neunten Gerichtsbezirks[20] – bis hin zum Europäischen Gerichtshof für Menschenrechte[21] haben zahlreiche Urteile festgestellt, dass die Massenüberwachung durch die NSA und deren britisches Pendant, den GCHQ, illegal ist. Ohne die Courage von Edward Snowden wäre es dazu nicht gekommen. Und dennoch befindet er sich weiterhin im russischen Exil.

---

19 Als Journalistinnen und Journalisten dank der Snowden-Dokumente begannen, die NSA-Überwachungsprogramme an die Öffentlichkeit zu bringen, behaupteten die US-Behörden, dass diese Programme, zu denen auch die Sammlung von Telefon-Metadaten gehört, die Verhinderung von 54 Terroranschlägen ermöglicht hätten. Später erklärten sie allerdings, durch die Sammlung von Metadaten habe nur ein einziger Terroranschlag verhindert werden können, nämlich der von Basaaly Moalin, einem in den Vereinigten Staaten lebenden somalischen Staatsbürger, dem vorgeworfen wurde, 10.900 US-Dollar an die Organisation al-Shabaab überwiesen zu haben. Ein Urteil von Richterin Berzon vom ›United States Court of Appeals for the Ninth Circuit‹ stellte jedoch klar, dass die Erhebung von Metadaten hier nicht ausschlaggebend war; damit brach selbst der eine Fall, in dem die Metadatensammlung von den US-Behörden als entscheidend für die Vereitelung terroristischer Handlungen verteidigt wurde, in sich zusammen. Für eine Rekonstruktion des Falls vgl. Mattathias Schwartz: The whole haystack, in: The New Yorker, 26. Januar 2015; Charlie Savage: Disputed NSA phone program is shut down, aide says, in: New York Times, 4. März 2019; Josh Gerstein: Court rules NSA phone snooping illegal – after 7-year delay, in: Politico, 2. September 2020.

20 Urteil des ›United States Court of Appeals for the Ninth Circuit‹: cdn.ca9.uscourts.gov.

21 Das Urteil des Europäischen Gerichtshofs für Menschenrechte vom 25. Mai 2021 ist zugänglich unter: hudoc.echr.coe.int.

Derart ging man mit Journalistinnen und Journalisten, mit Quellen und Whistleblowern um, die geheimgehaltene Dokumente veröffentlichten, um über Staatsverbrechen und Amtsmissbrauch auf höchster Ebene zu berichten. Sie wurden inhaftiert, bis zum Nervenzusammenbruch getrieben, an den Rand des Selbstmords gebracht, finanziell ruiniert, ins Exil gezwungen.

Straffreiheit – oder: Was das Spionagegesetz für Generäle und ›Spymasters‹ vorsieht

Während das Leben von Chelsea Manning, Edward Snowden und anderen Whistleblowern, die ihrem Gewissen folgten, durch die Anklagen nach dem Espionage Act in Trümmern lag, hatten hochrangige Beamte und ›Spymasters‹, also Verantwortliche aus Geheimdiensten, nur wenige bzw. keine größeren Konsequenzen zu befürchten. Wenn sie Verschlusssachen offenlegen, um die öffentliche Debatte zu manipulieren oder sich wichtiger Operationen rühmen, ist ihnen Straffreiheit gewiss.

Im Jahr 2011 wurden beispielsweise der damalige CIA-Direktor Leon Panetta und Seinesgleichen nicht nach dem Espionage Act angeklagt, auch wenn sie dem Drehbuchautor des Films »Zero Dark Thirty« (Regie: Kathryn Bigelow) die Teilnahme an einer für die Öffentlichkeit nicht zugänglichen Zeremonie zu Ehren jenes Teams gestattet hatten, das den Überfall auf Osama bin Laden durchgeführt hatte.

Durch diese Veranstaltung konnte der Drehbuchautor auf Informationen zurückgreifen, die als »secret/noforn« eingestuft waren.[22] »Ich hoffe, dass sie Pacino dazu bringen, [Leon Panetta] zu spielen. Genau das will er, ernsthaft!«, schrieben leitende Beamte aus der Abteilung für Öffentlichkeitsarbeit der CIA und des Pentagon in ihren

---

22 Also geheim und »nicht an ausländische Staatsbürger weiterzugeben« (»no foreign nations«, s. o.)

Mails.²³ Anstelle von Al Pacino wurde ein anderer italoamerikanischer Star ausgewählt: James Gandolfini. Bigelows Film wurde scharf kritisiert, weil er Formen von Folter wie das Waterboarding rechtfertigte und die Botschaft vermittelte, derartige Praktiken wären unerlässlich gewesen, um die Informationen zu erhalten, die für die Ergreifung Bin Ladens nötig waren. Das entspricht nicht der Wahrheit.²⁴

Auch für General James E. Cartwright, weithin als Obamas Lieblingsgeneral angesehen, lief es rund. Im Jahr 2013 war er in Ermittlungen zur Weitergabe geheimer Informationen über den Einsatz der Cyberwaffe Stuxnet zur Sabotage des iranischen Atomprogramms verwickelt. Die US-Staatsanwälte beantragten eine zweijährige Haftstrafe, aber im Januar 2017, just an dem Tag, an dem Präsident Obama die Strafe von Chelsea Manning umwandelte, begnadigte er Cartwright.²⁵ Während Manning nach sieben Jahren Militärgefängnis und zwei Selbstmordversuchen entlassen wurde, verbrachte Cartwright keinen einzigen Tag im Gefängnis.

Auch für General David Howell Petraeus war 2015 ein gutes Jahr. Petraeus gab seiner Biografin und Geliebten Paula Broad acht Notizbücher, die er im Afghanistankrieg als ISAF-Kommandeur geführt hatte. Als das FBI ihn befragte, bestritt er, ihr Zugang zu geheimen Informationen gegeben zu haben.²⁶ Doch genau das hatte er getan. Die Anklageschrift gegen ihn beschrieb den Inhalt der acht Notizbücher wie folgt: »Verschlusssachen betreffs Identitäten von verdeckt arbeitenden Offizieren, Kriegsstrategie, nachrichtendienstliche Res-

---

23 Inspector General, United States Department of Defense, zugänglich auf der Website des ›Project on Government Oversight‹: pogo.org.
24 Glenn Greenwald: Zero Dark Thirty: CIA hagiography, pernicious propaganda, in: The Guardian, 14. Dezember 2012; Jane Mayer: Zero conscience in »Zero Dark Thirty«, in: The New Yorker, 14. Dezember 2012.
25 Charlie Savage: Chelsea Manning to be released early as Obama commutes sentence; Charlie Savage: Obama pardons James Cartwright, general who lied to FBI in leak case, in: New York Times, 17. Januar 2017.
26 Michael S. Schmidt / Matt Apuzzo: Petraeus reaches plea deal over giving classified data to his lover, in: New York Times, 3. März 2015.

sourcen und Mechanismen, diplomatische Gespräche, Zitate und beratende Unterredungen aus hochrangigen Sitzungen des Nationalen Sicherheitsrates und Besprechungen des Angeklagten DAVID HOWELL PETRAEUS mit dem Präsidenten der Vereinigten Staaten von Amerika.«[27]

Obwohl die Notizbücher solche streng geheimen Informationen sowie noch sensiblere Informationen enthielten, eingestuft als ›top secret / sensitive compartmented information‹, wurde General Petraeus nie wegen Verstoßes gegen das Spionagegesetz angeklagt. Er erzielte eine Einigung mit dem US-Justizministerium und seine Strafe fiel sehr gering aus: zwei Jahre auf Bewährung und 40.000 Dollar Geldstrafe.

»Das zeigt nur: Es besteht keine Rechenschaftspflicht«, sagte mir Julian Assange 2015, wenige Wochen nachdem er von Petraeus' Einigung erfahren hatte. Er fügte hinzu: »Es ist Teil des Kalküls, Macht zu haben, um Macht auszuüben, und eine der Möglichkeiten, Macht auszuüben, ist zu zeigen, dass man nicht rechenschaftspflichtig ist: Wir sind unantastbar, also versucht nicht, uns anzutasten.«[28]

Doch trotz ihrer Verfolgung von Whistleblowern und ihrer Doppelmoral ging die Obama-Regierung nie so weit, einen Journalisten nach dem Spionagegesetz anzuklagen. Bis 2010 wurde gegen Assange und seine WikiLeaks-Kollegen ermittelt, letztlich entschied man sich aber gegen eine Anklage. Laut der *Washington Post* aus dem Jahr 2013 verzichtete die Regierung darauf, weil sie nicht sah, wie das US-Justizministerium den WikiLeaks-Gründer anklagen konnte, nicht aber die *New York Times*, die *Washington Post* und uns Journalistinnen und Journalisten, die in Zusammenarbeit mit WikiLeaks

---

27 Die Anklageschrift gegen David H. Petraeus ist auf der Website der ›Federation of American Scientists‹ zugänglich: sgp.fas.org; U.S. Department of Justice: Statement from the Justice Department on the criminal charges against David Petraeus, justice.gov, 3. März 2015 (a). Sachinformationen zu dem Fall sind unter der »Factual Basis« zu finden, die zur Unterstützung des Plea Agreement eingereicht wurde: justice.gov, 3. März 2015 (b).

28 Maurizi: Julian Assange: »I still enjoy crushing bastards«. a. a. O.

dieselben geheimen Dateien veröffentlicht hatten.[29] Die Trump-Administration indes sah sich dazu in der Lage.

Mit dem Auslieferungsantrag der Vereinigten Staaten und der Wiederaufnahme der schwedischen Ermittlungen lief Assange Gefahr, das Gefängnis nie wieder zu verlassen.

Etwas ist faul im Staate Schweden

Der Umgang mit dem Vergewaltigungsfall war kafkaesk, seit er am 1. September 2010 zum zweiten Mal eröffnet wurde und dann sieben Jahre lang von der Staatsanwältin Marianne Ny in der Voruntersuchungsphase gehalten wurde, ohne dass jemals entweder Anklage gegen Julian Assange erhoben oder er rehabilitiert worden wäre. Und nachdem die Vergewaltigungsermittlungen am 13. Mai 2019 unter Leitung der neuen Staatsanwältin Eva-Marie Persson zum dritten Mal wieder aufgenommen worden waren, wurden sie nach sechs Monaten erneut eingestellt, diesmal endgültig. Die Sache endete also auf die gleiche kafkaeske Art und Weise, wie sie begonnen hatte.

Kaum zwei Jahre waren vergangen, als die damalige Staatsanwältin Ny die Ermittlungen einstellte und Assange – samt seiner Entscheidung, in der Botschaft Zuflucht zu suchen – für den mangelnden Fortschritt verantwortlich machte. Unmittelbar nach der Ankündigung der neuen Staatsanwältin Eva-Marie Persson, die Vergewaltigungsermittlungen zum dritten Mal wieder aufzunehmen, erklärte die schwedische Anwältin Elisabeth Massi Fritz, die das mutmaßliche Opfer Sofia W. vertrat: »Meine Mandantin empfindet große Dankbarkeit und ist sehr zuversichtlich, eine Entschädigung zu erhalten, und wir beide hoffen, dass die Gerechtigkeit siegen wird.«[30]

---

29 Sari Horwitz: Julian Assange unlikely to face US charges over publishing classified documents, in: The Washington Post, 25. November 2013.

30 Reuters (red. Bericht): Swedish lawyer urges prosecutor to move quickly in Assange investigation, 13. Mai 2019.

Da die Verantwortung für das Ausbleiben von Fortschritten wieder einmal Julian Assange zugeschoben wurde, nahm ich umgehend Kontakt mit Massi Fritz auf, um sie zu fragen, ob sie in all den Jahren des juristischen Stillstands die ehemalige Staatsanwältin Marianne Ny jemals gebeten oder ermutigt hatte, Assange in der ecuadorianischen Botschaft zu befragen. Doch die Anwältin von Sofia W. antwortete nicht.[31]

Die Verjährungsfrist für die vermeintliche Vergewaltigung würde am 17. August 2020 ablaufen. Damit blieb noch genügend Zeit, den WikiLeaks-Gründer anzuklagen, falls Persson zu dem Schluss kommen sollte, genug Beweise zu haben, um ihn vor Gericht zu stellen. Würden die Schweden ihn anklagen, jetzt, da sie die Möglichkeit hatten, ihn auszuliefern?

Zu diesem Zeitpunkt befand sich Assange in einem Hochsicherheitsgefängnis in London. Wenn sie stichhaltige Beweise hätten, könnten sie ihn ausliefern, ihn vor Gericht stellen und wegen Vergewaltigung verurteilen. Würden sie ihn dieses Mal anklagen? Nein, sie stellten die Ermittlungen ein, ohne ihn überhaupt zu befragen.

Unmittelbar nach der Wiederaufnahme der Ermittlungen setzte sich die schwedische Strafverfolgungsbehörde mit ihren britischen Amtskollegen vom Crown Prosecution Service in Verbindung, um einen neuen Europäischen Haftbefehl zu erwirken. »Sie kennen den neuen Abschnitt 12 A unseres Gesetzes, der es zwingend erforderlich macht, dass eine Entscheidung über die Anklageerhebung und das Verfahren gegen eine angeforderte Person im anfordernden Staat getroffen wird, bevor ein EAW [European Arrest Warrant] Erfolg haben kann«, antwortete der Crown Prosecution Service der schwedischen Behörde am 21. Mai 2019 und fügte hinzu: »Wenn es irgendeine Andeutung gibt, dass diese Entscheidungen nicht getroffen wurden oder dass J. A. nicht vor Gericht gestellt werden kann,

---

31 Dass Elisabeth Massi Fritz meine Anfrage nicht beantworten würde, wurde mir von ihrer Sekretärin am 14. Mai 2019 mitgeteilt.

wenn er nicht zuerst befragt wird, wird das Gericht seine Auslieferung nicht anordnen.«[32]

Zwischen 2010 und 2012, als er vor britischen Gerichten gegen seine Auslieferung an Schweden kämpfte, unternahm Assange alle Anstrengungen, um die Rechtmäßigkeit des von Schweden ausgestellten Europäischen Haftbefehls anzufechten – dieser zielte bloß darauf ab, verhört zu werden, angeklagt war er nie –, aber jede Berufung war vergeblich. Dass sein Kampf rechtlich wohlbegründet war, zeigte das Vereinigte Königreich selbst, indem es die Auslieferungsbestimmungen änderte und Abschnitt 12 A einführte. Von diesem Zeitpunkt an gewährte das Vereinigte Königreich die Auslieferung eines Verdächtigen nicht mehr allein zum Zwecke der Befragung. Doch da war es für Assange bereits zu spät: Von den neuen Garantien konnte er nicht mehr profitieren. Und der Europäische Haftbefehl, 2010 von Ny ausgestellt, wurde zu einem Damoklesschwert, das sieben lange Jahre über ihm schwebte.

Unmittelbar nach Wiederaufnahme der schwedischen Ermittlungen beantragte Staatsanwältin Persson einen Haftbefehl gegen Julian Assange und kündigte an, sie würde zudem einen neuen Europäischen Haftbefehl für die Überstellung des WikiLeaks-Gründers an Schweden erlassen, falls das Gericht beschließen sollte, ihn festzunehmen.[33] Das Gericht in Uppsala lehnte den Antrag jedoch mit der Begründung ab, dass sich Assange bereits in London im Gefängnis befinde und es daher nicht notwendig sei, seine Inhaftierung zu beantragen.[34] Das Gericht befand, dass die Ermittlungen mit Hilfe einer sogenannten European Investigation Order, einer

---

32 E-Mail von Alison Riley (Crown Prosecution Service) an Per Hedvall von der schwedischen Ermittlungsbehörde, 21. Mai 2019, 11:57 Uhr. Eine Kopie dieser E-Mail erhielt ich von der schwedischen Ermittlungsbehörde infolge meines FOIA-Verfahrens.

33 Schwedische Strafverfolgungsbehörde: Request for detention of Julian Assange, via.tt.se, 20. Mai 2019.

34 Owen Bowcott: Swedish court rejects request to detain Julian Assange, in: The Guardian, 3. Juni 2019.

Europäischen Ermittlungsanordnung, fortgesetzt werden könnten, die es ermöglichen würde, Assange in Zusammenarbeit mit den britischen Behörden in London zu vernehmen. Staatsanwältin Persson kündigte an, dass sie eine solche Anordnung erlassen und mit der Befragung fortfahren werde. Gewiss hätte man dies von Anfang an so handhaben können. Assange hatte seit 2010 um diese Lösung gebeten, aber Ny hatte sich bis November 2016 geweigert, ihn in London zu vernehmen. Nun äußerte Staatsanwältin Persson die Absicht, ihn erneut in London zu vernehmen. Es war genug Zeit, dies zu tun und Assange vor Gericht zu stellen, wenn Persson zu der Auffassung gelangte, sie habe hinreichend Beweise. Stattdessen vergingen sechs Monate, und am 19. November 2019 stellte die Staatsanwältin die Ermittlungen ein für alle Mal ein – ohne ihn je befragt zu haben.

Nach mehr als neun Jahren und drei Monaten wurde der schwedische Fall auf die gleiche absurde Weise abgeschlossen, die ihn stets geprägt hatte: mit Gerechtigkeit für niemanden; mit Assanges genommener Freiheit; mit einem Schicksal in der Schwebe – ihm drohte nun, den Rest seiner Tage in einem Hochsicherheitsgefängnis der Vereinigten Staaten zu verbringen.

Wieder einmal wurde die Verantwortung für das Scheitern der Ermittlungen, wenn auch indirekt, auf ihn abgewälzt. Bei der Begründung ihrer Entscheidung, das Verfahren einzustellen, betonte Persson: »Die geschädigte Person hat eine glaubwürdige und zuverlässige Version der Ereignisse vorgelegt. Ihre Aussagen waren kohärent, umfangreich und detailliert; meine Gesamteinschätzung besagt jedoch, dass die Beweislage insgesamt schwächer wurde, sodass es keinen Grund mehr gibt, die Ermittlungen fortzusetzen.«[35] Zur Begründung wurde der lange Zeitraum angeführt, der seit den in Rede stehenden Ereignissen verstrichen war, nachdem Assange beschlossen hatte, in der Botschaft Zuflucht zu suchen.

---

35 Schwedische Strafverfolgungsbehörde: The investigation against Julian Assange is discontinued, via.tt.se, 19. November 2019.

Der Umgang mit den schwedischen Ermittlungen ist voller Rätsel. Aber glasklar ist: Der Fall spielte eine Schlüsselrolle bei der anhaltenden Dämonisierung von Julian Assange, indem er ihn die Empathie der Weltöffentlichkeit kostete; zumal bei einer beachtlichen Schnittmenge zwischen jenen, die für Enthüllungen von Kriegsverbrechen und Folter empfänglich sind, und jenen, die dem Schutz von Frauenrechten großes Gewicht beimessen. Schließlich spielten die schwedischen Ermittlungen eine entscheidende Rolle dabei, dass Assange seit 2010 in der Londoner Falle saß und bis zu seiner Verhaftung durch die britischen Behörden ständig von Scotland Yard überwacht wurde.

Ich bin nicht die einzige, die den schwedischen Fall als einen voller Widersprüche wahrnimmt. Der Sonderberichterstatter der Vereinten Nationen für Folter, Nils Melzer, dessen Mandat im April 2022 endete, wies öffentlich auf grobe Unregelmäßigkeiten hin.[36]

Ein Sonderberichterstatter

Der unabhängige und tapfere Nils Melzer nahm sich des Falles Julian Assange an, kurz bevor dieser verhaftet wurde. Zur Weihnachtszeit 2018, als der WikiLeaks-Gründer seine letzten Monate in der Botschaft verbrachte, wurde Melzer von Assanges Organisation kontaktiert. Seine erste Reaktion war indes, auf Distanz zu bleiben. »Als Julian Assange im Dezember 2018 noch in der Botschaft war, wandte sich sein Anwaltsteam an mein Büro. Ich erinnere mich, es war kurz vor Weihnachten, ich sah diese Popup-Meldung auf meinem Bildschirm und wischte sie sofort beiseite«, sagte er mir und erinnerte sich daran, wie seine Wahrnehmung von Julian Assange zu dieser Zeit durch die mediale Verleumdungskampagne geprägt war: »Ich hatte diese intuitive Reaktion: Was will dieser Typ? Er ist ein Ver-

---

36 Nils Melzer war von November 2016 bis März 2022 Sonderberichterstatter der Vereinten Nationen für Folter.

gewaltiger, ein Narzisst, ein Hacker, kurz: die Sache ist unseriös, von daher verwarf ich sie einfach.«³⁷

Erst als WikiLeaks ihm das medizinische Gutachten der US-amerikanischen Ärztin Sondra Crosby, Professorin für Innere Medizin an der Universität Boston und hochgeschätzte Expertin auf dem Gebiet der Dokumentation von Folter, zusandte, begann Melzer, den Fall ernst zu nehmen. Er beschloss, Assange im Belmarsh-Gefängnis zu besuchen, begleitet von zwei Spezialisten: dem Professor für Gerichtsmedizin Duarte Nuno Vieira und dem Psychiater Pau Pérez-Sales. Beide waren Experten mit umfangreicher Erfahrung bei der Ermittlung medizinischer und psychologischer Auswirkungen von Folter sowie unmenschlicher und erniedrigender Behandlung.

Melzer besuchte Julian Assange im Mai 2019, nur einen Monat nach seiner Verhaftung. Er fand ihn in seiner zwei mal drei Meter großen und 2,3 Meter hohen Einzelzelle vor, in der er »etwa zwanzig Stunden am Tag« eingesperrt war. »Bitte retten Sie mein Leben«, so der WikiLeaks-Gründer zu ihm.

Der UN-Sonderberichterstatter für Folter war für eine Stunde bei ihm, der Gerichtsmediziner begutachtete ihn eine und der Psychiater zwei weitere Stunden lang. Jeder von ihnen erstellte seine Analyse separat, um eine gegenseitige Beeinflussung zu vermeiden. »Am Ende verglichen wir alle drei unsere Schlussfolgerungen und waren uns einig: Er zeigte alle Anzeichen, die typisch für Opfer psychischer Folter sind. Zugegebenermaßen hatte ich ein derart eindeutiges Ergebnis nicht erwartet«, sagte mir Melzer.³⁸

Nils Melzer wandte sich offiziell an die vier Regierungen,³⁹ die für Julian Assanges Zustand verantwortlich waren: das Vereinigte Königreich, die USA, Schweden und Ecuador. »Assange«, schrieb er, »zeigte alle Symptome, die typisch sind für eine längere bzw. anhal-

---

37 Stefania Maurizi: Assange, Nils Melzer says the treatment of Julian leaves him »speechless«, in: il Fatto Quotidiano, 17. April 2021.
38 Ebd.
39 Ebd.

tende Belastung durch schweren psychischen Stress, Angstzustände und damit verbundenes mentales und emotionales Leiden in einer Umgebung, die sehr förderlich ist für schwere depressive und posttraumatische Belastungsstörungen.«[40]

In seiner Korrespondenz mit den vier Regierungen brachte er seine »große Besorgnis« zum Ausdruck. Und zwar zum einen in Bezug darauf, dass »Herr Assange seit August 2010 zunehmend schweren Schmerzen und Leiden ausgesetzt ist, zugefügt durch verschiedene Formen und Grade grausamer, unmenschlicher oder erniedrigender Behandlung oder Strafe, deren kumulierte Auswirkungen eindeutig auf psychische Folter hinauslaufen«; zum anderen in Bezug auf das Risiko einer Auslieferung an die Vereinigten Staaten.

Ausgehend von diesen Einschätzungen zum Gesundheitszustand von Julian Assange ging Nils Melzer auf die Verantwortung der vier Länder bei der Verfolgung des WikiLeaks-Gründers ein.

Im Falle Schwedens beanstandete er die Handhabung der Vergewaltigungsermittlung Punkt für Punkt und wies darauf hin, dass er Zugang zu den juristischen Unterlagen erhalten hatte. Er listete fünfzig mutmaßliche Verstöße gegen das Recht auf ein ordnungsgemäßes Verfahren auf, darunter: »Proaktive Manipulation von Beweismitteln. Nach den mir zur Verfügung gestellten Beweismitteln wurde der Fall der mutmaßlichen Vergewaltigung von SW [Sofia W.] am 25. August 2010 von der Oberstaatsanwaltschaft von Stockholm formell abgeschlossen: Am folgenden Tag, dem 26. August 2010,

---

40 Die Korrespondenz zwischen dem UN-Sonderberichterstatter für Folter, Nils Melzer, und den Regierungen des Vereinigten Königreichs, der USA, Schwedens und Ecuadors ist zugänglich auf der Dokumentenseite des UN-Hochkommissariats für Menschenrechte: spcommreports.ohchr.org. Vgl. insbesondere den Brief an die britischen Behörden: spcommreports.ohchr.org (anzusteuern unter der Rubrik »Mandate: torture«, »Year: 2019« und der geografischen Region »US«, »UK«, »Sweden« oder »Ecuador«). Vgl. insbes. den Brief von Melzer an die britischen Behörden: spcommreports.ohchr.org, 27. Mai 2019. In seinem Buch zeichnet er seine gesamte Arbeit an diesem Fall nach, vgl. Nils Melzer: The trial of Julian Assange, dt. Ausgabe: Der Fall Julian Assange, a. a. O.

änderte und ersetzte die Polizeibeamtin IK, die SW am 20. August 2010 förmlich vernommen hatte, auf Anweisung ihres vorgesetzten Beamten MG und ohne Rücksprache mit SW den Inhalt von SWs ursprünglicher Aussage in der Polizeidatenbank.«[41]

Nachdem ich diese und andere erstaunliche Einwände in Nils Melzers Bericht gelesen hatte, wandte ich mich an die schwedische Polizei, um zu erfahren, was mit der ursprünglichen Aussage von SW geschehen war. Die schwedische Polizei weigerte sich, eine klare Antwort zu geben. Zudem fragte ich die schwedische Staatsanwältin Persson, warum die von den beiden Frauen gesendeten Textnachrichten erst 2019 an Assanges Anwälte übergeben wurden, als sie die Ermittlungen – insgesamt zum dritten Mal – aufnahm. Sie antwortete: »Ich weiß nicht, welche Überlegungen Marianne Ny mit Blick auf diese Textnachrichten anstellte.«[42]

In seinem UN-Bericht hielt Melzer fest: »Es gibt ernstzunehmende Hinweise, dass die schwedische Polizei und Staatsanwaltschaft SW, die aus einem ganz anderen Grund zur Polizeiwache gekommen war, bewusst in die Irre führte und unter Druck setzte, damit sie eine Aussage machte, die sich dazu verwenden ließ, Herrn Assange wegen Verdachts auf Vergewaltigung zu verhaften, und zwar gegen den eigenen Willen von SW und gegen ihre eigene Deutung ihrer Erlebnisse; und dennoch scheint weder eine Ermittlung wegen Amtsmissbrauchs, Nötigung oder falscher Anschuldigung angestrengt worden zu sein, noch wurden disziplinarische oder juristische Maßnahmen gegen die verantwortlichen Beamten verhängt.«[43]

Nach wiederholten Versuchen, die USA, Großbritannien, Schweden und Ecuador aufzufordern, auf seine Ausführungen zu ihrer Verantwortung im Fall Assange einzugehen, musste der UN-Sonderberichterstatter für Folter konstatieren: »Keine der vier Regierungen

---

41 Der Brief an die schwedische Regierung über 50 mutmaßliche Vergehen ist bei der UNO zugänglich unter: spcommreports.ohchr.org.
42 Eva-Marie Persson gegenüber der Autorin, 29. April 2022.
43 Zitat aus Melzers Brief an die schwedische Regierung vom 12. September 2019.

war zu einem konstruktiven Dialog bereit. Stattdessen wurde ich mit diplomatischen Plattitüden oder pauschalen rhetorischen Angriffen konfrontiert. Als ich auf einem Dialog bestand, brachen die Regierungen die Kommunikation ab.«[44]

An derlei Mauern zu stoßen, kam mir wohlbekannt vor.

---

44 Melzer, The trial of Julian Assange, a. a. O.

19.
Nur noch Kafka

Der Prozess

Am 24. Februar 2020 sah ich ihn wieder, eingeschlossen in einem dicken Glaskasten im Woolwich Crown Court in London. Die Anhörung im Auslieferungsverfahren sollte um 10 Uhr morgens beginnen. Der Vorsitzenden Richterin Vanessa Baraitser oblag es nicht, seine Schuld oder Unschuld bezüglich der Bezichtigungen der Vereinigten Staaten festzustellen, sondern darüber zu entscheiden, ob seine Auslieferung an die USA zum Zweck eines Prozesses – und, sollte er dort für schuldig befunden werden, zur Inhaftierung – bewilligt oder abgelehnt werden sollte. Ihm drohten 175 Jahre Gefängnis.

Um 5:45 Uhr war es noch dunkel, als ich mich draußen für einen der Plätze im Gerichtssaal 2 anstellte, die für Journalistinnen und Journalisten reserviert waren. Es gab nur 34 Plätze und Dutzende von Kolleginnen und Kollegen von Australien bis Deutschland. Ob Mainstreammedien oder unabhängige Presse, alle berichteten über den Prozess.

Dunkelheit und eisige Kälte konnten den Unterstützerkreis von Julian Assange und WikiLeaks nicht entmutigen. Neben dem massiven, grün gestrichenen Metallzaun, der den Gerichtshof umgibt, befanden sich entlang eines kleinen, von Bäumen und Sträuchern gesäumten Weges etliche Zelte, die Schutz vor Kälte und vor jenem Nieselregen boten, der uns in der Warteschlange von Zeit zu Zeit heimsuchte. »Lasst Julian Assange frei! Die Kriegsverbrecher hinter Gitter!«, stand auf ihren Transparenten und Plakaten. Sie waren die einzigen Farbtupfer an einem so bedrückenden wie bedrohlichen Ort.

Der Woolwich Crown Court befindet sich im Südosten Londons, neben dem Hochsicherheitsgefängnis Belmarsh, in dem Assange einsaß. Vor diesem Gericht wurden unter anderem Terrorismusprozesse geführt. In der Gegend gab es keine Taxis, und selbst die Suche nach einer Tasse Kaffee oder einer Toilette gestaltete sich problematisch.

Gegen sechs Uhr früh traf ein Team von *Reporters sans frontières* (RSF, Reporter ohne Grenzen) ein, darunter auch Rebecca Vincent, damalige RSF-Direktorin für internationale Kampagnen, die von da an keine Anhörung mehr verpassen sollte. Im Morgengrauen begann sich eine lange Schlange aus Berichterstatterinnen und Unterstützern zu bilden. Später trafen auch Assanges Vater und Bruder ein, John und Gabriel Shipton, letzterer würde bald eine unverdrossene Kampagne zur Freilassung starten. Dann kamen hinzu: Assanges Verlobte und spätere Frau Stella Moris, der WikiLeaks-Chefredakteur Kristinn Hrafnsson, der Journalist Joseph Farrell und Nathan Fuller, Leiter der Courage Foundation, die Julian Assange mitgegründet hatte, um hochrangige Whistleblower zu schützen. Der ehemalige britische Botschafter in Usbekistan und Autor Craig Murray, der das britische Establishment für dessen Umgang mit Julian Assange immer wieder scharf kritisierte, und der US-amerikanische Radiomoderator und Comedian Randy Credico, der das Schweigen der US-Medien zu dem Fall brach, indem er Ikonen wie Daniel Ellsberg und Basisaktivisten interviewte, waren ebenfalls zugegen, ebenso wie der US-Journalist Joe Lauria von *Consortium News*, der stets ausführlich über den Fall berichtete; zudem die Menschenrechtsaktivistin Naomi Colvin und Hunderte von Unterstützerinnen und Unterstützern.[1] Im Laufe der Jahre erlebte ich das Engagement von Aktivistinnen und Aktivis-

---

[1] Zu den Namen einiger der Unterstützerinnen und Unterstützer vgl. die Danksagungen in diesem Buch.

ten mit, die keine Gerichtsverhandlung, Mahnwache, Sitzblockade oder Protestaktion versäumten: Emmy Butlin, Clara Campos und viele andere.

Nach stundenlangem Warten wurden wir endlich in den Gerichtssaal eingelassen. Assange wurde hineingeführt und musste in einem Glaskasten hinter seinem Rechtsbeistand Platz nehmen. Durch das dicke Glas der Box war er von allen isoliert, insbesondere von seinem Anwaltsteam, mit dem er nicht vertraulich sprechen konnte. Zwei Wächter saßen mit ihm auf der Anklagebank, einer auf jeder Seite.

Ich konnte ihn recht gut sehen, denn er stand weniger als fünf Meter von mir entfernt und drehte sich gelegentlich in meine Richtung. Er machte einen klaren Eindruck, war aber sehr dünn und blickte stoisch, sein Gesicht zeigte keine Emotionen. Seine weiße Haut hatte nun einen gräulichen Ton. Trotz seiner versteinerten Miene konnte ich seinen Gesichtsausdruck lesen. Er war niedergeschlagen, angespannt. Es ging ihm definitiv nicht gut.

Bei dem Auslieferungsverfahren im Vereinigten Königreich setzten die US-Behörden beim Crown Prosecution Service an, wie schon bei den Auslieferungsbemühungen Schwedens. Es war dieselbe Behörde, die zugegeben hatte, die Dokumente zum schwedischen Fall vernichtet zu haben, und dieselbe Behörde, mit der ich mich seit 2015 in meinem FOIA-Scharmützel befinde, dem Tauziehen um den Freedom of Information Act.

Der Anwalt James Lewis, der die Vereinigten Staaten mittels des Crown Prosecution Service vertrat, betonte nachdrücklich: Beim Prozess gegen Julian Assange ginge es nicht darum, den Journalismus vor Gericht zu stellen. Ganz und gar nicht.

Die Vereinigten Staaten, so argumentierte Lewis, hätten den WikiLeaks-Gründer nicht der Veröffentlichung von Datenmaterial bezichtigt, das Übergriffe ihrer Truppen aufgezeigt oder die Regierung in Verlegenheit gebracht hätte, sondern für die Verbreitung von geheimen Dokumenten einschließlich der Namen von Quellen und Informanten, die mit US-Truppen oder -Diplomaten gesprochen hatten und die damit dem Risiko ausgesetzt seien, getötet, gefoltert oder zum Ziel anderer Formen der Rache zu werden. »Die Vereinigten Staaten«, so Lewis, »kennen die Quellen, die ungeschwärzte Namen oder andere identifizierende Informationen verwendeten, enthalten in geheimen Dokumenten, die von WikiLeaks veröffentlicht wurden – zu Personen, die anschließend verschwanden; auch wenn die USA zum jetzigen Zeitpunkt nicht beweisen können, dass deren Verschwinden eine Folge des Outings durch WikiLeaks war.«[2]

Doch wenn sie es nicht beweisen konnten, warum erwähnten sie es dann bei der Anhörung vor Gericht?

Zehn Jahre lang hatten die US-Behörden WikiLeaks vorgeworfen, »Blut an den Händen« zu haben. Seit 2010, als die Dokumente verbreitet wurden, waren die Behörden nie in der Lage, auch nur eine einzige Person zu nennen, die aufgrund dieser Veröffentlichungen getötet, verwundet, gefoltert oder inhaftiert wurde. Und das nicht, weil sie nicht danach Ausschau gehalten hätten.

Die Enthüllungen von Julian Assange und WikiLeaks wurden von der CIA, dem Pentagon, der US-Nachrichtendienste und Geheimdiensten der ganzen Welt analysiert. Es dürfte keine Übertreibung sein zu behaupten, dass die WikiLeaks-Veröffentlichungen mehr als die jeder anderen journalistischen Organisation durchleuchtet und geprüft wurden. Im Jahr 2013, während des Kriegsgerichtsverfahrens gegen Chelsea Manning, bezeugte Robert Carr, Leiter jener Pentagon-Taskforce, die damit beauftragt war zu untersuchen, welche Folgen die WikiLeaks-Enthüllungen hatten: Ihm sei kein einziger Fall bekannt, bei dem eine Person infolge solcher Veröffentlichungen getötet wurde. Und auch während des Auslieferungsprozesses von Julian Assange in London waren die USA nicht in der Lage, ein einziges solches Opfer zu präsentieren, obwohl seit den Enthüllungen zehn Jahre vergangen waren.

---

2   Stefania Maurizi: Julian Assange is the defendant, journalism is under trial, in: il Fatto Quotidiano, 2. März 2022.

Wie grotesk: Eine Macht, deren Krieg allein im Irak Hunderttausende von Toten und mehr als neun Millionen Flüchtlinge mit sich brachte, stellt einen Journalisten vor Gericht, von dem nicht bekannt ist, dass er auch nur einen einzigen Todesfall verursachte, und versucht, ihn für immer hinter Gitter zu bringen. Nur ein Franz Kafka konnte in »Der Prozess« in Worte fassen, wie himmelschreiend, wie irrsinnig, wie absurd dies sein musste.

Und wenn die US-Behörden wirklich so besorgt waren, warum haben sie dann nicht WikiLeaks geholfen, das Risiko so gering wie möglich zu halten, so in den Jahren 2010 und 2011, als Assange sie wiederholt um Hilfe bat? In der Regel arbeiten sie mit journalistischen Organisationen zusammen, wenn sie davon ausgehen, dass die Veröffentlichung bestimmter Informationen jemanden in Gefahr bringen könnte. So etwa mit der *New York Times*: Die mächtige Tageszeitung hielt bei der Veröffentlichung der Botschaftsdepeschen gar tägliche Videokonferenzen mit Spitzendiplomaten ab, wie der damalige Chefredakteur Bill Keller berichtete.[3]

Die wenigen Dokumente, die ich im Rahmen meiner FOIA-Klage gegen das US-Außenministerium erhalten habe, zeigen: Julian Assange kontaktierte das State Department bei mindestens zwei Gelegenheiten. So am 26. November 2010, zwei Tage bevor WikiLeaks mit der Veröffentlichung der ›cables‹ begann, und im August 2011, als die gesamte Datenbank mit den ungeschwärzten Namen kurz vor der Veröffentlichung stand und ich selbst in Ellingham Hall Zeugin der versuchten Anrufe war.

»Dear Ambassador Susman«, schrieb Julian Assange an die US-Botschaft in London, zwei Tage bevor WikiLeaks mit der Veröffentlichung der Depeschen begann: »WikiLeaks wäre dankbar, wenn die Regierung der Vereinigten Staaten von Amerika konkrete Fälle (Aktenzeichen oder Namen) benennen würde, bei denen sie der Meinung ist, die Veröffentlichung von Informationen würde ein

---

3 Zu diesen Konferenzen vgl. die Einleitung von Bill Keller in folgendem Buch der *New York Times*: Alexander Starr: Open secrets. WikiLeaks, war and American diplomacy, New York 2011.

erhebliches, bisher noch nicht berücksichtigtes Risiko für einzelne Personen darstellen. WikiLeaks wird die Vertraulichkeit der Hinweise, wie sie die Regierung der Vereinigten Staaten erteilt, respektieren und ist bereit, alle entsprechenden Eingaben unverzüglich zu prüfen.«[4]

Das State Department antwortete wie folgt: »Wir werden uns nicht auf Verhandlungen über die weitere Veröffentlichung oder Verbreitung von illegal erlangtem klassifiziertem Material der US-Regierung einlassen. Wenn Sie wirklich daran interessiert sind, den Schaden abzuwenden, der durch Ihr Handeln entstand, sollten Sie Folgendes tun: 1) sicherstellen, dass WikiLeaks die Veröffentlichung jeglichen derartigen Materials einstellt; 2) sicherstellen, dass WikiLeaks jegliches geheime Material, das sich in seinem Besitz befindet, der US-Regierung zurückgibt; und 3) alle Aufzeichnungen über dieses Material aus den Datenbanken von WikiLeaks entfernen und zerstören.«

Während die US-Behörden nicht bereit waren, mit Assange und WikiLeaks zusammenzuarbeiten, hielten sie die Türen für Medienpartner wie die *New York Times* und den *Guardian* vollständig offen. Im Rahmen meiner FOIA-Klage in den Vereinigten Staaten erhielt ich, vertreten durch die hervorragenden Anwältinnen Lauren Russell und Alia Smith, eine interne Mail des State Department, in der ein Treffen zwischen den US-Behörden und dem *Guardian* dokumentiert ist.[5] Es handelte sich dabei um ein persönliches, nicht aufgezeichnetes Gespräch zwischen US-Diplomaten und den *Guardian*-Redakteuren Ian Katz, David Leigh und Jan Thompson. Es fand am 24. November 2010 statt, nur zwei Tage bevor die USA WikiLeaks

---

4 Brief von Julian Assange an den US-Botschafter in Großbritannien, Louis B. Susman, 26. November 2010. Eine Kopie des Schreibens erhielt ich infolge meiner FOIA-Klage gegen das State Department.

5 E-Mail des geschwärzten Absenders an Philip J. Crowley und Dana S. Smith mit Kopie an Louis Susman, Elizabeth L. Dibble, Barbara J. Stephenson und andere geschwärzte Empfänger, 24. November 2010, 18:30 Uhr. Eine Kopie des Schreibens erhielt ich infolge meiner FOIA-Klage gegen das State Department.

mitteilten, dass sie sich nicht auf Verhandlungen einlassen würden. Dem Inhalt der Mail nach zu urteilen, erklärten die Redakteure, sie würden sich »nur auf einen kleinen Bereich von Informationen konzentrieren«, auch wenn »sie nicht bereit sind, uns ausdrücklich zu sagen, woran sie arbeiten«.

Zu keinem Zeitpunkt während dieses Treffens forderten die US-Behörden die britische Tageszeitung auf, die Depeschen nicht zu veröffentlichen, die Veröffentlichung einzustellen, die Dokumente zurückzugeben oder sie von der *Guardian*-Website zu entfernen – anders als gegenüber Julian Assange. David Leigh sagte den US-Diplomaten sogar, er glaube, dass »WikiLeaks an einem direkten Gespräch mit hochrangigen USG officials [Beamten der US-Regierung] über die Daten interessiert« sei.

Während die Antwort der US-Behörden an Julian Assange unverblümt und konfrontativ ausfiel, schien ihr Treffen mit dem *Guardian* recht entspannt gewesen zu sein. »Die Redakteure«, heißt es in der Mail, »lobten die hohe Qualität der Abfassung und Analyse und waren fasziniert von den staatlichen Wegen der Berichterstattung, insbesondere vom ›Dissidentenkanal‹. Sie scherzten, sie seien erstaunt, **keine** Beweise [Hervorh. im Original] für Putschversuche in Mittelamerika zu finden«. Die Mail über das inoffizielle Treffen schließt mit folgendem Kommentar: »Sie«, also die *Guardian*-Redakteure, »gingen mit Bewunderung für die Arbeit der US-Diplomaten in der ganzen Welt nach Hause. Freilich merkten sie auch an, dass alle US-Diplomaten, die aufgrund dieser Leaks ihren Job verloren, sich gerne als Journalisten für den *Guardian* bewerben könnten.«

Das State Department hatte sich also der *New York Times* zur Verfügung gestellt – und ihr alle möglichen Anweisungen erteilt – und mindestens ein inoffizielles Treffen mit Redakteuren des *Guardian* abgehalten, sich aber geweigert, in irgendeiner Weise mit Julian Assange zu kooperieren. Warum war dem so? Etwa weil eine Zusammenarbeit mit Assange und den WikiLeaks-Journalisten aus juristischer Sicht eine spätere Anklage wegen der Veröffentlichung von

Dokumenten erschwert hätte? Oder wollte man ihm und WikiLeaks einfach jede Hilfe verweigern, um später, im Fall eines Kriegstoten, auszurufen, sie hätten »Blut an den Händen«?

Sicher ist nur: In dem mehr als einstündigen Telefongespräch vom 26. August 2011, eine Woche vor der ungeschwärzten Veröffentlichung der Depeschen, boten Julian Assange und WikiLeaks ihre volle Kooperation an, sie zeigten sich rückhaltlos bereit, mit dem US-Außenministerium zusammenzuarbeiten, um Risiken zu minimieren, während die US-Behörden nicht im Geringsten an einer Zusammenarbeit interessiert waren.

Als das Auslieferungsverfahren an diesem Tag fortgesetzt wurde, erschallten die Parolen, die Assanges Anhängerinnen und Anhänger draußen skandierten, derart laut, dass sie durch das stattliche Gemäuer des Woolwich Crown Court zu hören waren. Julian Assange bedankte sich für die durchdringende Unterstützung und erklärte dem Gericht, er könne dem Verfahren wegen des Lärms nicht folgen.

Es gab eine Delegation der *Gilets Jaunes*, pazifistische Gruppen wie die *Stop the War Coalition*, Internetaktivisten und Aktivistinnen für die Pressefreiheit. Sogar die berühmte Modedesignerin Vivienne Westwood war gekommen, um vor dem Woolwich Crown Court ihre Solidarität mit dem WikiLeaks-Gründer zu bekunden. »Es ist kein Verbrechen, US-Kriegsverbrechen publik zu machen«, erklärte sie gegenüber den Medien vor dem Gerichtsgebäude und fügte hinzu: »Das ist im öffentlichen Interesse, es ist sein demokratisches Recht, das tun zu dürfen. Ich bin wirklich besorgt und beängstigt, wirklich beängstigt.«[6]

Nach der ersten Woche der Anhörungen sollte das Auslieferungsverfahren im Mai fortgesetzt werden, doch dann geschah das Unvorhersehbare. Eine Pandemie veränderte die Welt.

---

6 Ben Quinn: Amid the din, Julian Assange struggles to hear case against him, in: The Guardian, 24. Februar 2020. Die große Modedesignerin und Aktivistin Vivienne Westwood verstarb im Dezember 2022.

In Belmarsh geblieben

Er hatte keine Strafe offen, da er die 50-wöchige Haftstrafe wegen Verstoßes gegen seine Kautionsauflagen bereits abgesessen hatte, und doch blieb Assange im Gefängnis. Trotz der Pandemie. Das entschied Richterin Vanessa Baraitser, die eine Fluchtgefahr als begründet ansah, sollte er entlassen und unter Hausarrest gestellt werden.

Er blieb in Belmarsh, obwohl er nach britischem Recht eigentlich unschuldig war und nie in seinem Leben ein Gewaltverbrechen begangen hatte. Obwohl er an einer chronischen Lungenkrankheit, an schweren Depressionen und an einer posttraumatischen Belastungsstörung litt. Obwohl die Arbeitsgruppe der Vereinten Nationen gegen willkürliche Inhaftierungen wiederholt seine Freilassung forderte, nachdem der UN-Sonderberichterstatter für Folter, Nils Melzer, alle Symptome psychischer Folter festgestellt hatte und weltweit 117 Ärzte, die »Doctors for Assange«, einen Brief an die medizinische Fachzeitschrift *The Lancet* geschrieben hatten, in dem sie dazu aufriefen, »die Folter an Assange zu beenden und dessen Zugang zur besten verfügbaren medizinischen Versorgung sicherzustellen, bevor es zu spät ist«[7].

Um seine Freilassung zu erwirken, hatte Stella Moris im April 2020 in einem Interview mit der *Daily Mail* offengelegt, dass sie die Lebensgefährtin von Julian Assange ist und dass sie gemeinsam zwei kleine Kinder, Gabriel und Max, haben. Aufgrund der Pandemie konnten sie ihn nicht einmal mehr im Gefängnis besuchen; zudem befürchtete Moris, Assange könnte sich infizieren, und das bei ohnehin verheerenden Auswirkungen der Isolation auf seine psychische Gesundheit.

Ihre Aussagen vor dem Woolwich Crown Court geben Aufschluss über den Zustand von Assange: »Die schwierigste Zeit in Belmarsh

---

7 Stephen Frost, Lissa Johnson, Jill Stein und William Frost im Namen von 117 Unterzeichnerinnen und Unterzeichnern: End torture and medical neglect of Julian Assange, in: The Lancet, thelancet.com, Februar 2020.

waren die Monate, in denen er sich in der Krankenstation die meiste Zeit in Einzelhaft befand. Er findet die Isolation und die damit verbundenen Aussichten furchtbar«, so Stella in ihrer Erklärung an die Richterin. Sie beschrieb zudem, wie sie ihn bei verschiedenen Gelegenheiten in der Botschaft beobachtet hatte und wie er dabei »mit physischen und psychischen Krisen kämpfte«. In Belmarsh sei es immer schlimmer geworden: »In der ›Healthcare unit‹«, so Moris, »wurde er für viele Monate von der Station in eine Einzelzelle gebracht, wo er bis auf wenige Stunden am Tag isoliert war. Ich bemerkte, wie er, so hatte ich es damals beschrieben, sichtlich ›geschwächt war ... wie eine verwelkende Blume‹. Ich beobachtete, wie die Abläufe bei ihm zunehmend inkohärent wurden.«[8]

Doch nichts überzeugte Richterin Baraitser, seine Freilassung zu gewähren. Ähnlich alarmierende Nachrichten kamen aus den Vereinigten Staaten. Am 11. März 2020 unternahm Chelsea Manning zum dritten Mal einen Selbstmordversuch, nachdem sie im Mai des vorangegangenen Jahres inhaftiert worden war, weil sie sich geweigert hatte, vor jener Grand Jury auszusagen, die Assange angeklagt hatte. Erst am Tag nach diesem dritten Suizidversuch ordnete Richter Anthony Trenga ihre Freilassung an und verhängte eine Geldstrafe von 256.000 Dollar als Reaktion auf ihre Aussageverweigerung.[9]

Am 24. Juni hingegen erließ die Grand Jury eine neue Anklageschrift gegen Assange, die die vorangegangene vom Mai 2019 ersetzte. Mitten im Auslieferungsverfahren, während die Pandemie in vollem Gange war und das Anwaltsteam von Assange große Schwierigkeiten hatte, mit ihrem Mandanten in Belmarsh zu kommunizieren, änderten sie die Anklage gegen ihn.

---

8   Stefania Maurizi: Assange's partner and previously undisclosed documents reveal the grim conditions of the WikiLeaks founder, in: il Fatto Quotidiano, 16. April 2020.
9   Charlie Savage: Chelsea Manning is ordered released from jail, in: New York Times, 12. März 2020. Die Anweisung von Richter Trenga ist zugänglich unter: int.nyt.com.

Spiel mit neuen Karten

In der neuen Anklageschrift blieben die eigentlichen Anklagepunkte unverändert.[10] Es wurden keine zusätzlichen hinzugefügt, und dem WikiLeaks-Gründer drohte weiterhin eine Höchststrafe von 175 Jahren; der Vorwurf der Verschwörung zum Eindringen in Computer wurde auf bestimmte Handlungen ausgeweitet, die sich angeblich zwischen 2010 und 2015 zugetragen hatten. Es ging nicht mehr nur um Vorgänge in Bezug auf Chelsea Manning und den Vorwurf, ihr beim Knacken eines Passwort-Hashes geholfen zu haben, sondern auch um eine angebliche Verschwörung mit Hackern von Anonymous, Lulzsec, Antisec und Gnosis zwischen 2010 und 2012 sowie um politische Reden auf öffentlichen Konferenzen zwischen 2013 und 2015, die von den US-Behörden als Bemühungen interpretiert wurden, Hacker und Whistleblower zu rekrutieren, um illegal an Dokumente zu kommen und diese an WikiLeaks weiterzuleiten.

Zwischen 2010 und 2012 ermittelte das FBI äußerst häufig und aggressiv gegen Anonymous, Lulzsec, Antisec und Gnosis. Die Ermittlungen, die wegen des Einsatzes eines Spitzels, namentlich Hector Xavier Monsegur, genannt »Sabu«, umstritten waren, hatten unter anderem zur Verhaftung des angesehenen politischen Aktivisten Jeremy Hammond geführt.

2013 wurde Hammond zu zehn Jahren Gefängnis verurteilt, weil er interne Mails des privaten Nachrichtendienstes Stratfor gehackt haben soll. WikiLeaks hatte die Stratfor-Files gemeinsam mit uns Medienpartnern veröffentlicht. Die Dokumente enthüllten unter anderem: Das US-Unternehmen hatte Aktivistinnen und Aktivisten überwacht, die Gerechtigkeit von Dow Chemical, der Muttergesellschaft von Union Carbide, forderten. Der US-amerikanische multinationale Chemiekonzern Union Carbide war Eigentümer jener Pestizidanlage, die im Mittelpunkt eines der schlimmsten Industrieunfälle der

---

10 Die zweite, ergänzende Anklageschrift wurde am 24. Juni 2020 erlassen; sie ist zugänglich auf der Website des US-Justizministeriums: justice.gov.

Geschichte stand, nämlich des Unfalls von Bhopal in Indien im Jahr 1984, bei dem Tausende von Menschen, die in extremer Armut lebten, zu Tode kamen. Jeremy Hammond gab an, nicht einmal gewusst zu haben, was Stratfor ist, bis der FBI-Informant »Sabu« ihn auf das Unternehmen aufmerksam gemacht habe. »Ohne die Einmischung von Sabu hätte ich Stratfor praktisch nie gehackt«, erklärte er.[11]

Obwohl das FBI den Sachverhalt gründlich untersuchte, hat es Julian Assange und WikiLeaks nie in Verbindung damit angeklagt. Doch schon im Jahr 2012 erschien der Einsatz von »Sabu« mit dem Ziel, Hammond in die Falle gehen zu lassen, unmittelbar als Versuch, WikiLeaks in irgendeine zwielichtige Angelegenheit zu verwickeln.

Fast zehn Jahre später wurde die Ermittlung wieder aufgenommen. »Die Vorwürfe, die in der neuesten Anklageschrift hinzugefügt wurden, scheinen ein billiger Versuch zu sein, Mr. Assange als ›Hacker‹ oder als jemanden, der mit ›Hackern‹ verkehrt, und nicht etwa als Journalisten darzustellen«, sagte mir Barry Pollack einige Tage nach der Bekanntgabe der neuerlichen Anklageschrift durch die US-Behörden, mitten im Auslieferungsverfahren und inmitten der Pandemie.[12] Pollack, ein hochangesehener US-amerikanischer Anwalt, der Assange viele Jahre lang in den Vereinigten Staaten vertrat, bezeichnete die Sache als »bloße Augenwischerei. Die Anklagepunkte haben sich nicht geändert. Mr. Assange wird wegen Nachrichtenbeschaffung und für die Veröffentlichung von wahrheitsgemäßen, berichtenswerten [Informationen] angeklagt. Die Bemühungen, Mr. Assange als etwas anderes als einen Journalisten darzustellen, können nicht über die Tatsache hinwegtäuschen, dass Mr. Assange wegen seiner Aktivitäten als Journalist angeklagt wird. Diese Vorwürfe sind überall eine Bedrohung für Journalisten und für das Recht der Öffentlichkeit auf Information.«

---

11 Ed Pilkington: Jailed Anonymous hacker Jeremy Hammond: »My days of hacking are done«, in: The Guardian, 15. November 2013.

12 Stefania Maurizi: Assange non fa piu notizia e gli Usa ne approfittano, in: il Fatto Quotidiano, in: 28. Juni 2020.

Um ihre Anschuldigungen wegen Verschwörung zum Eindringen in Computer zu untermauern, wollten die US-Behörden nicht nur Chelsea Manning zwingen, vor der Grand Jury auszusagen, sondern auch Jeremy Hammond, der jedoch die Aussage verweigerte. Im Oktober 2019 wurde er nach Ablauf seiner Strafe nicht, wie vorgesehen, innerhalb von zwei Monaten freigelassen, sondern im Gefängnis belassen.

Die neue Anklageschrift gegen Julian Assange stützte sich auf zwei bekannte FBI-Informanten: auf Sabu und den Isländer Sigurdur Thordarson, auch bekannt als »Siggi«. Aufgrund von Aussagen der Informanten beschuldigten die US-Behörden den WikiLeaks-Gründer, Thordarson zum Hacking aufgefordert zu haben.

Ich kannte Thordarson nicht: Ich hatte nur am Rande von ihm gehört, als einem *Volunteer*, der einige kleinere Aufgaben für WikiLeaks ausgeführt hatte. Im Jahr 2013 gab die Organisation dann bekannt, dass sie ihn bei der isländischen Polizei angezeigt hatte und ihn beschuldigte, 50.000 Dollar aus WikiLeaks-Geldern unterschlagen zu haben.[13] Einige Monate später berichtete das Magazin *Wired*, seinerseits sicherlich kein Fan von Assanges Organisation, Thordarson sei 2011 zum FBI-Informanten geworden.[14] Er sei jemand, der »zum Lügen neigt«, und habe in der Vergangenheit bereits den *Wired*-Reporter Kevin Poulsen angelogen, der die Verhaftung von Chelsea Manning aufgedeckt hatte, in die wiederum der FBI-Informant Adrian Lamo verstrickt war. Das Magazin schrieb auch, Siggi habe ihnen »eine beträchtliche Teilmenge« der internen Chats der Organisation zur Verfügung gestellt und acht Festplatten an das FBI übergeben.

Laut verschiedenen Medienberichten von 2015 wurde Sigurdur Thordarson des sexuellen Missbrauchs von neun Minderjährigen im Alter von 15 bis 17 Jahren für schuldig befunden; zudem sei ein

---

13 2013 veröffentlichte WikiLeaks eine Pressemitteilung zu dem Isländer, vgl. https://wikileaks.org/Eight-FBI-agents-conduct.html (abgerufen: 13.5.2022).

14 Kevin Poulsen: WikiLeaks volunteer was a paid informant for the FBI, in: Wired, 27. Juni 2013.

Psychiater, der als Zeuge zu dem Fall geladen war, zu dem Schluss gekommen, Thordarson leide an einer Persönlichkeitsstörung, wonach dieser »zwar in der Lage war, zwischen Recht und Unrecht zu unterscheiden, aber ein Soziopath mit fehlendem Schuldbewusstsein für seine Taten war.«[15]

Um Thordarson zu befragen, war das FBI 2011 nach Island geflogen, ein Land, in dem WikiLeaks dank seiner zwei Jahre zuvor lancierten Enthüllungen über die Kaupthing-Bank – jenes Institut im Epizentrum eines Skandals, der das Land an den Rand des finanziellen Zusammenbruchs gebracht hatte – einen guten Ruf genoss.[16] Offiziell hatten sich die FBI-Agenten wegen eines vermeintlich bevorstehenden Hackerangriffs auf Regierungseinrichtungen dorthin begeben; als die isländischen Behörden jedoch erkannten, dass der eigentliche Zweck darin bestand, Thordarson zu verhören und gegen WikiLeaks zu ermitteln, beendeten sie ihre Zusammenarbeit. Der damalige Innenminister Ögmundur Jónasson wies die isländische Polizei an, sich nicht an der FBI-Operation zu beteiligen. Das FBI verhörte Thordarson zwar weiterhin auf isländischem Boden, aber ohne die justizielle Zusammenarbeit mit der Polizei des Landes, wie die Behörden in Reykjavík selbst mitteilten.[17]

Medienberichten zufolge hatte Thordarson im Laufe seiner Zusammenarbeit mit dem FBI um Geld gebeten, doch offenbar beschränkte sich die Behörde wegen versäumter Arbeit darauf, ihn mit 5.000 Dollar zu entschädigen. Warum hatte sich das FBI auf eine so problematische Person wie Siggi verlassen, einen Schlüsselzeugen für die neue Anklage? Der Fall zeigt, wie weit die US-Behörden

---

15 Dell Cameron: FBI's WikiLeaks informant sentenced to 3 years for sex with underage boys, in: Daily Dot, 25. September 2015 (dailydot.com); Sunna Karen Sigur.órsdóttir: Dómurinn yfir Sigga hakkara: Bau. unglingspiltum allt a. 100 milljónir, bíla og einbýlishús, in: Visir, 25. September 2015.

16 Die Dokumente zur Kaupthing-Bank sind zugänglich unter: https://wikileaks.org/wiki/Category:Kaupthing_Bank (abgerufen: 13.5.2022); Simon Bowers: Confidential Kaupthing corporate loan details leaked on the internet, in: The Guardian, 4. August 2009.

17 Vgl. Pressemitteilung der isländischen Behörden: rikissaksoknari.is.

bereit waren zu gehen, um Assange hinter Gitter zu bringen. Die Methoden drohten indes auf die US-Behörden zurückzufallen; ein Jahr nach der Bekanntgabe der neuen Anklageschrift durch das US-Justizministerium berichteten Journalisten des isländischen Magazins *Stundin*, Sigurdur Thordarson habe in einem Interview mit ihnen »zugegeben, wichtige Schuldzuweisungen in der Anklageschrift gegen den WikiLeaks-Gründer fabriziert zu haben«.[18] Und, so *Stundin* weiter: »Er gibt auch zu, Dokumente von WikiLeaks-Mitarbeitern gestohlen zu haben, indem er ihre Festplatten kopiert hat. Darunter waren auch Dokumente von Renata Avila, einer Anwältin, die für die Organisation und Mr. Assange arbeitete.«

Darüber hinaus wurden in der ergänzenden Anklageschrift von Juni 2020 politische Reden von Assange sowie der ehemaligen WikiLeaks-Journalistin Sarah Harrison und des US-amerikanischen Journalisten und Computersicherheitsexperten Jacob »Jake« Appelbaum kriminalisiert.

Diese auf öffentlichen Konferenzen gehaltenen, humorvollen und provokativen Reden mit Titeln wie »Sysadmins of the World, Unite!« (Systemadministratoren aller Länder, vereinigt euch!) nahmen die US-Behörden in den Anklagepunkt der Verschwörung – jene zum Zweck des Eindringens in Computer – auf, der als Anwerbung von Quellen und Anstiftung zum Diebstahl klassifizierter Dokumente ausgelegt wurde. Dementsprechend wurde die Hilfe für Edward Snowden seitens Julian Assange, Sarah Harrison und WikiLeaks ebenfalls als kriminelle Verschwörung interpretiert: »Um Leaker und Hacker zu ermutigen, WikiLeaks in Zukunft mit gestohlenem Material zu versorgen, zeigten Assange und andere bei WikiLeaks offen ihre Versuche, Snowden zu helfen, sich der Verhaftung zu entziehen.«

In der neuen Anklageschrift wurden Sarah Harrison, Jacob Appelbaum und sogar Daniel Domscheit-Berg angeführt, obwohl sie im Gegensatz zu Julian Assange nicht angeklagt wurden.

---

18 Bjartmar Oddur Þeyr Alexandersson / Gunnar Hrafn Jónsson: Key witness in Assange case admits to lies in indictment, in: Stundin, 26. Juni 2021.

Das Auslieferungsverfahren wurde am 7. September 2020 fortgesetzt. Die Regierung Trump, die zum ersten Mal in der US-Geschichte einen Journalisten nach dem Spionagegesetz angeklagt hatte, neigte sich dem Ende zu. Die Präsidentschaftswahlen in den USA standen in weniger als zwei Monaten an. Doch Regierungswechsel hin oder her: Julian Assange blieb in Belmarsh.

Zeugenaussagen

Wegen der Pandemie konnte ich diesmal nicht nach London fliegen, um an den Anhörungen im Gerichtssaal teilzunehmen. Wie alle anderen Journalistinnen und Journalisten musste ich den Prozess per Videokonferenz verfolgen, ungeachtet technischer Unzulänglichkeiten und unergründlicher Entscheidungen des Gerichts. Beispielsweise wurde Amnesty International – die Organisation hatte im Februar Julia Hall entsandt, eine sehr erfahrene Expertin für Menschenrechtsverletzungen im Krieg gegen den Terror – die Möglichkeit verweigert, die Anhörungen zu verfolgen.[19]

Die Verteidigung von Julian Assange argumentierte, der Fall sei politisch motiviert, und berief sich dabei auf die aggressiven Behauptungen der Trump-Administration und deren Entscheidung, Assange anzuklagen, während Obama dies – trotz der ständigen Ermittlungen der Grand Jury – nicht getan hatte. Der *Washington Post* zufolge fand Obama keine Möglichkeit, Assange anzuklagen, ohne zugleich die *New York Times* und alle anderen Zeitungen zu belangen, die die Enthüllungen ebenfalls veröffentlicht hatten. Die Verteidigung betonte zudem, die Anklage gegen Assange sei Teil von Trumps »War against Journalists and Whistleblower«. Der US-Anwalt Carey Shenkman sagte aus, die Obama-Administration habe zwar den Weg der Verfolgung von Quellen und Whistleblowern nach dem Spionagesetz

---

19 Amnesty International: UK. Lack of access to Julian Assange extradition hearing undermines open justice, amnesty.org, 17. September 2020.

eingeschlagen, die Verfolgung durch Trump sei aber noch energischer. »Der US-Präsident ist auf dem besten Weg, die Zahl der unter Barack Obamas zwei Amtszeiten eingeleiteten Verfahren nach dem Espionage Act in weniger als vier Jahren zu übertreffen«, so Shenkman.[20] Zu den unter Trump Angeklagten gehörten die Whistleblowerin Reality Winner und der Whistleblower Daniel Hale, die die Brutalität von Drohnentötungen aufdeckten, bei denen »manchmal neun von zehn getöteten Menschen unschuldig sind«.[21]

Einige der wichtigsten Aussagen zur politischen Einmischung in den Fall kamen von den geschützten Zeugen, die bei UC Global beschäftigt waren und jene Spionageaktivitäten beschrieben, die mutmaßlich im Auftrag des US-Geheimdienstes durchgeführt wurden, sowie von der Rechtsanwältin Jennifer Robinson, die Assange ab 2010 vertrat. In ihrer Stellungnahme berichtete Robinson, der US-Kongressabgeordnete Dana Rohrabacher habe Assange im August 2017 in der ecuadorianischen Botschaft besucht; sie, Robinson, sei gebeten worden, dabei anwesend zu sein. »Der Vorschlag des Kongressabgeordneten Rohrabacher sah vor: Mr. Assange benennt die Quelle der [WikiLeaks-]Veröffentlichungen zu den Wahlen von 2016 als Gegenleistung für irgendeine Form von Straferlass, Sicherheitsgarantie oder sonst ein Agreement, was sowohl Präsident Trump politisch nützen als auch eine Anklage und Auslieferung [von Julian Assange] durch bzw. an die USA verhindern würde«.[22]

Als die Hintergründe bekannt wurden,[23] bestritt der US-Politiker kategorisch, der Präsident hätte irgendetwas damit zu tun gehabt, und bestand darauf, dass es seine eigene Initiative gewesen sei.

---

20 Press Association: US Espionage Act prosecutions jump under Trump, Assange extradition trial hears, in: PressGazette, 17. September 2020.
21 Ryan Devereaux / Murtaza Hussain: Daniel Hale sentenced to 45 months in prison for drone leak, in: The Intercept, 27. Juli 2021.
22 Witness statement by Jennifer Robinson submitted to the Westminster Magistrates' Court in the extradition hearing of Julian Assange.
23 Peter Beaumont: Trump »associates« offered Assange pardon in return for emails source, court hears, in: The Guardian, 18. September 2020.

Jedenfalls sagte Robinson aus, dass »Mr. Assange dem Kongressabgeordneten keinerlei Informationen gab«. Vier Monate nach dem Treffen, im Dezember 2017, wurde der WikiLeaks-Gründer von der Regierung Trump angeklagt.

Experten wie der renommierte Journalismus-Professor Mark Feldstein von der University of Maryland, der prominente neuseeländische Enthüllungsjournalist Nicky Hager oder Trevor Timm, Mitbegründer der US-amerikanischen Freedom of the Press Foundation, bezeugten: Das inkriminierte Zusammenspiel zwischen Chelsea Manning und Julian Assange, bei dem letzterer den US-Behörden zufolge um geheime Dokumente bat, anstatt sie einfach nur passiv entgegenzunehmen, sei gängige journalistische Praxis. Solcherlei Interaktion als kriminelle Verschwörung zu bezeichnen, bedeute, Journalismus zu kriminalisieren. »Gute Journalisten sitzen nicht herum und warten darauf, dass jemand Informationen durchsickern lässt, sie fordern sie aktiv an«, bekundete Professor Feldstein und fügte hinzu: »Als ich Reporter war, habe ich persönlich hundertfach vertrauliche oder geheime Informationen angefordert und erhalten. Wie Assange war ich ›mitschuldig‹ an der Beschaffung von geheimen Unterlagen von Regierungsmitarbeitern.«[24]

Während die US-Behörden Julian Assange und WikiLeaks vorwarfen, geheime Dokumente wahllos ins Internet gestellt zu haben, ohne die in den Dokumenten genannten Personen zu schützen, sind der Enthüllungsjournalist John Goetz und ich selbst in unserer Zeugenaussage die gesamte Bearbeitung des Materials durch WikiLeaks und kooperierenden Medienpartner durchgegangen. Goetz, der 2010 für den *Spiegel* arbeitete und bald darauf zum NDR wechselte, erklärte mit Blick auf die Veröffentlichung der Botschaftsdepeschen: »Beim *Spiegel* hatten wir eine Telefonkonferenz mit einer Reihe von Beamten des State Department, darunter P. J. Crowley.[25] Sie lasen

---

24 Der Zeugenbericht von Professor Feldstein ist als Zusammenfassung zugänglich unter: judiciary.uk (USA ./. Assange).

25 Damals war Crowley Sprecher des State Department: Er trat zurück, nachdem er den Umgang mit Manning als »kontraproduktiv und dumm« bezeichnet hatte.

uns Nummerierungen von Dokumenten vor, die sie für sensibel hielten, mit der Maßgabe, dass wir die entsprechenden Nummern an WikiLeaks weitergeben würden, damit die Dokumente ordnungsgemäß geschwärzt würden. Genau das hat WikiLeaks getan, als wir sie darum baten.«[26]

Sowohl John Goetz als auch ich sagten aus,[27] dass die ›cables‹ es uns ermöglichten nachzuweisen, dass die Vereinigten Staaten intervenierten, um die Straffreiheit von CIA-Agenten sicherzustellen, die für die ›extraordinary renditions‹, die *außerordentlichen Überstellungen*, verantwortlich waren: in meinem Fall für Abu Omar, im Fall von Goetz für den deutschen Staatsbürger Khaled al-Masri.

Eine weitere Zeugenaussage über die gleichermaßen wacklige wie widersprüchliche Grundlage des Falles kam von dem Cypherpunk John Young aus New York, Gründer der Cryptome-Website, deren Motto lautet: »Unautorisierte Offenlegungen von Staatsgeheimnissen sind für die Demokratie unerlässlich.«

Am 1. September 2011 hatte Young die gesamte Datenbank an ungeschwärzten Depeschen auf seine Website gestellt. WikiLeaks veröffentlichte ebenfalls den gesamten Bestand bereits am Folgetag: »Seit meiner Veröffentlichung der ungeschwärzten diplomatischen ›cables‹ auf Cryptome.org«, so Young, »hat mich keine US-Strafverfolgungsbehörde darüber informiert, dass [dies] illegal ist bzw. ein Verbrechen oder die Beihilfe zu einem Verbrechen darstellt; sie haben auch nicht verlangt, die ›cables‹ von der Homepage zu entfernen.«[28] Während also gegen Julian Assange und seine Organisation wegen Veröffentlichungen wie der Depeschen über ein Jahrzehnt lang strafrechtlich ermittelt wurde, erhielt Cryptome, trotz Verbreitung exakt der gleichen geheimen Materialien, nie auch nur einen Anruf der US-Behörden. Wie war, rein rechtlich gesehen, diese Un-

---

26 Der Zeugenbericht von John Goetz ist als Zusammenfassung zugänglich unter: judiciary.uk (USA ./. Assange).
27 Eine Zusammenfassung meines Zeugenberichts ist zugänglich unter: judiciary.uk (USA ./. Assange).
28 Ebd.

gleichbehandlung zu begründen? Warum klagten die US-Behörden einen australischen Journalisten an, nicht aber den Gründer, Eigentümer und Administrator von Cryptome, der US-Bürger ist und in New York wohnt?

Die Zeugenaussagen, die in dem Prozess am meisten beeindruckten, kamen von Opfern wie Khaled al-Masri, der an der mazedonischen Grenze entführt wurde, wo er mit einem Bus unterwegs war. Er wurde brutal geschlagen, sexuell misshandelt, gefesselt, mit dem Kopf in eine Kapuze gesteckt und einer totalen sensorischen Deprivation unterworfen. »Diese Maßnahmen waren nur der Anfang«, erinnerte sich al-Masri.[29] Obwohl nur schriftlich niedergelegt, vermittelte seine Aussage ein Trauma, unter dem er fast zwanzig Jahre später noch immer litt. Al-Masri wurde in ein Gefängnis in Afghanistan verlegt, in Isolationshaft gehalten, ständig verhört, geschlagen, eingesperrt in einer eiskalten Betonzelle. Und das im Winter, in Afghanistan. Er hatte nur eine dünne, schmutzige Decke und als Toilette einen Eimer. Nach 34 Tagen im Hungerstreik wurde er aus seiner Zelle geholt, auf einen Stuhl geschnallt und per Ernährungssonde durch die Nase schmerzhaft zwangsernährt. »Erst viel später erfuhr ich: Die CIA wusste, dass meine Inhaftierung auf einer Verwechslung beruhte und ich hätte freigelassen werden sollen«, so al-Masri. Trotzdem wurde ich noch mehrere Monate festgehalten.« Er wurde mit der Ermahnung entlassen, mit niemandem je über das zu sprechen, was geschehen war. »Es hätte Konsequenzen, wenn ich etwas sagen würde«, erinnerte sich al-Masri.

Das Problem war: Wie sollte er beweisen können, was geschehen war? Mazedonien leugnete, davon gewusst zu haben, und die USA waren nicht bereit, Informationen herauszugeben. »Es war ein langer Kampf, auch nur die grundlegendsten Fakten über meinen Fall aufzudecken«, erklärte er und zeichnete alle Geheimhaltungssperren nach, die der Wahrheitsfindung entgegenstanden. Er fügte hinzu: »Andere Vorfälle machten mir Angst: Plötzlich wurde ich auf einer

---

29 Ebd.

Schnellstraße von Autos blockiert, Unbekannte näherten sich meinen Kindern, meine Beschwerden bei der Polizei führten dazu, dass sie versuchten, mich als psychisch Kranken einzuweisen. Ich wurde gewaltsam niedergehalten.«

Khaled al-Masri legte dar, dass es ihm nur dank der Unterstützung von Journalisten wie John Goetz, der an den WikiLeaks-Dokumenten gearbeitet hatte, sowie von Anwälten und anderen Leuten, die sich mit Menschenrechten auskennen und recherchierten, möglich war, seine »Glaubwürdigkeit langsam aufzubauen und Beweise zu sammeln«, die seine »Geschichte stützten«.

Die Botschaftsdepeschen ermöglichen es, herauszufinden und zu dokumentieren, wie die deutsche Regierung dem Druck der USA nachgegeben hatte, das für die sogenannten *außerordentlichen Überstellungen* verantwortliche CIA-Team nicht auszuliefern. Und sie enthüllten, dass sich die US-Behörden in die Ermittlungen einmischten, um sie zu blockieren. Dank dieser Dokumente konnte Khaled al-Masri seine Klage vor dem Europäischen Gerichtshof für Menschenrechte mit offiziellen Schriftstücken untermauern. In seiner Zeugenaussage bestätigte Goetz: »Ohne die Veröffentlichung von Informationen, die die US-Regierung aus Gründen der nationalen Sicherheit geheim halten wollte, wäre die Wahrheit noch immer nicht ans Licht gekommen. Denn erst durch die Lektüre der diplomatischen ›cables‹ wurde uns klar, welche Rolle die US-Regierung hinter den Kulissen spielte.« Vergleichbar mit dem Druck, den die Vereinigten Staaten auf italienische Regierungen ausgeübt hatten, um sicherzustellen, dass die für die *außerordentliche Überstellung* von Abu Omar verantwortlichen CIA-Agenten sich niemals für ihre Taten verantworten mussten. Ohne die Botschaftsdepeschen wäre dieser Druck für immer im Verborgenen geblieben.

Die Fälle al-Masri und Omar sind nur zwei Beispiele dafür, wie Staatsgeheimnisse der USA und ihrer Verbündeten nicht dem Schutz von Bürgerinnen und Bürgern dienen, sondern der Vertuschung von Gräueln und der Wahrung völliger Straffreiheit für jene, die sie – mit dem Rückhalt staatlicher Institutionen – zu verantworten haben.

Nicht weniger eindrucksvoll waren die Zeugenaussagen anderer genannter Akteure. So die von Dean Yates, Leiter des *Reuters*-Büros in Bagdad zu jener Zeit, als ein Fotograf und dessen Assistent von einem Apache-Hubschrauber getötet wurden – siehe das ›Collateral Murder‹-Video. Oder die Aussage des Anwalts Clive Stafford Smith, Gründer der Menschenrechtsorganisation Reprieve und einer der Anwälte, die dabei halfen, das ›Habeas Corpus‹-Prinzip für die Gefangenen in Guantanamo durchzusetzen. Ausführlich schilderte Stafford Smith unter anderem, wie es mithilfe der ›cables‹ gelang, entscheidende Informationen über einen Bereich der Kriegsführung zu erhalten, der völlig geheimgehalten wurde: den Drohnenkrieg. »Einer meiner Beweggründe, an diesen Fällen zu arbeiten«, so Stafford Smith, »war die offenbar schrecklich schlechte Handhabung des Drohnenfeldzugs der USA, bei dem bezahlte Informanten falsche Informationen über unschuldige Menschen angaben, die daraufhin bei Angriffen getötet wurden.«[30]

Und der Anwalt erklärte vor Gericht: Während einer öffentlichen Rede in Pakistan habe er den Anwesenden gesagt, dass sich unter ihnen wahrscheinlich ein oder zwei Informanten befänden, die auf der Payroll der CIA stünden und Informationen über Personen, die ins Visier genommen werden sollten, an die CIA weitergeben würden. Später erfuhr Stafford Smith: Nicht nur entsprachen seine Worte allgemein der Wahrheit, vielmehr war bei seiner Rede ein Informant anwesend, der eine Falschaussage über einen Teenager im Publikum machte, der wiederum drei Tage später zusammen mit seinem Cousin von einer Drohne getötet wurde. »Selbstverständlich ist es viel sicherer für einen Informanten, eine Aussage über jemanden zu machen, der ein ›Niemand‹ ist, als über jemanden, der wirklich eine Gefahr darstellt«, erklärte Stafford Smith und bezeugte, wie entscheidend die Botschaftsdepeschen bei der Suche nach sachdienlichen Hinweisen für pakistanische Gerichte waren, um unschuldigen Opfern Gerechtigkeit widerfahren zu lassen. »Das

---

30 Ebd.

Ergebnis dieses Rechtsstreits: Die Drohnenangriffe, die zu Hunderten stattfanden und viele unschuldige Tote forderten, wurden sehr schnell eingestellt. Soweit mir bekannt, wurden im Jahr 2019 keine gemeldet.«

Der Publizist Noam Chomsky lieferte derweil eine brillante Analyse zu ›Secret Power‹: »Julian Assanges Taten, die als kriminell eingestuft wurden, sind Taten, die die Macht dem Sonnenlicht aussetzen – Taten, die dazu führen können, dass die Macht verdampft, wenn die Bevölkerung die Gelegenheit ergreift, unabhängige Bürgerinnen und Bürger einer freien Gesellschaft zu werden, anstatt Untertanen eines Gebieters, der im Verborgenen operiert.« Chomsky weiter: »Wer den Bestand an freigegebenen Dokumente durchforstet, erkennt sicherlich schnell: Was geheimgehalten wird, hat sehr selten etwas mit Sicherheit zu tun – außer mit der Sicherheit der Führung des Landes und deren Sicherheit vor ihrem inneren Feind, ihrer eigenen Bevölkerung.«[31]

Das war bei den von WikiLeaks veröffentlichten Regierungsdokumenten, für die Assange angeklagt wurde, eindeutig der Fall. Es handelte sich nicht um die Art von Geheimnissen, die dem Schutz eines Atomkraftwerks oder anderer Anlagen dienen, bei denen die Bevölkerung gefährdet sein könnte, sobald sensible Unterlagen publik werden; vielmehr ging es um Geheimnisse, die entweder der Vertuschung von Staatsverbrechen dienen oder die deshalb nicht gelüftet werden sollten, weil die Enthüllung von dokumentierten Tatsachen und Gesprächen für die US-Regierung und ihre Verbündeten peinlich gewesen wäre.[32]

Das aussagekräftigste Zeugnis legte Daniel Ellsberg ab. Ich konnte seiner Aussage nicht selbst beiwohnen, da die US-Behörden den Richter standardmäßig darum baten, mich von der Anhörung auszuschließen, da meine eigene Aussage bevorstand. Aber die Medien-

---

31 Ebd.
32 Zu derlei unterschiedlicher Art von Geheimnissen vgl. Hugh Gusterson: Not all secrets are alike, in: Bulletin of the Atomic Scientists, 23. Juli 2013.

berichte ließen das intellektuelle Kaliber und die Charakterstärke des Whistleblowers, der einst die ›Pentagon Papers‹ ans Licht brachte, erkennen. Ellsberg wies die Versuche von James Lewis, dem Vertreter der US-Regierung, zurück, seine Enthüllungen und die von WikiLeaks gegeneinander auszuspielen. Einem Bericht des angesehenen US-Journalisten Kevin Gosztola zufolge erklärte Lewis: »Als Sie die ›Pentagon Papers‹ veröffentlichten, waren Sie sehr vorsichtig bei dem, was Sie den Medien zur Verfügung stellten.«[33] Will sagen: Während Ellsberg die Dateien sorgfältig ausgewählt habe, um die in den Dokumenten genannten Personen keiner Gefahr auszusetzen, hätte Assange alles wahllos online gestellt.

Was entgegenete der Whistleblower? Bei den Teilen des Materials, das er zurückhielt, sei es nicht darum gegangen, bestimmte Namen nicht an die Öffentlichkeit zu lassen; vielmehr habe er, ebenso wie Assange, gewollt, dass die Öffentlichkeit Zugang zu den vollständigen und unveränderten Dokumenten habe. Der WikiLeaks-Gründer, fügte Ellsberg hinzu, habe in der Vergangenheit durchaus Vorsichtsmaßnahmen ergriffen. So habe er 15.000 als geheim eingestufte Dokumente über den Afghanistankrieg nicht veröffentlicht und das State Department und das Pentagon gebeten, die Risiken zu minimieren; doch die US-Behörden hätten sich dem verweigert. »Sind Sie also der Meinung, dass die Veröffentlichung der ungeschwärzten Namen von Informanten absolut keine Gefahr darstellte?«, fragte Lewis. Ellsberg antwortete, die US-Regierung sei »extrem zynisch, so zu tun, als sei sie um diese Leute besorgt«. Zudem habe er in den vergangenen zehn Jahren von keinem einzigen Opfer erfahren, das im Zusammnenhang mit den Veröffentlichungen gestanden hätte.

Das Auslieferungsverfahren wurde am 1. Oktober abgeschlossen, einen Monat vor den Präsidentschaftswahlen in den USA. Richterin Vanessa Baraitser würde ihr Urteil am 4. Januar 2021 verkünden,

---

33 Kevin Gosztola: Good Ellsberg, bad Assange: at extradition trial, Pentagon Papers whistleblower dismantles false narrative, in: ShadowProof, 18. September 2020.

nachdem der neue Präsident der Vereinigten Staaten, Joe Biden, gewählt worden war. In der Zwischenzeit würde Julian Assange inmitten einer Pandemie und ungeachtet seines schlechten Gesundheitszustands im Gefängnis bleiben.

20.
Eine gewaltige Ungerechtigkeit

Die Unerbittlichkeit der britischen und der US-amerikanischen Justiz

Als Richterin Baraitser am Morgen des 4. Januar 2021 mit der Urteilsverlesung begann, lösten ihre Worte Hoffnungslosigkeit aus. Sie wies alle Argumente der Verteidigung zurück. Sie tat ab, dass es sich um einen politischen Fall handelte. Sie verwarf die Argumente des forensischen Experten Patrick Eller, der die Vorwürfe anzweifelte, Assange habe Chelsea Manning dabei geholfen, ein Passwort-Hash zu knacken.[1] Dies sei, so Baraitser, »ein alternatives Narrativ zu den Vorwürfen«, in jedem Fall seien »die damit aufgeworfenen

---

1   Patrick Eller sagte als Zeuge aus, dass »Manning im Rahmen ihrer Arbeit als Geheimdienstanalystin mit Top-Secret-Freigabe bereits rechtmäßigen Zugang zu allen Datenbanken hatte, von denen sie Daten herunterlud« und dass daher das Einloggen in Pentagon-Computer mit einem Benutzernamen, der ihr nicht gehörte, »ihr <u>keinen</u> [Hervorh. im Orig.] besseren Zugang verschafft hätte, als sie bereits ohnehin besaß, zumal auch keinen anonymen Zugang zu diesen Datenbanken«. Eller zufolge »gab es viele weitere mögliche Gründe für Manning, zu versuchen, ein Passwort zu knacken, beispielsweise um Programme für ihre Kollegen zu installieren«. Der von Assanges Verteidigung herangezogene Experte für Computerforensik berichtete ferner: Gemäß dem, was im Chelsea-Manning-Prozess vor dem Kriegsgericht herauskam, installierten US-Soldaten während ihrer langen Dienstschichten sogar verbotene Software auf Pentagon-Computern, um Filme zu sehen, Musik zu hören oder online zu spielen. Zu deren Installation wurden mitunter Administrator-Passwörter geknackt. Manning wurde von den anderen Soldatinnen und Soldaten als Computerexpertin angesehen, weshalb sie oft gebeten wurde, dabei zu mitzuhelfen, derlei unerlaubte Software aufzuspielen. Eine Zusammenfassung der Aussage von Eller findet sich im Anhang zum Urteil des Westminster Magistrates' Court: The Government of the US of America ./. Julian Paul Assange, Consolidated Annex.

Fragen in einem Prozess« in den USA zu klären, wenn Assange ausgeliefert werde. Zudem wies sie die Argumente zur Pressefreiheit zurück, indem sie bekräftigte, »die freie Meinungsäußerung« sei »keine ›Trumpfkarte‹, selbst wenn Angelegenheiten von ernsthaftem öffentlichem Interesse aufgedeckt werden«. Die WikiLeaks-Veröffentlichungen seien eine »willkürliche Offenlegung aller Daten«. Aussagen von Journalisten und Experten wie Mark Feldstein, Trevor Timm oder Nicky Hager, die die Sorgen um die Pressefreiheit infolge der Belastung von Julian Assange hervorheben, und Aussagen von Medienpartnern, wie von John Goetz und mir, über die akribische journalistische Arbeit, die hinter der Veröffentlichung von US-Dokumenten durch uns und WikiLeaks steht, schienen die Richterin nicht zu interessieren.

Auch die Aussagen der beiden anonymen Zeugen, UC Global habe Assange und seinen Anwalt im Auftrag von US-Geheimdiensten ausspioniert und Pläne zur Entführung oder Vergiftung durchgespielt, ließ die Richterin unberücksichtigt, weil »diese Vorwürfe noch vom Nationalen Gerichtshof von Spanien, dem Audiencia Nacional, untersucht« würden und es »dem Gericht gegenüber unangebracht wäre, Tatsachen festzustellen, während in Spanien dazu noch ermittelt wird.«

An diesem Morgen wurden die Auslieferungshindernisse nacheinander abgeräumt. Abgemagert – dunkelblauer Anzug, Krawatte, Covid-Maske – hörte der WikiLeaks-Gründer Richterin Baraitser bei der Verlesung des Urteils stoisch zu, allein das Ringen der Hände verriet seinen Zustand.[2]

Doch dann die Entscheidung, mit der niemand gerechnet hatte: »Ich bin der Ansicht«, so die Richterin, »dass es angesichts der mentalen Verfassung von Mr. Assange bedrückend wäre, ihn an die Vereinigten Staaten von Amerika auszuliefern.«[3]

---

2 Stefania Maurizi: Assange, no a estradizione negli USA: »rischia la vita«, in: il Fatto Quotidiano, 5. Januar 2021.

3 Der Urteilsspruch von Richterin Baraitser vom 4. Januar 2021 ist zugänglich unter: judiciary.uk.

Baraitser verweigerte die Auslieferung einzig und allein aufgrund der dramatischen Verschlechterung seines körperlichen und geistigen Gesundheitszustands. In den psychiatrischen Gutachten, die während des Prozesses vorgelegt und im Urteil angeführt wurden, wird das ganze Trauerspiel dieses Verfalls beschrieben.

Michael Kopelman, emeritierter Professor für Neuropsychiatrie am King's College, hatte im Dezember 2019 zum Zustand Assanges festgehalten: »Schlafverlust, Gewichtsverlust, Konzentrationsstörungen, das Gefühl, oft den Tränen nahe zu sein, und ein Zustand akuter Unruhe, in dem er bis zur Erschöpfung in seiner Zelle auf und ab ging, sich den Kopf stieß oder gegen die Zellenwand schlug.«[4] Julian Assange »berichtete von Selbstmordgedanken während dieser Zeit und sagte Professor Kopelman, dass das Leben nicht lebenswert sei, habe er ›hunderte Male am Tag‹ an Suizid gedacht und den ›ständigen Wunsch‹ gehabt, sich selbst zu verletzen oder sich das Leben zu nehmen.«[5] Er habe »praktisch jeden Abend« das Samariter-Hilfswerk, das Menschen mit Selbstmordgedanken hilft, »angerufen und sich bei zwei oder drei Gelegenheiten, wenn sie nicht erreichbar waren, oberflächliche Schnitte an Oberschenkel und Bauch zugefügt, um sich von dem Gefühl der Isolation abzulenken.«[6]

Den psychiatrischen Gutachten zufolge leidet Julian Assange unter dem Asperger-Syndrom litt, das bei Personen mit Begabungen in den Bereichen Mathematik, Physik und Informatik häufig auftritt, oft verbunden mit einem hohen IQ. Die Vermutung, dass Assange von dieser Krankheit betroffen ist, wurde bereits 2010 geäußert, nun aber gab es eine professionelle, öffentliche Diagnose, die auch einige rätselhafte Verhaltensweisen erklärte, die vielen von uns im Laufe der Jahre im Umgang mit ihm aufgefallen waren, die wir aber ohne medizinische Fachkenntnisse kaum entschlüsseln konnten.

---

4 Ebd.
5 Ebd.
6 Ebd.

Laut Richterin Baraitser bestand im Falle einer Auslieferung »ein reales Risiko, dass Mr. Assange in das ADX Florence verlegt« würde, das härteste Gefängnis der Vereinigten Staaten, in dem auch der Drogenboss El Chapo inhaftiert ist und das im Ruf gnadenloser Isolation steht, bekannt unter dem Namen Special Administrative Measures (SAMs). Es sind genau jene Haftbedingungen, die der mutmaßlichen WikiLeaks-Quelle der CIA-Dokumente aus ›Vault 7‹, Joshua Schulte, auferlegt wurden, der, vermittelt über seinen Rechtsbeistand, berichtete, er werde »wie ein Tier behandelt«.

Richterin Baraitser stellte zudem fest, dass derlei Haftbedingungen »seinen Kontakt zu allen Mitmenschen, einschließlich anderer Gefangener, des Personals und seiner Familie, stark einschränken würde. Unter den SAM-Sonderbedingungen hätte er absolut keinen Kontakt zu anderen Gefangenen, nicht einmal durch die Wände seiner Zelle, und die Zeit außerhalb seiner Zelle würde er allein verbringen.«[7]

Baraitser führte den Präzedenzfall des Aktivisten Lauri Love an, dessen Auslieferung an die Vereinigten Staaten aufgrund einer Diagnose des Asperger-Syndroms und der Selbstmordgefahr nach einem komplexen Rechtsstreit verweigert worden war.[8] Demnach würde »Mr. Assange nicht nur einen Weg zum Selbstmord finden, sondern diesen auch ›mit dem Nachdruck seines ASD/Asperger-Syndroms‹ begehen«[9]; zudem habe er »bereits Selbstmordpläne gehabt, die Professor Kopelman als ›höchst plausibel‹ erachtete, und planvolle Schritte unternommen, sich das Leben zu nehmen, einschließlich der Erstellung eines Testaments und der Bitte um Absolution durch den katholischen Gefängnispfarrer.«[10]

Das Urteil Baraitsers, Assange nicht auszuliefern, erschien als Sieg und als Niederlage zugleich. »Die Entscheidung, Julians Aus-

---

7 Ebd.

8 Lauri Love gewann seinen Prozess auch dank einer von der Menschenrechtsaktivistin Naomi Colvin angeführten Kampagne.

9 Zitat aus dem Urteilsspruch von Richterin Baraitser vom 4. Januar 2021, zugänglich unter: judiciary.uk.

10 Ebd.

lieferung abzulehnen, ist zu begrüßen. Wichtig ist: Die Richterin hat anerkannt, dass eine Auslieferung besonders belastend wäre«, sagte mir Jennifer Robinson.[11] »Allerdings folgte sie dabei ursächlich der Selbstmordgefahr und nicht Redefreiheit: Es ist ein Sieg für Julian Assange, aber kein Sieg für den Journalismus.«

Von *Amnesty International* bis hin zu *Reporter ohne Grenzen* wiesen Organisationen, die sich für Menschenrechte und Pressefreiheit einsetzen, auf die Bedrohung hin, die dieses Urteil für den Journalismus darstellte.

»Wir begrüßen dieses Urteil, insoweit es anerkennt, dass Julian Assange in Gefahr wäre, Misshandlungen ausgesetzt zu sein, wenn er an die USA ausgeliefert und dort inhaftiert würde«, so Julia Hall von Amnesty International mir gegenüber.[12] »Aber er hätte gar nicht erst politisch verfolgt werden dürfen. Die USA haben die Pressefreiheit auf den Prüfstand gestellt und das Vereinigte Königreich hat sich bereitwillig mitschuldig gemacht.« Und Rebecca Vincent von *Reporter ohne Grenzen* erklärte: »Wir sind noch immer der Auffassung, dass der Fall politisch motiviert ist, dass es um Journalismus und Pressefreiheit geht. Und diese Richterin hat all das abgetan, somit lässt dieses Urteil aus journalistischer Sicht die Tür für ähnliche Fälle offen. Wir hätten uns eine starke Position dieses Gerichts zur journalistischen Rückendeckung und zugunsten der Pressefreiheit gewünscht, aber das ist mit dieser Entscheidung nicht geschehen.«[13]

Obwohl er erklärte, »extrem enttäuscht über die Entscheidung des Gerichts« zu sein, erklärte Marc Raimondi, Sprecher des US-Justizministerium: »Wir freuen uns, dass sich die Vereinigten Staaten in allen Punkten durchgesetzt haben. Insbesondere hat das Gericht alle Argumente von Mr. Assange bezüglich politischer Motivation, politischer Tat, eines fairen Verfahrens und der Freiheit der Rede zurückgewiesen.« Man werde »weiterhin«, kündigte Raimondi an, »die

---

11 Maurizi: Assange, no a estradizione negli USA, a. a. O.
12 Ebd.
13 Ebd.

Auslieferung von Mr. Assange an die USA ersuchen«.[14] Schließlich war dies bloß das erstinstanzliche Urteil.

Die US-Behörden hatten allen Grund, zufrieden zu sein. Allem Anschein nach war das gesamte Verfahren auf menschenwürdige, gerechte und faire Weise verlaufen. Die Auslieferung wurde mit der Begründung verweigert, die Unversehrtheit von Julian Assange zu schützen. Doch hinter der Fassade des Fair Play war kaum die Spur von Gerechtigkeit und Menschlichkeit. Sowohl die britische als auch die US-amerikanische Justiz waren grotesk und unerbittlich. Sie hatten den Gründer einer journalistischen Organisation, die Kriegsverbrechen und Folter aufgedeckt hatte, durch zehn Jahre Strafverfolgung und willkürliche Inhaftierung in eine schwerwiegende psychische Erkrankung getrieben. Und die große Mehrheit der Medien, vor allem der britischen, hatte der US-Regierung und der des Vereinigten Königreichs geholfen, die Fassade aufrechtzuerhalten.

Julian töten

Nur acht Monate nach dem Urteil von Richterin Baraitser enthüllte das Webportal *Yahoo News*: Die CIA hatte geplant, Julian Assange und andere Journalisten, die mit der Organisation zusammenarbeiten, zu entführen oder sogar zu töten.

Die Recherche wurde von drei US-amerikanischen Journalisten gezeichnet: Zach Dorfman, Sean D. Naylor und Michael Isikoff, die Informationen und vertrauliche Mitteilungen von gut dreißig ehemaligen US-Beamten zusammengetragen hatten.[15] Der eigentliche Auslöser für die Rage der CIA war die Veröffentlichung der geheimen

---

14 Reuters (red. Bericht): US will continue to seek Assange's extradition – US Justice Department, 4. Januar 2021.
15 Zach Dorfman / Sean D. Naylor / Michael Isikoff: Kidnapping, assassination and a London shoot-out. Inside the CIA's secret war plans against WikiLeaks, Yahoo News, 21. September 2021.

Dokumente ihrer Cyberwaffe ›Vault 7‹. »Nach der ›Vault 7‹-Sache wollten sich Pompeo und [die stellvertretende CIA-Direktorin Gina] Haspel an Assange rächen«, vermerkte *Yahoo News* und berichtete, WikiLeaks sei für Pompeo zur Obsession geworden.

Die CIA hatte zudem versucht, der Organisation Agententätigkeit im Auftrag des Kremls vorzuhalten, aber nicht die nötigen Beweise verfügt. »Die Schwierigkeit zu beweisen, WikiLeaks würde auf Geheiß des Kremls operieren, war ein wichtiger Faktor für den Schritt der CIA, die Gruppe als feindlichen Nachrichtendienst zu bezeichnen, so ein ehemaliger hoher Beamter der Spionageabwehr«, hielt *Yahoo* fest und fügte hinzu: »›Es gab eine Menge juristischer Debatten darüber: Handeln sie [d. h. WikiLeaks] als russische Agenten?‹«, so der ehemalige Beamte. »Das war unklar, also stand zur Frage, ob man sie als feindliche Einheit einstufen konnte.‹«

Die Bezeichnung von WikiLeaks als »feindlicher Geheimdienst« – und nicht als journalistische Organisation – konnte den Weg ebnen, gegen Julian Assange und WikiLeaks jede Art von Methoden aus dem Arsenal schmutziger Kriege zu verwenden. Innerhalb weniger Monate »überwachten US-Spione ehemaligen Beamten zufolge die Kommunikation und das Bewegungsprofil zahlreicher WikiLeaks-Mitarbeiter, einschließlich der Audio- und Videoüberwachung von Assange selbst.«[16]

Doch es ging nicht nur darum, Assange und andere WikiLeaks-Journalisten auszuspionieren: »Die Führungskräfte der Agency forderten und erhielten ›Skizzen‹ von Plänen zur Tötung von Assange und anderen in Europa ansässigen WikiLeaks-Mitgliedern, die Zugang zu ›Vault 7‹-Material hatten.«[17]

Es gibt keinen Hinweis darauf, dass die drastischeren Maßnahmen jemals gebilligt wurden, so *Yahoo*, aber »die Empfehlungen der CIA zum Umgang mit WikiLeaks beunruhigten einige Regierungsbeamte so sehr, dass sie im Stillen Mitarbeiter und Mitglieder des Kon-

---

16 Ebd.
17 Ebd.

gresses in den Geheimdienstausschüssen des Repräsentantenhauses und des Senats kontaktierten, um sie auf die Vorschläge von Pompeo aufmerksam zu machen.«[18] Außerdem befürchteten manche aus der Trump-Administration, dass derlei Formen illegaler Überstellungen die Versuche der US-Behörden untergraben könnten, Assange und WikiLeaks wegen deren Enthüllungen strafrechtlich zu belangen. So rieten einige dazu, die Anklage gegen Assange zu beschleunigen. In der Tat wurde er am 21. Dezember 2017 angeklagt, nur neun Monate nachdem WikiLeaks und wir in Medienpartnerschaft mit der Veröffentlichung von ›Vault 7‹ begonnen hatten. Die Anklageschrift wurde indes unter Verschluss gehalten.

Die Recherchen von *Yahoo News* bestätigten auch einige der Aussagen der beiden geschützten Zeugen, die für UC Global gearbeitet hatten und denen zufolge ihr Chef, David Morales, Pläne durchgespielt hatte, Julian Assange zu vergiften oder zu entführen. Der US-Anwalt Barry Pollack, der den WikiLeaks-Gründer in den Vereinigten Staaten vertrat, fand es »absolut empörend«, dass seine Regierung geplant habe, jemanden zu entführen oder zu töten, nur weil er wahrheitsgetreue Informationen von allgemeinem Interesse veröffentlicht habe. »Ich hoffe und erwarte, dass die britischen Gerichte diese Informationen berücksichtigen und sich in ihrer Entscheidung, gestärkt sehen, nicht an die USA auszuliefern«, so Pollack gegenüber *Yahoo*.

Nach dem Urteil von Vanessa Baraitser, mit dem die Auslieferung abgelehnt wurde, blieb Julian Assange weiterhin im Gefängnis von Belmarsh. Die USA hatten beim High Court of Justice des Vereinigten Königreichs Berufung eingelegt. Die Regierung Biden hätte die Anklage sehr leichtfallen lassen können, da diese ein Erbe der Ära Trump war. Ein Bündnis von Bürgerrechts- und Menschenrechtsgruppen drängte Biden, dies zu tun.[19] Ihr gehörten einige der

---

18 Ebd.
19 Charlie Savage: Civil-liberties groups ask Biden Justice Dept. to drop Julian Assange case, in: New York Times, 8. Februar 2021.

bekanntesten Organisationen aus dem Bereich an, von Amnesty International über Human Rights Watch bis hin zur American Civil Liberties Union. Die Regierung Biden hielt indes am Auslieferungsersuchen fest und gab den britischen Behörden diplomatische Zusicherungen, dass die Vereinigten Staaten Julian Assange im Fall einer Überstellung nicht im härtesten US-Gefängnis, dem ADX Florence, inhaftieren und ihn nicht der Sonderbehandlung in Form der »Special Administrative Measures« (SAMs) unterwerfen würden. Einen Vorbehalt gab es jedoch: Sollten sie seiner habhaft werden und er sich so verhalten, dass derlei Maßnahmen aus Sicht der US-Behörden erforderlich seien, würden sie diese verhängen.

Amnesty International wies die diplomatischen Zusicherungen umgehend als grundsätzlich unglaubwürdig zurück und forderte die Vereinigten Staaten auf, die Anklage gegen Julian Assange fallen zu lassen. Die hoch angesehene Generalsekretärin von Amnesty International, Agnès Callamard, erklärte: »Die Zusicherungen der US-Regierung, Julian Assange nicht in ein Hochsicherheitsgefängnis zu verbringen oder ihn der Special Administrative Measures auszusetzen, wurden unterlaufen, indem sie sich erklärtermaßen das Recht vorbehielten, diese Garantien zu widerrufen. Nun haben Berichte, wonach die CIA eine Entführung oder Tötung von Assange in Erwägung zog, umso mehr Zweifel an der Verlässlichkeit der US-Zusagen aufkommen lassen und die politische Motivation hinter diesem Fall noch deutlicher gemacht.«[20] Freilich kamen die Vereinigten Staaten den Forderungen von Amnesty International nicht nach.

Im Dezember 2021 entschied der britische High Court of Justice, dass Julian Assange an die USA überstellt werden konnte, da die von den US-Behörden gegebenen Zusicherungen ausreichten, um die Bedenken hinsichtlich des Selbstmordrisikos, die Baraitser zur

---

20 Amnesty International: US/UK. Julian Assange's »politically motivated« extradition must not go ahead, 26. Oktober 2021; Stefania Maurizi: Julia Hall, Amnesty International expert on national security: »Assange should be released«, in: il Fatto Quotidiano, 24. Juli 2021.

Ablehnung der Auslieferung veranlasst hatten, zu zerstreuen.[21] Die beiden Richter, Lord Burnett of Maldon und Lord Justice Holroyde, verstanden die diplomatischen Zusicherungen als eine feierliche Erklärung, von einer Regierung an eine andere dargebracht; es bestehe »kein Grund für die Annahme, dass die USA die Zusicherungen nicht nach Treu und Glauben gaben.«[22]

Einmal mehr zeigte Großbritannien hinter der Fassade von Gerechtigkeit und Menschlichkeit: Es hatte wenig Skrupel, einen Journalisten an ein Land auszuliefern, das nach Angaben von geschützten Zeugen und angesehenen Medien Pläne verfolgte, ihn umzubringen.

Das dunkle Gemäuer durchlöchern

In eben jenen Monaten, in denen die CIA WikiLeaks nicht als journalistische Organisation, sondern als feindliche Einheit bezeichnete, und Pläne schmiedete, Assange und andere WikiLeaks-Journalisten umzubringen oder zu entführen, lehnte das sogenannte First-tier Tribunal, das erstinstanzlich zuständige britische Gericht in London, meinen Antrag auf Zugang zu allen Unterlagen im Fall Julian Assange ab und erklärte, bei der Löschung wichtiger Mails seitens des Crown Prosecution Service gäbe es »nichts zu bedauern«[23]. Doch zugleich erkannte das Gericht WikiLeaks als »Medienorganisation« an – ein Status also, den die CIA Assanges Organisation nicht zugestand. »WikiLeaks ist eine Medienorganisation, die zensiertes oder gesperrtes offizielles Material über Krieg, Überwachung oder Korruption, das ihr unter verschiedenen Umständen zugespielt wird, veröffentlicht und kommentiert«, urteilte das Gericht.[24]

---

21 Das Urteil vom 10. Dezember 2021 ist zugänglich unter: www.judiciary.uk.
22 Ebd.
23 Das Urteil des First-tier Tribunal's ist zugänglich unter: download.repubblica.it; Ewen MacAskill: WikiLeaks recognised as a »media organisation« by UK tribunal, in: The Guardian, 14. Dezember 2017.
24 Ebd.

Die Entscheidung des erstinstanzlichen Gerichts, mit der mein Antrag zurückgewiesen wurde, war nur die erste in einer langen Reihe von Niederlagen. Meine Scharmützel hatten gerade erst begonnen.

Seit ich im November 2017 erfuhr, dass die Dokumente vernichtet worden waren, führe ich einen Rechtsstreit, der im Herbst 2024 noch andauert und der die umfassende Kompetenz meiner Anwältin Estelle Dehon erfordert. Ich habe mich an den ›Information Commissioner‹ – also an jene britische Stelle, die das Recht auf Zugang zu Informationen schützt –, an das First-tier Tribunal und an das Upper Tribunal von London gewandt, um alle nicht vernichteten Dokumente zu erhalten und um die Löschung des Accounts von Paul Close zu hinterfragen.

Erst im Juni 2023 wies Richter O'Connor vom First-tier Tribunal von London den Crown Prosecution Service an, offenzulegen, ob die Behörde im Besitz von Informationen darüber ist, wann, wie und warum diese Dokumente vernichtet wurden; zudem müssten mir diese Informationen zur Verfügung gestellt oder Gründe genannt werden, warum sie mir verweigert wurden. Darüber hinaus bestätigte Richter O'Connor, dass »WikiLeaks eine Medienorganisation ist«.[25]

Nach dieser richterlichen Anordnung legten die Behörden zum ersten Mal ein Schreiben vor, das laut ihrer Version der Ereignisse die Vernichtung der Dokumente rechtfertigte: Demnach sollten Mailkonten ordnungsgemäß dreißig Tage nach dem Ausscheiden eines Mitarbeiters aus dem Amt gelöscht werden.[26] Dreißig Tage?

---

25 Urteil von Richter O'Connor, 25. Mai 2023: Stefania Maurizi and Information Commissioner and Crown Prosecution Service appeal, appeal number EA/2022/0088. Zum Urteilstext vgl. Stefania Maurizi: Judge orders the Crown Prosecution Service to come clean about the destruction of key documents on Julian Assange, in: il Fatto Quotidiano, 31. Mai 2023.

26 Das Dokument trägt den Titel: Introduction of New (Automated) CPS Network Account Management Leavers Process. Es wurde mir gegenüber vom Crown Prosecution Service am 23. Juni 2023 freigegeben. Vgl. auch: Bill Goodwin: ICO complaint seeks answers from prosecutors over deleted Assange emails, in: Computer Weekly, 14. Dezember 2023.

Hatten sie nicht immer behauptet, der Account von Paul Close wäre drei Monate nach dessen Ausscheiden gelöscht worden? Nun änderten sie plötzlich ihre Darstellung. Doch wenn dieses Dokument wirklich zeigte, dass die Löschung vorschriftsgemäß erfolgt war, warum hatte dann sechs Jahre lang niemand etwas davon erwähnt? Und niemand daran gedacht, mir eine Kopie zu geben, obwohl ich wiederholt danach gefragt und bei britischen Gerichten Einspruch erhoben hatte?

Anscheinend ist es hoffnungslos, die Daten aus dem Account von Paul Close wiederherzustellen. Auf die Anfrage des britischen Labour-Abgeordneten John McDonnell, ob ein Backup-System zur Wiederherstellung gelöschter Accounts existiere, antwortete der Crown Prosecution Service: Es gebe keines und man habe auch »nicht ›wissen‹ können, dass alle relevanten Mails in die Fallakte übertragen werden sollten«, bevor der Account von Close abgeschaltet wurde, auch wenn dies eigentlich »standard practise« sei.[27] McDonnell forderte daraufhin eine unabhängige Untersuchung der Rolle des Crown Prosecution Service im Fall Julian Assange.

Das ist definitiv die einzige Möglichkeit, Licht in eine öffentliche Behörde zu bringen, die in diesem Fall eine Schlüsselrolle spielte; und zwar nicht nur in Bezug auf die schwedischen Ermittlungen, die seit 2019 abgeschlossen sind, sondern auch mit Blick auf das von den USA angestrengte Auslieferungsverfahren, das fünf Jahre und zwei Monate dauerte und das, während ich dieses Buch zum Abschluss bringe, mit der Freilassung von Julian Assange endete. Da sich der WikiLeaks-Gründer seit 2010 und während des gesamten Auslieferungsverfahrens in London befand, mussten die Vereinigten Staaten vor britischen Gerichten über den Crown Prosecution Service agieren.

Meine seit 2015 anhaltenden Grabenkämpfe, um alle Dokumente über Julian Assange und WikiLeaks zu erhalten, führten zu größeren Rissen in dem dunklen Gemäuer, das den Fall umgibt; doch wird er

---

27 Stefania Maurizi: Judge orders the Crown Prosecution Service to come clean about the destruction of key documents on Julian Assange, in: il Fatto Quotidiano, 31. Mai 2023.

sich nicht erhellen lassen, bevor alle Dokumente zugänglich sind, die mir vier Regierungen bisher verweigern. In den USA, in Australien und Schweden bin ich auf eine nicht minder hohe Mauer gestoßen als in Großbritannien. In den Vereinigten Staaten habe ich es mit dem State Department zu tun: Zwei Jahre lang haben sie nicht auf meine Anfrage nach Zugang zu den Dokumenten reagiert. Als ich die Sache schließlich vor Gericht brachte, übten sie sich in Taktiken, die den Rechtsstreit so lange hinauszögerten, bis die Verfahrenskosten 120.000 Dollar überstiegen. Zum Glück werde ich von den US-Anwältinnen Lauren Russell und Alia Smith von der Kanzlei Ballard Spahr kostenlos vertreten, sonst wäre ich finanziell ruiniert. Schweden, das weithin als ein Land mit hervorragender Rechtsprechung gerade in Bezug auf Regierungstransparenz gilt, war auch nicht besser als das Vereinigte Königreich, wie sich zeigte.

Laut ihren Verlautbarungen im Laufe meines Rechtsstreits haben die schwedische Staatsanwaltschaft auf der einen und die britischen Behörden bzw. der Crown Prosecution Service auf der anderen Seite von 2010 bis 2015 zwischen 7.200 und 9.600 Seiten an Schriftwechseln über Assange ausgetauscht.[28] Während ich dies schreibe, sind mehr als neun Jahre vergangen, seit ich 2015 den Versuch unternahm, alle Dokumente zu erhalten. In all diesen Jahren habe ich von den britischen Behörden gerade einmal 551 Seiten und von den schwedischen 1.373 Seiten erhalten – eine verschwindend geringe Zahl. Zudem hatte die schwedische Seite lange Zeit abgestritten, dass die von den Briten geschätzten Tausende von Seiten überhaupt existierten. Wie ließ sich das nur leugnen?

Die schwedischen Strafverfolgungsbehörden haben nie wirklich erläutert, wie folgende Aussage zu verstehen war: »Marianne [Ny] und ich legen alle E-Mails im Zusammenhang mit A. in spe-

---

28 Diese Schätzung erhielt ich infolge meiner FOIA-Klage gegen den Crown Prosecution Service. Zeugenaussage von Alexander Mark Smeath, 14. Juli 2017. Stefania Maurizi ./. The Information Commissioner and the Crown Prosecution Service, case: EA/2017/0041.

20. EINE GEWALTIGE UNGERECHTIGKEIT

ziellen Ordnern ab, die für niemanden außer uns selbst zugänglich oder nachweisbar sind.«[29] Ebenso wenig ist nachvollziehbar, warum Staatsanwältin Ny eine Mail vernichtete, die sie Ende März 2017 vom FBI erhielt. Das war in der Zeit, als die CIA wegen der Veröffentlichung von ›Vault 7‹ derart aufgebracht war, dass sie nach Aussagen von geschützten Zeugen Pläne erwogen hatte, Julian Assange zu töten. Die schwedischen Behörden bestätigten mir später, dass die elektronische Nachricht »von einer Führungskraft des FBI« stammte und sie »erst Ende März 2017 einen leitenden Staatsanwalt erreichte. Die Nachricht betraf ein Ersuchen um Information. Sie wurde unter Verweis auf Mitteilungen beantwortet, die auf der Website der Staatsanwaltschaft zu finden seien, woraufhin sie gelöscht wurde.«[30] Was beinhaltete die Mail?

Zusammen mit Percy Bratt, meinem hervorragenden schwedischen Anwalt, wandte ich mich an die schwedische Berufungsinstanz des Verwaltungsgerichts (Kammarrätten) und an die parlamentarische Ombudsstelle (Justitieombudsmannen, JO), das heißt an die vom schwedischen Parlament ernannte Einrichtung, die Anträge annimmt, um festzustellen, ob die Behörden im Rahmen der Gesetze gehandelt haben. Doch das Gericht wie auch die parlamentarische Ombudsstelle wiesen unsere Berufungen zurück. Der parlamentarische Ombudsmann, Per Lennerbrant, lehnte den Einspruch ab, ohne sich auch nur die Mühe zu machen, eine Begründung dafür zu liefern. Mein schwedischer Anwalt, der seit langem im Geschäft ist, konnte es kaum glauben: »Ein bemerkenswerter Vorgang, zumal wir schwerwiegendes Beweismaterial vorlegten.«[31]

---

29 E-Mail eines Mitarbeiters von Marianne Ny (dessen Name fehlte) an Marianne Ny und an andere Empfänger, die ebenfalls ausgelassen wurden, 12. Juli 2012, 21:26 Uhr. Eine Kopie der Mail erhielt ich infolge meiner FOIA-Klage gegen den Crown Prosecution Service.

30 Die Information über das FBI erhielt ich infolge meines FOIA-Verfahrens in Schweden. Urteil des Verwaltungsgerichtshofs von Stockholm, 15. November 2017, Aktenzeichen #4430-17.

31 Stefania Maurizi: Revealed. Sweden destroyed a substantial part of its documents on Julian Assange, in: il Fatto Quotidiano, 1. Februar 2023.

Erst im Februar 2023 erfuhr ich, warum die schwedischen Behörden samt der schwedischen Staatsanwaltschaft behauptet hatten, dass die umfangreichen Dokumente – Tausende von Seiten – nicht existierten: Sie hatten sie vernichtet. Das erfuhr ich nur, weil die britische Seite rund um den Crown Prosecution Service dies während einer der Anhörungen in meinem Rechtsstreit mitteilte. Mit diesem Eingeständnis wurde klar: Im schwedischen Fall hatten beide Parteien wichtige Dokumente vernichtet. Das war doppelt verdächtig.

Auf Mauern dieser Art bin ich bei meinen Bemühungen gemäß dem ›Freedom of Information Act‹ nicht nur gestoßen, als es um Julian Assange ging; auch mit meiner FOIA-Klage zu Kristinn Hrafnsson, Sarah Harrison und Joseph Farrell, die alle drei journalistisch für WikiLeaks aktiv waren und deren Google-Mails heimlich an die US-Behörden weitergegeben wurden.[32]

Dieses Mal kam die Ablehnung nicht vom Crown Prosecution Service, sondern von der Metropolitan Police. Ab 2017 versuchte ich, die Korrespondenz zwischen Scotland Yard und dem US-Justizministerium über Hrafnsson, Harrison und Farrell zu erhalten. Aber Scotland Yard weigerte sich, mir überhaupt irgendwelche Dokumente zur Verfügung zu stellen.

Die Begründung der Metropolitan Police? Die Offenlegung der Daten würde die nationale Sicherheit gefährden und ihre Möglichkeiten zur Terrorismusbekämpfung beeinträchtigen. Zwei Jahrzehnte nach dem 11. September wurden die Anti-Terror-Gesetze auf Journalisten angewandt, als wären wir für Al-Qaida im Einsatz. Auch die britische Journalistengewerkschaft National Union of Journalists, die angesichts einer solchen Argumentation alarmiert war, reichte eine Stellungnahme zur Unterstützung meines FOIA-Antrags ein, in der es hieß: »Die Union ist grundsätzlich gegen die Verwendung der Anti-Terror-Gesetzgebung als Mittel, um gegen Journalistinnen und Journalisten vorzugehen, die im öffentlichen Interesse arbeiten. Journalismus ist kein Verbrechen; Journalistinnen und Journalisten

---

32 Sarah Harrison arbeitet nicht mehr für WikiLeaks.

berichten über die nationale Sicherheit, das Gesetz sollte nicht dazu verwendet werden, ihre im öffentlichen Interesse liegende Berichterstattung zu beschneiden.«[33]

Nach einem sagenhaft langwierigen und teuren Gerichtsverfahren erhielt ich schließlich die Bestätigung darüber, dass die Korrespondenz zwischen Scotland Yard und dem US-Justizministerium über Hrafnsson, Harrison und Farrell tatsächlich existiert und sich im Besitz des Counter Terrorism Command (CTC) der Metropolitan Police befindet. Der Schwerpunkt des CTC liegt auf der Terrorismusbekämpfung, aber es hat auch die Aufgabe, »Bedrohungen der nationalen Sicherheit zu bekämpfen und die Demokratie zu schützen, beispielsweise vor Spionage, Subversion oder politischem Extremismus«.

So konnte ich durch die FOIA-Klage immerhin die Bestätigung erhalten, dass die britischen Geheimdienste an den Ermittlungen gegen Kristinn Hrafnsson, Sarah Harrison und Joseph Farrell beteiligt waren. Nach der Feststellung, es sei »unstrittig, dass es sich bei diesen drei Personen um Journalisten handelt«,[34] bestätigte das Londoner First-tier Tribunal: Der einzige Grund, warum mir diese Korrespondenz vorenthalten wird, ist der, dass sie von einer Sicherheitsbehörde zur Verfügung gestellt wurde bzw. diese »tangiert«, mutmaßlich vom UK Security Service – auch bekannt als MI5. Aus den Belegen der Metropolitan Police, wie sie in ihrem Urteil festgehalten sind, geht hervor: Das Counter Terrorism Command fungiert möglicherweise als Vermittler zwischen dem US-Justizministerium

---

33 Sarah Kavanagh: National Union of Journalists (NUJ) senior campaigns and communications officer, written submission, of the NUJ to the First-tier Tribunal, Stefania Maurizi and Information Commissioner and Commissioner of Police of the Metropolis, 20. Juli 2020, case EA/2020/0087.

34 Beschlussnummer 049 040222, verkündet am 4. Februar 2022: First-tier Tribunal General Regulatory Chamber (Information Rights) Stefania Maurizi and the Information Commissioner and the Commissioner of the Police for the Metropolis, Decision Appeal number EA/2020/0087/v. Die Begründung ist zugänglich auf der Website des ›British and Irish Legal Information Institute‹: www.bailii.org.

und dem MI5 in Bezug auf die personenbezogenen Informationen über Hrafnsson, Harrison und Farrell, gegen die in den USA ermittelt wird.

Wie Terroristen behandelt, als Bedrohung für die nationale Sicherheit angesehen, drastisch überwacht und von der CIA ins Visier genommen: Julian Assange und die Seinen waren über ein Jahrzehnt lang der Verfolgung und Einschüchterung ausgesetzt. Würde das jemals enden? Und: Müssen sie auch jetzt, da Assange frei ist, für immer über ihre Schultern gucken?

21.
Wie das Unmögliche möglich wurde: Julian Assange ist frei

Der Wendepunkt

Es war eine der traurigsten Hochzeitsfeiern, die es je gab. Am 23. März 2022 wurden Stella und Julian Assange im Hochsicherheitsgefängnis Belmarsh getraut, während das Leben des Bräutigams am seidenen Faden hing. Nur sechs Personen durften der Zeremonie beiwohnen: Stellas Mutter Teresa, ihr Bruder Adrian, der Vater und der Bruder des Bräutigams, John und Gabriel Shipton, sowie die beiden Kinder des Paares, Gabriel und Max.[1] Keine Hochzeitstorte, keine Fotos. Ein Gefängniswärter machte zwar ein paar Fotos, die aber nicht veröffentlicht werden durften. »Gemäß der entsprechenden Richtlinien kann der Gefängnisdirektor die Aufnahme von Bildern blockieren, wenn er glaubt, deren öffentliche Verbreitung könne die Sicherheit der Haftanstalt gefährden«, erklärten mir die britischen Behörden,[2] als ich fragte, warum das Paar kein einziges Foto machen durfte, während der rechtsextreme Tommy Robinson die Erlaubnis erhalten hatte, in Belmarsh für eine Doku gefilmt zu werden.

Die Braut, die ein schlichtes, aber elegantes Hochzeitskleid aus Satin trug, das Vivienne Westwood entworfen und ihr geschenkt

---

1 Craig Murray: Free, enduring love, 25. März 2022, craigmurray.org.uk; Chris Hedges: The marriage of Julian Assange, in: The Chris Hedges Report, chrishedges.substack.com, 24. März 2022.
2 Laut Erklärung des Prison Service (Mitteilung an die Autorin, 5. April 2022).

hatte,³ schnitt draußen vor dem Gefängnis unter Tränen die Hochzeitstorte an. Die Braut war da, die beiden Kinder des Paares waren da, nur der Bräutigam fehlte. Das Bild war eine Momentaufnahme jener Ungerechtigkeit, die dem WikiLeaks-Gründer widerfuhr.

Weniger als zwei Wochen vor der Hochzeit hatte der britische Supreme Court Assange die Erlaubnis verweigert, gegen das Urteil des High Court vom Dezember 2021 Berufung einzulegen. Darin hatten die Richter Lord Burnett of Maldon und Lord Justice Holroyde verfügt, dass Julian Assange ausgeliefert werden konnte. Am 17. Juni 2022 unterzeichnete die damalige britische Innenministerin Priti Pratel den Auslieferungsbeschluss.⁴ Die daraufhin beim High Court eingelegte Berufung wies das Gericht jedoch im Juni 2023 zurück – ohne öffentliche Anhörung und mit einer Urteilsbegründung, die von einem einzigen Richter, Mr. Justice Jonathan Swift, verfasst wurde.⁵ Julian Assange war nun »gefährlich nahe an der Auslieferung«, wie die Organisation ›Reporter ohne Grenzen‹ besorgt feststellte. Mehr noch: Berufung um Berufung blieb er in Belmarsh, wo seine geistige und körperliche Gesundheit schwer beeinträchtigt war. Stella Moris berichtete, dass Assange im Oktober 2021 eine sogenannte transitorische ischämische Attacke erlitten hatte, also eine arterielle Durchblutungsstörung – mit anderen Worten: einen »Mini-Schlaganfall«, der einen richtigen nach sich ziehen kann.⁶

---

3   Der lange Schleier, der das Kleid von Stella Assange zierte, war mit Worten bestickt, die das Paar ausgewählt hatte. Als sie mich wie auch Familienmitglieder, Freunde, Journalistinnen und Künstler bat, ein Wort aus einer langen Liste auszuwählen und es eigenhändig aufzuschreiben, damit es in meiner Handschrift auf ihren Schleier gestickt werden konnte, wählte ich das Wort »free«.

4   Stefania Maurizi: »Prendetevi Assange.« Così Londra ubbidisce agli ordini Usa, in: il Fatto Quotidiano, 18. Juni 2022.

5   Stefania Maurizi: Assange, Londra rigetta il ricorso: estradizione vicina, in: il Fatto Quotidiano, 10. Juni 2023

6   Democracy Now! (red. Beitrag): Julian Assange Suffered »Mini-Stroke« in Prison While Fighting U.S. Extradition, democracynow.org, 14. Dezember 2021.

In dem Bemühen, diese »gefährlich nahe Auslieferung« zu verhindern, legte Assanges Anwaltsteam abermals Berufung beim High Court ein, und die Anhörung wurde für den 20./21. Februar 2024 in London angesetzt. Diesmal sollte eine öffentliche Anhörung stattfinden, und ich bat die britischen Behörden, persönlich an der Sitzung teilnehmen zu dürfen – so wie im Februar 2020 –, auch weil ich mit eigenen Augen sehen wollte, wie es Julian Assange ging. Er war seit Oktober 2021 nicht mehr in der Öffentlichkeit aufgetreten, und die Nachrichten, die über seinen Gesundheitszustand kursierten, waren beunruhigend.

Die Genehmigung zu erhalten, war ein Alptraum. Zwei Monate lang beantragte ich sie immer wieder – ohne Antwort. Am Tag vor der Anhörung beschloss ich, trotzdem nach London zu fliegen, obwohl es keine Garantie auf Zulassung gab. Als ich am Flughafen Rom-Fiumicino das Flugzeug nach London bestieg, bestätigten mir die britischen Behörden, ich könne der Anhörung im Gerichtssaal persönlich beiwohnen. Zu dem Zeitpunkt waren es noch 24 Stunden bis zur Anhörung; offensichtlich waren wir Journalistinnen und Journalisten nicht willkommen. Und mit meiner Ankunft in London verbesserte sich die Lage nicht gerade. Weder für Parlamentsmitglieder noch für die Presse gab es ein Anrecht auf Sitzplätze: Wir mussten stundenlang vor dem Eingang des Gerichtsgebäudes anstehen; dort hatte sich eine große Schar von Aktivistinnen und Aktivisten vor allem aus den USA, aus Europa und Australien versammelt, die gelbe Bänder mit sich trugen – ›YellowRibbons4Assange‹ – und mit bunten Plakaten und Transparenten gegen die Auslieferung von Julian Assange protestierten: »Free Assange. Journalism is not a crime«.

Als wir um neun Uhr morgens endlich in den majestätischen gotisch-viktorianischen Bau des Royal Court of Justice eingelassen wurden, mussten wir Journalistinnen und Journalisten eine Harry-Potter-artige, schmale steinerne Wendeltreppe erklimmen, die zu einer mit schlichtem Holzgestühl ausgestatteten Galerie führte. Auf dieser viktorianischen Empore gab es keinerlei Annehmlichkeiten des 21. Jahrhunderts wie Steckdosen für Telefone und Computer, ja:

nicht einmal einen Tisch, an dem wir uns Notizen machen konnten; zudem war die Akustik so schlecht, dass es nahezu unmöglich war, irgendetwas aus dem Gerichtssaal zu verstehen. »Lächerlich«, wiederholte ein ausländischer Journalist neben mir immer wieder. Die britischen Behörden hatten reichlich Zeit gehabt, für die Presse die Voraussetzungen zu schaffen, das Verfahren zu verfolgen – doch Fehlanzeige. Offensichtlich hatte das keine Priorität. »Der Prozess gegen Assange mag der Prozess des Jahrhunderts in Sachen Pressefreiheit sein«, schrieb der US-amerikanische Journalist Chip Gibbons bei dieser Gelegenheit, »aber die britischen Gerichte haben alles in ihrer Macht Stehende getan, um den Medien die Berichterstattung über die letzte Anhörung zu erschweren.«[7]

Als die Anhörung begann, erfuhren wir, dass der WikiLeaks-Gründer wegen seiner schlechten Verfassung nicht in den Gerichtssaal kommen konnte.

Die Verteidiger Mark Summers und Edward Fitzgerald argumentierten: Die Richterin Vanessa Baraitser, die Assanges Auslieferung in erster Instanz abgelehnt hatte, habe das öffentliche Interesse an den WikiLeaks-Enthüllungen, für die Julian Assange 175 Jahre Gefängnis drohten, nicht angemessen berücksichtigt. Mit den Veröffentlichungen wurden Kriegsverbrechen, Folter und außergerichtlichen Tötungen per Drohnen aufgedeckt. Diese Informationen seien derart bedeutsam, dass sie zum Beispiel dazu beitrugen, die US-Drohnenangriffe in Pakistan zu stoppen. Solche journalistischen Aktivitäten, betonte Summers weiter, seien durch Artikel 10 der Europäischen Menschenrechtskonvention geschützt, der die Meinungsfreiheit schützt und eine ähnliche Rolle spielt wie der erste Zusatzartikel der US-Verfassung.[8] Assanges Anwaltsteam brachte mehrere rechtliche Argumente für die Verweigerung der Auslieferung vor, darunter Plä-

---

7   Chip Gibbons: Basic Press Freedoms Are at Stake in the Julian Assange Case, in: Jacobin, 26. Februar 2024.

8   Auch wenn das Vereinigte Königreich aus der EU ausgetreten ist, gehört es weiterhin dem Europarat an und muss daher der Konvention nachkommen, die vertraglich vom Europarat geschaffen wurde.

21. DAS UNMÖGLICHE WIRD MÖGLICH: ASSANGE IST FREI

ne der damals von Mike Pompeo geleiteten CIA, ihn zu entführen oder zu töten; oder Erklärungen von US-Behörden, wonach Assange als Nicht-US-Amerikaner nicht durch den ersten Verfassungszusatz geschützt sei; oder die Gefahr, dass die Vereinigten Staaten nach einer Überstellung die Anklage gegen den WikiLeaks-Gründer neu formulieren und die Todesstrafe beantragen könnten.

Auf Seiten der Anklage wiederholten Claire Dobbin und Joel Smith erneut das von den US-Behörden 14 Jahre lang vorgebrachte Argument, durch die WikiLeaks-Veröffentlichungen wären Leben aufs Spiel gesetzt worden. Und sie bekräftigten abermals eine Behauptung, die ihr Kollege James Lewis bereits am ersten Tag der Auslieferungsanhörung im Jahr 2020 aufgestellt hatte: Die USA wüssten von Personen, die in den von WikiLeaks enthüllten Dokumenten genannt sind und die vermisst seien – auch wenn die US-Behörden nicht beweisen konnten, dass deren Verschwinden auf die Veröffentlichungen zurückzuführen war. Warum wiederholten sie dies vier Jahre lang vor Gericht, wenn sie nie auch nur den Hauch eines Beweises finden konnten?

Victoria Sharp und Mr. Justice Johnson sprachen ihr Urteil nicht umgehend. Einen Monat nach der Anhörung, am 26. März 2024, entschieden Sharp und Johnson: Die Vereinigten Staaten mussten dem Gericht binnen drei Wochen neue Zusicherungen über eine mögliche künftige Behandlung des WikiLeaks-Gründers geben.[9] So forderte das Gericht Garantien darüber, dass Julian Assange bei einer Überstellung nicht von der Todesstrafe bedroht wäre, als Nicht-US-Bürger in einem Prozess nicht benachteiligt würde und er sich auf den Schutz des ersten Verfassungszusatzes berufen könnte, ohne den, so ließ sich argumentieren, er in einem Verfahren diskriminiert würde. Sollten die US-Behörden die verlangten Zusicherungen[10]

---

9 »The ruling Julian Paul Assange and (1) Government of the United States of America (2) Secretary of State for the Home Department«, 26. März 2024, zugänglich unter: judiciary.uk.

10 Stefania Maurizi: La corte chiede garanzie a Washington per Assange, in: il Fatto Quotidiano, 27. März 2024.

nicht innerhalb von drei Wochen vorlegen, würde Julian Assange die Erlaubnis erteilt, doch wieder beim Obersten Gerichtshof Berufung gegen die Auslieferung einzulegen. Sollten die Vereinigten Staaten den Garantien nachkommen, würde eine weitere Anhörung für den 20. Mai 2024 angesetzt, um diese abzuwägen und ein endgültiges Urteil zu fällen. Zwischenzeitlich blieb der WikiLeaks-Gründer in Belmarsh. Er war seit dem 11. April 2019 im härtesten britischen Gefängnis des Vereinigten Königreichs inhaftiert und wartete auf die Entscheidung der britischen Gerichte über seine Auslieferung.

Einer der umstrittensten Abschnitte des Urteils von Sharp und Johnson betraf die Pläne der CIA, Julian Assange zu töten: Der richterlichen Entscheidung zufolge betrafen diese Mutmaßungen über extralegale Maßnahmen – die Gegenstand einer strafrechtlichen Untersuchung in Spanien sind – den Zeitraum, in dem sich der WikiLeaks-Gründer in der ecuadorianischen Botschaft in London aufhielt; dahingegen würden, nachdem die USA den juristischen Weg der Auslieferung eingeschlagen hatten, »die Gründe (wenn man diese so nennen kann) für eine Überstellung, eine Entführung oder Ermordung wegfallen«.[11] Mit anderen Worten: Während Assange in der Botschaft Gefahr gelaufen war, getötet zu werden, wäre er nach einer Auslieferung an die Vereinigten Staaten nicht mehr gefährdet, da die US-Behörden den Weg über die Gerichte und nicht jenen extralegalen über die Ermordung gewählt hätten. Aber konnte Julian Assange wirklich darauf vertrauen, in einem Land sicher zu sein, das seine Ermordung geplant hatte?

Am 20. Mai 2024 verkündeten die Richterin Victoria Sharp und Richter Mr. Justice Johnson nach einer gut zweistündigen Anhörung ihren Urteilsspruch: Der WikiLeaks-Gründer habe das Recht, gegen seine Auslieferung Berufung einzulegen, weil die Garantien der Ver-

---

11 Anm. d. Ü.: 1) Die Klammer stammt nicht von St. M., sondern aus dem Urteilsspruch. 2) »Überstellung« ist hier nicht im Sinne von »Auslieferung« gemeint, sondern im Sinne einer o. g. extralegalen »außerordentliche Überstellung« (extraordinary rendition). – Das Zitat lautet im Original: »the reasons (if they can be called that) for rendition or kidnap or assassination then fall away«.

einigten Staaten nicht ausreichend seien.[12] Die US-Behörden hatten zugesichert, dass sie Assange weder die Todesstrafe auferlegen noch ihn benachteiligen würden, nicht aber eindeutig, dass er sich auf den ersten Verfassungszusatz berufen könne. Die Behörden hatten lediglich erklärt, dass der WikiLeaks-Gründer »die Möglichkeit hat«, den Schutz des ersten Verfassungszusatzes »geltend zu machen und zu versuchen, sich auf ihn zu berufen«. Doch »seek to rely« bedeutete nicht unbedingt, dass Assange damit Erfolg gehabt hätte: Die Vereinigten Staaten garantierten es ihm nicht. Letztlich wäre es schwer für ihn gewesen, hatte doch der damalige CIA-Chef Mike Pompeo 2017 öffentlich erklärt, Assange wäre nicht durch den ersten Verfassungszusatz geschützt.[13] Zumal Gordon Kromberg – jener der Bundesstaatsanwalt, der im Mittelpunkt des Gerichtsverfahrens gegen Assange stand – später behauptete, die »USA könnten argumentieren, dass ausländische Staatsangehörige keinen Anspruch auf den Schutz durch den ersten Verfassungszusatz haben.«[14]

---

12 Das Urteil von Richterin Sharp und Richter Johnson vom 20. Mai 2024 wurde *ex tempore* verkündet, d. h. im Gerichtssaal unmittelbar nach der öffentlichen Anhörung. Eine schriftliche Ausfertigung des Urteils liegt laut Pressestelle des Gerichts nicht vor (Mitteilung an die Autorin vom 7. August 2024). Die Pressestelle übermittelte mir die folgende Erklärung, die das im Gerichtssaal verlesene Urteil veranschaulicht: »Das Gericht gab Mr. Assange die Gelegenheit, gegen die Entscheidung des District Judge, seinen Fall an das Innenministerium zu verweisen, Berufung einzulegen, und zwar unter Berufungsgrund 4 (der die Frage betrifft, ob eine Auslieferung mit dem Recht auf freie Meinungsäußerung gemäß Artikel 10 der Europäischen Menschenrechtskonvention vereinbar ist) und Berufungsgrund 5 (der die Frage betrifft, ob eine Auslieferung durch Abschnitt 81 (b) des Extradition Act von 2003 mit der Begründung auszuschließen ist, dass er aufgrund seiner Staatsangehörigkeit in einem Prozess benachteiligt wäre oder bestraft werden könnte). Das Gericht verwehrte Mr. Assange die Gelegenheit, gegen die Entscheidung des Ministeriums, seine Auslieferung anzuordnen, mit Bezug auf Grund 9 (der die Verhängung der Todesstrafe betrifft) Berufung einzulegen. Das Gericht forderte die Parteien auf, die Anweisungen zu prüfen, die das Gericht vor einer vollständigen Anhörung der Berufung erteilen sollte. Zu gegebener Zeit wird eine vollständige Anhörung die Berufung stattfinden.«
13 Stefania Maurizi: Assange, Usa: »Per lui niente pena di morte ma non garantiamo il Primo Emendamento«, in: il Fatto Quotidiano, 17. April 2024.
14 Vgl. das Urteil von Richterin Vanessa Baraitser vom 4. Januar 2021.

Nach mehr als fünf Jahren juristischen Kampfes gegen seine Auslieferung hatte Julian Assange vor dem High Court das Recht auf eine Berufung erlangt, in der es um den Kern des Falles ging: Verstößt eine Auslieferung an die USA – um sich dort wegen der Entgegennahme und Veröffentlichung von Dokumenten über Kriegsverbrechen und Folter vor Gericht zu verantworten – gegen Artikel 10 der Europäischen Menschenrechtskonvention, der das Recht auf freie Meinungsäußerung schützt, oder nicht?

Laut Stella Moris waren die Vereinigten Staaten mit dem Urteil des High Court zugunsten von Julian Assange dabei, »den Fall zu verlieren«.

Einen Monat nachdem Sharp und Johnson ihr Urteil verkündet hatten, verließ der WikiLeaks-Gründer Belmarsh. Nach fünf Jahren und zwei Monaten Haft bzw. nach 14 Jahren willkürlicher Festsetzung samt Gefängnis war er frei.

Ihr letztes Pfund Fleisch

Eine heiße Sommernacht, 25. Juni 2024, fast 2 Uhr morgens: Nachrichten hageln nur so auf meinem Handy ein und wecken mich. Mein Smartphone zeigt ein Foto von Julian Assange in Jeans und T-Shirt, wie er ein Flugzeug besteigt. Ich habe Mühe, mich zu sammeln und herauszufinden, was vor sich geht: Saß der WikiLeaks-Gründer nicht seit dem 11. April 2019 in einer zwei mal drei Meter großen Zelle? Wie konnte er es sein auf dem Foto? War es vielleicht ein Fake-Bild, generiert von Künstlicher Intelligenz? Doch ein paar Minuten später ploppt auf meinem Handy die Kopie eines US-Regierungsdokuments auf. Ich lese die Datei und versuche, meine Emotionen unter Kontrolle zu halten.

Julian Assange war frei!

Er durfte das Belmarsh-Gefängnis verlassen und am 24. Juni ein Privatflugzeug besteigen, nachdem er sich mit den US-Behörden auf einen Deal verständigt hatte.

Das Unmögliche war möglich geworden.

Vierzehn Jahre lang hatte er keine Straße als freier Mann betreten, und nun hatten die Vereinigten Staaten ihn nach einer juristischen Odyssee, an der drei US-Regierungen – unter den Präsidenten Obama, Trump und Biden – beteiligt waren, freigelassen. Aber nicht ohne ihr letztes Pfund Fleisch[15] zu verlangen: ein Schuldeingeständnis.

Der WikiLeaks-Gründer wurde vor die Wahl gestellt: Entweder er bekennt sich schuldig oder er lief Gefahr, den Rest seiner Tage in einem Hochsicherheitsgefängnis in den Vereinigten Staaten zu verbringen.

Wie die gesamte Justizsaga war noch die Entlassung von Julian Assange aus Belmarsh wahrhaft kafkaesk. Julian Assange wurde, so Kristinn Hrafnsson, Chefredakteur von WikiLeaks, gegenüber dem *Guardian*, aus seiner Zelle geholt und in einem Van zum Londoner Flughafen Stansted verbracht.[16] Draußen standen vierzig Beamte Wache, während oben ein Hubschrauber kreiste und ein Polizeikonvoi mit sechs Fahrzeugen bereitstand, um zum Airport zu fahren. Ein Aufgebot, das eines Drogenbosses würdig ist, der für die Ermordung Dutzender Menschen verantwortlich zeichnet und bei dem Fluchtgefahr besteht. Doch diese Maßnahmen wurden für einen Journalisten getroffen, der sich nicht eines einzigen Gewaltverbrechens schuldig gemacht hatte und der gerade einen Deal eingegangen war, um seine Freiheit zurückzugewinnen. »Es stellt sich die Frage: Warum in aller Welt?«, schloss Hrafnsson und fügte hinzu: »Was nur haben sie sich vorgestellt? Dass er auf dem Weg in die Freiheit flüchten würde?«

---

15 Der Ausdruck »a pound of flesh« (»ein Pfund Fleisch«) stammt aus William Shakespeares Stück »Der Kaufmann von Venedig«, in dem Antonio, ein Kaufmann, dem Geldverleiher Shylock unter folgender Bedingung Geld leiht: Sollte es Antonio nicht innerhalb der vereinbarten Frist zurückzahlen, so hätte Shylock Anspruch auf ein Pfund Fleisch von Antonios Körper.

16 Daniel Boffey / Daniel Hurst: From a plea deal to a 2am prison call. How Julian Assange finally gained freedom, in: The Guardian, 25. Juni 2024.

Die Straftat, derer er sich schuldig bekannte, war die Verschwörung zu Erhalt und Weitergabe von Dokumenten, die als geheim eingestuft waren, kurz: ein Verstoß gegen das Spionagegesetz.[17] Die US-Behörden hatten sich stets an ihre Prämisse gehalten, wonach der Kontakt zwischen WikiLeaks und der Quelle Chelsea Manning eine kriminelle Verschwörung darstellte; und wonach die ›Most Wanted List‹, die Assange und seine Organisation Ende 2009 auf ihrer Website veröffentlichten, ein Mittel war, um Whistleblower und Quellen dazu anzustiften, dem Netzwerk der US-Regierung Verschlusssachen zu entnehmen und diese zu enthüllen. Jene Liste also, die enthielt, was WikiLeaks an Dokumenten bekommen wollte – von den Einsatzregeln in Afghanistan und im Irak bis hin zu Videos von CIA-Verhören. Welche Rolle spielte es da schon, dass zu dieser Zeit Journalistinnen und Journalisten weltweit auf der Suche nach solch bahnbrechenden Dokumenten waren? Oder dass es schon immer zum Wesen des Journalismus gehörte, Quellen nach Dokumenten von außerordentlichem öffentlichen Interesse zu fragen?

Der Deal, den Julian Assange weitgehend gezwungen war anzunehmen, kriminalisiert den Journalismus. Oder mit den Worten der *New York Times*: »Das Agreement bedeutet: Erstmals in der US-Geschichte wurde das Sammeln und Veröffentlichen von Informationen, die die Regierung als geheim einstuft, mit Erfolg als Verbrechen behandelt. Dieser neue Präzedenzfall sendet eine bedrohliche Botschaft an Journalisten, die im Themenbereich nationale Sicherheit arbeiten.«[18]

Rebecca Vincent, damalige Direktorin für internationale Kampagnen bei ›Reporter ohne Grenzen‹, kommentierte die Einigung gegenüber meiner Zeitung mit den Worten, sie sei zwar sehr erleichtert über die Freilassung des WikiLeaks-Gründers, doch dürfe künftig »niemand mehr für Veröffentlichungen im öffentlichen Interesse

---

17 Plea Agreement: The United States . /. Julian Paul Assange, Strafsache Nr. 1:24-cr-00014, 25. Juni 2024, zugänglich unter: storage.courtlistener.com.

18 Charlie Savage: Assange's plea deal sets a chilling precedent, but it could have been worse, in: New York Times, 25. Juni 2024.

strafrechtlich verfolgt werden«, zudem müsse »das US-Spionagegesetz dringend reformiert werden, damit es nie wieder auf diese Weise angewendet werden« könne.[19]

Und doch hätte es, wie die *New York Times* hervorhob, noch schlimmer kommen können. Da die vorgeworfene Straftat ausgehandelt und nicht in einem regulären Prozess nachgewiesen wurde, bleibt die Annahme der US-Regierung eine bloße These: Den Erhalt und die Veröffentlichung von Verschlusssachen als Straftat anzusehen, wurde seitens des Supreme Court der Vereinigten Staaten nicht gerichtsfest. Daher stellt die Einigung keinen Präzedenzfall dar, den die US-Regierung gegen alle Journalistinnen und Journalisten anwenden könnte. »Im Grunde bekennt er sich für etwas schuldig, was Journalisten ständig tun und tun müssen«, so Jameel Jaffer, Direktor des ›Knight First Amendment Institute‹ an der Columbia University gegenüber der *New York Times*. Die Einigung werde »einen Schatten auf die Pressefreiheit werfen – nicht jedoch einen derartigen Schatten, wie ihn ein Gerichtsurteil geworfen hätte, das diese Tätigkeit als kriminell und als nicht durch den ersten Verfassungszusatz geschützt erachtet hätte.«[20]

Mit dem sogenannten Plea Deal verpflichteten sich die USA, Julian Assange über die fünf Jahre und zwei Monate hinaus, die er bereits in Belmarsh verbracht hatte, zu keiner weiteren Haftstrafe zu verurteilen und auf seine Auslieferung und Strafverfolgung für jegliche andere WikiLeaks-Veröffentlichung oder -Tätigkeit vor dem Datum der Einigung zu verzichten, es sei denn, Assange würde gegen die Vereinbarung verstoßen. Der Deal bezog sich nur auf ihn selbst und nicht auf andere Journalistinnen oder Journalisten seiner Organisation, obwohl die Ermittlungen der US-Regierung nicht auf den WikiLeaks-Gründer beschränkt waren, sondern sich auf WikiLeaks als Ganzes erstreckten. Zumindest theoretisch könnten die Vereinig-

---

19 Stefania Maurizi: Assange è libero, ma deve archiviare il suo Wikileaks, in: il Fatto Quotidiano, 27. Juni 2024.
20 Charlie Savage: Assange's plea deal sets a chilling precedent…, a. a. O.

ten Staaten immer noch an der Verfolgung von anderen WikiLeaks-Akteuren interessiert sein. Doch die US-Behörden verlangten nicht nur ein Schuldeingeständnis, sondern auch, dass Julian Assange vor dem Deal »alle in seiner Macht stehenden Maßnahmen ergreift, um die Rückgabe oder die Vernichtung aller unveröffentlichten Informationen zu veranlassen, die in seinem Besitz, in seiner Obhut oder unter seiner Kontrolle waren bzw. über die WikiLeaks oder eine angegliederte Organisation in die Vereinigten Staaten verfügten.«[21] Diese Aufforderung der US-Behörden wirft unweigerlich die Frage auf: Hatten Assange und seine Organisation alles veröffentlicht, was sie bis dato von Whistleblowern und von ihren Quellen erhalten hatten, oder hatten sie noch brisante Dokumente in der Hinterhand? Nur der Gründer und die Journalistinnen und Journalisten von WikiLeaks können diese Frage beantworten. Eines ist klar: Falls sie noch wichtige Dokumente aufbewahrt hatten, mussten sie diese gemäß dem Deal vernichten oder den USA übergeben, bevor Assange freigelassen wurde. Und die US-Behörden verlangten nicht nur die Vernichtung oder Übergabe von Dokumenten, die die Vereinigten Staaten betreffen, sondern auch von unveröffentlichten Daten, die andere Länder anbelangen.

Die wichtigste Offenbarung des Deals war jedoch das Eingeständnis der US-Behörden, dass »die Vereinigten Staaten zum Zeitpunkt der Vereinbarung kein Opfer identifiziert hatten, das für eine individuelle Entschädigung in Frage kam«.[22] Nachdem sie also vierzehn Jahre lang Assange und WikiLeaks beschuldigt hatten, Leben aufs Spiel gesetzt zu haben, gaben sie nun zu, nicht eine einzige Person ausgemacht zu haben, die infolge der Veröffentlichungen getötet, verwundet oder anderweitig geschädigt wurde. Dennoch hatten sie bis zum bitteren Ende darauf beharrt, eben dies zu wiederholen.

Ein weiterer Vorwurf, mit dem man Julian Assange zuvor konfrontiert hatte, nämlich Chelsea Manning beim Knacken eines

---

21 Zitiert nach dem Text des Plea Deals vom 25. Juni 2024.
22 Ebd.

Passwort-Hashes geholfen zu haben, wurde in dem Deal ebenfalls nicht erwähnt. Hatten ihm die US-Behörden dies nicht jahrelang vorgehalten, um ihn als Cyberkriminellen, als Hacker und gerade nicht als Journalisten darzustellen? Auch dieser Vorwurf schmolz dahin.

Mit der Vereinbarung erklärte sich der WikiLeaks-Gründer bereit, sich nicht ohne Erlaubnis in die Vereinigten Staaten zu begeben und mit Blick auf das, was er durchgemacht hat – von den Ermittlungen über die Anklage bis hin zum Auslieferungsgesuch –, keine Klage zu erheben oder Ansprüche geltend zu machen, weder in Australien, in Großbritannien, in den USA noch sonst wo in der Welt. Und schließlich verzichtete er auf das Recht, mit Hilfe des ›Freedom of Information Act‹ die Wahrheit über seinen Fall herauszufinden, auch wenn die Vereinbarung Dritte nicht daran hindert, dies zu tun.

Und deshalb werde ich gemäß den Gesetzen zur Informationsfreiheit meinen Grabenkampf um die Herausgabe von Dokumenten nicht aufgeben: Um nicht zuzulassen, dass die britischen, US-amerikanischen, die schwedischen oder die australischen Behörden die Wahrheit für immer begraben.[23]

Warum ließen die USA Julian Assange frei?

Den Flug nach Saipan, zwischen blauem Himmel und saphirblauem Meer, wird er nie vergessen. Ein Foto zeigt ihn beim Blick aus einem Kabinenfenster: Seit dem 19. Juni 2012 hatte er keinen Horizont nicht mehr gesehen.

---

23 Zu meinem FOIA-Antrag an die USA auf Herausgabe aller Dokumente zum Fall Assange bzw. WikiLeaks von 2017 bis 2022: Im Juni 2024 teilte mir das State Department mit, dass sie dazu potenziell 142.000 Akten hätten. Nicht angegeben wurde, wie viele Seiten in diesen 142.000 Akten enthalten sind, doch gewiss handelt es sich um einen riesigen Fundus an Informationen, die ich weiterhin zu erhalten versuche.

Die Vereinigten Staaten wollten Julian Assange nicht an Bord eines kommerziellen Flugzeugs lassen, und so musste der WikiLeaks-Gründer für die immensen Kosten eines Privatflugs von London nach Saipan und von dort weiter ins australische Canberra aufkommen. Um die die Ausgaben wieder einzuspielen, veröffentlichte Stella Moris einen Spendenaufruf auf dem Kurznachrichtendienst X: Assange benötigte 520.000 Dollar.[24]

Um den Deal von einem US-Gericht bestätigen zu lassen, wurde der WikiLeaks-Gründer auf die Insel Saipan gebracht, einen abgelegenen Außenposten des US-Territoriums im Pazifischen Ozean. Während des Zweiten Weltkriegs war die Inselgruppe der Nördlichen Marianen Schauplatz blutiger Kämpfe: Zwischen Juni und August 1944 eroberten die USA Saipan und die nahegelegene Insel Tinian und nutzten sie später als Startrampe für den Angriff auf Japan. Von Tinian aus starteten jene beiden B-29-Bomber, die am 6. und 9. August 1945 Hiroshima und Nagasaki mit den ersten beiden Atombombenabwürfen der Geschichte zerstörten.

Die Anhörung fand am 26. Juni 2024 um neun Uhr Ortszeit in Saipan vor dem U.S. District Court for the Northern Mariana Islands statt.[25]

Die US-Bundesrichterin Ramona V. Manglona bat um Bestätigung, dass die WikiLeaks-Veröffentlichungen keine Opfer nach sich zogen, und Matthew McKenzie, der die Vereinigten Staaten vertrat, antwortete: »Euer Ehren, wie in der Vereinbarung festgehalten, gibt es keine individuellen Opfer.« Noch einmal: Vierzehn Jahre nach den Enthüllungen stand damit fest, dass infolgedessen kein einziger

---

24 Martin Belam / Cait Kelly / Natasha May / Emily Wind / Helen Sullivan: Julian Assange: Stella Assange says WikiLeaks founder needs time to »let our family be a family« before speaking publicly – as it happened, in: The Guardian, 26. Juni 2024.

25 Der Audiomitschnitt der offiziellen Aufzeichnung ist auf PACER, dem System für den öffentlichen Zugang zu den elektronischen Akten der US-Bundesgerichte, verfügbar, vgl. die Pressemitteilung des U.S. District Court for the Northern Mariana Islands mit dem Titel »Criminal Case No. 1:24-cr-00014 USA ./. Julian Paul Assange«, 28. Juni 2024, zugänglich unter: nmid.uscourts.gov.

Mensch getötet, verwundet oder geschädigt worden war. In der Vereinbarung hatten die USA dies selbst schwarz auf weiß festgehalten und wiederholten es nun vor der Richterin. Und doch gab das US-Justizministerium noch am Tag der Verkündigung des Deals eine Pressemitteilung heraus, in der es den Vorwurf der »Gefährdung von Menschenleben« wiederholte: »Assanges Entscheidung, die Namen menschlicher Quellen zu enthüllen, die Manning ihm illegalerweise zugespielt hatte«, so das Ministerium, »schuf eine ernste und unmittelbare Gefahr für Menschenleben.«[26]

Als die Richterin Julian Assange fragte, welcher Straftat er sich im Rahmen des Deals schuldig bekenne, erklärte dieser: »Als Journalist habe ich meine Quelle ermutigt, mir Informationen zur Verfügung zu stellen, die als geheim eingestuft galten, um diese Informationen zu veröffentlichen. Ich bin der Überzeugung, dass dies durch den ersten Verfassungszusatz geschützt ist, aber ich akzeptiere, dass es sich um einen Verstoß gegen das Spionagegesetz handelt.« Und er schloss mit den Worten: »Ich bin der Meinung, dass der erste Verfassungszusatz und der Espionage Act im Widerspruch zueinander stehen, aber ich erkenne an, dass es unter den gegebenen Umständen schwierig wäre, einen solchen Fall zu gewinnen.«

Die Richterin bestätigte, dass sie die Bedingungen der Vereinbarung zwischen der US-Regierung und dem WikiLeaks-Gründer akzeptierte, und verhängte keine zusätzliche Haftstrafe über die fünf Jahre und zwei Monate hinaus, die Assange bereits in Belmarsh verbracht hatte. Sie besiegelte die Anhörung wie folgt: »Dieser Fall endet hier bei mir auf Saipan. Mit diesem Urteil werden Sie, so scheint es, diesen Gerichtssaal als freier Mann verlassen können. Ich hoffe, dass nun etwas Frieden einkehren wird.« Manglona erinnerte daran, dass die Einwohner der Pazifikinsel in der Woche zuvor 80 Jahre Frieden seit der Schlacht von Saipan zwischen den Vereinigten Staaten und Japan gefeiert hatten, und fügte hinzu: »Wir haben hier einen Frie-

---

26 Office of Public Affairs U.S. Department of Justice: WikiLeaks Founder Pleads Guilty and Is Sentenced for Conspiring to Obtain and Disclose Classified National Defense Information, justice.gov, 25. Juni 2024.

den mit einem ehemaligen Feind gefeiert. Und nun gibt es noch eine Art von Frieden, den Sie brauchen, um sich selbst wiederherzustellen, wenn Sie hinausgehen und Ihr Leben als freier Mann führen.«

Als die Richterin ihre letzten Worte aussprach, wurde die Baritonstimme von Julian Assange etwas belegt. »Mr. Assange, anscheinend ist es ein verfrühtes Happy Birthday für Sie. Ich sehe, dass Sie nächste Woche Geburtstag haben«, sagte Manglona. »Das ist richtig, Euer Ehren«, antwortete der WikiLeaks-Gründer mit feuchten Augen.

Nach vierzehn Jahren nahm das, was mitunter als »Lawfare« bezeichnet wird, ein Ende. Diesmal würde Julian Assange den Gerichtssaal nicht an der Seite von Wachleuten verlassen, um ihn in eine zwei mal drei Meter große Zelle zu eskortieren.

Seine Ankunft am Flughafen von Canberra, wo er zum ersten Mal seine Frau Stella in Freiheit umarmen konnte, endete mit einem filmreifen Kuss unter den zutiefst erfreuten Blicken von Jennifer Robinson und Barry Pollack, die ihn rechtlich vertreten hatten, und einer Umarmung für seinen Vater John. Es war nicht schwer, sich Julian Assanges Rührung vorzustellen, als er später seine Mutter Christine, seine ganze Familie und insbesondere die beiden Kinder von ihm und Stella, Gabriel und Max, die ihren Vater bis dahin nur in den vier Wänden des Gefängnisses kennengelernt hatten, wieder in die Arme schließen konnte.

Auf Saipan beendeten die Vereinigten Staaten einen Krieg gegen einen Journalisten, den sie mehr als zehn Jahre lang wie einen Feind behandelt hatten. Doch warum beschlossen die USA nach drei Regierungen, die Assange mit legalen und extralegalen Mitteln bekämpft hatten, diesen Krieg mit einem Deal beizulegen?

»Ich denke, es war eine Kombination von Faktoren«, erklärte mir Jennifer Robinson.[27] Sie hatte, zusammen mit Barry Pollack, den WikiLeaks-Gründer auf dem Flug nach Saipan begleitet. Ein Foto zeigt sie strahlend neben ihrem Mandanten im Flugzeug: »Es

---

27 Jennifer Robinson im Gespräch mit der Autorin, 26. Juli 2024.

erscheint immer unmöglich, bis es vollbracht ist«, schrieb mir Robinson mit einem Zitat des großen Nelson Mandela und postete das Foto.

Das bemerkenswerte Anwaltsteam, das Julian Assange und WikiLeaks verteidigte und dem sie selbst, Barry Pollack und Gareth Peirce angehörten, hatte, wie sie erzählte, jahrelang vergeblich versucht, mit dem US-Justizministerium in Kontakt zu treten. Doch nachdem Kevin Rudd 2023 zum australischen Botschafter in Washington ernannt worden war, sei Bewegung in die Sache gekommen. Robinson begann zusammen mit Barry Pollack und Gareth Peirce, an dem Deal zu arbeiten und gleichzeitig mit der australischen Regierung in Kontakt zu treten. Nachdem Australien zehn Jahre lang einen seiner berühmtesten Bürger im Stich gelassen hatte, wurde im Mai 2022 mit Anthony Albanese ein Premierminister gewählt – der erste nicht-anglokeltischer, sondern italienischer Herkunft –, dessen Regierung die Freilassung von Julian Assange zu einer ihrer obersten Prioritäten machte.

Es dauerte »viele Monate, bis wir eine Position zwischen der Staatsanwaltschaft im Eastern District of Virginia und unserem Team gefunden hatten, von der wir annahmen, dass sie tragfähig sein könnte«, erklärte mir die Anwältin. Für den WikiLeaks-Gründer gab es einige rote Linien, die er nicht bereit war zu überschreiten. Nicht akzeptieren würde er eine Gefängnisstrafe von einer Dauer länger als die Zeit, die er bereits in Belmarsh verbracht hatte; und er war nicht bereit, in die USA zu reisen, um den Deal zu unterzeichnen. Seit 2010 hatte er befürchtet, dass ihn eine Reise nach Übersee dem Risiko aussetzen würde, für immer im Gefängnis zu landen.

Seine Angst davor, US-Boden zu betreten, war mehrfach begründet: Da waren die Aussagen geschützter Zeugen über Pläne von US-Geheimdiensten, ihn zu vergiften; es hatte – als WikiLeaks im November 2010 begann, die Botschaftsdepeschen zu veröffentlichen – öffentliche Drohungen von Politikern und Meinungsmachern gegeben, denen zufolge jemand »diesen Hurensohn außergesetzlich erschießen« sollte – »illegally shoot that son of a bitch«. Aber schon vor dem ›Cablegate‹, nur drei Monate nach Veröffentlichung des ›Collateral Murder‹-Videos, hatten die US-Behörden geplant, Assange bei Grenzübertritt festzunehmen, als der WikiLeaks-Gründer zur HOPE-Tagung, das heißt zur ›Hackers On Planet Earth‹-Konferenz, in die USA eingeladen war. Dies geht aus internen Mails des State Department hervor, die ich infolge eines langwierigen Rechtsstreits gemäß dem Freedom of Information Act erhielt.[28] Laut diesem Schriftverkehr waren die US-Ermittlungen gegen Julian Assange und seine Organisation bereits im Juli 2010 – also noch bevor WikiLeaks die geheimen Berichte über den Afghanistankrieg veröffentlicht hatte – derart umfangreich, dass »mehrere militärische Einheiten« einbezogen waren, darunter Beauftragte der US-Armee, der kriminalpolizeilichen Abteilung der US-Armee (Department of the Army Criminal Investigation Division, CID) und der Computer Crimes Investigative Unit (CCIU). Die Weigerung von Julian Assange, in die Vereinigten Staaten zu reisen, war vollkommen vernünftig.

Seine Verteidigung wollte zunächst einen geringer zu ahndenden Tatbestand aushandeln, bestenfalls eine Ordnungswidrigkeit, die keine physische Anwesenheit auf US-Boden erfordern würde. Der ursprüngliche Vorschlag sah daher vor, dass sich der WikiLeaks-Gründer per Videokonferenz von London aus für eine Reihe von Vergehen schuldig bekennt. »Doch dann haben wir monatelang nichts gehört, und uns wurde gesagt, das Justizministerium habe die Sache auf Eis gelegt«, sagte mir Robinson. Im März 2024 änderte sich die Situation jedoch grundlegend: Der britische High Court forderte, in Person von Victoria Sharp und Mr. Justice Johnson, von den US-Behörden drei weitere Zusicherungen, darunter jene, dass

---

28 Stefania Maurizi: Così nel 2010 l'esercito Usa pianificò di arrestare Assange, in: il Fatto Quotidiano, 26. März 2024. Assange reiste nicht zur HOPE-Konferenz in die USA. An seiner Stelle nahm der Investigativjournalist und Kryptografie-Experte Jacob Appelbaum teil, der anschließend nach Europa flog. Bei seiner Rückkehr in die Vereinigten Staaten wurde Appelbaum am Flughafen angehalten und verhört, vgl. Kapitel 10.

Julian Assange im Falle einer Auslieferung an die Vereinigten Staaten den Schutz des ersten Verfassungszusatzes genießen würde. Zu diesem Zeitpunkt schickten die Anwälte des Justizministeriums, die den Auslieferungsprozess in London verfolgten, der *Washington Post* zufolge sehr eindeutige Mails an ihre Kollegen in London: Wenn die US-Behörden nicht vor Ablauf der gerichtlich gesetzten Frist für eine Garantie auf Schutz durch den ersten Verfassungszusatzes zu einem Deal kämen, würde der Fall in Berufung gehen; und dann, so schrieben sie, »würden wir verlieren«.[29] Die US-Behörden steckten nun in einer Zwickmühle. »Barry Pollack und ich informierten unseren Botschafter in den USA, Kevin Rudd, und unseren Generalstaatsanwalt Mark Dreyfus. Wir betonten, dass der Deal faktisch zustande gekommen sei – und auch beschlossen werden sollte«, so Robinson. In der Zwischenzeit sprach sie auch direkt mit dem australischen Premierminister Anthony Albanese, »um ihn zu informieren und seinen Rat einzuholen«. Ende April erst warteten die US-Behörden mit einem neuen Vorschlag auf: Sie wollten einen Deal über eine schwerwiegendere Straftat, über ein tatsächliches Verbrechen. Im Gegensatz zu einem geringfügigen Vergehen müsste dies von einem Gericht in einer Anhörung und in Präsenz bestätigt werden. Um Assanges Bedingung zu erfüllen, nicht auf US-amerikanisches Festland zu reisen, »schlugen sie eine zuständige Gerichtsbarkeit im Pazifik unweit von Australien vor, zudem sollte Julian von hochrangigen australischen Beamten begleitet werden. So landeten wir mit dem Botschafter Kevin Rudd und unserem U. K. High Commissioner[30] Stephen Smith auf Saipan«, so Robinson mir gegenüber.

»Er hat sein Leben damit verbracht – und davon die letzten vierzehn Jahre im Gefängnis bzw. gleichsam im Gefängnis –, die Pressefreiheit zu verteidigen. Das hätte er nicht tun brauchen«, sagte die

---

29 Salvador Rizzo: Rachel Weiner and Ellen Nakashima, Assange plea came after warning that U.S. would lose extradition fight, in: The Washington Post, 27. Juni 2024.

30 Der Titel ›High Commissioner to the United Kingdom‹ entspricht dem des australischen Botschafters im Vereinigten Königreich.

Anwältin. Aber angesichts seiner Situation hielt Robinson den Deal für die beste Option. Er habe es dem WikiLeaks-Gründer ermöglicht, sofort entlassen zu werden, sich ohne die Gefahr einer Auslieferung frei in der Welt zu bewegen und vor strafrechtlicher Verfolgung für jegliche journalistische Tätigkeit, der er bis zum Datum des Deals nachgegangen war, geschützt zu sein. Wenn er stattdessen in Großbritannien in Berufung gegangen wäre, so hätten die USA – auch im Fall eines Erfolgs von Assange, den die US-Behörden laut *Washington Post* befürchteten – auf einer anderen Justizebene einen neuen Auslieferungsantrag stellen können – samt weiteren zehn oder zwanzig Jahren des Kampfes.

Die Entscheidung des britischen High Court, Garantien mit Blick auf den ersten Verfassungszusatz zu verlangen und, nachdem sie diese nicht erhalten hatten, eine Berufung zuzulassen, war ein sehr harter Schlag für die rechtliche Lage der US-Seite; aber es war nicht der einzige Faktor, der Julian Assange den Weg zur Freiheit ebnete.

Die Bemühungen der australischen Regierung waren mitentscheidend. Laut Jennifer Robinson »wäre dies nicht ohne die prinzipienfeste Führung und Unterstützung unseres Premierministers Anthony Albanese möglich gewesen.« Eine wichtige Rolle spielte auch, dass die Regierung Biden 2024, dem Jahr der Präsidentschaftswahlen, höchstwahrscheinlich keinen Prozess zum Thema Pressefreiheit wollte; das wäre einem Stich ins Wespennest gleichgekommen. Die Regierung hätte nicht nur die Medien gegen sich aufgebracht, sondern auch die wichtigsten Organisationen zur Verteidigung der Pressefreiheit, die alle, insbesondere in den letzten zwei Jahren von Assanges juristischem Martyrium, öffentlich und konsequent auf der Seite von Julian Assange standen.

Eine wesentliche Rolle spielte auch die öffentliche Aufklärungskampagne, getragen von Stella Assange, von John und Gabriel Shipton, vom Chefredakteur und den anderen Journalisten von WikiLeaks sowie von Tausenden von Aktivistinnen und Aktivisten weltweit. Vor allem ab 2022 nahmen Agitation und Appelle aus Medien und Politik stark an Intensität zu.

Proteste, Sitzstreiks, Vorführungen von Filmen wie »Ithaka« oder »Hacking Justice«[31], öffentliche Foren, Festivals, Versammlungen von Hunderten von Aktivistinnen und Aktivisten, die das britische Parlament mit einer Menschenkette umschlossen und die vor dem Gefängnis zusammenkamen und mit Transparenten und Trommeln vor dem Gericht demonstrierten, während Hunderte von Fernsehsendern und Zeitungen die ganze Welt von dem Fall wissen ließen. Die Staats- und Regierungschefs von neun lateinamerikanischen Ländern, von Luiz Inácio Lula da Silva (Brasilien) bis zu Andrés Manuel López Obrador (Mexiko), forderten seine Freiheit.[32] Hinzu kamen: Die Initiative einer Gruppe von US-Kongressmitgliedern, angeführt von der Demokratin Rashida Tlaib, die die Regierung Biden aufforderte, die Anschuldigungen fallen zu lassen; ein Brief, unterzeichnet von den Herausgebern und Verlegern der *New York Times*, des *Guardian*, von *Le Monde*, des *Spiegel* und von *El País* – initiiert und koordiniert von Holger Stark, dem stellvertretenden Chefredakteur der Wochenzeitung *Die Zeit* –, in dem die US-Regierung aufgefordert wurde, das Verfahren gegen Assange einzustellen; die Appelle deutscher Bundestagsabgeordneter, insbesondere von Sevim Dağdelen, und Dutzender anderer; die Erklärungen von zwei unterschiedlichen UN-Sonderberichterstattern über Folter, Nils Melzer und Alice Edwards; die Fotos von Papst Franziskus in Privataudienz mit Stella Assange, deren Mutter und Bruder sowie zwei kleinen Kindern. Eine Delegation australischer Abgeordneter, die nach Washington reiste, um sich mit US-Kongressmitgliedern zu treffen und den Fall zu besprechen;[33] der Antrag des unabhängigen australischen Abgeordneten Andrew Wilkie, der die Vereinigten Staaten und Großbritannien aufforderte, den Fall beizulegen.[34] All dies

---

31 Der Dokumentarfilm »Ithaka« entstand unter Regie von Ben Lawrence und »Hacking Justice« unter der von Clara López Rubio und Juan Pancorbo.
32 Meriem Laribi: Latin America rallies behind Julian Assange, in: Le Monde diplomatique, Februar 2023.
33 Steve Cannane: Julian Assange's lawyers reveal the twists and turns in WikiLeaks founder's long road to freedom, ABC News, 1. Juli 2024.
34 Ebd.

hat den Druck auf die britischen und US-amerikanischen Behörden erhöht. »Es war«, erklärte mir Jennifer Robinson, »eine Kombination aus politischen Umständen, unserer juristischen Arbeit – mit unglaublichen Anwältinnen und Anwälten in unserem Team – sowie der globalen Kampagne.«

Doch wenn ein Beitrag unterschätzt wurde, so jener der Initiative AssangeDAO, in Partnerschaft mit dem Digitalkünstler Pak, die es in den ersten Monaten des Jahres 2022 ermöglichte, in der Kryptowährung Ether den Gegenwert von rund 52 Millionen Dollar an Spenden zu sammeln, um für die Prozesskosten von Julian Assange aufzukommen. Pak spendete die Gelder an die Wau-Holland-Stiftung, die damit die Gerichtskosten und PR-Aktivitäten beglich, was letztlich zur Freiheit von Julian Assange beitrug. Die deutsche Mathematikerin und Juristin Silke Noa gehörte als Expertin zum »Kernteam«,[35] das zusammen mit Stella R. Magnet, Rachel Rose O'Leary, Amir Taaki und anderen unentgeltlich in der Initiative arbeitete. »Und zwar rundum kostenlos«, so Silke Noa, »das gilt auch für die anderen Mitglieder des Kernteams: Wir haben nie einen Cent dafür erhalten. Vielmehr haben wir alle auch persönlich für AssangeDAO gespendet, indem wir eigene Mittel zur Finanzierung von Infrastrukturen, Webservern etc. hinzufügten.«[36]

Julian Assange und WikiLeaks waren Pioniere bei der Nutzung von Kryptografie zum Schutz von Whistleblowern und Quellen. Als sie 2010 mit der Veröffentlichung der Depeschen begannen und von einer Bankensperre für Spenden betroffen waren, wurde das Überleben der Organisation mithilfe der Kryptowährung Bitcoin ermöglicht. Nun erwies sich die Krypto-Community bei der AssangeDAO-Kampagne erneut als sehr großzügig, um dem WikiLeaks-Gründer zu helfen. »Julian ging sehr schnell das Geld aus«, so Silke Noa. Sie

---

35 Bei der Rekonstruktion der Initiative AssangeDAO erklärte mir Silke Noa, dass jene, die diese Art von Projekten ins Leben rufen und an ihnen arbeiten, nicht als »Gründerinnen« und »Gründer«, sondern als Angehörige eines »Kernteams« bezeichnet werden. Silke Noa, Mitteilung an die Autorin, 23. Juli 2024.

36 Silke Noa, Mitteilung an die Autorin, 27. Juli 2024.

21. DAS UNMÖGLICHE WIRD MÖGLICH: ASSANGE IST FREI

und das AssangeDAO-Team hätten Anfang 2022 mehrere Wochen lang Tag und Nacht an dem Projekt gearbeitet. Ihrer Rekonstruktion der Ereignisse zufolge war es keine leichte Aufgabe, auch weil es »viele Störmanöver« gegeben habe, wie etwa die ständige Abschaltung der Server und sogar einige Morddrohungen, von denen sie zu berichten wusste.

Die Meinungen über diese Art des Spendensammelns, die ohne Banken und traditionelle Crowdfunding-Seiten auskommt, gehen auseinander; doch Silke Noa ist überzeugt, »dass Julian nicht frei wäre, wenn er dieses Geld nicht gehabt hätte.« Richtig, denn der Rechtsstreit um seine Freilassung hat beträchtliche Summen verschlungen.

Während ich diese Zeilen schreibe, gibt es immer noch keinen Abschlussbericht darüber, wie viel Geld ausgegeben wurde und wie genau die Mittel verwendet wurden. Aber laut einem vorläufigen Bericht, den die Wau-Holland-Stiftung veröffentlichte, beliefen sich die Rechtskosten und die Ausgaben für Öffentlichkeitsarbeit zwischen Februar 2022 und Juni 2024 auf etwa 12.611 der insgesamt 16.593 Ether, die die Stiftung erhalten hatte.[37] Welchem Euro-Betrag das entspricht? Der Wert von Kryptowährungen schwankt stark; sie sind extrem volatil. Wie Silke Noa erklärte, entsprachen die 12.611 Ether zu der Zeit, als die Wau-Holland-Stiftung die Gelder im Februar 2022 erhielt, etwa 37 Millionen Dollar. Zwischen Mai und Juni 2022 stürzte der Wert dann aber so stark ab, dass die 12.611 Ether, die für die Verteidigung und die Öffentlichkeitsarbeit ausgegebenen wurden, laut vorläufigem Bericht nur noch etwa 16 Millionen Euro entsprachen.[38]

---

37 Wau Holland Stiftung: Preliminary transparency report for the project »Moral courage / Julian Assange«, 11. Juli 2024, zugänglich unter: wauland.de.

38 Im Interesse der Transparenz gegenüber meinen Leserinnen und Lesern halte ich es für wichtig, zu erklären: In all den 15 Jahren meiner journalistischen Arbeit zum Fall WikiLeaks habe ich niemals Öffentlichkeitsarbeit für Julian Assange oder WikiLeaks geleistet und weder direkt noch indirekt Geld oder andere Formen der Unterstützung von WikiLeaks oder von mit ihnen verbundenen oder assoziierten Organisationen erhalten.

Die Freilassung von Julian Assange war ein kollektives Unterfangen. Es brauchte ein hervorragendes Anwaltsteam, Politikerinnen, Diplomaten und Abgeordnete, Menschenrechts- und Kryptowährungsexpertinnen sowie traditionelle und Digitalkünstler. Es bedurfte der unermüdlichen Anstrengungen von Stella Moris, der Familie von Assange, der WikiLeaks-Leitung und -Journalistinnen sowie Tausenden von Aktivisten; und erstklassiger FOIA-Anwältinnen und -Anwälte und der unnachgiebigen Recherchearbeit derjenigen Journalistinnen und Journalisten, die die öffentlich ausgegebenen Wahrheiten nicht schlucken wollten.

Es war außerordentlich, mitzuerleben, was durch diese kollektive Anstrengung möglich wurde: Jene Kräfte, die ich hier als Secret Power umreiße, waren letztendlich, trotz all ihrer Macht und ihres Einflusses, gezwungen, Julian Assange seiner Wege ziehen zu lassen.

Secret Power

Julian Assange ist frei, doch ist auch der Angriff der Geheimdienste auf ihn und seine Organisation vorüber?

Der WikiLeaks-Gründer lief Gefahr, von der CIA getötet oder entführt zu werden. Sie haben ihm die besten Jahre seines Lebens genommen, und niemand kann sie ihm zurückgeben.

Sarah Harrison setzte alles aufs Spiel, um Edward Snowden zu helfen. Viele andere arbeiteten bei WikiLeaks über ein Jahrzehnt lang professionell, trotz unerbittlicher Einschüchterungen durch nicht enden wollende Ermittlungen der *Grand Jury*.

Stella Moris führte einen außerordentlichen Kampf für die Freiheit von Julian Assange und dafür, ihre beiden Kinder, Gabriel und Max, unter wahrhaft schmerzlichen Bedingungen aufzuziehen. Ihr Partner war der Gefahr ausgesetzt, für immer in einem Hochsicherheitsgefängnis zu verschwinden, weil er Kriegsverbrechen und Folter aufgedeckt hatte, während die Kriegsverbrecher und Folterer unbehelligt bei ihren Familien blieben.

Welche Entscheidung Assange und die WikiLeaks-Journalisten auch immer für die Zukunft treffen: Sie würden sich, so viel ist klar, sofort wieder im Zentrum eines Verfolgungs- und Rachefeldzugs wiederfinden, wenn ihnen eine neue Chelsea Manning ein neues ›Collateral Murder‹-Video oder neue Botschaftsdepeschen weiterleiten sollte und sie diese, wie im Jahr 2010, veröffentlichen würden.

Das Ziel des militärisch-nachrichtendienstlichen Komplexes der USA und ihrer Verbündeten ist es, WikiLeaks zu zerschlagen und damit eine journalistische Organisation aus dem Spiel zu nehmen, die zum ersten Mal in der Geschichte für einen tiefen und dauerhaften Riss im Gefüge jener *Secret Power* sorgte, die nie irgendwem gegenüber Rechenschaft ablegte und Staatsgeheimnisse nicht dazu nutzt, die Sicherheit der Bürgerinnen und Bürger zu garantieren, sondern nur zum Zweck der eigenen Straffreiheit. Was derweil verborgen bleiben soll, sind Verbrechen, Unvermögen, Korruption.

Keine andere journalistische Organisation hat systematisch Hunderttausende von Dokumenten veröffentlicht, die als Verschlusssachen galten. Und das über mehr als ein Jahrzehnt hinweg, mit Auswirkungen, die weltweit zu spüren waren. Und wer sonst versuchte, Edward Snowden zu helfen?

WikiLeaks hat gezeigt, dass der Kampf gegen die *Secret Power* gewonnen werden kann. Daher werden sie WikiLeaks so lange als potenzielle Bedrohung wahrnehmen, wie die Organisation existiert und operativ tätig ist.

Auch sogenannte autoritäre Länder, die den Vereinigten Staaten und deren Verbündeten unversöhnlich gegenüberstehen, können WikiLeaks nicht gutheißen. Natürlich freuen sie sich und sind voll des Lobes, wenn die Organisation Staatsgeheimnisse ihrer Gegner enthüllt und ihre Kontrahenten vor aller Welt bloßstellt; doch sie sorgen sich auch, selbst zur Zielscheibe zu werden, und bangen, dass sich Oppositionelle im eigenen Land von diesem Modell inspirieren lassen.

Secret Power agiert in Demokratien genauso straffrei wie in Diktaturen. Unter autoritärer Herrschaft kommt die eiserne Faust zum

Einsatz, viele der Misshandlungen und Verbrechen werden auf offener Bühne begangen, auch um die Bevölkerung einzuschüchtern und sie gefügig zu machen. In Demokratien hingegen versteckt sich die eiserne Faust der *Secret Power* oft in einem dicken Samthandschuh.

Eine Diktatur hätte Schlägertrupps und Auftragskiller geschickt, um Julian Assange und andere WikiLeaks-Journalisten loszuwerden. Der militärisch-nachrichtendienstliche Komplex der USA und ihre Verbündeten wandten indes weniger offen gewaltsame Methoden an – wie wohl auch künftig. Unter Mike Pompeo plante die CIA zwar, Assange und andere zu entführen oder zu töten, entschied sich aber letztlich dagegen. Die USA wählten den juristischen, nicht den außergerichtlichen Weg. Zweifellos ist dies vorzuziehen. Doch der springende Punkt ist: Es besteht keine Notwendigkeit, brachial vorzugehen, wenn man einen Journalisten auch mit psychologischer statt mit physischer Folter bezwingen kann. Es ist nicht nötig, Julian Assange die Arme mit Zigaretten zu verbrennen, wenn man ihn durch zehn Jahre willkürlicher und ausweglosen Haft an den Rand des Selbstmords bringen kann. Es braucht keine Rollkommandos, um die Enthüllungen einer Medienorganisation zu unterbinden, wenn Mittel wie das der *Lawfare* ebenso effektiv sind; wenn die Journalisten und die Quellen der Organisation unaufhörlich in einem Klima der Angst gehalten werden.

Der Samthandschuh lässt die Behandlung von Assange weit weniger grob erscheinen als jene der eisernen Faust; doch im Grunde ist sie genauso verwerflich. Wegen der Veröffentlichung von Dokumenten über Kriegsverbrechen, Folter, extralegale Drohnentötungen und die Malträtierung von Guantanamo-Häftlingen drohten dem WikiLeaks-Gründer bis zu 175 Jahre Haft.

Im Dezember 2020 schloss Donald Trump seine Präsidentschaft mit zwei richtungsweisenden Entscheidungen: Er begnadigte vier Mitarbeiter des Militärunternehmens Blackwater, die für das Massaker auf dem Nisour-Platz in Bagdad verantwortlich waren. Zugleich verweigerte er Julian Assange und Edward Snowden die Begnadigung. Die Kriegsverbrecher: frei wie der Wind; die Journalisten und Whistleblower, die deren Gräueltaten aufdeckten: im Gefängnis, am Rande des Selbstmords oder ins Exil gezwungen. Viele mögen sagen, dass es nur die verkehrte Welt der Ära Trump war, doch lief es auch unter der Obama-Regierung nicht viel besser.

Keiner der Verbrecher und Folterer, deren Namen durch die WikiLeaks-Dokumente an die Öffentlichkeit kamen, wurde jemals bestraft. Keiner von ihnen musste unter ständiger Androhung rechtlicher Maßnahmen leben. Julian Assange hingegen sah sich ab 2010, zusammen mit seinen Journalistenkollegen, mit ständigen Ermittlungen seitens der *Grand Jury* konfrontiert. Sein Weg führte vom Hausarrest über den beklemmenden Botschaftsaufenthalt bis zum Hochsicherheitsgefängnis Belmarsh.

Was die Quelle der Enthüllungen, Chelsea Manning, betrifft, so wurde sie zu einer beispiellosen Strafe verurteilt, woraufhin sie zweimal in der Ära Obama und einmal während der darauffolgenden Präsidentschaft Trumps versuchte, sich umzubringen.

Die Regierung Biden hatte die Möglichkeit, die Anschuldigungen gegen Julian Assange fallen zu lassen und den Journalismus, anders als Trump es getan hatte, nicht zu kriminalisieren. Sie entschied sich dagegen. Nur ein Deal, etwa fünf Monate vor den US-Präsidentschaftswahlen 2024 geschlossen, bewahrte Joe Biden davor, als jener demokratische Präsident in die Geschichte einzugehen, der Arm in Arm mit dem Republikaner Trump zu einem Novum in der Geschichte der Vereinigten Staaten beigetragen hätte: zur lebenslangen Inhaftierung eines Journalisten. Aber der Schaden für die Pressefreiheit, der aus diesem Plea Deal resultiert, wird seine Spuren hinterlassen, und wie die *New York Times* feststellte, tragen beide Regierungen die Verantwortung dafür: die von Trump und die von Biden.[39]

Wie Stella Moris unmittelbar nach seiner Freilassung ankündigte, wird Julian Assange das Weiße Haus um Begnadigung ersuchen.

---

39 Charlie Savage: Assange's plea deal sets a chilling precedent…, a. a. O.

Doch nun, da sowohl die Republikaner als auch die Demokraten »den Rubikon überschritten« und das Spionagegesetz erfolgreich zur Kriminalisierung des Journalismus genutzt haben, werden sie die Drohung mit dem Espionage Act wohl als Damoklesschwert gegen jene Journalistinnen und Journalisten verwenden, die die Secret Power herausfordern.

Von Anfang an konzentrierte sich die gesamte öffentliche Diskussion nicht auf diese entscheidenden Fragen, sondern auf die Persönlichkeit des WikiLeaks-Gründers. Ich stimme nicht mit allem überein, was er gesagt oder getan hat; aber ich habe ihn gut genug kennengelernt, um sagen zu können, dass er grundverschieden zu jener Person ist, als die man ihn darstellt. Mit dieser Überzeugung bin ich nicht allein. Andere Journalistinnen und Journalisten, die ihm über die Jahre begegnet sind und ihn lange Zeit beobachten konnten, teilen diese Ansicht.

Julian Assange ist eine komplexe Persönlichkeit, und die medizinische Diagnose, dass er unter dem Asperger-Syndrom leidet, erklärt wohl einige seiner Charakterzüge. Die australische Schriftstellerin Kathy Lette, die frühere Ehefrau des hochangesehenen Menschenrechtsanwalts Geoffrey Robertson, der Assange vertrat, hatte eine scharfsinnige Analyse parat.[40]

Sie wies darauf hin, dass autistische Störungen unter Mathematikern, Naturwissenschaftlern und Künstlern – von Mozart über Einstein bis Steve Jobs – weit verbreitet sind. Bereits 2010 habe sie erkannt, dass der WikiLeaks-Gründer von einer Autismus-Spektrum-Störung betroffen ist. Sie und ihr damaliger Mann haben einen Sohn, der an einer solchen Störung leidet, und so entwickelten sie »ein feines Gespür für die Symptome«. »Autismus«, so Lette, »ist eine lebenslange neurologische Erkrankung, deren Hauptmerkmale geringe Kommunikations- und Sozialisationsfähigkeiten, oft chronische Zwangsstörungen und Angstzustände, aber häufig auch ein sehr hoher IQ

---

40 Kathy Lette: I knew Assange was autistic – it explains why people read him unfairly, in: The Sydney Morning Herald, 15. Oktober 2020.

sind. Assange ist im Grunde Wikipedia mit Pulsschlag, ein lebendes Onlinelexikon – wie viele andere Computergenies. Leidenschaftlich und philosophisch, erwies sich Julian als unterhaltsamer Tischgast.« Die Diagnose eines Asperger-Syndroms bzw. einer Autismus-Spektrum-Störung »könnte helfen zu erklären«, merkte Kathy Lette zudem an, »warum viele Julians ausgeprägte Selbstbezogenheit so oft als ›Narzissmus‹ missverstehen und warum er in der Vergangenheit Verbündete so umstandslos verprellte«.

Das Bild, das die Medien von Julian Assange zeichneten, entspricht definitiv nicht jenem Menschen, den ich und andere Kolleginnen und Kollegen in mehr als zehn Jahren auch des persönlichen Austausches kennengelernt haben. Er ist nicht die Art von finsterem James-Bond-Bösewicht, als der er bisweilen hingestellt wird. Er hat Witz, ist herzlich und selbstironisch. Er ist hochintelligent und hat sich entschieden, seine Intelligenz für andere Zwecke zu nutzen als ein Vermögen zu machen und ein bequemes Leben zu führen. Es bedurfte seiner unbestreitbaren Fähigkeiten und seines Mutes, um die WikiLeaks-Revolution in Gang zu setzen. Gewiss war es nicht sein Werk allein: die WikiLeaks-Journalisten, -Mitarbeiter, -Anwälte und -Techniker leisteten einen enormen Beitrag.

In seinem Bestreben, niemals schwach zu erscheinen, mag er arrogant oder übermäßig selbstbewusst wirken. Bei seinen Auftritten als führender Kopf von WikiLeaks vermied er es immer, über die inneren Abläufe zu sprechen, um all jenen, die jahrelang die Zerstörung von WikiLeaks herbeisehnten, keine offene Flanke zu bieten. Damit strahlte er eine Aura des Geheimnisvollen und Bedrohlichen aus, die viele dazu veranlasste, die Organisation misstrauisch zu beäugen und sie für ein zwielichtiges, wenn nicht gar unheilvolles Phänomen zu halten.

Dass er immer als umstrittene Figur dargestellt wurde, war von Anfang an die beste Voraussetzung für die US-Behörden. Je mehr die Medien eine Person als kontrovers darstellen, desto mehr spaltet diese die Öffentlichkeit, und desto weniger wird sie von der öffentlichen Meinung unterstützt. Da die öffentliche Unterstützung aber mehr als alles andere Schutz vor staatlicher bzw. geheimdienstlicher Verfolgung, ja: vor den Secret-Power-Strukturen bietet, hatten sie leichtes Spiel mit Assange, bis die öffentliche Wahrnehmung der gewaltigen Ungerechtigkeit, der er ausgesetzt war, überhandnahm.

Was ich im Laufe meiner journalistischen Arbeit an diesem Fall erlebt habe, hat mich zutiefst beunruhigt. Ich war fassungslos über die Staatskriminalität, die die Dokumente offenbaren. Über die Straffreiheit, die Kriegsverbrecher und Folterer in unseren Demokratien genießen. Ich war erschüttert, dass Whistleblower und Journalisten, die derlei Verbrechen aufdecken, in unseren demokratischen Gesellschaften keinen sicheren Zufluchtsort haben. Von 2010 an war Assange auf der Suche nach einem möglichen Unterschlupf. Er vergrub sich in einer Botschaft und suchte Schutz im Asylstatus und durch internationales Recht. Er klopfte bei einer der Arbeitsgruppen der Vereinten Nationen an. Und beim UN-Sonderberichterstatter für Folter. Nichts und niemand war in der Lage, den Verfall seines körperlichen und geistigen Zustands abzuwenden. Und auch das journalistische Establishment stand ihm nicht zur Seite; im Gegenteil, es trägt erhebliche Verantwortung für seinen angegriffenen Gesundheitszustand und für den Entzug seiner Freiheit.

Gewiss ist aber auch: Einige Journalisten, wie der renommierte John Pilger, sprachen sich stets dagegen aus, wie man mit Assange umsprang. Persönlichkeiten wie Daniel Ellsberg, Roger Waters, Ken Loach oder Noam Chomsky standen immer an seiner Seite. Die ikonische Vivienne Westwood, die berühmte Schauspielerin und Aktivistin Pamela Anderson, die gefeierte Schriftstellerin Alice Walker und Künstler von Ai Weiwei bis Davide Dormino setzten sich nachdrücklich für seine Freiheit ein. Yanis Varoufakis und Srecko Horvat ließen es sich nicht nehmen, ihn zu unterstützen, und Nobelpreisträger wie Mairead Maguire oder Adolfo Pérez Esquivel riefen die Weltöffentlichkeit auf, ihn nicht im Stich zu lassen.

Nach seiner Verhaftung und insbesondere ab 2022 war die zunehmende Anteilnahme der öffentlichen Meinung wahrnehmbar. Von Amnesty International über Reporter ohne Grenzen bis hin zur

International Federation of Journalists haben sich alle großen internationalen Organisationen für Pressefreiheit und Menschenrechte für den WikiLeaks-Gründer eingesetzt. Von Europa über Australien bis hin zu den Vereinigten Staaten gingen Tausende von Aktivisten auf die Straße, um ihn zu retten. Besonders aktiv zeigte man sich in Italien, die Schauspielerin Laura Morante rief gar vom roten Teppich des Filmfestivals von Venedig im September 2023 zu seiner Freilassung auf.[41] Selbst Papst Franziskus trug sein Scherflein bei.

Doch diese internationale Solidarität ließ lange auf sich warten, sodass der von Julian Assange gezahlte Preis unerträglich hoch war.

Das Ziel des militärisch-nachrichtendienstlichen Komplexes der USA und deren Verbündeter, kurz: das Ziel der *Secret Power*, ist offenkundig: Nach den schweren Schlägen, die Julian Assange und WikiLeaks über mehr als ein Jahrzehnt hinweg einstecken mussten, wollen sie deren revolutionären Aufbruch niederwerfen, wollen sie am Boden sehen; zugleich sollen alle anderen Journalistinnen und Whistleblower darin eingeschüchtert werden, sich von ihnen inspirieren zu lassen und Vergleichbares im Sinn zu führen. Es ist ein unheilvoller Angriff auf die Presse und deren Macht, Staatskriminalität auf höchster Ebene aufzudecken – und auf das Recht der Öffentlichkeit, davon zu erfahren.

Deshalb habe ich mich fünfzehn Jahre lang diesem Fall gewidmet. Jahre, in denen ich, anders als Julian Assange und die WikiLeaks-Kollegen, nicht verhaftet, eingesperrt oder schikaniert wurde. daher fühle ich mich ethisch verpflichtet, meine Position und relative Sicherheit zu nutzen, um darüber zu berichten, was ich erfahren, ja: was ich erkannt habe.

Warum ich all die Mühe investiert habe? Weil ich mit meiner journalistischen Arbeit dazu beitragen möchte, die eiserne Faust zu entkleiden, ihr den Samthandschuh abzustreifen; damit die Öffentlichkeit sich der Funktionsweisen bewusst wird und lernt, diese zu erkennen.

---

41 In den Danksagungen erinnere ich an jene, die sich ab 2021 für Julian Assange und die WikiLeaks-Journalisten einsetzten, insbesondere in Italien.

Ich möchte in einer Gesellschaft leben, in der es möglich ist, Kriegsverbrechen und Folter aufzudecken, ohne dafür im Gefängnis zu landen oder dreimal am Rande des Selbstmords zu stehen, wie es Chelsea Manning widerfuhr. Ohne im Exil leben zu müssen, wie Edward Snowden in Russland. Ohne meine Freiheit für vierzehn Jahre zu verlieren und selbstmordgefährdet zu sein, wie es Julian Assange erlebte. Ich möchte in einer Gesellschaft leben, in der Verantwortliche der *Secret Power* vor dem Gesetz und der Öffentlichkeit für ihre Untaten Rechenschaft abzulegen haben; in der mit Gefängnis bestraft wird, wer Kriegsverbrecher ist, und nicht, wer den Mut und das Gewissen hat, Kriegsverbrechen zu enthüllen und darüber zu berichten.

Eine solche wahrhaftig demokratische Gesellschaft gibt es heute nicht. Und niemand wird sie einfach für uns erschaffen. Es liegt an uns, für sie zu streiten. Der Kampf um die Freilassung von Julian Assange war ein Meilenstein auf diesem Weg. Und eines Tages, wenn wir zurückblicken, werden wir sagen können, dass wir unseren Teil beigetragen haben. Denn wir haben für die gekämpft, die mit uns waren; für die, die nicht mit uns gingen; und sogar für die, die gegen uns waren.[42]

---

42 Dieser Satz geht auf den italienischen Partisanen Arrigo Boldrini zurück, der gegen den Faschismus kämpfte. Er sagte: »Wir haben für die Freiheit aller gekämpft: für die, die mit uns waren; für die, die nicht mit uns gingen; und sogar für die, die gegen uns waren.«

Danksagung

Auf diesen letzten Seiten möchte ich all jenen danken, die dieses Buch ermöglicht haben; die sich für die Verteidigung von Julian Assange und WikiLeaks eingesetzt haben; die für die Freiheit der Presse, Kriminalität auf höchster staatlicher Ebene aufzudecken, gekämpft haben; und die für das Recht der Öffentlichkeit einstanden, über jene Kriminalität informiert zu werden.

Dieses Buch wäre ohne die Großzügigkeit und Unterstützung zahlreicher Menschen nicht möglich gewesen.

Mein besonderer Dank gilt Ken Loach: Ich bewundere seine Kunst und seine Wertvorstellungen. Seiner Assistentin Emma danke für ihre Hilfe und ihre Freundlichkeit.

Richard Logan und der ›Reva and David Logan Foundation‹, deren Zuschüsse für investigativen Journalismus meinen Kampf gemäß dem ›Freedom of Information Act‹ (FOIA) zur Verteidigung des Rechts der Presse auf Zugang zu allen Dokumenten im Fall Julian Assange und WikiLeaks ermöglichten. Ohne Richard Logan und die ›Reva and David Logan Foundation‹ wäre ich nicht in der Lage gewesen, den Tatsachen weiterhin auf den Grund zu gehen, nachdem ich die anfänglichen Kosten meines FOIA-Kampfes selbst getragen hatte. Mein Dank geht auch an Preeti Veerlapati von der Logan Foundation für ihre Unterstützung bei den bürokratischen Angelegenheiten.

Ein ausdrücklicher Dank geht an alle Anwältinnen und Anwälte, die mit mir zusammengearbeitet haben und dies in vielen Fällen noch immer tun, und das zu sehr geringen Gebühren oder völlig kostenlos. An erster Stelle ist hier eine Kapazität auf dem Gebiet des ›Freedom of Information Act‹ in Großbritannien zu nennen, Rechtsanwalt Philip Coppel von der Kanzlei Cornerstone Barristers in London.

Dank an Estelle Dehon, ebenfalls von Cornerstone Barristers, eine außergewöhnlichen Person von hoher Fachkompetenz, die bis heute zur Wahrheitsfindung beiträgt, sowie an Jennifer Robinson von Doughty Street Chambers in London, ohne deren Rat ich meinen Rechtsstreit in einem so vertrackten Rechtssystem wie dem des Vereinigten Königreich nie begonnen hätte: Sie war stets mit großer Professionalität, Hingabe und zugleich mit Demut bei der Sache.

Dank an den hervorragenden Percy Bratt von der Kanzlei Bratt Feinsilber Harling und an Pia Janné von der Kanzlei Janné, jeweils aus Stockholm. Und an die ausgezeichnete Kristel Tupja (ehemals Kanzlei Ballard Spahr). Lauren Russell und Alia Smith haben meinen FOIA-Kampf in den USA jahrelang mit großem Sachverstand und völlig kostenlos geführt: Wer als Journalistin oder als Journalist für die Wahrheit streitet, kann sich glücklich schätzen, mit derlei Profis zusammenzuarbeiten.

Dank auch an Peter Bolam von der Kanzlei Broadley Rees Hogan in Brisbane, Australien, und an Greg Barns von Salamanca Chambers in Battery Point, Tasmanien, die jeweils unter äußerst schwierigen Bedingungen gearbeitet haben, aber nie aufsteckten.

Und an Baltasar Garzon, der – ebenso wie Aitor Martinez – meine Fragen mit bemerkenswertem Großmut beantwortete.

Ich weiß nicht, wie ich Lesli Cavanaugh danken soll: Ihr gebührt mehr als mein Dank, sie verdient ein ganzes Denkmal! Zu jeder Tages- und Nachtzeit war sie da, um mir bei Übersetzungen zu helfen. Wer sich als Journalistin oder Journalist mit einer komplexen, drei Kontinente umspannenden investigativen Arbeit befasst, sollte sich an jemanden wie sie wenden können.

Zudem möchte ich mich bei meinem Verlag Chiarelettere bedanken, der diese Arbeit erst ermöglichte. Insbesondere bei Maurizio Donati, dem einst verantwortlichen Lektor bei Chiarelettere, der als erster an dieses Buch glaubte, bei Paolo Zaninoni, der von einer neue Auflage überzeugt war, bei Valentina Abaterusso und Elena

DANKSAGUNG

Villanova: Ohne das Interesse, den sanften Druck und die immense Geduld von Maurizio hätte ich dieses Buch nie schreiben können. Und ohne Valentinas Hilfe wäre es sicherlich schlechter geworden. Und ohne Paolo Zaninoni und Elena Villanova hätte es die neue Ausgabe mit einem Happy End nicht gegeben: mit der Befreiung von Julian Assange. Ohne die Hilfe der Öffentlichkeitsarbeit von Chiarelettere, vor allem seitens der unermüdlichen Tommaso Gobbi und Alice De Angeli, hätte ich es nicht durch ganz Italien geschafft und von dort in die ganze Welt, mit Übersetzungen ins Englische, Französische, Spanische und Deutsche und mit Dutzenden von Diskussionen und Präsentationen.

Ich kann nicht umhin, Roberto zu erwähnen: Ein ganzes Buch würde nicht ausreichen, um meine Dankbarkeit ihm gegenüber auszudrücken. Und gegenüber Livia Polegri für ihre stets intelligenten und hilfreichen Ratschläge.

Einen etwas anderen, nicht minder besonderen Dank, möchte ich hier schwarz auf weiß an alle richten, die sich in verschiedenen Rollen für die Freilassung von Julian Assange und für die Verteidigung des Rechts von WikiLeaks auf Veröffentlichung eingesetzt haben. Leider kann ich all ihre Namen nicht einzeln nennen, denn sie zählen zu Tausenden. Auch ergäbe es keinen Sinn, Einzelpersonen wie Roger Waters, Daniel Ellsberg, Julian Assanges Angehörige wie allen voran Stella Moris sowie John und Gabriel Shipton, Journalisten wie Glenn Greenwald oder Gavin MacFadyen und viele andere, die bereits im Buch erwähnt wurden, noch einmal zu nennen; ganz zu schweigen von Organisationen, die, wie bereits erläutert, eine wirklich wichtige Rolle spielten, so ›Amnesty International‹, die ›International Federation of Journalists‹ (IFJ) oder die ›European Federation of Journalists‹ (EFJ), wobei der IFJ-Präsidentin Dominique Pradalié und dem EFJ-Generalsekretär Ricardo Gutiérrez allemal Dank gebührt.

Indessen möchte ich hervorheben: Craig Murray, der den Angriff des Establishments auf Julian Assange und WikiLeaks immer wieder angeprangert hat; den Musiker und Künstler Brian Eno, der Assange öffentlich verteidigt hat; John Rees und Chloe Schlosberg, die sich intensiv darum bemühten, die Öffentlichkeit zu mobilisieren; Deepa Driver, die gewissenhaft den Anhörungen im Fall Julian Assange und meinem FOIA-Kampf beiwohnte; den Beitrag jener Tausenden von Aktivistinnen und Aktivisten aus Großbritannien, Deutschland, Frankreich, ja: aus ganz Europa, sowie aus den USA und Australien, die sich für die Verteidigung von Julian Assange und WikiLeaks einsetzten, ohne dafür Anerkennung zu erwarten. Ich kenne viele von ihnen persönlich – von anderen wurde mit erzählt –, die über ein Jahrzehnt lang mit Mahnwachen, Protesten und Sitzstreiks vor Ort waren.

Emmy Butlin und Clara Campos waren nicht nur immer für Julian Assange und WikiLeaks da, sondern haben auch mich bei meinem FOIA-Verfahren mit ihrer Anwesenheit unterstützt. Bei all den Anhörungen konnten die britischen Behörden zur Kenntnis nehmen, dass ich nicht allein war: Auch präsent waren Emmy, Clara, David Allen, Alberto Zerda-Noriega, Guillermo Marin, Olga, Karen, Sue und Roland, Wendy Higazi, Kathy De Silva, Arcadius, Tom, Elsa Collins, Olga, Patrick, Joe Brack, Maxine Walker, Sara Chessa, Cheryl Sanchez, Katherine Porter und David Mizrachi.

Die beharrliche Kampagne ›Somerset Bean‹ erschuf unentwegt Banner und Grafiken, um die Verfolgung von Julian Assange und WikiLeaks für alle einzuordnen. Ebenso wie der italienische Künstler und Aktivist Gianluca Costantini mit bestechenden Illustrationen Kontra bot. Die Aktivistinnen und Aktivisten nannten mir Hunderte von Personen, die zu der Kampagne beitrugen, ich nenne hier stellvertretend für alle nur einige Namen: Alan Fontaine, Truman (der die Initiative ›YellowRibbons4Assange‹ ins Leben gerufen hatte), Sabine von Torn (die die Initiative ›Candles for Assange‹ gründete, außerdem Anna Fauzy-Ackroyd, Kelly Kolisnik, Helen Mercer, Maxine Walker, Ciaron O'Reilly, Genny Bove, Reicho Speechly, Angie Curran, Jeannie Farr und Lima al-Iskalachi.

In die Vereinigten Staaten geht ein nachdrücklicher Dank an Nathan Fuller und Vincent De Stefano, die die US-Kampagne ›Assange Defense‹ leiteten, sowie an Matthew Hoh, Ben Cohen,

Stephen Rohde, Paula Iasella, Ann Batiza, Jeff Mackler, Nozomi Hayase, Marjorie Cohn, Thomas Drake, John Kiriakou und Norman Solomon.

Der unentwegte Randy Credico, der so viel gegeben hat, verdient einen enormen Dank, sodann Kelley Lane sowie eine besondere Künstlerin und Person: Naomi Pitcairn. Ein riesiges Dankeschön an Lisa Ling, Jesselyn Radack und an die Journalistinnen und Journalisten bzw. Expertinnen und Experten William Goodwin, seines Zeichens ›Investigations Editor‹ von *Computer Weekly*, Kevin Gosztola, Chip Gibbons, Ryan Grim, Richard Medhurst, Chris Hedges, Katie Halper, Aaron Maté, Joe Lauria, Cathy Vogan, Max Blumenthal, Caitlin Johnstone und Mohamed Elmaazi.

Ein weiteres Dankeschön, ob nach Schweden oder Deutschland, Australien oder Frankreich, geht an Clara López Rubio und Juan Pancorbo für ihren wichtigen Dokumentarfilm ›Hacking Justice‹; an den Filmemacher Ben Lawrence für ›Ithaka‹ über den Fall Julian Assange aus der Sicht von dessen Familie; an Nils Lodefoged für seine Mitarbeit an ›Ithaka‹ und an meinen FOIA-Verfahren; an den Journalisten Laurent Dauré und die Journalistin Meriem Laribi, beide aus Frankreich; an den französischen Computer-Ingenieur und Mitbegründer von ›La Quadrature Du Net‹, Benjamin Sonntag; an die Aktivistinnen Sygin Meder und Kristina Hillgren und an den Aktivisten Håkan Julander wie auch an den Journalisten Arne Ruth, jeweils aus Schweden. Dank zolle ich auch Bolek Sieka, der an meine FOIA-Klage glaubte: Er unterstützte und ermutigte mich mit seinem »keep fighting«. Ein großes Dankeschön auch an die deutschen Aktivistinnen und Aktivisten, darunter Claudia Daseking, an die Künstlerin Angela Richter, die den Fall auf die Bühne brachte und an den Anhörungen in London teilnahm, an Reiner und Gloria Jocheim, an Kolja für seinen ›Longwalk4Assange‹, an Isi Wasi und Hunderte andere sowie an den Politiker Andrej Hunko.

Ein besonderer Dank geht zudem an alle australischen Aktivistinnen und Aktivisten, die in einem Schlüsselland eine großangelegte Kampagne auf die Beine stellten; ebenso an die australische Anwältin Kellie Tranter für ihren FOIA-Einsatz sowie an Mary Kostakidis, Andrew Fowler und Peter Cronau, die sich bei ihren journalistischen Tätigkeiten nicht mit offiziell verkündeten Wahrheiten zufriedengaben, auch wenn diese bequemer gewesen wären.

Unweigerlich danke ich schließlich all jenen, die zu der gewaltigen Bewegung in Italien beitrugen, um Julian Assange zu retten und WikiLeaks zu verteidigen: Marco Travaglio, Peter Gomez, Maddalena Oliva, Salvatore Cannavò stellvertretend für die Zeitung *il Fatto Quotidiano*, die es mir ermöglichten, meine Arbeit an dem Fall fortzusetzen, nachdem ich *la Repubblica* verlassen hatte – *il Fatto Quotidiano* stand in vorderster Linie beim Einsatz für die Freiheit von Julian Assange; *PresaDiretta*, das heißt Riccardo Iacona und Elena Marzano und deren Team; den Medien *Manifesto*, *Avvenire* und *Left*; den Organisationen ›Ordine dei Giornalisti‹, dessen Präsident Carlo Bartoli Julian Assange zum Ehrenmitglied ernannte, und ›Federazione Nazionale della Stampa‹, deren Präsident Vittorio di Trapani Julian Assange die Mitgliedschaft verlieh und der weltweit 19 weitere Journalistengewerkschaften dazu bringen konnte, ihn ebenfalls als Mitglied anzuerkennen. Auch ›Articolo 21‹ leistete fantastische Arbeit: Mein Dank gilt namentlich Giuseppe Giulietti, Vincenzo Vita und Elisa Marincola, allesamt unermüdlich. Ein besonderer Beitrag kam vom Komitee ›La mia voce per Assange‹, das infolge eines Aufrufs von Friedensnobelpreisträger Adolfo Perez Esquivel und dank der Arbeit von Grazia Tuzi, Laura Morante, Daniele Costantini, Armando Spataro, Vincenzo Vita, Flavia Donati, Giuseppe Gaudino und Paolo Benvenuti gegründet wurde. ›La Mia Voce per Assange‹ sammelte Appelle von Dutzenden von Schauspielern, Journalistinnen und anderen Prominenten zur Verteidigung von Julian Assange, darunter die Leinwandgröße John Malkovich und Corinne Vella von der ›Daphne Caruana Galizia Foundation‹, also die Schwester der ermordeten Journalistin aus Malta. Ich kann mich in diesem Buch nicht bei allen von ihnen einzeln bedanken, dafür tue ich es stellvertretend: Ein großer Dank an die Filmproduzentin Elda Ferri und an Laura Morante, die im Dezember 2023 im Kino ›Farnese‹

in Rom einen wunderbaren Abend mit Stella Assange organisierte, und an den Filmproduzenten Francesco Giammatteo, der dabei, zusammen mit Laura selbst, nicht davor zurückscheute, tatkräftig mitzuhelfen.

Die ANPPIA, die ›Associazione Nazionale Perseguitati Politici Italiani Antifascisti‹, und deren Sekretär Boris Bellone, die beschlossen, Julian Assange, Stella Moris, Kristinn Hrafnsson, Sarah Harrison, Joseph Farrell, Jacob Appelbaum und mir die Ehrenmitgliedschaft zu verleihen. Wer gegen den Faschismus kämpft, versteht den unheilvollen Angriff auf die Pressefreiheit, der hinter der Verfolgung von Assange und WikiLeaks steht.

›Amnesty International Italia‹ – und damit Riccardo Noury, Tina Marinari und die vielen Amnesty-Sektionen im ganzen Land – waren sehr hilfreich, um eine öffentliche Debatte anzustoßen; ebenso wie zahlreiche Sektionen von ANPI (›l'Associazione Nazionale Partigiani d'Italia‹), die viele öffentliche Diskussionen über den Fall unterstützten; aber auch Dutzende von Schulen, Universitäten – darunter die Universität Pisa mit den Hochschullehrerinnen Maria Chiara Pievatolo und Daniela Taf – und Festivals, allen voran das von Arianna Ciccone und Chris Potter kuratierte ›Journalism Festival of Perugia‹, die ›Biennale Tecnologia‹ unter Professor Juan Carlos De Martin, das von Desirée Klein ins Leben gerufene ›Festival Imbavagliati di Napoli‹ und das ›Biografilm Festival of Bologna‹.

Mein Dank gilt dem Präsidenten von ›Biografilm‹, Massimo Mezzetti, und seinem künstlerischen Leiter, Massimo Benvegnù, für ihren Verstand und Mut, dem Fall auf ihrem hochkarätigen Festival Raum zu geben, während andere Filmfestivals, etwa jene in Rom und Turin, dies nicht für angebracht hielten. Von Scampia bis Trient gilt mein aufrichtiger Dank allen Schulen, Universitäten, Lehrerinnen und Schülern, die Diskussionen über den Fall WikiLeaks organisierten.

Hunderte italienische Aktivisten opferten sehr großzügig ihre Zeit, sowohl einzeln als auch mit ihren Gruppen. Selbstredend kann ich sie nicht alle einzeln erwähnen, aber mein spezieller Dank geht an diese Initiativen und Personen: ›Free Assange Italia‹, darunter die allesamt unermüdlichen Donatella Mardollo, Marianella Diaz, Paolo Capezzali, Alessia Pesando und Alexandro Moro; ›Movimento Free Assange Reggio Emilia‹, insbesondere Marga Venturi und Elvira Meglioli; ›Free Assange Napoli‹, wo Mauro Forte einen bemerkenswerten Beitrag mit Blick auf Organisierung und bürgerschaftliches Engagement leistete, Grazia Pagetta es nie an Unterstützung missen ließ und auch Laura Romano stets mithalf; ›Como for Assange‹, gegründet von der standhaften Aktivistin Lorena Corrias; ›Free Assange Roma‹ mit Patrick Boylan; Nicoletta Bernardi mit ›Perugia per Assange‹, Gianni Magini mit ›Allerta Media‹ und nicht zuletzt Antonio Caprari und Giulia Calvani.

Nicht zu vergessen Dutzende Menschen in städtischen Verwaltungen, von den Bürgermeistern und Stadträten von Neapel und Reggio Emilia bis hin zu Virginia Raggi, Antonella Melito, Alessandro Luparelli und allen Stadt- und Gemeinderäten, die Julian Assange die Ehrenbürgerschaft verliehen oder zu verleihen versuchten, darunter solche aus Rom, Neapel, Reggio Emilia, Pinerolo, Civitavecchia, Marcellinara, Pescara, Castelnuovo Cilento, Passignano sul Trasimeno, Turano Lodigiano, Catania, Monterotondo, Montegabbione, Chiusi, Campobasso, Castelfranco Emilia, Ferrara, Modena, Imola, Savona, Bari, Strambinello, Vicovaro. Auch in diesem Fall kann ich mich hier nicht bei allen persönlich bedanken, gemeint sind in jedem Fall alle.

Über hundert Rechtsgelehrte und Justizbeamte, darunter Armando Spataro und Professor Mario Serio, unterzeichneten einen Appell zur Rettung von Julian Assange und stellten damit sicher, auf der richtigen Seite der Geschichte zu stehen.

Dank auch an die Europaabgeordnete Sabrina Pignedoli, die Julian Assange für den Sacharow-Preis 2022 nominierte; an die Abgeordnete Stefania Ascari; an Personen wie Alessandro Di Battista, der Julian Assange und WikiLeaks ans Theater brachte; an Francesca Brizzolara, die Chelsea Manning ebenfalls auf der Bühne verkörperte; und an die vielen Künstlerinnen und Künstler, die Statuen, Porträts oder Musikkompositionen kreierten, wie Ciro Ferrigno, oder Lieder, wie Francesco Maggiurana, oder Fotoausstellungen, wie Antonietta Chiodo, die die ungeheuren Ungerechtigkeiten in der Sprache der Musik und Kunst vermitteln, für alle erreichbar.

Vielen Dank an Piero DM, Alberto Ferretti, Lorenzo Pazzi, Daniele Trovato, Giuseppe Sini und Salvatore von *Guerriglia Radio*.

Am Ende dieses Buches möchte ich den Tausenden von Leserinnen und Lesern danken, die meine Arbeit mit ihrem Interesse unterstützt haben und die jeden Tag für einen freien, unbequemen, aufsässigen Journalismus kämpfen. Aus offensichtlichen Gründen kann ich sie leider nicht alle nennen. In deren Namen möchte ich stattdessen die 151 Supporter erwähnen, die dazu beitrugen, innerhalb von nur 43 Stunden das Ziel einer Crowdfunding-Initiative zu erreichen, um meinen Rechtsstreit im Rahmen des ›Freedom of Information Act‹ zu unterstützen.

Die Suche nach der Wahrheit ist ein kollektives Unterfangen. Viele von ihnen haben völlig anonym gespendet, sodass ich nicht einmal weiß, wem ich danken soll, während andere Pseudonyme wie ›Pinco Pallino‹ oder ›Truth Seeker‹ verwendeten. Alle anderen gaben ihre Namen an, so kann ich sie hier zumindest aufzählen: Naomi Pitcairn, Rajesh Panday, Hansrudolf Suter, Carlo Blengino, Richard Lahuis, Roberto Resoli, Adrian Pearl, Cinzia Mariolini, Irene M. Moreau, Stefano Caire, Dag Undseth, Rossella Selmini, Claudio Erbs, Francesca Milani, Nadir Dziri, Rory O'Bryan, Marco Gessini, Giovanni Gardoni, Giorgio Papallo , Frank Proud, Jeanie Schmidt, Dario Di Maria, Paola Morellato, Per Starback, Linda Jones, Paolo Cianciabella, Gabriele Zamparini, Amar Hadzihasanovic, Riccardo Signori, Dr A, Meg Vidal, Marin Medak, Alan Dow, Edward Jones, Petar Milosevic, Gian Carlo Di Leo, Claudio Coletta, Michele Arnaldi, Klaas Verhoeve, Raffaele Golfetto, Guido Cusani, David Walters, Giorgio Spiga, Brenda Bonnici, Luigi Prosperi, John Lynn, Ingo Keck, Ermanno Viola, Paolo Progetto, Gilberto Gennero, Richard Gilmour, B.E. Henriksen, Giorgio Carsetti, Giuseppe Ragno, Barbara Waschmann, Emilia La Capra, Marco Giansante, Luca Bolelli, Peter Lal vani, Georg Braun,

Roberto Montanari, Leandro Notari, Andy McDowell, Alex Kross, Andrea Bovenga, Piergiovanni Cipolloni, Jose Martins, Phil Hurrle, Antonio Puliti, Alina Lilova, Ana Dimkar, Michael Wheeler, Stefania Saccinto, Daria Malaguti, Stefano Rigamonti, Davide Vismara, Alan Booker, Predrag Kolakovic, Rita Hunt, Paul Janssen, Marty Bray, Emilia Butlin, Paul Gossage, Mina Harballou, Anna FauzyAckroyd, Daniela Hengst, Lydia Maniatis, Veronica Sahonero, Sergio Mauro, Monika Schallert-Marberger, Pete Butler, Denise Majocchi, Elena Andres, Gio Lodovico Baglioni, Sabrina Culanti, Timothy Smith, Dausto Cobianchi, Deborah Thomas, Adriana Cecchetto, Aaron Maté, John Joslin, Rob Juneau, George Loizou, Goran Vuckovic, Neville Reed, Grant Jarvis, Tom Marwick, Joyce Catanzariti, Louisa Allan, Meredith Hobbs, Rowan Collins, Eli Fadda, Djamila le Pair, Catherine McLean, Stefano Crosara, Alenka Sekne, Ivan Iraci, Brigitte Walz, Annie McStravick, Rosswell Gadsden, Anna Palczynska, Rob Marshall, Gregor Liddell, Jutta Schwengsbier, Karina Prado, Christian Mair, Livia Formisani, Luca Trogni, Raymond Hill, Stefano Grandesso Silvestri, Matteo Locatelli, Laura Mussati, Anthony Coghlan, Kell Kolisnik, Roswell Gadsen, Kendra Christian, Anna-Lydia Menzel, Anna Tarbet, John Read, Esther Joly, Alison Cotterill, Terry Lustig, Elizabeth Murray, Joanne Morrison, John Edwards, Mike Barson, Janice Lumley.

Onlinequellen

Ausführliche URLs der in den Fußnoten genannten Websites

aclu.org (15.1.2010): www.aclu.org/press-releases/aclu-obtains-list-bagram-detainees (abgerufen: 20.9.2024).
aclu.org (16.3.2011): www.aclu.org/press-releases/aclu-calls-military-treatment-accused-wikileaks-supporter-pfcmanning-cruel-and (abgerufen: 4.4.2022).
aclu.org (9.5.2017): www.aclu.org/blog/free-speech/employee-speech-and-whistleblowers/chelsea-manning-case-timeline (abgerufen: 24.9.2024).
aclu.org (23.5.2019): www.aclu.org/press-releases/aclu-comment-julian-assange-indictment (abgerufen: 12.5.2022).
aclu.org (Habeas Corpus): www.aclu.org/other/backgroundhabeas-corpus (abgerufen: 10.3.2022).
activism.net: www.activism.net/cypherpunk/manifesto.html (abgerufen: 23.9.2024).
aklagare.se: www.aklagare.se/en/media/press-releases/2017/may/1/january/theinvestigation-against-julian-assange-is-discontinued2/ (abgerufen: 25.4.2022).
amnesty.org (3.3.2020): www.amnesty.org/en/latest/news/2020/03/ecuador-authorities-must-monitor-trial-digital-defender-ola-bini/ (abgerufen: 11.5.2022).
amnesty.org (17.9.2020): www.amnesty.org/en/documents/eur45/3076/2020/en/ (abgerufen: 13.5.2022).
aws.amazon.com (Amazon / WikiLeaks): https://aws.amazon.com/it/message/65348/ (abgerufen: 8.3.2022).
bailii.org: www.bailii.org/uk/cases/UKFTT/GRC/2022/2020_0087.html (abgerufen: 16.5.2022).
bbc.com (21.8.2010): www.bbc.com/news/world-europe-11049316 (abgerufen: 27.3.2022).
bbc.com (15.12.2016): www.bbc.com/news/world-us-canada-38303381 (abgerufen: 1.5.2022).
bruces.medium.com (3.8.2013): https://bruces.medium.com/the-ecuadorian-library-a1ebd2b4a0e5 (abgerufen: 5.4.2022).
cdn.ca9.uscourts.gov https://cdn.ca9.uscourts.gov/datastore/opinions/2020/09/02/13-50572.pdf (abgerufen: 12.5.2022).
chrishedges.substack.com (24.3.2022): https://chrishedges.substack.com/p/the-marriage-of-julian-assange (abgerufen: 2.9.2024).
clinton.presidentiallibraries.us: https://clinton.presidentiallibraries.us/items/show/36273 (abgerufen: 12.5.2022).

craigmurray.org.uk (19.8.2010): www.craigmurray.org.uk/archives/2010/08/julian_assange/ (abgerufen: 22.5.2022).

craigmurray.org.uk (25.3.2022): www.craigmurray.org.uk/archives/2022/03/free-enduring-love/ (abgerufen: 2.9.2024).

cryptome.org (Cypherpunk-Verteiler): https://cryptome.org/0001/assange-cpunks.htm (abgerufen: 17.1.2022).

cryptome.org (Depeschen John Young): http://cryptome.org/z/z.7z (abgerufen: 20.3.2022).

csis.org (13.4.2017): www.csis.org/analysis/discussionnational-security-cia-director-mike-pompeo (abgerufen: 5.5.2022).

dailymaverick.co.za (4.9.2020): www.dailymaverick.co.za/article/2020-09-04-as-british-judge-made-rulings-against-julian-assange-herhusband-was-involved-with-right-wing-lobby-group-briefing-against-wikileaksfounder/ (abgerufen: 9.5.2022).

democracynow.org (20.4.2012): www.democracynow.org/2012/4/20/we_do_not_live_in_a (abgerufen: 6.4.2022).

democracynow.org (14.12.2021): www.democracynow.org/2021/12/14/headlines/julian_assange_suffered_mini_stroke_in_prison_while_fighting_us_extradition.

documentcloud.org: www.documentcloud.org/documents/20401632-updated-mueller-report-leopold-foia-11220 (abgerufen: 1.5.2022).

download.repubblica.it: https://download.repubblica.it/pdf/2017/esteri/decisione-maurizi.pdf (abgerufen: 15.5.2022).

ec.usembassy.gov (28.6.2018): https://ec.usembassy.gov/fact-sheet-on-cooperationbetween-the-united-states-and-ecuador/ (abgerufen: 11.5.2022).

eff.org (2.12.2010): www.eff.org/deeplinks/2010/12/amazon-and-wikileaks-firstamendment-only-strong (abgerufen: 8.3.2022).

espresso.repubblica.it (6.8.2009): https://espresso.repubblica.it/palazzo/2009/08/06/news/dai-rifiuti-spunta-lo-007-1.15163.

espresso.repubblica.it (15.7.2014): https://espresso.repubblica.it/inchieste/2014/07/15/news/Julian-assange-dopoquattro-anni-di-impassegiudiziario-l-udienza-per-la-revoca-dell-arresto-1.173268 (abgerufen: 15.4.2022).

fcdoservices.gov.uk: www.fcdoservices.gov.uk/about/our-history/ (abgerufen: 8.3.2022).

freitag.de (25.8.2011) www.freitag.de/autoren/steffen-kraft/leck-bei-wikileaks (abgerufen: 19.3.2022).

groups.csail.mit.edu: https://groups.csail.mit.edu/mac/classes/6.805/articles/crypto/cypherpunks/may-crypto-manifesto.html (abgerufen: 17.1.2022).

henryjacksonsociety.org: https://henryjacksonsociety.org/%20international-patrons/ (abgerufen: 9.5.2022).

hrw.org (19.5.2005): www.hrw.org/news/2005/05/19/sweden-violated-torture-ban-us-help (abgerufen: 12.4.2022).

hrw.org (9.11.2006): www.hrw.org/news/2006/11/09/sweden-violated-torture-ban-cia-rendition (abgerufen: 24.3.2022).

hudoc.echr.coe.int (23.2.2016): https://hudoc.echr.coe.int/eng#{%22itemid%22:[%22001-162280%22]} (abgerufen: 8.3.2022).

hudoc.echr.coe.int (25.5.2021): https://hudoc.echr.coe.int/eng#{%22itemid%22:[%22001-210077%22]} (abgerufen: 24.9.2024).
innercitypress.com (19.10.2021): www.innercitypress.com/sdnylive77schultefurman101921.html (abgerufen: 5.5.2022).
int.nyt.com (12.3.2020): https://int.nyt.com/data/documenthelper/6814-chelsea-manning-ordered-releas/3f24b02368918f60524b/optimized/full.pdf#page=1 (abgerufen: 13.5.2022).
intelligence.senate.gov: www.intelligence.senate.gov/sites/default/files/publications/CRPT-113srpt288.pdf (abgerufen: 12.3.2022).
interpol.int: www.interpol.int/en/News-and-Events/News/2010/Sweden-authorizes-INTERPOL-to-make-public-Red-Notice-for-WikiLeaks-founder (abgerufen: 28.3.2022).
iqt.org: www.iqt.org/ (abgerufen: 21.3.2022).
iraqbodycount.org: www.iraqbodycount.org/about/ (abgerufen: 24.1.2022).
irp.fas.org (22.1.2009): https://irp.fas.org/offdocs/eo/eo-13492.htm (abgerufen: 11.3.2022).
irp.fas.org/budget: https://irp.fas.org/budget/index.html (abgerufen: 5.5.2022).
jacobin.com (25.10.2019): https://jacobin.com/2019/10/julian-assange-fidel-narvaez-ecuador-moreno (abgerufen: 11.10.2024).
judiciary.uk (6.2.2018): www.judiciary.uk/wp-content/uploads/2018/02/Assange-Ruling.pdf (abgerufen: 9.5.2022).
judiciary.uk (13.2.2018): www.judiciary.uk/wp-content/uploads/2018/02/assange-ruling-2-feb2018.pdf (abgerufen: 9.5.2022).
judiciary.uk (1.5.2019): www.judiciary.uk/wp-content/uploads/2019/05/sentencing-remarks-assange-010519.pdf (abgerufen: 12.5.2022).
judiciary.uk (4.1.2021): www.judiciary.uk/wp-content/uploads/2022/07/USA-v-Assange-judgment-040121.pdf (abgerufen: 19.9.2024).
judiciary.uk (10.12.2021): www.judiciary.uk/wp-content/uploads/2021/12/USA-v-Assange-judgment101221.pdf (abgerufen: 15.5.2022).
judiciary.uk (26.3.2024): www.judiciary.uk/wp-content/uploads/2024/03/Assange-v-USA-Judgment.pdf (abgerufen: 2.9.2024).
judiciary.uk (USA ./. Assange): www.judiciary.uk/wp-content/uploads/2021/01/USA-v-Assange-annex-040121.pdf (abgerufen: 7.5.2022).
justice.gov (3.3.2015a): www.justice.gov/opa/pr/statement-justice-department-criminal-charges-against-david-petraeus (abgerufen: 12.5.2022).
justice.gov (3.3.2015b): www.justice.gov/sites/default/files/opa/pressreleases/attachments/2015/03/03/petraeus-factual-basis.pdf (abgerufen: 12.5.2022).
justice.gov (6.3.2018): www.justice.gov/opa/press-release/file/1153486/download (abgerufen: 12.5.2022).
justice.gov (23.5.2019a): www.justice.gov/opa/press-release/file/1165556/download (abgerufen: 12.5.2022).
justice.gov (23.5.2019b): www.justice.gov/opa/pressrelease/file/1165636/download (abgerufen: 12.5.2022).
justice.gov (24.6.2020): www.justice.gov/opa/pr/wikileaks-founder-charged-superseding-indictment (abgerufen: 13.5.2022).

justice.gov (25.6.2024): www.justice.gov/opa/pr/wikileaks-founder-pleads-guilty-and-sentenced-conspiring-obtain-and-disclose-classified (abgerufen: 3.9.2024).
law.cornell.edu: www.law.cornell.edu/wex/habeas_corpus (abgerufen: 10.3.2022).
legal.un.org: https://legal.un.org/ilc/texts/instruments/english/conventions/9_1_1961.pdf (abgerufen: 8.5.2022).
london.gov.uk: www.london.gov.uk/who-we-are/what-london-assembly-does/questions-mayor/find-an-answer/julian-assange-4-1.
meetings.ams.org: https://meetings.ams.org/math/jmm2021/meetingapp.cgi/Session/2975 (abgerufen: 1.4.2022).
nationalarchives.gov.uk: www.nationalarchives.gov.uk/doc/open-government-licence/version/3/ (abgerufen: 18.4.2022).
news.bbc.co.uk: http://news.bbc.co.uk/2/hi/225567.stm (abgerufen: 28.3.2022).
nieman.harvard.edu (23.7.2008): https://nieman.harvard.edu/news/2008/07/john-walcott-receives-first-i-f-stone-medal-for-journalistic-independence-for-pre-iraq-war-coverage/ (abgerufen: 19.1.2022).
nmid.uscourts.gov (28.6.2024): www.nmid.uscourts.gov/newsDetail.php?Criminal-Case-No.-1-24-cr-00014---USA-vs-Julian-Paul-Assange-220 (abgerufen: 3.9.2024).
nytimes.com (4.4.2011): www.nytimes.com/2011/04/25/world/guantanamo-files-us-government-statement.html (abgerufen: 11.3.2022).
ohchr.org (29.2.2012): www.ohchr.org/Documents/HRBodies/HRCouncil/RegularSession/Session19/A_HRC_19_61_Add.4_EFSonly.pdf (abgerufen: 4.4.2022).
ohchr.org (5.2.2016a): www.ohchr.org/en/statements/2016/02/working-group-arbitrary-detention-deems-deprivation-liberty-mr-julian-assange (abgerufen: 22.4.2022)
ohchr.org (5.2.2016b): www.ohchr.org/en/press-releases/2016/02/julian-assange-arbitrarily-detained-sweden-and-uk-un-expert-panel-finds (abgerufen: 24.9.2024).
ohchr.org (19.8.2016): www.ohchr.org/en/press-releases/2016/08/ten-years-survivors-illegal-toxic-waste-dumping-cote-divoire-remain-dark (abgerufen: 18. August 2022).
ohchr.org (3.5.2019): www.ohchr.org/en/news/2019/05/united-kingdom-working-group-arbitrary-detention-expressesconcern-about-assange (abgerufen: 12.5.2022).
ohchr.org (19.6.2019): www.ohchr.org/en/press-releases/2019/06/khashoggi-killing-un-human-rights-expert-says-saudiarabia-responsible?LangID=E&NewsID=24713 (abgerufen: 4.5.2022).
peakd.com: https://peakd.com/deutsch/@cpufronz/a-cypherpunk-s-manifesto-german-translation (abgerufen: 23.9.2024).
philzimmermann.com (Juni 1991): www.philzimmermann.com/EN/essays/WhyIWrotePGP.html (abgerufen: 2.9.2024).
philzimmermann.com (26. Juni 1996): https://philzimmermann.com/EN/testimony/index.html (abgerufen: 2.9.2024)
pogo.org: www.pogo.org/investigation/2013/06/unreleased-probe-finds-cia-honcho-disclosed-top-secret-info-to-hollywood (abgerufen: 12.7.2022).

primaonline.it (21. März 2011): www.primaonline.it/2011/03/21/90338/giornalisti-premio-cronista-anche-new-media-e-wikileaks/ (abgerufen: 13.5.2022).
refworld.org (30.5.2018): www.refworld.org/pdfid/5c87ec454.pdf (abgerufen: 11.5.2022).
regeringen.se: www.regeringen.se/sveriges-regering/justitiedepartementet/internationellt-rattsligt-samarbete/rattslig-hjalp-i-brottmal/ (abgerufen: 24.4.2022).
reuters.com (11.4.2019): www.reuters.com/article/us-ecuador-assange-mayi-dUSKCN1RN1OA (abgerufen: 11.5.2022).
reuters.com (13.4.2019): www.reuters.com/article/us-ecuador-wikileaksi-dUSKCN1RP0HA (abgerufen: 11.5.2022).
rikissaksoknari.is: www.rikissaksoknari.is/umembaettid/frettir/nr/54 (abgerufen: 13.5.2022).
rsc.ox.ac.uk: www.rsc.ox.ac.uk/publications/displacement-in-the-2006-dili-crisis-dynamics-of-an-ongoing-conflict (abgerufen: 7.5.2022)
s3.documentcloud.org (28.5.2019): https://s3.documentcloud.org/documents/6112339/Chelsea-Manning-s-Letter-To-Judge-On-Opposing.pdf.
samadamsaward.ch: https://samadamsaward.ch/ (abgerufen: 22.5.2022).
schneier.com: www.schneier.com (abgerufen: 20.9.2024).
schneier.com (26.11.2009): www.schneier.com/blog/archives/2009/11/leaked_911_text.html.
sgp.fas.org: https://sgp.fas.org/news/2015/03/petraeus.pdf.
sparrowmedia.net: https://sparrowmedia.net/2019/05/statement-from-chelsea-manning-herlawyer-regarding-todays-superseding-indictment/ (abgerufen: 13.5.2022).
spcommreports.ohchr.org (Brief an britische Behörden, 27.5.2019): https://spcommreports.ohchr.org/TMResultsBase/DownLoadPublicCommunicationFile?gId=24631 (abgerufen: 12.5.2022).
spcommreports.ohchr.org (Brief an schwedische Regierung): https://spcommreports.ohchr.org/TMResultsBase/DownLoadPublicCommunicationFile?gId=24838 (abgerufen: 12.5.2022).
spcommreports.ohchr.org (Melzer-Korrespondenz): https://spcommreports.ohchr.org/Tmsearch/TMDocuments.
spiegel.de (30.7.2010): www.spiegel.de/politik/ausland/afghanistan-enthuellungen-washington-macht-gegen-wikileaks-mobil-a-709225.html.
spiegel.de (24.10.2010): www.spiegel.de/politik/protokolle-der-grausamkeit-a-5ebca5ff-0002-0001-0000-000074735248.
spiegel.de/international (25.7.2010): www.spiegel.de/international/world/afghanistan-explosive-leaks-provide-image-of-war-a-708314.html.
spiegel.de/international (26.7.2010): www.spiegel.de/international/world/wikileaks-founder-julian-assange-on-the-war-logs-i-enjoy-crushing-bastards-a-708518.html.
spiegel.de/international (25.10.2010): www.spiegel.de/international/world/the-wikileaks-iraq-logs-a-protocol-of-barbarity-a-724026.html.
spiegel.de/international (1.9.2011): www.spiegel.de/international/world/leak-at-wikileaks-a-dispatch-disaster-in-six-acts-a-783778.html.

spiegel.de/international (14.9.2014): www.spiegel.de/international/world/snowden-documents-indicate-nsa-has-breached-deutsche-telekom-a-991503.html.

spiegel.de/international (7.3.2017): www.spiegel.de/international/world/wikileaks-data-dump-on-cia-spying-vault-7-a-1137740.html.

spiegel.de/netzwelt (1.9.2011): www.spiegel.de/netzwelt/netzpolitik/datenleck-bei-wikileaks-depeschen-desaster-in-sechs-akten-a-783694.html.

storage.courtlistener.com (30.7.2019) https://storage.courtlistener.com/recap/gov.uscourts.nysd.492363/gov.uscourts.nysd.492363.266.0.pdf.

storage.courtlistener.com (Beschwerde Joshua Schultes): https://storage.courtlistener.com/recap/gov.uscourts.nysd.480183/gov.uscourts.nysd.480183.447.0.pdf (abgerufen: 4.5.2022).

storage.courtlistener.com (Plea Agreement): https://storage.courtlistener.com/recap/gov.uscourts.nmid.6474/gov.uscourts.nmid.6474.2.0.pdf (abgerufen: 2.9.2024).

supremecourt.uk (Pressemitteilung): www.supremecourt.uk/news/julian-assange-v-swedish-prosecution-authority.html (abgerufen: 28.3.2022).

supremecourt.uk (Urteil): www.supremecourt.uk/cases/docs/uksc-2011-0264-judgment.pdf (abgerufen: 28.3.2022).

thalesgroup.com (12.5.2016): www.thalesgroup.com/en/united-kingdom/news/appointment-lord-arbuthnot-chair-thales-uk-advisory-board (abgerufen: 9.5.2022).

thelancet.com (Februar 2020): www.thelancet.com/journals/lancet/article/PIIS0140-6736(20)30383-4/fulltext (abgerufen: 13.5.2022).

themonthly.com.au: www.themonthly.com.au/issue/2011/february/1324596189/robert-manne/cypherpunk-revolutionary#mtr (abgerufen: 17.1.2022).

unhcr.org: www.unhcr.org/uk/publications/refugeemag/3b680fbfc/refugees-magazine-issue-108-afghanistan-unending-crisis-biggest-caseload.html.

via.tt.se (20.5.2019): https://via.tt.se/pressmeddelande/request-for-detention-of-julian-assange?publisherId=3235540&releaseId=3257259 (abgerufen: 12.5.2022).

via.tt.se (19.11.2019): https://via.tt.se/pressmeddelande/the-investigationagainst-julian-assange-is-discontinued?publisherId=3235541&releaseId=3265699 (abgerufen: 12.5.2022).

washingtonpost.com (Timeline Watergate): www.washingtonpost.com/wp-srv/politics/special/watergate/timeline.html (abgerufen: 7.3.2022).

watson.brown.edu (21.9.2020): https://watson.brown.edu/costsofwar/files/cow/imce/papers/2020/Displacement_Vine%20et%20al_Costs%20of%20War%202020%2009%2008.pdf (abgerufen: 25.1.2022).

watson.brown.edu (Kosten Afghanistankrieg): https://watson.brown.edu/costsofwar/figures/2021/human-and-budgetary-costs-date-us-warafghanistan-2001-2022 (abgerufen: 19.5.2022).

wauland.de (11.7.2024): www.wauland.de/en/news/2024/07/preliminary-transparency-report-for-the-projectmoral-courage-julian-assange/ (abgerufen: 20.7.2024).

wauland.de (Wau Holland Foundation): https://wauland.de/en/about/ (abgerufen: 7.5.2022).

wyden.senate.gov: www.wyden.senate.gov/imo/media/doc/wyden-cybersecurity-lapses-letter-to-dni.pdf (abgerufen: 3.5.2022).

youtube.com (30. Juli 2018): Phil Zimmermann talks at Bitcoin, www.youtube.com/watch?v=M8z0Nx8svC4&ab_channel=BitcoinWednesday.

youtube.com (Rede von Ethan McCord, 2010): www.youtube.com/watch?v=8tgzygMxZZc (abgerufen: 19. Mai 2022).

zeit.de (18.5.2022): www.zeit.de/news/2022-05/18/wikileaks-gruender-assange-erhaelt-guenter-wallraff-preis (abgerufen: 26.9.2024)

Vincent Bevins

Die Jakarta-Methode

Wie ein mörderisches Programm Washingtons unsere Welt bis heute prägt

Mit einem Nachwort zur Rolle der Bundesrepublik

Klappenbroschur
427 Seiten, € 28,-
ISBN 978-3-89438-788-4

»Was am schockierendsten und zugleich für dieses Buch am bedeutendsten ist: Beide Ereignisse – Brasilien 1964 und Indonesien 1965 – führten zur Entstehung eines ungeheuerlichen internationalen Netzwerks der Vernichtung, das heißt des systematischen Massenmords an Zivilisten. Die Vorkommnisse betrafen viele weitere Länder, und sie waren entscheidend für die Herausbildung jener Welt, in der wir heute leben.« *(aus der Einleitung)*

›Brillant recherchiert« (WDR)

›Fesselnd. ... Ein Werk des erzählenden Journalismus, das die Geschichte der gewaltsamen Einmischung der USA in Südostasien und Lateinamerika ... nachzeichnet.‹ (Jacobin / USA)

›Die Jakarta-Methode ist eine vernichtende Kritik an der Heuchelei der USA während des Kalten Krieges und eine traurige Hypothese darüber, wie die Welt hätte aussehen können, wenn die Bewegungen der Dritten Welt Erfolg gehabt hätten.‹ (Los Angeles Review of Books)

›Eine brillante Geschichte des Kalten Krieges, erzählt anhand der globalen antikommunistische Gewalt.‹ (New Statesman)

›Scharfsinnig‹ (Boston Review)